分権改革下の地方自治法制の国際比較

地方自治法制の新たなパラダイムを求めて

大津　浩 ［編］
OTSU Hiroshi

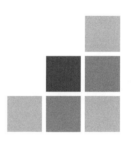

有信堂

i

まえがき

　本書の目的は、現代の地方自治の法制度と法理論の国際比較を通じて、グローバリゼーション下で進行する地方分権化の諸相、ならびにその結果としての地方自治法制の変容状況を明らかにするところにある。従来の日本の地方自治法理論は伝統的な欧米の公法理論を基礎に組み立てられており、その枠内で、英米型、中欧・北欧型、南欧型の３つのモデル化がなされ、その比較検討だけで地方自治法制の国際比較が十分に果たされると考えてきた。日本の地方自治法制も、これらの伝統的モデルのいずれかに当てはめることでその理想形が追い求められてきた。これこそが、地方自治法制の国際比較の伝統的パラダイムであった。しかし現代地方自治法制の変容は、すでにこうしたパラダイムでは十分に把握しきれないものとなっている。現実には、伝統的な小規模市町村自治体の形態を維持し続けようと苦闘する欧米地方自治法制の流れが根強く存在する一方で、グローバルな地域間競争に迫られて、大規模自治体への再編とこうした自治体を前提とする地方分権化の動きも強まっている。その顕著な例は特に東アジアの大都市自治体改革の中に見出され、こうした非欧米諸国の地方自治制度の動きが欧米諸国の自治体再編をも促している。ただし、これらの変動を単にグローバリゼーションに対する各国地方自治法制の受動的な対応の結果にすぎないと見るのも誤りであろう。それは、近代・現代を通じて進行する民主主義と法治主義の進展という立憲主義の地方自治分野における現れという側面をも併せ持っている。

　本書は以上のような問題関心に基づき、序章では、欧米ならびに東アジア諸国における地方分権改革の実情とその結果としての各国の地方自治法制及び法理論の変容について、国際比較研究を行うことの意義と課題を提示する。次に第１部では、伝統的パラダイムの基礎をなした米、英、仏、独の各地方自治法制の現状と現代の分権改革が促すその変容を分析する。加えて現在の新たな分権化現象である「地域国家」（西欧型「道州制国家」）の特質をイタリアの分析から探る。そして第２部では、韓国、台湾、中国、東南アジア諸国の地方自治法制と地方分権改

革の現状を分析する。以上の作業を通じて、本書は、20世紀末以降の地方分権改革の下で、進むべき方向を模索している日本の地方自治法制そのものが、新たな地方自治法制パラダイムへの全世界的な転換過程の只中にあることを確認する。そして、このような現代という時点でこそ、外国の研究者を含む共同研究により、国際比較に基づく新たな地方自治法制パラダイムを探究することがいかに重要であるかを示すことこそが、本書の究極の目的である。

　本書は、日本学術振興会・科学研究費助成事業基盤研究（A）「地方自治法制のパラダイム転換」（2011年度～2014年度：研究代表者・木佐茂男（前）九州大学教授、課題番号23243006）のために組織された4カ国（日本・中国・韓国・台湾）にまたがる16名の研究分担者と29名の研究協力者による研究成果が基礎となっている。「地方自治法制のパラダイム転換」とは何か。研究会参加者の問題意識の根底にあったのは、20世紀末から現在まで進行中の地方分権改革が、地域に暮らす人々の民主的で自立的な生活を保障することにいまだに成功しえていないのはなぜかという問いであった。そしてその答えは、学問的に見るならば、一方で地域化が進行し他方でグローバリゼーションが進行する現代において、研究者も実務家もいまだに伝統的な地方自治法制の理論枠組みに囚われて、適切かつ有効な新たな理論枠組みを見出すことができないでいるからではないか、というものであった。

　「パラダイム」とは、「一時代の支配的な物の見方や時代に共通の思考の枠組み」のことである。すでに時代の潮流が大きく変化し、人々の思考枠組みも実際には大きく変化し始めているというのに、それを可視化し理論化する任務を負っている法学研究者たちには、あるべき地方自治法制に関する新たな理論枠組みについて一致が見られず、逆に混迷を深めている。こうした新たなパラダイムの発見のためには、日本で進行中の分権改革の実態を調査し理論化するだけでなく、地方自治法制と分権改革の諸相について国際比較を行うことが有益であろう。それゆえ上記の科研費研究会のメンバーの中で特に外国の地方自治法制とその国際比較に関心を持つ者たちが1つの研究チームを作り、国際比較の視点から重要性の高いいくつかの国を選び、これらの国における地方自治法制と分権改革の現状を分担して分析し、そのうえで比較検討の共同作業に基づく理論・分析の枠組み自体の問い直しを通じて、新たなパラダイム発見のための道筋をつけることを目指したのである。本書の執筆者のほとんどは、上記研究会の研究分担者や研究協

力者である。外国のメンバーを含めてわれわれは度々研究会を開き、報告と討論を重ねてきた。その成果が本書である。

　上記研究会では、お忙しいにもかかわらず、韓国と中国からそれぞれ3名の先生に何度も訪日して頂き、積極的に研究会に参加して頂いた。そのうちで韓国の1名は残念ながら執筆に参加できなくなったものの、その他の先生方には本書各章の執筆や翻訳に加わって頂くことができた。本書序章に示す地方自治法制の国際比較論の枠組みに従うならば、台湾の章は韓国の章に続いて配置されるべきものであろうが、これらの先生方の積極的な参加に敬意を表して、本書の章立てでは韓国、中国、台湾の順に組ませて頂いた。台湾は、上記研究会外から黄錦堂・台湾大学教授に執筆参加して頂いた。日本の研究会にもお呼びしたが黄教授の都合がつかなかったため、日本から木佐茂男（前）教授、北見宏介・名城大学准教授と大津の3名で台湾に渡り、2013年11月8日に台北市の台湾中央警察大学において日台比較地方自治法制のシンポジウムを開催し、そこで黄教授や他2名の台湾の研究者と意見交換をした。そのうえで、黄教授に本書の論文を執筆して頂いた。またイタリアについても、上記研究会の当初の比較対象には入っていなかったが、その州自治の重要性に鑑みて、後に研究会外から芦田淳・国立国会図書館調査及び立法考査局主査に執筆参加して頂いた。

　最後に、本共同研究の礎を築く労を取られた木佐茂男（前）教授、ならびに困難な出版事情の中で公刊に尽力してくださった有信堂の髙橋明義氏に感謝の意を表したい。本書は平成30年度科学研究費助成事業（研究成果公開促進費・課題番号18HP5140／代表者・大津浩）の助成事業である。

執筆者を代表して
編者　大津　浩

分権改革下の地方自治法制の国際比較／目　次

まえがき

序章　分権改革下の地方自治法制国際比較の意義と課題 ── 大津　浩 3

　Ⅰ　はじめに　3

　Ⅱ　歴史学的視点からの比較地方自治制度論　5

　　1．近代国家成立史からの地方自治制度類型論（5）　2．比較憲法史か
　　らの類型論（8）

　Ⅲ　現代公法学における比較地方自治類型論　13

　　1．通説的な2類型論（13）　2．現代公法学3類型論に基づく「北欧・
　　中欧型」優位論（16）

　Ⅳ　分権改革に直面する現代地方自治法制の変容から見た伝統的類型論
　　　の限界　19

　　1．伝統的類型論のモデル国における地方自治法制の変容（19）　2．東
　　アジア諸国の「後発型」地方自治制度の発展とその問題点（22）

　Ⅴ　まとめに代えて ── 現代地方自治法制の国際比較研究の発展方向　26

　　1．地方自治における立法権分有の視点の重要性（26）　2．連邦制と単
　　一国制の区別の問直し（28）　3．地方自治法制類型論の問直し（29）

第1部　欧米の地方自治と地方分権の現状

第1章　アメリカ地方自治の法とその動向 ───────── 北見　宏介 35

　Ⅰ　はじめに　35

　Ⅱ　アメリカの地方政府の種類と権能　36

　　1．アメリカの地方政府の種類（36）　2．アメリカ地方政府の権能（38）

　Ⅲ　アメリカ地方政府と州憲法およびディロンズ・ルール　43

　　1．各州の憲法規定（43）　2．ディロンズ・ルールの状況（46）

　Ⅳ　地方自治をめぐる議論　47

　　1．地方政府と合衆国政府・合衆国憲法との関係（48）　2．地方政府を
　　めぐる国際的な関係に関する議論（48）　3．シティの解散（49）

　Ⅴ　おわりに　51

第2章　英国における政治構造変革と「2つの分権」──河上　暁弘 53

Ⅰ　英国地方自治制度の概要と近年の状況　53

Ⅱ　英国における「大きな分権」　57

1．「複合国家」としての英国（57）　2．スコットランドへの権限移譲と
独立論の台頭（59）　3．ウェールズへの権限移譲（66）　4．北アイル
ランドへの権限移譲（70）

Ⅲ　権限踰越の法理の相対化　73

1．権限踰越の法理（73）　2．2000年地方自治法による変化（75）
3．司法と英国地方自治（76）

Ⅳ　イングランド内の地域的分権
──「2011年地域主義法」の成立と地方自治制度の変化　79

1．「2011年地域主義法」の制定（79）

Ⅴ　英国地方自治論の課題　83

第3章　フランスにおける地方分権・地方自治 ──────飯島　淳子 89

Ⅰ　はじめに　89

Ⅱ　2010年12月16日法律──サルコジ（UMP）政権下の地方制度改革　92

1．基本方針（92）　2．コミューン・コミューン連合レベル（92）
3．県・州レベル（95）

Ⅲ　2014年1月27日法律・2015年1月16日法律・2015年8月7日法律
──オランド（PS）政権下の地方制度改革　97

1．基本方針（97）　2．コミューン連合の再編・強化（98）　3．州の
再編・強化（101）

Ⅳ　フランスにおける地方分権・地方自治の特徴　103

1．連携の自発的推進から国の法律による組織編成へ（103）　2．住民自
治の未発達と代表民主制の拡張（105）

Ⅴ　おわりに　106

第4章　イタリアにおける州および地方団体の自治 ──芦田　淳 109

Ⅰ　はじめに　109

Ⅱ　州の自治権と憲法改正案　110

1．州の自治権（立法，行政および財政分野）（110）　2．2016年憲法改
正案とその評価（115）　3．小括（117）

Ⅲ　地方団体をめぐる制度と現状　118

目　次　vii

　　1．地方団体の規則（条例）制定権（118）　**2**．地方団体の現状とそれに
対する見直し（121）

　Ⅳ　おわりに　127

第**5**章　ドイツにおける地方自治保障の現状
　　　──分権化と民営化の挟撃の中の市町村自治────人見　剛 129

　Ⅰ　はじめに　129

　Ⅱ　国家からの事務割当てによる市町村財政の圧迫と自治財政権保障
　　130

　　1．問題の所在（130）　**2**．自治体に対する任務適合的な財政供与保障の
原則と自治事務に関する最低限供与保障の原則（132）　**3**．ドイツ州憲法
における州・自治体間の牽連性の原則（134）　**4**．連邦政府による事務割
当ての憲法的統制（138）

　Ⅲ　ドイツにおける自治体合併と憲法上の地方自治保障　141

　　1．強制合併の憲法裁判所による裁判的統制（141）　**2**．旧東ドイツ地域
における市町村の区域改革（144）　**3**．旧東ドイツ地域における郡の地域
改革（145）

　Ⅳ　ドイツにおける市町村行政の民営化と憲法上の地方自治保障　147

　　1．民営化と地方自治保障（147）　**2**．市町村の経済活動に関する補完性
原則の強化から緩和へ（148）　**3**．随意的自治事務の民営化の憲法上の限
界（151）　**4**．ドイツ市町村行政におけるサービス給付行政の再公営化
（153）

第**2**部　東アジアの地方自治と分権改革の現状

第**6**章　韓国の地方自治法制と分権改革の現状

第**1**節　韓国の地方分権改革と課題────────────崔　祐溶 159

　Ⅰ　序論　159

　Ⅱ　韓国政府の地方分権改革の内容と課題　160

　　1．概略的分析（160）　**2**．歴代政府における地方分権の内容と評価
（161）　**3**．総合的な評価（168）　**4**．文在寅政府の地方分権政策
（171）

　Ⅲ　結論　172

第2節　韓国における基礎自治体の合併と合併特例に関する一考察
　　　　　　　　　　　　　　　　　　　　　　　　　文　尚徳 173

　　Ⅰ　はじめに　173
　　Ⅱ　韓国の地方自治体制の現況　174
　　Ⅲ　韓国における基礎自治体合併の前史と略史　174
　　　1．基礎自治体合併の前史——都農分離（174）　2．基礎自治体合併の
　　　略史（175）
　　Ⅳ　合併自治体に対する行財政上の特例　179
　　Ⅴ　基礎自治体の合併過程に関する批判的考察　180
　　　1．国主導の人為的合併推進の問題点（180）　2．合併基礎自治体の規模
　　　の不適切性（183）　3．過度の合併特例提供の問題点（185）
　　Ⅵ　終わりに　185

第7章　中国の地方分権改革と法制度

第1節　現代中国の中央と地方の関係
　　　——制度上の問題を念頭に——————————————呉　東鎬 187

　　Ⅰ　はじめに　187
　　Ⅱ　建国時の中国共産党の選択——中央集権体制　187
　　Ⅲ　建国から改革開放以前（1949～1978 年）の中央・地方関係の特徴
　　　189
　　Ⅳ　改革開放以後から現段階まで（転換期）の中央・地方関係の特徴
　　　190
　　　1．中央から地方への権力移譲と分権的な特徴の出現（190）　2．地方に
　　　対する中央の監督と統制（192）
　　Ⅴ　転換期における中央・地方関係の制度上の問題とその対策　195
　　　1．立法権限の配分において存在する問題および対策（195）　2．財政権
　　　の分配における問題点と対策（199）　3．司法の地方化問題およびその対
　　　策（200）
　　Ⅵ　終わりに　202

第2節　中国地方政府の革新の現状とその発展方向————薛　剛凌 203
　　　　　　　　　　　　　　　　　　　　共訳　呉　東鎬／洪　英

　　Ⅰ　地方政府の改革革新の発展および現状　203
　　　1．地方政府の改革革新の主要な発展段階（203）　2．近年の地方政府の
　　　改革革新の内容（204）　3．地方政府の改革革新の特徴（208）

目次　ix

Ⅱ　地方政府の改革革新の規律に対する分析　212

　　1．地方政府の改革革新の影響の要因（212）　　2．地方政府の改革革新の要因（220）　　3．地方政府の改革革新の原動力（223）　　4．地方政府の改革革新が育む小回路（226）

Ⅲ　地方政府の改革革新の中に存在する問題およびその原因　228

　　1．地方政府の行政体制改革の中に存在する問題およびその原因（228）　　2．問題発生の原因（230）　　3．地方政府制度の革新の中に存在する問題およびその原因（231）

Ⅳ　統治から管理へ、地方政府の改革革新の発展傾向　234

　　1．相も変わらぬ経済デバックから社会応答への改革革新方向の変化（235）　　2．改革革新の内容における権力中心から権力と権利の双方重視への変化（235）　　3．改革革新の発案における科学性の重視（237）　　4．改革革新の推進における行政主導から法律主導への変化（237）　　5．改革革新の過程でより多くの社会勢力を吸収し参加させること（238）　　6．改革革新の保障面での制度化された分権システムの形成の推進（238）

第8章　台湾地方政府法制の変遷と展望─────── 黄　錦堂 241

共訳　田中　孝男／汝 思思

Ⅰ　序言　241

Ⅱ　地方政府法制と行政区画　241

　　1．1947年憲法の規定［4段階の政府体制を設立し、省と県はそれぞれ高度な自主権を備える］（241）　　2．台湾へ撤退後の発展（243）

Ⅲ　地方政府の体制、事務および権限と責任　254

　　1．地方政府の体制（254）　　2．地方政府の事務（256）　　3．地方立法権（262）　　4．地方執行権（268）

Ⅳ　地方政府の組織と財政　271

　　1．地方政府の組織（271）　　2．地方政府の財政（272）

Ⅴ　展望──「中央と地方の間の協力関係」および「ローカル・ガバナンス」274

第9章　東南アジアにおける地方分権改革─────── 井川　博 281

Ⅰ　はじめに　281

Ⅱ　インドネシアにおける地方分権改革　283

　　1．地方自治の概要（283）　　2．地方分権改革の経緯・背景（284）　　3．地方分権改革の主たる内容（285）　　4．地方分権改革の成果と課題（287）

Ⅲ　フィリピンにおける地方分権改革　289

1．地方自治の概要（289）　**2**．地方分権改革の経緯・背景（290）　**3**．地方分権改革の主たる内容（292）　**4**．地方分権改革の成果と課題（293）

Ⅳ　タイにおける地方分権改革　295

1．地方自治の概要（295）　**2**．地方分権改革の経緯・背景（296）　**3**．地方分権改革の主な内容（298）　**4**．地方分権改革の成果と課題（299）

Ⅴ　東南アジア各国における地方分権改革の特徴　301

1．分権改革の経緯・背景における特徴（301）　**2**．分権改革の内容・成果における特徴（302）　**3**．分権改革の課題における特徴（303）

Ⅵ　おわりに──今後の地方分権のあり方　304

1．国による分権改革（地方自治）の特徴、違い（304）　**2**．今後の地方分権のあり方（305）

索引　307

分権改革下の地方自治法制の国際比較

地方自治法制の新たなパラダイムを求めて

序章　分権改革下の地方自治法制国際比較の意義と課題

大津　浩

（明治大学）

I　はじめに

　分権改革下にある地方自治法制の国際比較研究とは、はたしていかなる学問体系と方法とに依拠するのか。たしかに政治学や歴史学などの分野では、地方自治と分権改革に関わる諸政治現象の国際比較研究がある程度蓄積されている。しかし、分権改革現象に直面している地方自治「法制」の国際比較については、その研究対象と方法論自体が未だに確立されておらず、そのために本格的な体系立った比較地方自治法制の学も、その分権改革比較の学もいまだに成立していないことを認めないわけにはいかない。

　その第1の理由は、「法」に関する研究であるため、そこに規範的な意味合いが必ず含まれるため、「あるべき法制度」や「あるべき分権改革」の探求を課題として背負い込むからである。この場合、それぞれの研究者は、民主主義や人権、自立（自律）と自己責任、あるいはグローバリゼーションへのより良い適応というように、自らが最重要と考える何らかの規範的価値を予め設定したうえで、その価値の実現に適した「あるべき法制度」や「あるべき分権改革」の基準を立てて、そこから世界の地方自治法制と分権改革現象を分類し分析しようとする。基準が異なれば分類も異なるのは当然である。分類の基準が研究者の価値観と関わるものである以上、その統一化は容易ではない。

　第2の理由は、「外国の法制度」研究が持つ限界に関わっている。外国の法制度は、情報源との関係でその網羅的かつ最新の姿を把握すること自体が難しく、かつその国で用いられている用語や概念自体が独特であって翻訳困難な場合も多いため、比較検討することが難しい。そのうえ、何とか参照しえた法文上の文言

や規定の内容と現実の運用とにズレがある場合も多く、それを埋めるために当該国において判例や法理論、法学説が多数生み出されることになる。これらの膨大で複雑なデータを踏まえたうえで、各国の地方自治法制を分類し、国際比較を行うことは、現在でも相当な困難を抱えているといわざるをえない。

　本書はこの困難な課題に挑戦するために、3年間にわたる研究会での議論を踏まえた結果として、一定の共通の分析視角を設定し、この分析視角に基づいていくつかの主要国の地方自治法制とその分権改革の現状を分析したものである。共通視角としたものは、民主主義の発展と地域住民の人権や地域の豊かな生活のより良い保障を究極の価値としたうえで、この価値にとって地方自治と分権化が現代社会において有効に機能するための条件は何か、というものである。そしてこの条件を探求する目的から、各国の法制度の特徴を捉え、かつその現実の運用実態との距離を測り、かい離が著しいときにはその原因を探ることである。「あるべき法制度」と「あるべき分権改革」の研究の視角からは、各国の憲法規定が指し示す基本原理、あるいはそうでなくても、通常の法律よりも上位にある法規範としての性格を何らかの意味で認められているいわゆる憲法慣習ないし憲法伝統に基づいて確立している基本原理を探り出すことが求められる。例えば日本国憲法92条の「地方自治の本旨」のようなものである。そして変化の著しい現代社会に適合しうる地方自治を目指す観点からは、近年のグローバリゼーションによる行政需要の変容と行政技術の変化、およびそれらの現象と同時に進行しつつある分権化と大都市圏の法制度の整備・発展という現象の諸特徴とを把握すること、ならびにこれらの巨大な変化と、従来、各国の地方自治の基本原理とされてきたものとの相互作用的な関係を探ることが肝要である。

　こうした地方自治法制の国際比較の研究視角から、個別の国々における特徴を描き出す作業は、本書第1部と第2部において鋭意なされる。序論にあたる本章では、総論的な比較研究の視角の再検討と明確化が目指される。その中でも本稿の狙いは、従来の地方自治（法制）の比較研究のいくつかの代表的な視角の特徴を分析して、そこから抽出される伝統的な比較地方自治法制パラダイムの限界を確認すること、そして本書各章の分析を概観し、現代の世界的な分権改革現象に直面し変容を余儀なくされている各国地方自治法制の課題を検討することで、将来構築されるべき新たな比較地方自治法制パラダイムの方向性を確認することにある。

なお本書は、主要な比較対象国をいわゆる西洋民主主義諸国（西欧主要国とアメリカ）と東アジア諸国に限定している。それはまず何よりも、「あるべき法制度」の比較研究として、民主主義と人権保障と法治主義とがより良く発展するための法制度を探求するには、これらの分野でモデルであった西欧主要国とアメリカの比較検討が最も有益だからである。他方で東アジア諸国については、日本の隣国としての重要性、ならびに現代国際社会におけるその政治力、経済力等影響力の大きさに鑑みて、本書で分析を行う必要があると考えたからである。もちろん、他地域の国々の地方自治法制の比較研究も重要なことに異論はないが、これは他日を期すことにしたい。

Ⅱ 歴史学的視点からの比較地方自治制度論

1. 近代国家成立史からの地方自治制度類型論

(1) 近代国家成立における地方自治制発生の必然性

まず地方自治法制の類型化を、近代から現代に至る歴史の流れの中に見出す方法の意義を考察しよう。そもそも近代国家における地方自治の存在理由は何か。言い換えるなら、近代国家はいかなる地方自治制度を必要としていたのか。

この点に関し、近代国家成立史の視点からなされた古典的な研究として、山田公平「地方自治の比較類型についての考察」（1985 年、1988 年）を挙げることができる。山田は地方自治の一般的な意味を、「国民的規模の権力集中によって統一されている国家の政治体制において、その領域を構成している各地域の公共的事務を、それぞれの地域の住民の手によって自律的に共同で処理すること」と定義する。山田によれば、地域には本来、何らかの形で社会的共同生活関係が発達し、住民全体のための公共的なサービスが行われていたはずであり、「国民的統一権力」はこうした「共同関係を、住民自治体として公権的に組織し、これに公法人としての公共的性格を与え、地域の公共的事務を処理する権限を認めて、これを実行せしめ」た。その結果、「地域共同社会の自治が、国家の地方体制としての地方自治に転化」したのである[1]。

山田は、上述の意味で典型となるべき地方自治を、17 世紀以降の西欧地域に

---

1) 山田公平「地方自治の比較類型についての考察（1）」名古屋大学法政論集 105 号（1985 年）3-4 頁。

おける国民国家の発達が生み出した現象と見る。すなわち、「地方自治は、近代国民国家の形成過程において国民的統一の実現を目指す運動の中で、国家を構成する立憲主義の原理的要請によって生み出された」とするのである。この意味で、近代地方自治制度は近代立憲主義の確立と不可分の現象であり、近代立憲主義を確立させた西欧諸国およびアメリカ合衆国以外には、その基本形を探し出すことはできない。山田は、近代立憲主義国家の基本原理として、「封建的地方分散と身分的・地方的特権」の否定による「中央集権的統一」と「単一不可分の主権的体制」が不可欠であり、国民代表機関たる議会が「統一主権の最高機関としての地位」に就くのが必然であることを強調する。そして、このような中央集権的な国民的統一を具現化する「最高機関たる議会」の下で、「国家の行政事務の全国的遂行を精密かつ効果的に達成するため」にも、「全国的事項に関らぬ地方的事項」を効果的に処理するためにも、両事務を合わせて遂行する地方的領域が必要となるところに、地方自治の成立を見る。しかも山田は、「地方におけるこれらの諸公共事務の処理は、国民主権の見地から、主権者たる国民の地域的定住たる住民によって運営・統制されることが要請される」と見て、こうした要請こそが地方自治と国民主権とを必然的に結び付けると主張する。つまり「近代国民国家においては、その議会主義的自治において、中央集権体制が樹立されるとともに、それを支える地方分権、地方自治体制が成立せしめられ」、「それは議会主義的憲法構造の下部体系として地域の自律＝住民自治の原理によって構成される」のが必然なのである。こうして、「住民による統治こそが、地方自治の究極的意義」と考えられることになる[2]。

(2) 都市と農村共同体の住民自治体への転換をめぐる差異とその類型化

このように地方自治の本質を、国民主権を基礎とした住民自治として一元的に見る立場からは、地方自治を住民自治と団体自治の二元的要素に分けて考え、さらに近代自治を英米の住民自治型とヨーロッパ大陸の団体自治型とに分けて、日本を後者に位置付けてきた伝統的な思考方法は強く批判されることになる[3]。山田によれば、各国の近代地方自治の成立を、「それぞれの国の中世的権力状況と中世自治団体の発達を前提とし、それらがブルジョア革命ないしブルジョア的改革を契機として、近代地方自治体制へ転換していく過程において、とりわけ中央集権─地方分権の関係の成立とそこにおける都市団体と農村共同体の住民自治体

---

2) 同上、3-5頁。

序章　分権改革下の地方自治法制国際比較の意義と課題　**7**

への転換の差異的な特徴をもって把握すること」[4]こそが重要なのである。

　19世紀から20世紀にかけての近代資本主義国家の成立において、都市と農村共同体とが住民自治体として編成し直される歴史的な過程に着目して各国の地方自治の特徴を分類した結果、山田は近代地方自治を〔1〕西欧先進国の場合と〔2〕後進国の場合と〔3〕日本の場合とに3分類する。〔1〕については、国民国家の統一体制の成立と資本主義国民経済の形成の下で、村落共同体もギルド共同体も解体され、封建的土地所有の解体による自由な地域的市場関係が形成される中で都市と農村の関係が作り直された結果、近代的な「行政市町村」が全国的・統一的に成立したものと見る。そしてこの「行政市町村」の下で地域の住民コミュニティが形成され、住民のアソシエーション（自発的結社）を媒介にしながら、各国の歴史的条件と立法化の違いに応じて地域コミュニティと「行政市町村」とが結び付くところに地方自治が成立したと見るのである。そこでは議会制を通じた自治体に対する住民の参加と統制が必然となり（イギリス、フランス）、時に住民総会を基本とする住民による直接統制もこれに付け加わる（アメリカ）。これらの最も近代的な型と比較すると、「ブルジョワ的改革が上から保守的な形態で遂行される場合」には、身分的・封建的な関係が残るため、「行政市町村」の構成も住民自治的な要素が薄まり、地方自治を団体法的に理解する傾向が強まることになる（ドイツ）。

　〔2〕については、「先進資本主義国の圧迫のなかで上から急速な資本主義化を余儀なくされ、統一国家体制の構築を家産的・封建的政治体制と社会の共同体的構成のブルジョア的改革によって遂行」するところに特徴が見出される。この場合、村落共同体や封建的土地所有が維持・再編され、自然村の共同体的関係の維持を基礎として「行政市町村」が設定されるため、都市と農村、行政村と自然村の二重構造が成立し、コミュニティの形成と住民の組織化も「身分的・共同体的・家父長的・宗教的諸関係」に規定されてしまい、さらに「この関係が行政市

　3）「こうした類型化の結果、近代地方自治の基準と比較に、著しい混乱が生じたといわなければならない。この類型化は、まず住民自治をイギリス型、団体自治を大陸型とすることによって、住民自治と団体自治とを地方自治の型として併置し、近代地方自治が住民自治の原理にたち住民自治の成立によって行われる関係を正しく理解せしめない。はなはだしくは、地方自治は住民自治と団体自治の2つの要素からなるという定義を生み出したりさえする。……ここには住民自治の原理と住民自治のあらわれとしての各国の型とが混同され、とりわけ同じ団体自治とされる大陸諸国の間の差異が見失われるのである」（同上、13頁）。

　4）同上、19頁。

町村に転位して、その近代化を制約する」。さらに後進国の中でも植民地従属国となってしまったところは、「都市と農村の関連が、村落共同体の閉鎖的な自治体制の維持と封建的土地所有の再編成、伝統的家父長支配体制の強化」を生み出すため、住民自治体化すること自体が阻害され続けることになる。山田はこの〔2〕の例として帝政ロシアと中国、さらに植民地化されてしまった場合の例としてインドを挙げている。最後に〔3〕の日本については、〔2〕の後進国の場合の特殊な型であり、「その行政村と自然村の二重構造が、官権的・部落共同体的・家族主義的特質をもった地方自治を作り出し」、天皇制国家の政治的基盤ともなったと述べている[5]。

(3) 方法論的意義と課題

以上の山田の分析は、近代国家成立時に同時に創出された地方自治法制の特質の違いを、住民自治の確立とその国家行政体制への組み込みのあり方の相違に引き付けて明確に分類し得た点で優れている。もちろんそれは、20世紀においてドイツも日本も近代立憲主義の発展形としての現代立憲主義を受け入れたことに鑑みれば、後の現代地方自治法制の類型化にまで到達するものではなかった。ましてや20世紀末以降に顕著となるグローバリゼーションの下での西洋地方自治法制の変容や、中国、韓国、台湾などに見られる過去の（半）植民地状態にあった国々における現代の政治的経済的な力の増大と、それに伴う地方自治法制の発展を説明できるものでもない。しかしそのような限界はあろうとも、資本主義の展開に対応する必要性が生み出す近代国民国家体制の確立と変容のダイナミズムの中で、自然的住民共同体が国と地方の両レベルで成立する議会制的な構造を介して、国の地方行政体の性格と住民自治体の性格を併せ持つような地方自治制度を常に生み出し続けるという視点は、現代地方自治法制の比較研究においても、やはり欠くべからざるものであろう。

2.　比較憲法史からの類型論

(1)　「近代立憲主義型」地方自治制と「外見的立憲主義型」地方自治制

近代資本主義国家の成立と展開の視点から地方自治制度の類型化を試みる点で

---

5) 同「地方自治の比較類型についての考察（2・完）」名古屋大学法政論集118号（1988年）336-345頁。なお山田の説明が不明確なところがあるため、本稿の視点から解釈し直し補っている。

は杉原泰雄も同じである。ただし杉原の場合には比較憲法史の視点が介在している。それは、戦後日本で一時期支配的だった歴史観、いわゆる「大塚（久雄）＝高橋（幸八郎）史学」的な「上からの近代化」と「下からの近代化」の対抗軸から近代立憲主義を理解する視点と、マルクス主義的色彩の残る民衆（人民）解放運動史観に立脚した「人民主権」型の立憲主義の視点とを結合させた学問体系である。さらに杉原の地方自治類型論は、こうした比較憲法史の論理と、20世紀末以降の現代世界の変化、すなわち「ベルリンの壁」崩壊と「東欧革命」を経て「民主化」された後の旧社会主義諸国における地方自治保障のための憲法改革の試み、あるいは1985年締結・1988年発効の欧州評議会（Council of Europe）の「欧州地方自治憲章」等に見られる新たな国際的地方自治保障の動き[6]も、この「人民主権」型の立憲主義の発展形態の中に位置付けようとする点に特徴がある[7]。

　杉原によれば、近代における地方自治制度には3つの類型が見出せるという。第1はイギリスやフランスに出現した「近代立憲主義型」である。この型の特質は、①憲法上で地方公共団体の存在を認めつつも、②「地方公共団体のあり方の具体的内容は憲法上原則として国民代表府の定める法律に包括的に委任され」、「原則として具体的な自治内容や自治方法の保障はなく、固有の自治権が認められない」ところにあり、③その本質は「統一的国内市場の展開」に不可欠な「中央政府の優越」と「国民代表制」の樹立を確保するところにある。もっとも②の特質は、民選の「国民代表府」による立法が前提とされるため、地方制度も「一応民意を反映しうる構造」を有するという積極面もある。この共通の特質の下で、フランス地方自治制は「分権」に力点があり、自治体に対する授権が包括的となる一方で住民自治が軽視され、また中央政府による事前の政策選択にまで及ぶ「後見監督」を確保しようとする傾向があるのに対して、イギリスの場合は権限配分については個別的・制限列挙的であるのに対して、授権された事項は住民自身または公選制の住民代表が遍く処理する「住民自治」の傾向が強く、また中央

---

6) 「欧州地方自治憲章」や「欧州地域自治憲章草案」、その世界版である「世界地方自治憲章草案」については、その解説も含めて、杉原泰雄＝大津浩ほか編『資料　現代地方自治』（勁草書房、2003年）67-100頁を参照のこと。

7) 杉原泰雄の比較憲法史に立脚する地方自治制度論については、杉原「地方自治権の本質（3・完）」法律時報48巻4号（1976年）133-140頁、同『憲法Ⅰ・憲法総論』（有斐閣、1987年）357-395頁、同『地方自治の憲法論』（勁草書房、初版2002年、補訂版2008年）、同「地方自治の憲法理論史」拙編『地方自治の憲法理論の新展開』（敬文堂、2011年）55-73頁などを参照。

政府による統制も裁判所による事後的な適法性統制に限られる傾向がある[8]。

　これに対し、封建的割拠体制が残存する歴史的条件の下で「上からの近代化」を追求する 19 世紀ドイツ（特にプロイセン）のような後発資本主義国の場合には、「外見的立憲主義型」の地方自治制が成立する。この体制下では、少なくとも憲法理論上は実定憲法に地方自治制の存在を規定する必要はなく、したがって地方制度の改廃についての「法律の留保」ですら義務付けられない。この類型に属する明治憲法下の日本は、たしかに憲法に地方自治規定が一切ないため、実際には法律で地方自治制が定められていたにせよ、理論上はこれを行政府の裁量事項に留めることさえ可能であった。地方自治の伝統の強いドイツの場合は憲法上に一定の地方自治の規定を置く選択がなされたが、杉原によれば、この場合も地方自治の憲法理論における正当化の論理は「近代立憲主義型」とは全く異なっていた。すなわち「『国民主権』、『国民代表制』あるいは議会主権から、法律に対する地方公共団体の従属が帰結されたのではな」く、「法人たる国家」を「主権（統治権）の唯一の権利主体」と観念する「国家法人説」こそが、その論理的帰結として市町村などから「統治権の固有の主体」性を奪い、「法人たる国家の意思つまり法律」への従属を正当化したのである。この観念の下では、委任事務と固有事務の区別に関わりなくそのすべての事務が国家から伝来すると観念され、また統治権の発動と見なされる限り、地方公共団体は国家の官庁組織に組み込まれて上命下服の関係に置かれることになる[9]。

(2)　「人民主権」型地方自治制と「充実した地方自治」制との関係

　杉原説は以上の 2 類型のほかに、民衆運動が生み出す「人民主権」型の地方自治制を挙げる。それはフランス革命時やパリ・コミューン時に垣間見られた型であり、「徹底した民意による政治を求める原理」からの帰結として、地方で処理できる事務は、地方公共団体が主権者人民の「単位」としての住民の意思に基づき、「中央政府から自立して」処理すべきことを本質とする。後にこの型を「充実した地方自治」の体制と呼ぶようになった杉原によれば、その特徴は、①「人民主権」原理に基づき、直接民主制あるいはその代替物としての住民の選任と統制とが確保された代表制を不可欠の要素とする「充実した住民自治」、②自治行政権のみならず「自治立法権」も保障され、法人格を有する地方公共団体が自治

---

8)　同上『憲法 I』365-370 頁。
9)　同上、370-380 頁。

事務について中央政府から独立して処理する権利を認める「充実した団体自治」、③「充実した団体自治」の必要条件としての地方公共団体優先、市町村最優先の事務配分を義務付ける「補完性または近接性の原則」と「全権限性の原則」、④前記の事務配分原則に適合的な自主財源配分の原則、⑤上記の「自治立法権」が憲法の設ける条件の下で「始源的な意思決定権」となりうるような真の立法権まで分有するという意味で、地方公共団体に「地方政府」性、「統治団体」性が認められること、などである[10]。

　杉原の比較憲法史の認識では、この第3の型の地方自治制はいまだに完全な形では成立していない。例外は、A・トクヴィルが19世紀前半の北アメリカに見た、(素朴な)「人民主権」に基づく「充実した地方自治」の体制であり、これがその後の「ホームルール・チャーター制」を特徴とするアメリカ地方自治に結実した[11]。しかしそれ以外の先進資本主義国についても、杉原は第1の「近代立憲主義型」は、20世紀後半以降の資本主義国家の現代化とそれに伴う近代市民憲法の「現代市民憲法」化の中で、ある程度は第3の型に近づいていくとする。その根拠は、実定憲法上に地方公共団体に関する特別の章や条文が設けられ、その自治について一定の憲法保障がなされるようになったところにある。その例としてはフランス第4、第5共和制憲法や現在のドイツ連邦共和国基本法が挙げられている。そしてこれらの憲法の不十分な点を克服し、さらにいっそう第3の型に近付きつつあるものとして、20世紀末以降の世界的な地方自治保障の動き(欧州地方自治憲章や1993年の世界地方自治宣言草案など)や民主化後の旧社会主義諸国の改正憲法(ロシア、ポーランド、スロバキアなどの諸憲法)を挙げたうえで、日本国憲法も同様の流れに属すると主張するのである[12]。

(3) 杉原3類型論の意義と課題

　以上のような杉原の類型化は、先進資本主義国家と後発資本主義国家との相違に基づく地方自治法制の質的区別という前述の山田の類型化を法学的により精緻化しただけでなく、これらの国々で最終的には採用されなかったにせよ、その不十分な地方自治法制を克服するために追求され続けた第3の類型を近・現代の民衆運動ないし対抗的社会運動の中に見出した点に特徴がある。加えて、20世紀

---

10) 同上、390-395頁。同・前掲(注7)『地方自治の憲法理論(補訂版)』51-54頁。

11) トクヴィルの『アメリカのデモクラシー』については、その解説も含めて、杉原=大津他編・前掲(注6)『資料　現代地方自治』149-164頁を参照のこと。

12) 杉原・前掲(注7)『地方自治の憲法理論(補訂版)』73-89頁、132-144頁。

において民主化を果たした日独などの旧後発資本主義国を含む現代の先進資本主義国家だけでなく、20世紀末以降に民主化した旧社会主義国家にも見られるように、全世界的な立憲主義の現代化現象の下で、それぞれの相違を残しつつも、多くの国々で地方自治法制が第3類型に接近しつつあることを描き出す点にも大いなる示唆が見出せる。本稿も大きな枠組みとしては、この3類型論は歴史的にも法学的にも妥当で合理的な理論であると思う。しかしながら、本稿が追究する地方自治法制の国際比較研究方法論の視点からは、なお以下の問題が残されているといわざるをえない。

　まず21世紀の現代世界の主要国における地方自治法制の比較類型論としては議論が荒すぎるうえに、現実の多様な姿を描き出すことに成功していない点である。もちろんその原因の1つは杉原が利用したデータが少なすぎ、かつ古すぎるからである。しかしそれだけではない。現代の世界における先進的な地方自治法制の類型である「充実した地方自治」の究極の姿を「近代立憲主義型」を根本から克服するものとして描こうとした結果、民衆運動ないし対抗運動が近・現代資本主義を否定し去った後の類型として理想化してしまった点にこそ、根本的な問題が潜んでいる。だからこそそれは、20世紀以降、世界資本主義体制の中心に位置するようになったアメリカにおける地方自治法制を、資本主義型地方自治法制を克服すべき第3類型に位置づけるという論理矛盾をきたすことになるのである。

　加えてその比較類型論には、アメリカの地方自治における「ホームルール・チャーター制」とヨーロッパ大陸で主流の考え方である「補完性原則」との間の相違や矛盾への認識が乏しいことも指摘できる。あるいは、「補完性原則」等に対してナショナルミニマムの切り下げと地域間格差の増大を促す反福祉国家的な法制度論であるとの批判が加えられていることに鑑みれば[13]、福祉国家の維持・拡充を求める対抗的民衆運動の方向との食い違いの存否についても、さらなる検討が必要である。

　資本主義は矛盾と抑圧を恒常的に発生させ、だからこそ常に対抗運動によるその修正を受けながら再生産を繰り返す社会システムである。しかしそれでも現時

---

13)　進藤兵「補完性・近接性原則批判—あるいは『地方優先の事務配分で中央政府の権限・介入を限定する』という形態の国家介入への批判」唯物論研究協会編『地域再生のリアリズム（唯物論研究年誌14号）』（青木書店、2009年）176-204頁。

点の学問水準では、個人の自由と自立の確保という点で人類が生み出しえた諸システムの中で最も「まし」なものである。そのような認識に立つならば、現代の先進資本主義国家のより改善された要素と新たな形で生み出される矛盾の要素との複合体として現代地方自治法制を描き出すほかはないであろう。そしてそのような矛盾の複合体の間の偏差として、諸国の地方自治法制を類型化することが肝要であろう。そのような条件付きの「あるべき地方自治法制」の探求こそが、過剰なイデオロギー的思い入れを免れた法制度研究の進むべき方向である[14]。

Ⅲ 現代公法学における比較地方自治類型論

1. 通説的な2類型論

(1) 「アングロ型」と「大陸型」

以上のような比較憲法史学の視点からの類型論は、現代公法学に共有されてはいない。ここで現代公法学と呼ぶものは、憲法原理や理念の探求よりも、公法分野の実定法制度とその運用の分析に傾倒する法学体系を意味しており、主に行政法学を想定し、また同対象を政治学的に分析する行政学もこれに含まれるものとする。そもそも憲法学は地方自治法制への関心が薄く、ましてやその類型論への関心は乏しい。むしろ現実の地方自治法制とその類型論への関心が高かったのは行政学や行政法学のほうである。

現実の法制度とその運用を扱うこれらの学問体系において従来通説とされてきたのは、イギリスとフランスの制度体系に関する行政学的分析を起源とする2類型論であった。その代表的な論者である西尾勝は、イギリスを母国とし、ここから英連邦諸国やアメリカに普及していった地方自治の型を「アングロ型」（またはアングロ・サクソン型、イギリス型）と呼び、フランスを発祥の地として、一方はイタリア、スペイン、ポルトガル、ラテン・アメリカ諸国へと普及し、他方はドイツ、オーストリア、オランダ、そして北欧諸国へ普及していった地方自治の型を「大陸型」（またはヨーロッパ大陸型、フランス型）と呼んだうえで、それぞれの特徴を説明する。

---

14) こうした常に矛盾を孕んだ社会において、それでも人権保障や民主主義のよりいっそうの実質化を求める多様な対抗運動を通じて、立憲主義の内実が歴史的に深化する。この視点につき、詳しくは拙著『分権国家の憲法理論』（有信堂、2015年）55-57頁を参照されたい。

このような2類型論は、前述の歴史学・比較憲法史学において重視された「近代立憲主義」（イギリス・フランス）と「外見的立憲主義」（ドイツ）との対置図式ではなく、国家構造の凝集性の相違や法文化と行政の特質に応じた区別のほうを重視していると思われる。また「充実した地方自治」のような「第3類型」には関心が向けられず、むしろ2類型の融合化傾向に関心が向けられている。もちろん歴史学においても、「大塚＝高橋史学」の後の世代の歴史学では、「国家の凝集力」の差異に目を向ける傾向が強まっている[15]。また法文化論的な視点に依拠して、「ルソー＝ジャコバン型国家像」と「トクヴィル＝アメリカ型国家像」を対置する憲法学も有力である[16]。これらの視点は、多かれ少なかれ社会システム論的な見方をするため、近代国家の矛盾を克服する第3の類型を想定することは避け、近代国家内の諸類型の持続性を認めつつ、それらの類型間の相互作用を通じた変容に関心が注がれることになる。

(2) 「分権・分離型」と「集権・融合型」

　まず「アングロ型」は、統一的国民国家の形成時に国王と封建諸勢力との対立抗争が大陸諸国に比べ厳しくなかったという事情や（イギリス）、植民地時代に本国政府が設けた支配機構が比較的弱かったという事情（アメリカ、カナダ、オーストラリアなど）を背景にして生まれたもので、「分権・分離型」を特徴とする。「分権」とは、「地方共同体社会の自治が国民国家形成過程でもその自律性を保ち続け、これが主権の絶対化を事実において制約し」、「自治権を地方共同社会の固有権とみる固有権説的な観念が強い」こと、あるいは近代国民国家にとって重要性の高い警察や教育が市町村自治体の事務とされてきたことなどに着目して見出された特徴である。また「分離」とは、自治体の事務権限について制限列挙主義を採用し、自治体が法律で明示的に授権された事務以外の分野の活動をすると「権限踰越（ultra vires）」と判断されて違法・無効となる制度設計がなされており、その他の行政サービスは国が自らに留保した事務として地方出先機関を設置してこれを処理するため、国の事務と自治体の事務とが分離する関係にあること、ならびに国家による自治体統制が立法と司法による統制を中心にするため、統制の密度が荒いことなどを捉えてその特徴とするものである。

　これに対して「大陸型」は、封建諸勢力の抵抗・反抗が強力であったため、中

---

15)　例えば、柴田三千雄『近代世界と民衆運動』（岩波書店、1983年）、特に27-35頁。

16)　例えば、樋口陽一『近代国民国家の憲法構造』（東京大学出版会、1994年）、特に33-97頁。

世以来の「中間権力」を解体し新たな中央集権国家を設けざるをえなかったという事情を背景に生み出されたもので、「集権・融合型」を特徴とする。ここにいう「集権」とは、自治権を国家ないし中央政府の授権によるものとする伝来説的な観念が強いこと、中央政府内に国家事務の地方執行を確保し、かつ自治体を恒常的に統制するための強力な官庁（内務省など）が設けられていること、警察や教育を国家事務としていることなどの特徴を指す。「融合」とは、法律で自治体の事務を定める際に概括授権方式または概括例示方式がとられることにより、自治体の事務の範囲は一般的包括的なものとなるがゆえに、国の事務と自治体の事務との截然とした区別・分離がなされなくなり、同一地域内で両者の行政サービスが重複し競合するという特徴を指す。また特に市町村レベルでは、国の事務自体が国からの委任事務の形で国のコントロール下で自治体に執行させる方式が一般化するため、地方住民には国からの委任事務も自治事務もすべて自治体の事務として融合しているように見える特徴も含まれる。それはまた、自治体を地域総合行政の主体と見なす傾向を生むことになる。さらに、これらの自治体の活動に対する国からの統制は、住民の利益と国民の利益とが容易に融合化されるため、事前の政策選択にまで及ぶ行政統制が重視され、その分、規律密度も強度も高まることになる[17]。

(3) 自治の量と質

西尾は以上のような2類型を立てたうえで、両モデルが特に市町村自治に対して及ぼす意味については量と質の点で逆になる傾向を指摘する。すなわち「分権・分離型」では「集権・融合型」に比べて事務権限の範囲（すなわち自治の量）は狭くなるものの、その執行の際の行動の自由、自主的な裁量の余地（すなわち自治の質）は広くなる蓋然性が高いというのである。最後に西尾は、これらのモデルについても、連邦国家と単一国家の違い（連邦国家では地方自治は「国家」の役割を果たす州に対する市町村の関係を意味することになる）、政府組織の階層制の数、基礎自治体の規模などの変数によって多様な偏差が生じることを指摘している[18]。

同様の分類論は、山下茂らの比較地方自治論にも見出される。山下らは「価値規範」に囚われない研究を目指すとの立場から、「特定のシステムのみが望まし

---

17) 西尾勝『行政学の基礎概念』（東京大学出版会、1990年）373-392頁（初出1981年）。同『行政学（新版）』（有斐閣、2001年）55-65頁。

18) 同上『行政学（新版）』65-66頁。

いというような結論がアプリオリに与えられているような種類の尺度」の使用を放棄するために、「構造＝機能主義的アプローチ」を採用する。この方法論では、「社会からのインプットを社会へのアウトプットへと変換するシステム」として「政治システム」を捉え、地方自治もそのような政治システムの1つとして分析することになる[19]。しかし山下らは、このような分析装置を適用する前提として設定した世界の地方自治「制度」の類型化については、やはり上述の西尾と類似した「フランスモデル」と「イギリスモデル」での説明を試みており、そこからは伝統的2類型論の影響力の強さが推し量れるであろう[20]。

2. 現代公法学3類型論に基づく「北欧・中欧型」優位論

(1) 3類型論の内容

この2類型論に対しては、後に「大陸型」を、フランスを代表例とする「南欧型」とドイツやスウェーデンを代表例とする「北欧・中欧型」とに分けて、3類型にすべきだとする反論が有力に唱えられることとなった。その発端は、1988年にドイツで行われたシンポジウムを母体に、当時の先進20カ国の地方自治制度を比較研究した成果として1991年に刊行されたJ・ヘッセ編集の研究書が提示した3類型論である[21]。同書の内容を紹介する木佐茂男の論文[22]にも依拠しつつ、この3類型論を簡略にまとめると、以下のようになる。

---

19) 山下茂＝谷聖美＝川村毅『比較地方自治（増補改訂版）』（第一法規、1992年）21-26頁。なお「社会からのインプット」には政治的コミュニケーション機能、政治的利益（要求）の形成・表現機能、政治的利益の集約機能などが位置付けられ、「社会へのアウトプット」にはルール形成（広義の立法）機能、ルール適用（広義の行政）機能、ルール裁定（広義の司法）機能が位置付けられている。そして政治システム自身が環境変化に適応して存続するためには「政治的社会化と補充の機能（人々に政治的価値や社会的規範を吸収させると同時に、政治的リーダーたちを補充する機能）」が不可欠という視点を付け加えている。

20) 同上、227-234頁。自治体への権限付与方法については、同書248-249頁。なお同書は、フランス系グループと英国系グループに加えて社会主義体制グループを設けている。しかし同書自身、社会主義体制崩壊によりこのグループはほぼ消滅しており、もはや「中国などごく少数の国においてのみ残存するにすぎない」とする（231頁）。

21) Joachim Jens Hesse (ed.), *Local Government and Urban Affairs in International Perspective, Analyses of Twenty Western Industrialised Countries*, (Nomos Verlagsgesellschaft, 1991). 同書の翻訳として、Joachim Jens Hesse 編（北海道比較地方自治研究会〈代表・木佐茂男〉訳）『国際比較から見た地方自治と都市問題～先進20か国の分析～Ⅰ・Ⅱ』（非売品・北海道大学法学部公法資料室、1994・1995年）。3類型論とその現代的変容については結論部分（同書Ⅱ195-207頁）で提示されている。

22) 木佐茂男「連邦制と地方自治をめぐる法制度と実務の比較考察」公法研究56号（1994年）48-51頁。同「地方自治をめぐる世界の動向と日本」法律時報66巻12号（1994年）34-35頁。

第1類型は「フランコ型」（フランス・南欧型）である。フランスを典型例とし、イタリア、ベルギー、スペイン、ポルトガル、そしてある程度ギリシャがこれに該当する。ここでは自治体は憲法上で平等の地位を与えられているものの、その活動は通常は国の地方出先機関（知事）による援助と指導に依存し、その統制・監督を遍く受ける。ヘッセらによれば、この型の自治体は「自己統治（selfgovernment）」というよりもむしろ「共同体帰属意識」を表現するところに意味があるという。しかし国による自治体に対する「表向きの」統制の大きさにもかかわらず、その実態においては自治体が国家の役人や政党と結び付くことを通じて、むしろ事実上地方の裁量を国に尊重してもらい、あるいは国の権限を地方が制限することを可能にするという意味で、自治体による国の「植民地化」が生じやすいという特徴がある[23]。

　第2類型は「アングロ型」（イギリス型）である。イギリスを典型例とし、アイルランド、カナダ、オーストラリア、ニュージーランド、そして一定の条件付きでアメリカがここに含まれる。この型では、自治体は憲法上の地位を有していない。連邦国家の場合は州憲法上にはその地位が規定されることがあっても、連邦憲法には規定されない。そのため通常は自治体が法律によって創設されるため、法律に対する地方自治保障が法制度上は弱いことになる。他方で国の事務と自治体の事務はそれぞれ分離・峻別される傾向が強く、国からの普遍的・日常的な監督・統制が自治体に加えられることもないので、自治体は「日常業務に関する限りは中央〔＝国〕からの高度な自治権を享有している」。したがって国と自治体との関係は本来的に水平的となり、それぞれが2つの独立した層を形成する。また「フランコ型」のように国による統制が地方によって利用されることで生ずる「植民地化」も稀であり、その意味で国自身が統制範囲を実質的に決定することができ、両レベルの政府システムは伝統的には公平で中立的なものとなりやす

---

23)　第3・第4共和制期のフランス地方行政において、法制度上、地方を強力に統制し支配できるはずの国家役人たる県知事と地方名望家層との間で「共犯（complicité）」関係が成り立っており、その結果「非政治的」な地方自治行政の中で一定の「自治」が生じていたことについては、Jean-Pierre Worms, «Le préfet et ses notables», *Sociologie du Travail*, (juillet-septembre 1966), pp. 249-275. 国と自治体との事務分野が融合・重複しやすく、国が普遍的な統制を自治体に加えうる国・地方関係をとる国でも、これを単なる中央集権と見ることはできないのであって、むしろ政治ルートや行政上の事前調整ルートなどを通じて、国と自治体との相互依存的な関係が構築される限り、そこにも機能主義的に見て一種の地方自治的な関係の保障が見出されることは、旧来の日本の地方自治についても指摘されていた。その代表例が村松岐夫『地方自治』（東京大学出版会、1988年）である。

い[24]。

　第3類型は「北欧・中欧型」（北部・中部ヨーロッパ型）である。その核となるのはノルウェー、スウェーデン、デンマークであり、他に（西）ドイツ、オーストリア、スイス、オランダ、そして法制度上に限ってのこととされるが日本がこれに含まれる。この3類型論者によれば、「北欧・中欧型」こそが最も分権的であり、その地位は憲法で保障されており、「比較的高度な政策形成上の自治権と財政上の独立性を有し、顧客志向の福祉国家機能を有している」とされる。この型においては、自治体の行政能力が重視され、一般的概括的な権限が保障される特徴があるだけでなく、とりわけ「地方の民主主義それ自体が重要な役割を果たす」ことが強調されている[25]。

(2) 「北欧・中欧型」優位論と日本の地方自治

　以上の3類型論は、特に憲法による自治体の地位や制度の保障、ならびに包括的に地方自治を保障する一般原理ないし一般的概括的な権限保障の原理（いわゆる全権限性）の保障が見られる点で、日常的な政治の場面で事実上高度な自治まで保障する「アングロ型」、あるいは中央政府による強い統制の下で高度な行政分権のシステムを発達させた「フランコ型」のいずれとも異なる、より高度な地方自治保障の類型として「北欧・中欧型」の優位性を際立たせることを特徴とする。そして日本の場合も、少なくとも憲法規定上はこの第3類型に属しうるものとの評価がなされる結果、最も高度な地方自治保障の可能性があることも示唆されるのである。

　しかしこの3類型論にもいくつかの欠点があることは指摘されなければならない。それこそが、本書が提起する地方自治法制の国際比較における新たなパラダイム転換のための具体的な手懸かりを示すものである。そこで次に、いくつかの主要国における分権改革とそれに伴う地方自治法制の変容を分析した本書の各論考を手懸かりにして、現代の比較地方自治法制の変容から見た伝統的な類型論の問い直しの必要性を確認したい。

　24）　木佐・前掲（注22）「連邦制と地方自治をめぐる法制度と実務の比較考察」49頁は「アングロ型」の特徴につき、「中央政府の幹部公務員による植民地化は稀」と記述するが、ヘッセらが述べていたのは、「フランコ型」のような自治体職員や地方名望家層らによる国家行政官の（木佐とは逆の意味での）「植民地化」現象が稀なこと（つまり政治的に透明で中立的な関係が存在すること）であったと思われる。

　25）　木佐・同上論文49頁。

Ⅳ 分権改革に直面する現代地方自治法制の変容から見た
伝統的類型論の限界

1. 伝統的類型論のモデル国における地方自治法制の変容

(1) 「アングロ型」

　本書の各論考からわかることは、グローバリゼーション下での地域間の国際競争の激化と各国内における多元的な民主主義の発展とに規定されて、従来モデルと見なされてきた英米、独、フランスの間にも従来の類型論とは異なる共通性や差異が生じているという事実である。この点では、アメリカの地方自治・地方政府の法制度は最も変容の度合いが小さいように見える。もっとも北見宏介によれば、アメリカの地方自治・地方政府の法制度は州によって多様であり、まさに「システムなき状態」であり続けている。その意味では、変容の度合いが小さいという一般化も危険である。また「国際的な関係の下で、シティが自身の国内的な法的権能の範囲を見直すようになっており、その結果として、シティをめぐる国際的な一群の法規範が現れ始めている」との指摘もなされているので、大きな変容が生まれ始めているのかもしれない[26]。少なくとも現時点でいえることは、他の国と比べて変容の度合いが小さい理由を「アングロ型」の特質と見ることはできないということである。なぜなら、「アングロ型」の源流にあるイギリスの地方自治法制が大きな変容を示しているからである。

　イギリスについては、前述の3類型論では「議会主権」に抵抗できないという弱点、すなわちその意味で脆弱な地方自治保障の憲法原理しかないという点で「アングロ型」の源流としての本質が指摘されていた。たしかに明確な憲法原理としては、イギリスではいまだに「議会主権」が最高の基本原理として君臨し続けており、その限りにおいて国会制定法に対する地方自治の憲法保障の法原理は見出しようがない。しかしイングランド地域内では、例えば2000年の地方自治法と2011年の地域主義法（localism Act）の制定により、地方自治体に「包括的権限」が認められるようになった結果、もはや地方自治体の自治活動のすべてに事前の法律による個別の授権を求める「権限踰越（ultra vires）」の法理が形骸化しかけている。すなわち地方自治の基本となる立法により包括的な権限の付与が

---

26) 本書第1章（北見宏介執筆）ⅣおよびⅤ。

認められ、かつ世論の反発などの政治的な理由でこの法律の縮減的な改正や廃止が不可能になっているという意味での「政治的立憲主義」の存在を視野に入れるならば、イギリスの地方自治法制にも、ホームルールが認められている場合のアメリカの自治体や憲法上で全権限性を保障されているドイツや日本の自治体と事実上近似する自治保障の有り様、すなわち「政治的立憲主義」に則った一種の「全権限性」の憲法保障が見出せるのである[27]。

加えて、「大きな分権」の先進例であるスコットランドに見るように、後戻りし難い議会自身の特別立法による「包括的な立法権の移譲 (devolution)」が進められている点も重要である。この立法権移譲には「シーウェルの憲法習律 (Sewel Convention)」、すなわちスコットランド側の同意を欠いてはウエストミンスターの国会といえども移譲した権限を奪い返せないとする憲法慣習、あるいは独立回避のためにウエストミンスターの国会がこの憲法習律を実定法化せざるをえなかった結果として制定された2016年スコットランド法などの帰結として、一種の憲法的な保障が与えられていると見ることができる。つまりイギリスは、いまだに単一国家の枠組みを残しながらも、その地方自治法制は実質的観点から見れば次第に立法権分有化の方向に進みつつあることがわかるのである[28]。

(2) 「フランコ型 (南欧型)」

次に「大陸型」の中でも「フランコ型」または「南欧型」と呼ばれる類型についても、今日では大きな変容が生じている。まずそのモデル国であるフランスについては、その中心的な特徴である「行政レベルの分権」としての「自由行政」という憲法上の地方自治保障概念の存続と、大革命以来ほとんど合併をすることなく残ってきた3万6000にのぼる零細農村を中心とする市町村 (communes) の存続という点には大きな変化はない。しかしこの基本条件の下で、グローバリゼーションが生み出す地域間国際競争への対応として県を越える国際水準の広域自治体としてのレジオン (régions) が創設され、2003年の憲法改正でこれに憲法上の地方公共団体の地位が付与され、さらに2015年1月16日法 (La loi NOTRe)

---

27) 本書第2章 (河上暁弘執筆) Ⅲ・Ⅳ。

28) 本書第2章Ⅱ―2。また「シーウェルの憲法習律」と「政治的立憲主義」、あるいは2016年スコットランド法については、クリス・ヒムズワース (Chris Himsworth) (愛敬浩二＝本庄未佳共訳)「イギリス憲法の諸相―スコットランドの観点から」名古屋大学法政論集271号 (2017年) 209-253頁、特に245-250頁、倉持孝司編著『「スコットランド問題」の考察』(法律文化社、2018年)、特に63-83頁 (松井幸夫執筆) を参照のこと。

に基づく強制合併によりレジオン自体が巨大化している事実が目を引く。また市町村のレベルでも、今日では市町村合併に代わる市町村自治体の合理化・広域化のための手段である市町村連合体の創設が強制的に進められており、すでに 3 万 6000 の小さな市町村の存在はほとんど名ばかりとなっている。さらに近年の改革では「メトロポール」「グラン・パリ」などの法制度により、フランスにおいてすら国内地域経済発展の牽引車として巨大な都市自治体の法制度が発展しつつある。最後に、「行政レベルの分権」の憲法原理にもかかわらず、地域的事情や特殊性を無視した画一的な自治体行政を押し付けようとする国の立法に対して複数回違憲判決が下され、さらにこうした「分権国家」としての発展方向を強固なものにするために 2003 年に大幅な憲法改正まで行われるなど、従来の「フランコ型」の枠を大幅に越える現代的変容が見られる[29]。

　さらに「フランコ型」ないし「南欧型」については、この類型に属するとされてきたイタリアやスペインでもさらなる大きな変容が見られる。特にイタリアでは、単一国家の本質は維持しながらも、憲法上で立法権を国と州とで分割し分有化する「地域国家（Stato Regionale）」化が進行している。スペインでも「自治共同体国家」化が進んでいる点は同様である。イタリアの場合、憲法上で州の「専管」とされた立法事項であっても、国の統一性や全国的利益の確保などの明確な必要性がある場合には、「横断的事項」、「補完性」などの様々な憲法概念を用いて国の立法権がこれに関与できる点で、「地域国家」は連邦国家と区別される。実際には憲法裁判所がその判決を通じて単一国家の本質を維持し、イタリアが連邦国家化することへの歯止めを設定している。また、州立法権の憲法保障とは別に、フランス流の「行政レベルの分権」に留まるはずの県、大都市、市町村の自治権についても、「地域国家」の憲法理念が波及して一定の立法権分有に近い状態が生じ始めている[30]。

　これらの事例を見るならば、「アングロ型」であれ「フランコ型」であれ、単一国家（アメリカの場合は州が創設したものとしての市町村の法原則を建前とする国家）や「行政レベルの分権」の建前を超えて、レジオン（州）などの広域自治体の強大化と市町村自治体レベルにまで及ぶ可能性を秘めた立法権分有の傾向が見出せ

---

29)　本書第 3 章（飯島淳子執筆）、ならびに拙著・前掲（注 14）『分権国家の憲法理論』を参照のこと。
30)　本書第 4 章（芦田淳執筆）。

る。

(3) 「ゲルマン型（北欧・中欧型)」

最後に「ゲルマン型」(「北欧・中欧型」)の地方自治についても一定の変容が見出せることに違いはない。ドイツの事例を見ると、現在でも連邦法や州法に抵触しない限りはこれらの立法による授権を要することなく自治体独自で条例を制定し地方的事項を規律できるとする全権限性（Allzuständigkeit）が憲法上で認められていることなどの点で「行政レベルの分権」の最高水準が保障されていることに間違いはない[31]。それどころか、ドイツでは逆に「分権・権限移譲のしすぎ」が問題となっている。「民営化のしすぎ」も同様である。全権限性や近接性、事務配分に応じた自治財源の保障などの憲法規範が明文化され、憲法判例上でその裁判規範性が確立しているドイツでは、こうした行きすぎに対してこれらの憲法規範に依拠した違憲判決も下されている事実が注目される[32]。しかしいくら「EUの優等生」として好条件を維持するドイツであっても、今後、イギリスのEU離脱やEU域外からの難民の大量流入、あるいは後述する中国経済の強大化などに直面して、さらなる権限移譲のためにも自治体規模の合理化や大都市化を図ることなくグローバルな地域間国際競争に勝ちぬいていけるかは不明であろう。また、本書ではほとんど扱えなかったが、ドイツの場合は連邦国家における立法権分有システムについて、近年憲法改正を重ねることで大きな実験が続いている。この点は後述する[33]。

2. 東アジア諸国の「後発型」地方自治制度の発展とその問題点

(1) 韓国・台湾における「ゲルマン型」地方自治法制の導入の意義と問題点

以上のような西洋各国の地方自治制度の変容と、こうした状況が従来の伝統的な類型論と不適合を起こしていることについての認識を生み出した1つの大きな要因が、非西洋諸国、とりわけ東アジア諸国における「後発型」の地方自治法制の展開である。もっとも、そのうちでも韓国と台湾については、すでに現代の先

---

31) もっとも、直ぐ後でドイツ法理論の東アジア諸国への影響を論じる際に言及するように、「行政分権」の本質に規定されて、権利制限・義務付与の条例については「法律の留保」原則が適用され、連邦や州の立法による委任の根拠を要するという限界が常に付きまとうことは確認しておかなければならない。

32) 本書第5章（人見剛執筆）。

33) 本章V—2(2)。

進民主主義国家に含めうる政治と法制度上の水準を持っており、「後続発展型」資本主義国家と呼ぶにふさわしい国であり、これらは西洋各国の地方自治法制の「普及」と見るべきものかもしれない。

この国家類型では、韓国であれ台湾であれ、軍事独裁体制の打倒後の民主化の過程で、たしかに西洋流の地方自治、とりわけドイツの市町村自治の法制度と法概念が（一部は日本の古い地方自治論を媒介として）取り入れられていったといえる。したがってその水準は「行政レベルの分権」、すなわち自治体による立法権分有を拒みながらの高度な地方自治の法制度と法理論の発展として理解すべきものである。たしかに、現在の韓国では地方自治法22条の「法律の範囲内で」の条例制定権という規定を、日本の従来の通説と同様に「法令に反しない範囲内で」と解すようになっており、また台湾でも自治事務に関する限り上級機関には適法性の監督権しかなく、あるいは「横出し」、「上乗せ」条例の適法性が認められる事例も現れている。しかしながら韓国では、「法律の留保」原則が条例制定権に適用され続けており、国会立法の根拠なく住民の人権を制限する条例を制定することができない。台湾でも同様である。特に台湾では条例に罰則規定があるときは行政院（≒内閣）または中央の主管機関に報告し、その審査・査定後でなければ公布できないという中央行政府による事前型の規範統制制度が存在する。このように両国では、ドイツおよびその影響を強く受けた日本の旧通説と同様に、国の立法権に対抗しうる法規範定立権という意味での自治体による真の立法権分有の意義は、なお十分に意識されてはいない。他方で、韓国では基礎自治体自体が強制的な合併政策により巨大化しその数が極端に減少している。台湾でもそれほど極端ではないものの、大都市としての「6都」に国の地域経済を牽引させようとする改革がなされた[34]。

もちろんこれらの国々の現状分析から導かれる地方自治法制の国際比較上の意義は、巨大化することでグローバルな競争に勝ち抜く以外に道はないという方向に全世界が流されているという事実を示す点だけではない。例えば台湾の地方自治法制を論じる中で台湾大学の黄錦堂は、ドイツにおける「一元民主理論（国会中心主義）」から「多元的民主正当性監督」への変化に依拠しつつ、台湾の自治体の条例と「法律留保」との関係について「地方制度法授権説」（＝日本の憲法直接授権説にかなり近いもの）を展開している。また結局は可決されなかったものの、

34）　本書第6章（崔祐溶・文尚徳執筆）ならびに第8章（黄錦堂執筆）。

韓国では、2017年に発足した文在寅政権が「大韓民国は、地方分権国家を志向する」という規定などを挿入する新たな憲法改正を発議している。2003年のフランス憲法改正を模倣しただけかもしれないが、新たな可能性を感じさせる動きである。このように、今日の世界的な立法権分有化傾向が東アジアにおいても意識されつつあるという事実は注目しなければならない[35]。

(2) 「アジア市場経済移行諸国」における法治主義と地方自治法制の特異な展開

東南アジアや中国の場合は、さらなる別の類型論が必要である。これらの国々は、不十分な条件のままでグローバルな市場経済に組み込まれ、その結果、近代と現代の立憲主義ないし法治主義が同時並行的に採用されようとしているだけでなく、各国の伝統的で独特な支配・従属システムが併存している。中国の場合には、共産主義イデオロギーによる「共産党一党支配」という（少なくとも現時点までは）最上位の法規範までもが併存するため、西欧の立憲主義ないし法治主義の「単線的発展モデル」を見出すことができず、「西欧の法治主義のサブテクストとして同時併存する非西欧＝『周辺』（periphery）の『法治主義』とその『複線的発展モデル』」を模索せざるをえない[36]。

こうした視点から中国を見るに、その地方自治法制は、伝統的な類型論に対し、より挑戦的な意味を持っている。その最大の特徴は、中央（特に共産党）のコントロール下における地方団体幹部の出世競争と地方行政技術の革新を通じた事実上の地方「自治」の展開にある。市場経済への移行の中で、中国の地方政府は「独立した利益団体」化し、それらが経済発展の地域間競争を繰り広げることで事実上の地方「自治」を生み出している。適法性保障、とりわけ住民の人権保障のために関与すべき司法権についても、地方裁判官が地方人民代表大会の選挙で選ばれることや、呉東鎬論文が指摘するものではないが政府への批判が困難という中国政治の特質も関わって、「司法の地方化」、すなわち適法性や人権保障を無視した地方政府の暴走を許す状況が残っている。もちろん近・現代立憲主義を前提とし、民主主義の多元化の一環として現代の分権改革と地方自治法制の発展を見る伝統的な類型論からすれば、こうした事実上の地方「自治」の発展は邪道に

---

35) 第8章Ⅲ3.—(2)の注22参照。

36) こうした視点を示すものとして、2017年10月15日に第82回日本公法学会総会2日目第1分科会における市橋克哉報告が大いに参考になった。本報告は、市橋克哉「非西欧諸国における法治主義—アジア市場経済移行諸国における法治主義」公法研究80号（2018年）90-99頁に、一定の修正を施されつつ活字化されている。

ほかならない。中国自体、後発市場経済移行国であることに加えて、巨大な面積と多様な民族、膨大な人口を抱えた国家であるという特殊性が、こうした中央統制下での事実上の地方「自治」の必要性を生み出していると主張する[37]。

だがこうした中国の地方制度のあり方自体が、グローバルな国際地域間競争において中国の政治的経済的影響力を強めていることも事実である。西洋諸国は、こうした中国の地方「自治」法制の圧力に対応する中で、伝統的な地方自治法制を変容させているともいえる。こうした中国を典型例とする「一党支配下での中央集権＝分権国家」の地方「自治」法制の類型化・理論化の必要性が痛感されるのである。

西洋の伝統的な地方自治法制を見習いながら、かつ身近な中国型の事実上の地方「自治」を発展させる「一党支配下での中央集権＝分権国家」をも参照例としながら、手探り状態で地方自治法制と地方分権改革を進めているのが現代の後発市場経済移行国たるフィリピン、インドネシア、タイなどの東南アジア諸国である[38]。その分析からわかることは、開発独裁を打倒するような政治的大事件とその後の民主化を通じて地方分権化が進行している点、そして憲法制定・改正を通じた大変革の中で地方自治法制の確立と分権化が進められている点である[39]。また、ようやく始まった民主化と地方自治の制度化、分権化においては、他の先進資本主義国や韓国・台湾のような「後続発展型」資本主義国の場合とは異なり、小さな自治体の数が増大している点も注目される。まさに近代的な地方自治法制の萌芽期の特徴と呼べる現象であろう。他方でこれらの国々では、もちろん伝統的で後進的な地方制度の残存と民主化の遅れという側面も無視することはできない。これらの国々の地方自治法制は、「複線型発展モデル」を基礎とした「ポスト開発独裁型」後発資本主義国家の地方自治法制として類型化することが可能かもしれない。

---

37) 本書第7章（呉東鎬・薛剛凌執筆）。

38) 中国の政治・経済力の強まり、特に直接的にはその経済援助の大きさを背景として、これまで援助国であった西洋民主主義諸国からの政治的圧力による各国内での西洋流民主主義・近代立憲主義・地方分権の導入に対するインセンティヴが薄れ、これらの方向への改革が停滞している現在の東アジア諸国の現実について、朝日新聞編集委員の吉岡桂子「ザ・コラム：引き潮の民主主義・アジアに広がる『習近平流』」朝日新聞（2017年10月19日）オピニオン欄の指摘が参考になる。

39) 本書第9章（井川博執筆）。

V　まとめに代えて——現代地方自治法制の国際比較研究の発展方向

1.　地方自治における立法権分有の視点の重要性
(1)　根強く残る「自治行政」概念の限界

　上述のような現代のグローバルな変化を踏まえたとき、伝統的な3類型ないし地方自治法制比較の通説的な理論はいかなる修正ないし補正が必要であろうか。以下、法理論的な部分に絞っていくつか述べたい。

　まず第1に、「南欧型」のみならず「北欧・中欧型」の場合にも、法学説および判例上では地方自治を「自治行政」の原理に押し込める傾向が強いが、こうした固定観念の修正が求められていることが挙げられる。例えばドイツの地方自治概念は「Selbstverwaltung（自治行政）」であり、フランスのそれは「libre administration（自由行政）」である。いわゆる大陸法に伝統的なこうした「自治行政」概念では、憲法上、「国」（連邦国家では連邦および州）に直接授権されている立法権（一次的ないし始源的立法権）については、県や市町村などの地方自治体がこれを憲法に基づき直接分有する考え方を導き出しえない。つまり自治体が持つ規範定立権は何らかの意味で国（および州）の立法から授権されたもの、あるいはこうした立法の地方的な「適用」としての「二次的立法権」と観念されることになる。特に単一国家の伝統が極端に強いフランスでは、自治体の条例は国の政令と同じ「règlement」の地方版と観念され続けており、その「二次的立法＝地方命令」性や国の法令への従属性が際立っている[40]。

　それでもドイツでは、連邦憲法自体が自治体に地方行政に関する全権限性を認めていることを根拠に、自治体の条例（satzung）制定権の適法性の基礎に具体的な法律の規定までは求めない。しかし住民の権利を制限し義務を課するいわゆる「法規」定立作用としての条例制定については、ドイツでもなお伝統的な「法律の留保」観念が支配的であり、したがって連邦法や州法の根拠を欠く市町村条例には適法性を認めていない。加えて市町村自治体の全権限性が認められるはずの「法規」以外の法規範の定立についても、連邦法や州法といった「一次的立法」

---

40)　条例制定権の本質に関してフランスが抱える困難と改革のための解釈論上の試みについて、詳しくは、Géraldine Chavrier, *Le pouvoir normatif local*, (L.G.D.J., 2011)、および拙稿「『分権国家』における『対話型』法治国家の可能性」辻村みよ子ほか編『社会変動と人権の現代的保障〔講座・政治・社会の変動と憲法　第2巻〕』（信山社、2017年）297-326頁を参照のこと。

に抵触する条例には一切適法性を認める余地を残さないのである[41]。こうした「自治行政」概念を憲法の地方自治保障の基本原理に据える固定観念が、韓国や台湾の地方自治法制の理論と判例にも一定の制約を与えているのはすでに見たところである。

(2) 「アングロ型」地方自治に含まれる立法権分有の要素

この点では、州憲法あるいは州法によってホームルール制を認められ、憲章（チャーター）自治体の地位を得た市や郡（カウンティ）においては、州法と表面上抵触したように見える条例にも、両者の目的と効果の点から矛盾抵触しない解釈が可能な場合には当該条例に適法性を認める柔軟な法解釈（いわゆる「目的効果基準論」）をとる判例がアメリカで散見されることが注目される[42]。加えてアメリカには、連邦の立法意思（連邦議会上院の条約承認権を通じた連邦議会と大統領の協働作用としての条約締結権を含む）と州法あるいは市町村条例との抵触については、さらに「部分的・暫定的抵触」を許容する判例すら存在する[43]。このような事実上の立法権分有制容認の法理論の根底には、地方自治を「local self-government」、すなわち「自治行政」ではなく「自己統治」と観念する「アングロ型」の伝統があることが推測される。

地方自治を「local self-government」と観念する憲法理論の比較地方自治法制論上の意義は、不文憲法主義の下で「議会主権」を最優先の憲法原理とし、地方自治権については伝統的に単なる国会立法からの派生物と見て、法律上の根拠が見出せないあらゆる自治体の行為を「権限踰越」としてしまうイギリスの場合にも、前述したような最近のその大きな変容を見るならば、顕著に見出されるところである。スコットランド議会の立法権については、英国国会（ウエストミンスター議会）の制定法とスコットランド議会の制定法との権限競合分野において、後者が前者に抵触したように見える場合であっても、常に前者が優越するのではなく、両立法の趣旨や目的の再解釈で後者を適法とする判例が存在する[44]。このように考えると、前述の公法学説における3類型論からの批判にもかかわらず、

---

41)　斎藤誠『現代地方自治の法的基層』（有斐閣、2012 年）222 頁および 480 頁参照。

42)　Cf. In re Hubbard, 41 *California Reporter* 393 (1964). アメリカ判例上の「目的効果基準論」について、詳しくは、拙著・前掲（注14）『分権国家の憲法理論』357-359 頁を参照されたい。

43)　Cf. Clark v. Allen, 331 United States Reports 503, 91 L ed 1633 (1947). 連邦の条約締結権・外交権に部分的暫定的に抵触する州法や市条例の適法性についても、詳しくは、同上拙著、359-360 頁を参照されたい。

イギリスを含めた「アングロ型」の地方自治保障の憲法理論、より詳しくは「自己統治 (self-government)」と観念する憲法理論には、「北欧・中欧型」に勝るとも劣らぬ豊かな自治権保障の要素があることがわかるのである。

2. 連邦制と単一国制の区別の問直し

(1) 「地域国家」における州自治権の分類困難性

第2に、すでに見たようにイタリアでは、共和国の単一不可分性の原則を残しながらも（5条）、2001 年の憲法改正の結果、「国」をそれぞれが固有の権限を有する市町村や県、大都市、州と並列させてそのすべてを共和国の構成要素とする規定を設けたうえで（114 条）、国の専管立法事項、国と州との競合的立法事項として列挙されたものを除き、残余はすべて州の立法事項とした（117 条 4 項）。そのためイタリアのような「地域国家」の存在のせいで、連邦国家における連邦と州の立法権分有との違いが曖昧になっている。

たしかに実際には憲法裁判所の判例を通じて、憲法に定められた国と州の立法権限の配分とは異なって、国家と国民生活の統一に必要な限り、全事項への規律権を国の立法に認めている。しかしこのような国の立法権の全般的優位の一般原則の下であれ、それでも州にも第一次的立法権を認め、特に過度の国の立法権による介入を違憲として排除するところに、連邦制とも単一国制とも異なる「地域国家」型州自治権の特色がある[45]。それゆえ立法権の単一性を、換言すれば中央の国民代表機関による第 1 次的立法権の独占を単一国家の最大の指標としてきた「単一国家フランス」では、イタリアなどは別の類型の自治制度として分類せざるをえなくなった。実際、フランスの有力な憲法教科書では、連邦国家と「分権型単一国家（État unitaire décentralisé）」の間に「地域国家」という第 3 類型を設けるに至っている[46]。この点からも、ヘッセらの 3 分類論は問い直されざるをえないのである。

---

44) 英国国会の制定法への抵触が疑われるスコットランド議会制定法を適法とする判例については、C. M. G Himsworth & C. M. O'Neill, *Scotland's Constitution: Law and Practice*, (Bloomsbury Professional, 2015), pp. 155-161. ならびに Peter Duff, "Notiong Special About That? Martin v HM Advocate in the Supreme Court", EdinLR Vol. 14 (2010), pp. 487-492. を参照。

45) 本書第 4 章を参照。

46) Louis Favoreu et al., *Droit constitutionnel*, 18ᵉ éd., (Dalloz, 2016), pp. 457-546.

(2) 連邦制の新たな問直しの必要性

ヨーロッパの単一国家における州自治権の確立強化の流れは、従来の連邦制における州の自治権と単一国家の広域自治体としての州の自治権とを区別する基準の問直しにも行き着く重大な論点である。この点では、二院制における上院の役割や性質も論点となりうる。一次的始源的立法権の分有の有無という指標も、あるいは州の利益を代表する上院の有無という指標も、すでに連邦制とその他の分権制を区別する指標たりえなくなっているからである。逆に近年のドイツのように、連邦と州の両立法権の競合領域において、連邦による全国の統一的な行政の不可欠性を連邦が立証できない限り、州法による連邦法の上書きまで認める制度や、さらには両立法権が完全に対等に競合する関係（すなわち後法は前法を破る）を認める制度すら現れており（2006年改正憲法72条2項・3項、74条）、このような連邦と州の立法権の関係にこそ真の連邦制の指標を見出す可能性も指摘される[47]。加えて、連邦制と非連邦制とを分ける指標としては、最終的には、主権そのものは単一不可分であることを前提としつつ、主権行使主体としての国民が最も重要な主権行使の場面の一部において地域（州）単位で組織される制度が、とりわけ憲法改正権の行使において地域（州）の枠を通じて意思表明される制度が保障されているか否かに見る仮説も提示されている[48]。本共同研究では、主に非連邦制における地方自治権の現状を分析することを目的としていたため、連邦制の現代的な変容と新たなパラダイムの創出の課題は追究していない。しかし今後、追究すべき課題の1つなので、ここに記しておく。

3. 地方自治法制類型論の問直し

(1) 欧米の伝統的類型論の問直し

最後に、20世紀末以降に顕著となっているグローバリゼーション現象、つまり市場経済システムの地球規模の普遍化に伴う地域間競争の激化と、これへの否応なき対応の結果としての各国の伝統的な地方自治法制の変容をいかに法理論化すべきかについても論じておきたい。すでに述べたようにヨーロッパの国々では、それでも従来の小さな市町村の枠組みを残しつつ、市町村連合体を推進すること

---

47) ドイツの州立法権については、人見剛「『枠組み法』研究序説―ドイツの『大綱法』の紹介と検討」北村喜宣編著『第2次分権改革の検証』（自治総研叢書34、敬文堂、2016年）103-131頁参照。

48) 拙著・前掲（注14）『分権国家の憲法理論』334-338頁等を参照されたい。

で対応する場合も多々見られるが、それでも近代国家形成時に画一的な広域自治体の枠組みとして創設され、長らく機能し続けてきた県については、その人口や地域枠組みの矮小さ、ならびに国際競争力の観点から見たその行財政規模の不十分さが常に指摘されるようになり、結果的により広域的な自治体である州（régions）への再編成の動きが加速している。市町村連合体にしても、より大規模で国際競争力のある巨大都市圏への再編が進みつつある。これらは主に小規模の市町村を念頭に置きつつ構築されてきた地方自治法制の法概念や法理論を変容させずにはおかない。

　ドミニク・ホーレンス（Dominique Hoorens）の編集により 2008 年 11 月に公刊された『欧州連合における地方自治体』は、ヨーロッパの自治体向け民間投資銀行である Dexia が地方自治の専門家に委託した国際比較研究の成果であるが、この共同研究書によれば、西欧諸国においては多くの場合、すでに数十年前から着手されてきた最広域の自治体（州〈régions〉）への分権化が今もゆっくりと進行中であること、この州分権化と同時並行的に市町村を中心とする地方自治体への分権化が進行していることを指摘しつつも、いくつかの拠点都市圏（métropole）や首都圏（métropolitaine）という特別自治体の制度化と集中的な行財政権の強化の現象が見られるという。他方で東欧においては、国家組織の再組織化が急速に進んでおり、その過程で州分権化、市町村等の地方分権化、その他の公的行政組織の改造が同時並行で急速に進んでおり、しかも地域間、自治体間格差が激しくなっている状況が指摘されている。加えてヨーロッパでは、欧州連合（EU）の構造改革基金（fonds structurels）からの投資を受けうるような地域開発とそのための自治体制度改革がグローバリゼーションへの効果的な対応策として認識されており、特に東欧では自治体間の越境協力事業を実現するための自治体制度改革が有力な改革要因となっているという[49]。ヨーロッパの地方自治法制とその権限や財源の改革をめぐっては、欧州連合（EU）による各国の地域政策や地方行政への規律による影響、そして逆に欧州連合（EU）の政策形成に対する各国自治体やその連合体による参加が制度変化の大きな要因となっている点は、フランスの地方自治法制および欧州法制の専門家であるピエール＝イヴ・モンジャル

---

[49]　Dominique Hoorens (sous la dir.), *Les collectivités territoriales dans l'Union européenne: Organisation, compétences et finances*, (Dexia, 2008). とりわけ参照、François Bafoil et Christian Lefèvre, «Avant-propos», pp. 9-24.

（Pierre-Yves Monjal）もその著書の中で強く指摘しているところである[50]。つまり３類型論は、欧州地域政策との関わりでも一定の修正を余儀なくされるのである。

それでもたしかにドイツの例にあるように、「北欧・中欧型」地方自治は、憲法および憲法裁判所判例による地方自治権保障が根強く残っており、伝統的に小さな自治体とその枠組みでの共同体的な生活、そしてこれを支える民主的な住民自治の伝統と法制度の強靭さを指摘することができる。アメリカの場合も、ホームルール制のさらなる発展と州憲法改正を通じたその保障の進展は見られるものの、伝統的な地方自治法制に激変の動きはなお見られないようである。しかしこれらの事実についても、ヨーロッパにおける経済強者であるドイツ、そして世界のグローバルな資本主義市場経済の中心国であり続けるアメリカという経済面でのその有利なポジションゆえの地方自治法制の変容要因の小ささを指摘するべきなのかもしれない。まさに「中欧・北欧型」地方自治と「アングロ型」地方自治の両リーダー国の真価は、今後のグローバル社会の大きな変動の中で試されることになるであろう。

(2) 後発型・複線発展型の地方自治法制の類型化の必要性

加えて、欧米の伝統的な地方自治法制類型論の正当性を脅かす要因として、経済発展を遂げつつある非欧米諸国の大規模自治体の影響も指摘しなければならない。まさに本書で取り上げている東アジアの韓国や台湾における自治体合併政策推進の結果としての巨大な自治体の出現とそれを前提とした地方自治法制の出現、あるいは中国における中央集権化の下での事実上の地方「自治」が国内経済発展の原動力となっているという事実は、その結果としての大規模自治体による国際的地域間競争に（アメリカの場合はなお不明であるが）西欧諸国が引きずり込まれつつあるという点を含めて、伝統的な類型論に大きな影響を及ぼしていると見るべきである。

もちろん韓国や台湾はすでに民主化も果たし、先進資本主義国の一員でもある。そして伝統的に日本の影響を受けていることに加えて、欧米先進諸国の地方自治法制の多くを取り入れている。したがって韓国や台湾の場合には、その地方自治法制についてはなお欧米の先進的な地方自治法制に対する「近似性」と「遅れ」を指摘するだけで済む可能性もある。しかし欧米の伝統的な地方自治論から見れ

---

50)　Pierre-Yves Monjal, *Droit européen des collectivités locales*, （L.G.D.J., 2010).

ば真正の地方自治とすら呼べないはずの中国における中央集権下の地方制度の発展は、従来の類型論に対してその問い直しを迫る大きなインパクトを持つように思われる。東南アジアにおける萌芽的な地方自治法制の発展については、そこまでのインパクトはないものの、欧米流の地方自治法制では地域管理をめぐるグローバル競争になかなか対応しきれない現実を示す意味でやはり重要である。現代の地方自治法制の国際比較と類型化の理論は、この点でも新たな類型化を求められているといわざるをえない。

　伝統的３類型論はその意義を喪失したとまではいえないにせよ、各類型がグローバルな市場経済の進展に伴って質的な変容を促されつつある。もちろんそのような現象の下でも、欧米諸国の先進的だった地方自治法制のエッセンス、すなわち多様性と地域の個性を重んじた草の根型民主主義はなお残り続けている。加えて立法権の多元的分有化と法治主義の進展とが顕在化しつつある。こうした諸要素を新たな状況に適合させつつ結合させる新たな地方自治法制のパラダイムの創出こそがわれわれ研究者の役割であることを、最後に確認しておきたい。

第1部　欧米の地方自治と地方分権の現状

第1章 アメリカ地方自治の法とその動向

北見　宏介

（名城大学）

I　はじめに

　アメリカの地方自治は州ごとに制度が異なり、また、その州内においても複数の異なる制度が創設されることが少なくない。国の法律で規定される全国一律的な組織原理と運営といったものは存在しないともいわれる。こうしたことから、アメリカ地方自治に対しては、「システムなき状態」という評価も与えられることがある[1]。

　その一方で、アメリカの地方自治制度は、GHQ を通じて戦後のわが国の地方自治制度にも影響を及ぼしている[2]ことから、しばしば参照がなされる。さらに近時においても、アメリカの地方自治の制度と、日本国憲法の制定過程の分析を通じて、日本国憲法が解釈運用の可能性に開かれたポテンシャルを秘めていることを強調する見解も示されている[3]。

　本稿は、アメリカ地方自治に関する事項の整理を図りつつ、その現状、変容の兆しについて考察を行うことで、今後のアメリカ地方自治を検証する視点と素材を示すことを課題とし、さらに、より広く、わが国の比較地方自治法研究に係る示唆を得ることも目指す。

---

1)　A・B・ガンリックス（北海道比較地方自治研究会訳）「アメリカの地方自治―多様性と不均一な発展」ヨアヒム・J・ヘッセ編（木佐茂男監修）『地方自治の世界的潮流（上）』（信山社、1997年）104-105頁。

2)　参照、阿部照哉＝佐藤幸治ほか編『地方自治大系2』（嵯峨野書院、1993年）26頁以下〔須貝脩一〕。

3)　豊永郁子「現憲法下におけるアメリカ型地方自治の可能性」地方自治692号（2005年）2頁。

Ⅱ　アメリカの地方政府の種類と権能

1.　アメリカの地方政府の種類

(1)　諸名称と実数

　わが国の地方自治体と比較される、アメリカの地方政府（Local Government）については、合衆国憲法で規定は置かれておらず、各州に留保された事項とされている。各州は州憲法や州法において地方政府に関連する規定を置いている。このため、アメリカ合衆国全体に共通する形での定義付けはできない。しかし、一般には、カウンティ（county）、ミュニシパリティ（municipality：シティ〈city〉・タウン〈town〉・ヴィレッジ〈village〉）、タウンシップ（township：単にタウンと呼ばれることもある）、学校区（school district）、特別目的区（special district）が地方政府の代表的なタイプとして考えられているようである[4]。カウンティは多様な目的のための任務を担う地方政府であり、ミュニシパリティとタウンシップは基本的には地理的にそこに含まれる（subcounty）地方政府である。これらは一般目的政府（general purpose government）と呼ばれる。これに対して、学校区と特別目的区は、学校、消防、病院といった特定の事務処理を行うもので、特別目的政府（special purpose government）と呼ばれる。その作用は、わが国での一部事務組合に類似するものともいえる[5]。合衆国商務省（Department of Commerce）の国勢調査局（Bureau of Census）が 5 年ごとに行う国勢調査においては、地方政府に関する統計をまとめているが、ここにおいても、地方政府を上記のような 5 つのタイプに整理している[6]。

　この国勢調査によると、2012 年 6 月末時点での合衆国における地方政府の数は 9 万 56 である。その内訳は、一般目的政府についてはカウンティが 3031、ミ

---

　4)　参照、柴田直子「アメリカ合衆国における地方政府の法的位置づけに関する一考察（一）」自研 77 巻 2 号（2001 年）112 頁。代表的な法律辞典においては、「シティ、カウンティ、パリッシュ等、州政府よりも小規模の、特定地域に係る統治体。この語は、学校区、消防区、交通事業機関（transportation authority）その他、特別目的区または事業機関（special-purpose district or authority）を含む」と説明されている。*Local Government*, Black's Law Dictionary (10th ed. 2014). 訳出に際しては、下川環「アメリカ地方自治体行政法研究序説」法律論叢 78 巻 6 号（2006 年）30 頁も参照した。

　5)　栗本雅和「アメリカの地方自治制度」法律時報 66 巻 12 号（1994 年）64 頁。

　6)　Bureau of Census, U.S.Dep't of Commerce, G12-GG-ISD, Individual State Descriptions: 2012 v (2013), http://www2.census.gov/govs/cog/2012isd.pdf.

ュニシパリティが1万9519、タウンシップが1万6360である。また特別目的政府については、学校区が1万2880、特別目的区が3万8266である。ここでの扱われている事務については、空港、墓地、図書館、電気、ガス、道路、病院、公園、上下水道、産業育成、廃棄物処理などがある[7]。

なお、この統計において地方政府として扱われる基本的な要件としては、組織的な団体として存在していること（existence as an organized entity）、政府としての性格（governmental character）、実質的な自律性（substantial autonomy）である。政府としての性格は、職員に係る公選制度の介在（公選職、または公選職により任命される職であるかどうか）や、記録の閲覧、情報へのアクセス可能性といった公共的責任の高さによって測られている。実質的な自律性は、州による制定法上の制約や何らかの監督に置かれている一方で、その下に一定の程度の財政的、行政的自律性があることによって判別される[8]。アメリカにおける自治体のイメージがいくぶんか反映されたもののようにも思われ、興味深い。

この判別基準の下では、カウンティが完全に行政区画としての意味しか持たなくなっているコネティカット州やロードアイランド州、また、他の州において存在することがある、政府が置かれないカウンティについては、地方政府としては数えられていない。

もっとも、注意点として、上に示した諸語句は必ずしも共通的に用いられているわけではなく、各州によって用語法が異なっているということがある。例えば、アラスカ州ではカウンティがバラー（borough）と呼ばれるが、他州においては、これはミュニシパリティに重なるものである。またルイジアナ州ではカウンティはパリッシュ（parish）と呼ばれる。さらに、タウンシップあるいはタウンと呼ばれるものの中にも、特にマサチューセッツ、メイン、コネティカット、ロードアイランド、ニューハンプシャー、ヴァーモントのいわゆるニューイングランド諸州とそれ以外との間では、その作用については差異があることも指摘されている[9]。このほかにも、同じ用語で示されつつも、何らかの差異が存在する場合が少なくない。

---

7)　See id.

8)　Id. at v-vii. また参照、小滝敏之『アメリカの地方自治』（第一法規、2004年）151-153頁。

9)　栗本雅和「アメリカの準地方自治体」南山法学20巻1号（1996年）9頁。

(2) ミュニシパリティと準ミュニシパリティ

これらの地方政府については、その設立のされ方に基づく分類がなされること
もある。わが国において「地方自治体」の訳語が当てられることが多いミュニシ
パリティは、州による承認が前提となるが、基本的には地域の住民が自発的に自
らの便宜と利益に資する行政的サービスを確保するため、その実施主体たる団体
を創設しようとする行為によって存在するものである。これに対してカウンティ、
タウンシップは、基本的に住民の意思とは無関係に、州が自己の行政運営上の便
宜等を促進する観点から設置されるものである。この点で、カウンティとタウン
シップは、「準ミュニシパリティ」といった呼ばれ方がなされることがある。タ
ウンシップは、カウンティの区域を再分割する形で設置されていることが多く、
カウンティがタウンシップに対する広域的な上級団体として位置づけられるとさ
れている[10]。

このように、カウンティに対しては、州行政の実施を助ける、州政府の補助機
関としての由来が指摘されているが、特に都市圏においては自治的な性格と役割
が増大していることも指摘されている[11]。

2. アメリカ地方政府の権能

(1) 植民地時代の地方政府

イギリスによるアメリカ植民地経営の下で、現在の州に対応するものは、各植
民地政府であった。この支配の下に、交易等で栄えていた都市においては民主的
な統治がなされるようになった。こうした存在に対しては、1641 年にメイン地
方のアガメンティカス（Agamenticus）に対するものを最初として、チャーター
（charter：法人設立認可）が付与されるようになる。アガメンティカスに続き、
1647 年にはキテリー（Kittery）、1686 年にはニューヨーク（New York）およびオ
ルバニー（Albany）にチャーターが与えられ、植民地時代には正確な数値は明ら
かではないが、一説には 20 のミュニシパル法人が存在していたという[12]。

こうしたチャーターを付与された法人の権能は、各法人で様々であったが、①
通商の規制権限（商人に対する独占権付与、市場の開催、価格と品質の規制、等）、②

---

10) 金子善次郎『米国連邦制度─州と地方団体』（良書普及会、1977 年）9-10 頁。ここにおいて
　　は、カウンティとタウンシップに「準地方自治体」という位置付けが与えられている。
11) 参照、中邨章『アメリカの地方自治』（学陽書房、1991 年）175-176 頁。
12) 小滝敏之『米国自治史論 I』（公人社、2011 年）367 頁以下。

第1章　アメリカ地方自治の法とその動向　　39

自治体としての公的役務に関する権限（街路整備維持、清掃やゴミ処理、水道、消防、警備、等）、③上記の①②から派生する財務に関する権限、④法人としての権限（訴訟遂行、等）、⑤裁判を行う権限、として整理されるという[13]。

(2)　合衆国憲法による統治権能配分と地方政府の地位

　植民地時代のチャーター付与の権限は、究極的には国王の大権にあると考えられたが、合衆国の建国（実際にはそれに先立つ13邦の独立）によって植民地と国王とのつながりは失われることとなった[14]。

　合衆国憲法は、第10修正として、「憲法が合衆国に委任しまたは州に対して禁止していない権限は、それぞれの州または人民に留保される」[15]とする条項を置いた。これにより、地方政府に対するチャーターの付与は各州が管轄する事項とされ、各州議会が、請願に基づいて個別法律を作る形で行われることとなった[16]。

　この下に、地方政府の存在の法的根拠が、植民地時代には究極的には国王の大権に基づくチャーターであったのが、州（議会）によるチャーター付与へと変換されることになった。そこで、地方政府は、州（議会）による創造物（creature）として観念されるに至った[17]。

　こうした地方政府を州による創造物とする理解は、判例においても、遅くとも1816年には登場しているという。マサチューセッツ州最高裁におけるこの事件は、タウンミーティングによる資金徴収の決定について、支払を拒否した住民が差押えを受けたことにつき訴えを提起したものであり、こうした徴収を法人が行う権能を有するかが争点となった。判決では、マサチューセッツ州のタウンが「立法の創造物であり、明示的に付与された諸権能のみを享受する」と判示され、州による明示的な授権に基づかない権能を持つことはできないとされた[18]。その後もこの立場は同州において繰り返し確認され、他の州において採用される例が見られた[19]。

---

13)　阿部照哉＝佐藤幸治ほか編『地方自治大系1』（嵯峨野書院、1989年）276-279頁〔渋谷秀樹〕。

14)　同上、271・284頁〔渋谷秀樹〕。

15)　U.S.Const. amend. X. 訳文は、田中英夫編集代表『BASIC英米法辞典』（東京大学出版会、1993年）233頁による。

16)　柴田・前掲（注4）113-114頁。

17)　阿部＝佐藤ほか編・前掲（注13）296頁〔南川諦弘〕。

18)　Steton v. Kempton, 13 Mass. 272, 284 (1816). また参照、薄井一成『分権時代の地方自治』（有斐閣、2006年）106頁。

19)　柴田・前掲（注4）110頁。

(3) ディロンズ・ルール

上記のような、地方政府を州の創造物として理解する傾向の下に、1868年には、アイオワ州最高裁において、地方政府が行使しうる権能についての定式的な判断が示されることになる。

当時の州最高裁判所首席裁判官であったディロン（John F. Dillon）は、すでに同年において、「ミュニシパル法人はその起源を州議会に負い、その権能と権利は完全に立法府から引き出されたものであ」り、「ミュニシパル法人は、いわば州議会に寄食している存在（tenant at will）にすぎない」との判断を行っていた[20]が、さらに、その権能の判断に係る基準として、以下のような判断を下していた。「ミュニシパル法人が有し、行使することができる権能は、以下の通りであり、これ以外にはない。第1に、明示的な文言で付与された権限、第2に、明示された権限に必然的に含まれ、または必然的に付随する権限、第3に、法人の宣言された目標と目的の達成のために絶対的に本質的な権限であり、単に便利であるというものではなく必須のものである。第4に、権能の存在に関して、何らかの合理的な疑問（any fair doubt）が生じた場合には、裁判所により、法人に対してその権能の存在を否定する判定によって解決される」[21]。

この、地方政府の権能を限定し、かつ、地方政府の無権能推定をはたらかせる判断基準は、ディロンの名をとって「ディロンズ・ルール」（Dillon's Rule/Dillon Rule）と呼ばれ、他の州でも広く採用されることとなった。この基準により、地方政府の黙示的な権能を否定するものとして機能することとなった[22]。

また、すでに述べた通り、合衆国憲法においては地方政府に関する規定を一切置いていないため、地方政府が行使しうる権能については、建国当初には明らかでなかったとされる[23]が、上記のような地方政府の把握は、その後、合衆国最高裁もとることとなる。1876年の合衆国最高裁判決では次のように判示された。ミュニシパル法人に対して「州議会は、ミュニシパル法人（municipal corporation）が受け取りうるあらゆる権能を与えて、その区域における州のミニチュア（miniature State）とすることもできる。その一方で、州議会はミュニシパル法人

---

20) City of Clinton v. Cedar Rapids and Missouri River Rail Road Company, 24 Iowa 455, 475 (1868).

21) Merriam v. Moody's Executors, 25 Iowa 163, 170 (1868).

22) 参照、薄井・前掲（注18）113頁。

23) 参照、阿部竹松『アメリカ憲法〔第3版〕』（成文堂、2013年）457頁。

の全ての権能を奪うことができ、名ばかりの（in name only）法人とすることもできる。こうした変更を州議会はその選択として繰り返し行うこともでき、通常はミュニシパリティに委ねられている何らかの、またはすべての権能を、その区域において自ら行使することもできる」[24]。

(4) ホーム・ルール運動とホーム・ルール・チャーター

もっとも、同時期においては、地方政府の権能を州との関係で限定的に捉えるのではなく、当時ミシガン州の裁判官であったクーリー（Thomas Cooley）によるものをはじめとした、地方政府の固有の統治権とする見解も主張されていた[25]。結局、こうした見解は、一時は複数の州で採用されたものの、全国的には多数を占めることにはならず、次第に、地方政府に対する州（議会）の絶対的な権限を認める立場が判例としての地位を固めることとなった[26][27]。

しかし、この下に地方政府に対して有する権限を、州政府は濫用的に行使することが見られた。州議会が、地方政府の組織や事務処理方法について干渉的な規定を置くことや、特別の機関を設置して、州が任命する職員により事務を行わせることなどを行った。この結果として住民からは、地方政府における自治の拡充を求める動きが生じることとなった。これがホーム・ルール運動（Home Rule Movement）といわれるものである。

この運動の成果としては、第1には、州による地方政府に対する一定の監督的な性格の権限行使（地方政府を監視する委員会設置、特定の地方政府にだけ適用される特別立法、電気・ガス・水道・電話等の企業に道路使用権を与える際において当該地方政府に同意することを要求すること、等）について、州憲法による制限を実現したことであった。そして第2には、地方政府の組織や運営に関する基本事項に係るホーム・ルール・チャーター（Home Rule Charter：自治憲章）について、州法に

---

24)　Barnes v. District of Columbia, 91 U.S. 540, 544-55 (1875).

25)　クーリーによる判決には、傍論的にではあるが、「地方政府については絶対的な権利の問題であり、州がこれを奪い去ることはできない」とするものがある（People *ex rel.* Leroy v. Hurlbut, 24 Mich. 44, 108 (1871).）。

26)　参照、阿部＝佐藤ほか編・前掲（注2）6頁〔須貝脩一〕、前田萌「ワシントン州におけるホーム・ルール制度下での地方自治（1）」政策科学22巻2号（2015年）66-69頁。

27)　原島良成「地方政府の自律（中）」自治研究82巻1号（2006年）126-127頁では、クーリーの固有権説的な見解が、地域住民の自律という側面に着目しているのに対して、ディロンは地方政府が統治の主体であると同時に自治の場であることの確認したうえで、他律が自律のように語られることによる個人の権利保障が相対化しないよう配慮していたものとして位置付けている。

違反しない限りで地方政府自らが制定することができる権利を州憲法や州制定法によって認めさせたということが挙げられている[28)29)]。

このホーム・ルール・チャーターの制定を最初に認めたのは、1875年のミズリー州憲法であった。ここでは、セントルイスシティおよびその適用区域境界に関して、一定の手続の下にチャーター案と区域計画案が作成され、カウンティ裁判所の関与を経て、チャーター案をシティの有権者の、また区域計画案をカウンティの有権者の投票に付すこととされている。そして有効投票の過半数により承認された場合には、これらはカウンティとシティの基本法（organic law）となり、旧来のチャーターや新たな枠組みと相容れない特別法に取って代わるものとされた[30)]。こうした憲法条項は、その後、カリフォルニア州（1879年）[31)]、ワシントン州（1889年）、ミネソタ州（1896年）でも採用された。また、当初のミズリー州においてはセントルイスに加えて人口10万人以上のシティに対してチャーター制定権を認めていたが、その後、20世紀に入って採用した諸州においては、人口要件を劇的に緩和していた。さらに、カウンティについても1911年のカリフォルニア州憲法が制定権を認め、その後も複数の州で採用されている[32)]。

ホーム・ルール・チャーターの具体的な内容については、当然に様々なものとなるが、その要素としては、組織の自治、事務の自治、財源の自治が指標として取り上げられ、その程度に応じてタイプ分けがなされる例がある[33)]。なお、1900年に全国市民連盟（National Civic League：当時は全国ミュニシパル連盟〈National Municipal League〉）がモデル・シティ・チャーターを策定し、それ以来、版を重

---

28) 南川諦弘「ホーム・ルール・シティにおける自治立法権について」『「地方自治の本旨」と条例制定権』（法律文化社、2012年）28-29頁〔初出1993年〕。また参照、柴田・前掲（注4）123頁注45。

29) 「ホーム・ルール」とは、広義においては地方自治そのものを意味するが、狭義においては、ホーム・ルール・チャーターを中心とした自治権保障の制度をいうこととされ、通常の用法は後者であるという。参照、栗本雅和「home rule（ホーム・ルール）」法学教室165号（1994年）33頁。

30) 参照、薄井・前掲（注18）122-123頁、杉原泰雄ほか編『資料 現代地方自治』（勁草書房、2003年）106-107頁〔野口貴公美〕。

31) 条項については、参照、薄井・前掲（注18）123頁。

32) 小滝・前掲（注8）163頁。

33) 参照、野口貴公美「ホームルール理念の『汎用性』」大津浩編『地方自治の憲法理論の新展開』（敬文堂、2011年）160頁。また、ワシントン・カリフォルニア州におけるホーム・ルール制度の詳細な研究として、参照、前田萌「ワシントン州におけるホーム・ルール制度下での地方自治（2）・（3・完）」政策科学23巻1号（2015年）33頁・2号（2016年）19頁。

ねてもいる。2003年に公表の第8版（2011年に第2刷）が最新のものである[34]。

このホーム・ルール・チャーターを制定することの自治保障に係る機能ないし法的な意義としては以下のように述べられる。まず第1に、地方政府の設立と基本的事項について州に決定権が留保されるとする従来の考え方を否定し、地方政府にこの決定権を移動させるという意味を持つ。したがって、州議会が制定法によって地方政府を消滅させることは不可能になる。また第2に、ホーム・ルール・チャーターによって地方政府自らがその事務や権限を決定することができるようになった。さらに第3には、ホーム・ルール・チャーターやその下に制定される条例が州法と抵触する場合にも、それが地方の固有事項（municipal affairs）とされる場合には、ホーム・ルール・チャーターを制定した地方政府の条例が優先することと解されることとなった[35]。

このように、ホーム・ルール・チャーターのしくみは、ディロンズ・ルールに対する明確な拒絶[36]であり、これを制定した地方政府についていえば、もはや州議会の創造物という命題は妥当しないとの評価もある[37]。

Ⅲ　アメリカ地方政府と州憲法およびディロンズ・ルール

1.　各州の憲法規定

以上見てきた経緯をたどっているアメリカにおいて、地方政府に関して各州ではどのような規定がなされているのか。ここでは、日本国憲法において地方自治に関して1つの章が配分される形で地方自治保障がなされていることも意識しつつ、ごく簡単なものにとどまらざるをえないが、各州憲法に関する条項について触れることにする[38][39]。

---

34)　このモデル・シティ・チャーターについては、福士明「アメリカのモデル都市憲章・覚え書き」札幌法学20巻1・2号（2009年）109頁、千草孝雄「第8次モデル都市憲章の基礎理論」駿河台法学25巻2号（2012年）81頁等を参照。また、カリフォルニア州バークリィ市のチャーターの全文と解説として、南川諦弘「自治憲章について―バークリィ市憲章を例として」前掲（注28）40頁以下〔初出1993年〕。

35)　南川・前掲（注28）30頁以下。なお同書では、local concerns と municipal affairs を合わせて、「地方的事項」と呼んでいる。

36)　RICHARD BRIFFAULT & LAURIE REYNOLDS, STATE AND LOCAL GOVERNMENT LAW 330 (8th ed. 2016).

37)　阿部＝佐藤ほか編・前掲（注13）309頁〔南川諦弘〕。

(1) 地方政府に関する規定の位置付け

まず、各州憲法において、地方政府に関する規定がどのように位置付けられているかを見てみる。ここでは、ちょうど日本国憲法の第8章のように位置付けることのできる、独立の編が地方制度について存在している州憲法と、そうした編を置いていないものとがある。以下、いくつかの州を見てみることにする[40]。地方政府に関する独立の編を置いている州憲法は複数あるが、その編の名称としては、「ホーム・ルール」とするもの（○コネティカット州）、「ミュニシパルのホーム・ルール」とするもの（○メイン州）、「シティとタウンのホーム・ルール（Home Rule for Cities and Towns）」とするもの（○ロードアイランド州）や、「地方政府（Local Government(s)）」とするもの（○アラスカ州・○カリフォルニア州・○フロリダ州・○ハワイ州・○イリノイ州・○ルイジアナ州・○ミシガン州・○ミズリー州・○モンタナ州・○ニューヨーク州・ノースキャロライナ州・○ペンシルヴェニア州・○サウスキャロライナ州・○サウスダコタ州・○ユタ州・ヴァージニア州）がある。さらに、「ミュニシパル法人」という編名に規定が置かれている州として、アラバマ州・○テキサス州が、「ミュニシパル」の編名の下に規定されている州としてケンタッキー州がある。

また、カウンティに関して独立の編を置いているものとして、○コロラド州があり、カウンティとミュニシパル法人を同一の編で規定する、○ジョージア州、○ニューメキシコ州、また別個の編で並立させている州もある（○アーカンソー州・○ネブラスカ州・○ワイオミング州等）。このほか、「政治的小区域（Political Subdivision）」の編に規定が置かれる○ノースダコタ州もある。

他方、立法府に関する編において地方政府について規定している例もあり、○アイオワ州、○マサチューセッツ州がこれに当たる。

(2) 州政府の地方自治機関

憲法上、何らかの自治に関連する州政府機関が置かれることがある。まず1つ

---

38) 各州の憲法に関しては、金子・前掲（注10）244頁以下が検討を行うとともに、イリノイ州の規定を示している。また、薄井・前掲（注18）235頁以下、杉原ほか編・前掲（注30）101頁以下にいくつかの州憲法の条文訳と解説が掲載されている。

39) 本節に係る調査作業では、本稿筆者による思わぬ数え間違いや見落とし、誤解等があるかもしれない。また、財政関連条項の検証は不充分でもある。この点についてはご寛恕を賜りたい。

40) この款での州名における○は、ホーム・ルール・チャーターに関する憲法条項や、「ミュニシパル法人はホーム・ルールの権能と権限を有する」（IOWA CONST. art. III § 38A.）といった条項により自治に係る憲法上の授権がなされている州を意味する。

が、ニュージャージー州における地方マンデイト審査会（Council on Local Mandates）といわれるものである。これは、地方政府に財源の措置がなされていない強制任務（unfunded mandates：いわゆる財源未措置マンデイト）を課す州法に関する紛争処理の機関である[41]。

また、○アラスカ州憲法において、州執行府に対して設置が義務付けられている機関がある。ここでは、「州政府の執行府内に、地方政府に対する助言（advise）と補助（assist）を行う機関を設置するものとする。この機関は、地方政府の活動を点検（review）し、地方政府に関する情報収集と公表を行い、法律によるその他の任務を行うものとする」[42]との規定が置かれている。この条項の下で当該任務を担う機関は、コミュニティ経済開発省（Department of Community and Economic Development）である。

(3) 自治権保障条項

憲法においてホーム・ルール・チャーターに関する諸規定が置かれている州があるほか、自治保障的な解釈指針として作用するものと考えられる条項を置く州憲法もある。例えば○ミシガン州では、「カウンティ、タウンシップ、シティおよびヴィレッジ（villages）に関するこの憲法および州法の諸条項は、これらにとって利益になるように解釈されなければならない」[43]とする。

(4) 条項数

各州憲法における条項の置かれかた（各条項に規定されている内容量）が様々であるため、一概に憲法上の規定の量的評価を行うことはできないであろうが、地方政府関連の条項（セクション）数を見ると、多い州憲法としては、○ミズリー州（64）、○ルイジアナ州（44）、○オクラホマ州（21）といったところが挙げられる。

なお、アラバマ州では特定の地方政府に適用される州法の制定は憲法改正の形で行われることになっており[44]、アラバマ州における 880 ほどの憲法修正のうちの大多数を占めているため、これはここでの検討の対象からは外れることになる。

---

41) N.J. CONST. art. VIII, § 2.

42) ALASKA CONST. art. X, § 14.

43) MICH. CONST. art. VII, § 34. 類似の規定は○モンタナ州、○サウスダコタ州にも存在するように見受けられたが、ホーム・ルール・チャーターを得た地方政府に対象が限定されるものと解されるようにも思われた。

44) 自治体国際化協会「アメリカにおけるホームルール」CLAIR REPORT 180 号（1999 年）15 頁。

インディアナ州、ニューハンプシャー州では、憲法上、地方政府ないし地方制度に関する規定を置いていない。ニュージャージー州での関連規定でも上記の地方マンデイト審査会に係る規定を除いて、またミシシッピ州でも州議会が一定の立法を行うことを禁止する規定を除き、一般的な地方制度に関する条項は見当たらなかった。もっとも、この4州も、州の制定法によって地方政府にホーム・ルール権限が与えられることとされているようである[45]。州の制定法ではなく憲法によって規定がなされているほうが、その変更可能性が制限されているため、自治の実現を確実にするものと考えられるが、制度改正に係る柔軟性の観点から、州法による規定を支持する者もいるようである[46]。

2. ディロンズ・ルールの状況

また、近時におけるディロンズ・ルールの状況はどのようなものとなっているか。1.(3)で取り上げたミシガン州憲法の規定は、ディロンズ・ルールを制限する憲法条項のように読めるようにも思われる。また、ディロン裁判官がまさに判決を下したアイオワ州の憲法では、「ミュニシパル法人は明示的な文言で付与された権能のみを有し、行使することができるという法規範または法命題は、この州の法の一部をなさない」とも規定されている[47]。

この近時におけるディロンズ・ルールの運用状況に関して、ある調査結果が2003年に公表されている[48]。

この調査では、①すべての州の裁判所における1944年1月1日から2002年6月15日までの判決での、"Dillon's Rule" または "Dillon Rule" という文言の使用状況、②これで明らかにはならなかった州については、商用データベースでな

---

45) *See* U. S. Advisory Comm'n on Intergovrnmental Relations, M-186, State Laws Governing Local Structure and Administrartion 20-21 (1993), http://www.library.unt. edu/gpo/acir/Reports/information/M-186.pdf. 同報告書は、合衆国の政府機関である、合衆国政府間関係諮問委員会（United States Advisory Commission on Intergovernmental Relations）が行った、1990年時点における各州の地方自治に関する調査報告であり、州制定法による規定の有無に関する記載が存在するため、併せて参照されたい。なお、この委員会は1996年に廃止されている。

46) 自治体国際化協会・前掲（注44）8頁。

47) Iowa Const. art. III § 38A.

48) Jesse J. Richardson Jr. et al., *Is Home Rule the Answer?: Clarifying the Influence of Dillon's Rule on Growth Management* (The Brookings Institution Center on Urban and Metropolitan Policy, Discussion Paper, 2003), https://www.brookings.edu/wp-content/uploads/2016/06/dillonsrule.pdf.

されている分類評価やロー・レビューによる調査と、③州憲法、州法の調査と、全国の地方政府の弁護士（local government attorneys）への質問・照会、という方法で行われている。なお、この調査ではカウンティもミュニシパリティに含んでいるようである。これによると、ディロンズ・ルールの適用を全面的に回避している州が10州（アラスカ州、アイオワ州、マサチューセッツ州、モンタナ州、ニュージャージー州、ニューメキシコ州、オハイオ州、オレゴン州、サウスキャロライナ州、ユタ州）であるという。また、一定のミュニシパル（カウンティのみ、チャーターを有していないシティのみ、等）にしか適用をしていないという州が8州（アラバマ州・カリフォルニア州・コロラド州・イリノイ州・インディアナ州・カンサス州・ルイジアナ州・テネシー州）であるという。フロリダ州が不明確な状況ということであり、その残る31州がディロンズ・ルールを適用している州であるという。報告では、地理的な傾向等は見出せないとしている[49]。

ディロンズ・ルールの適用例として評価することには困難な面などもあると思われ、厳密な意味での法理の有効性を示しているものと即断することには慎重であるべきかもしれないが、明確にディロンズ・ルールの適用を排除した例も示されており、現状をある程度示したものとはいえるかもしれない。

また、ある代表的なケースブックにおいては、ホーム・ルールが認められている地方政府は、シティに関しては比較的人口が多いところだけであり、カウンティに関しては比較的都市化が進んだところしか認められていないのが通例であるとして、ディロンズ・ルールは、なお地方政府の権能に係る解釈を形成するものであり続けうるとしている[50]。

Ⅳ　地方自治をめぐる議論

上記に見たような状況の下における、近時におけるアメリカ地方政府をめぐる議論、あるいは傾向について注目されるものを、ここでいくつか簡単に取り上げることにする。

---

49)　*Id*. at 17-18.
50)　BRIFFAULT & REYNOLDS, *supra* note 36, at 330.

1. 地方政府と合衆国政府・合衆国憲法との関係

アメリカにおける地方政府の位置付けとして、これまで通例考えられていたのは、州－地方政府の関係であった。しかし実際上は、連邦による規制、支出、政策執行が、州が介在することなく（independent）、地方政府の関与に依拠して行われてもいる[51]。こうしたことから、従来のような連邦政府—州政府、と、州政府—地方政府の関係が考察されるに留まらず、連邦政府—地方政府の関係も対象とされるようになっている。

また、有力な論者が中央の権力による地方政府の自律の保護について検討を行うなど[52]、フェデラリズムを地方政府との文脈で検討する動きが活発な状況のように見受けられる。

さらに、合衆国憲法で何らの規定も置かれていない地方政府について、「地方政府の連邦憲法上の位置付けはいかなるものであるか」という問いが発せられてもいる[53]。

このように、地方政府を州憲法、州法理論ではなく、連邦法とそれに関わる法理論という広い土俵で議論する動向が見られる。

2. 地方政府をめぐる国際的な関係に関する議論

上記の動向は、代表的なケースブックの構成にも反映されている。そこでは、シティ—州の関係に引き続き、シティ—連邦の関係についての記述がなされている。そしてさらに注目されるのが、これに続いて、シティ—国外（World）に関する記述もなされていることである[54]。

このケースブックでも取り上げられている、フルーク（Gerald E. Frug）、バロン（David J. Barron）両教授による論文[55]では、国内の政治と法によってシティの法的な地位が決定されるという伝統的な地方政府法の枠組みは、現在変容しつつ

---

51) Nester M. Davidson, *Cooperative Localism: Federal-Local Collaboration in an Era of State Sovereignty*, 93 VA L. REV. 959, 960 (2007).

52) *See* David J. Barron, *A Localist Critique of the New Federalism*, 51 DUKE L. J. 377 (2001).

53) Micheal Q. Cannon, Comment, *The Dual-Faceted Federalism Framework and the Derivative Constitutional Status of Local Governments*, 2012 BYU.L. REV. 1585, 1585 (2012). わが国で早くからこれと重なる問題意識に立つものが、柴田・前掲（注4）である。

54) GERALD E. FRUG ET AL., LOCAL GOVERNMENT LAW ch. 2 sec.C, (6th ed., 2015) ("Sec C. THE RELATIONSHIP BETWEEN CITIES AND THE WORLD").

55) Gerald E. Frug & David J. Barron, *International Local Government Law*, 38 URB. LAW. 1 (2006).

あるとする。両教授によると、シティが国際取引協定の交渉に臨む当事者になったり、国連における人権に係る義務の履行状況に関する報告者になったりというように、国際的な関係の下で、シティが自身の国内的な法的権能の範囲を見直すようになっており、その結果として、シティをめぐる国際的な一群の法規範が現れ始めているという。そこで、両教授は、従来のシティの捉え方とは異なる把握の様式を示そうとする[56]。

　両教授の議論は、国民国家論に係るものにまで及び、ここで深入りすることはできないが、その方法として関心をひくのは、国際法の議論と重ね合わせていることと、さらに何より、国内で直面している都市的問題について、解消の手助けになる、他国のよりよい法規範を示すものとして、比較法的な分析手法の重要性を強調していることである[57]。従来、アメリカにおける地方政府法の比較検討の作業は、植民地時代との歴史的な接続という点で、イギリス等の他国の制度に視線が向けられることは見られたが、基本的にはアメリカ内部の他州との比較ないし50州における傾向を論じるという範囲にとどまっていたように思われる。ところが、ここでのアメリカ地方政府法の取り扱われ方は、旧来的な様式とは、やや異なっている。こうした動向は、論者の大勢を占めるという状況にあるようには見受けられないが、両教授がいずれもアメリカ地方政府法の有力な論者であることから、今後の趨勢に影響を及ぼす可能性も十分に存在するように思われる。

3.　シティの解散

　そして、現実に進行している注目すべき状況が、シティの解散がなされる例が激増しているということである。アンダーソン（Michealle W. Anderson）教授によれば、近年、複数の州においてシティの解散が行われており、2000年以降に解散したシティは130に達しているという。そして、90年代末からの15年間の間に、それ以前の記録に残されたシティ解散の事例の半数を超える解散が行われていると指摘されている[58]。また、新聞等で確認できる限りでも、90年代以降で

---

56)　*Id.* at 1-4.

57)　*See id.* at 5-8.

58)　Michelle W. Anderson, *Dissolving Cities,* 121 YALE L. J. 1364, 1366 (2012). 同論文については、渕圭吾「アメリカ合衆国における地方自治体の解散とカウンティの役割について」『21世紀地方自治制度についての調査報告書（平成27年度）』（自治総合センター、2016年）75頁以下が詳細な紹介を行っている。

43 のシティ解散の動きが見られることが示されている[59]。

　これまでの自治体の解散例としては、20世紀初頭にも存在していたというが、これは地方政府の破綻に伴う活動不能として認識されうるものであったという。しかし近時の動向は、住民が自発的に解散に向けた動きをとっているという点で異なっており、また住民が自発的に創設したシティを解散し、それ以前の状態にすることを選択しているという意味で、合併等とも異質のものである[60]。

　これまで見てきたとおり、アメリカにおいては、地方政府を州の創造物とする理論があり、地方政府の存立自体も州が自由に決定できることも述べられていたが、これに対する反対論が、ホーム・ルール運動を推し進めてきた。このように、これまでのアメリカの地方自治の展開は、地方政府の存立に大きな意義が認められ、これを根底に置いたものであったといえよう。しかし、近時のシティ解散の動きは、これまでの流れとの間でかなりの違和を感じさせるものである。

　こうした近時の動きの背景要因としては、①人口あるいは収入の減少、②課税ないしそれに対する反対の動き、③政治腐敗に起因する政治家基盤の解体への動き、④人種的な分離への動き、⑤地域の過度の分裂化への対応、といったものがあることが、旧来のものも含めた実際の事案の検討を通じて指摘されている[61]。

　現時点では、この解散の動きに関する結論的な評価には至っていないようにうかがわれ[62]、今後の研究の予備的な作業がなされている段階とも見受けられる[63]

---

59)　*See* Anderson, *supra* note 58, app. at A13-A18. http://www.yalelawjournal.org/images/documents/121.5.anderson_appendices.pdf. もっとも、ここで引用した論文の付録内には、論文における本文の記述に沿わない数値が示された箇所も存在するように見られる。

60)　*Id.* at 1367-68.

61)　*See id.* at 1319-1418. ⑤に関しては、こうした地方政府解散の動きとはまた別個に、地域計画と地方政府の自己決定は容易には両立しないことの指摘が存在していた。*See, e.g.*, Frank S. Alexander, *Inherent Tensions between Home Rule and Regional Planning*, 35 WAKE FOREST L. REV. 539 (2000). また、嘉藤亮「アメリカにおける広域的統治システム—New Regionalism の展開」早稲田政治公法研究88号（2008年）87頁、村上芳夫『アメリカにおける広域行政と政府間関係』（九州大学出版会、1993年）も参照。

62)　アンダーソン教授は、カウンティ政府に焦点を当てた研究に取り組んでいる。*See* Anderson, *supra* note 58, at 1420 n.250. このためか、シティの消滅を契機としてカウンティやタウンシップの役割が増大することにより、土地利用が調整され、地域相互の不一致（inter-local conflict）を減少させることを期待しているようにも見て取れ（*see id.* at 1419-20）、シティの解散が「広域地方自治主義（regionalism）の実現と郊外地域における分裂の解消を裏からもたらす」とも記述している（*id.* at 1431）。*But see* Ashira P. Ostrow, *Emerging Counties? Prospects for Regional Governance in the Wake of Municipal Dissolution*, 122 YALE L. J. 187 (2013).

第1章　アメリカ地方自治の法とその動向　　51

が、実情、議論状況ともに注目されるところである。

V　おわりに

　以上の検討によっても、やはりアメリカ地方自治、地方政府をめぐる法状況は、一般化することが困難な、複雑なものといわねばならない。さらに、こうした状況の中で、目下のわが国では現実化することを想定しえない、住民による自治体放棄ともいうべき事象が生じている。また加えてその一方で、従来の地方政府法の検討枠組みが変容していることをうかがわせる議論動向も現れるに至っている。

　特にⅣ 2.で取り上げた、2教授の論考では、アメリカ地方政府法の内容は、アメリカ国内で確定されるとは必ずしも前提していないようにも読める。

　本稿の冒頭で参照した、アメリカ地方自治への評価を行った論者は、「アメリカ地方自治の『システムなき状態』の中で、大部分の自治体は、直面する多くの問題に対処し続けることができるかどうか、そしてそれはどんなかたちでなのか、ということが、将来学問的な関心の的になるであろう」としていた[64]。フルーク、バロン両教授が示す、アメリカの地方政府の置かれている国際的な関係ないし局面の下で地方政府法を捉える方向性からは、アメリカ国外の地方政府を比較対象として着目することで、外部からアメリカ地方政府法に対して変化がもたらされる可能性があることを示唆しているようにも思われる。こうした外的な影響の下に、アメリカの地方政府の法システムにも、何らかのある程度の共通性ないし「システム」が形成されることがあるかもしれない。

　仮にこうしたアメリカ外部からの影響が生じた場合に、ディロンズ・ルールをはじめとした旧来の法理論がいかなる変容をすることになるのかという点にも関心が向けられることになろう。逆に、そこでもなお伝統的な法理論が存続することになるならば（またこうした状況が生じずとも、現時点において、すでに150年近い期間にわたり批判されつつ、それでもなお多くの州で生きた法理とされていること自体

---

63)　アンダーソン教授は、自身の論文をシティ解散に関わる基礎情報固めと位置付けており、今後の研究には、シティ解散が地域におけるデモクラシーといった諸価値に対して与える影響の評価、カウンティレベルの地方政府の能力の検討を州ごとに行うこと、シティ解散によって影響を受ける者を念頭に置いて経済的社会的な不平等が生じる可能性も検討すること、シティ解散に係る法環境（とりわけ法制度）に関する実証的な分析、が必要とされることを述べている。*See* Anderson, *supra* note 58, at 1441-43.

64)　ガンリックス・前掲（注1）105頁。

から)、そこに何らかのアメリカ地方自治の法的側面での理念や思考が存在している という検証の切り口が得られる可能性もあろう。

　同時に、ひるがえってわが国をみる場合、こうしたアメリカ地方政府法をめぐ る国際比較的な議論の方向性は、わが国の地方自治の法制度もまた、アメリカに よって参照されることになることも意味する。すでに両教授は、東京を検討素材 の1つとした研究も参照している[65]。従来、わが国の地方自治法の比較研究では、 各国の法制度を参照することはあっても、参照されるものとして自国の法制度を 捉える視点は比較的希薄であったように思われる。わが国の地方自治法制度の参 照のされ方、評価のされ方にも目を向けることで、豊富な検討素材が見出され、 われわれの、わが国地方自治法制度への理解の深化も促されることになるだろう。

---

65)　Frug & Barron, *supra* note 55, at 9-11.

第2章 英国における政治構造変革と「2つの分権」

河上 暁弘

（広島市立大学）

I 英国地方自治制度の概要と近年の状況

グレートブリテンおよび北アイルランド連合王国（以下「英国」もしくは「UK」ともいう）は、イングランド、スコットランド、ウェールズ、北アイルランドの4つの「地域（region）」からなる連合王国（United Kingdom）である（さらに、「コモン・ウェルス」という、大英帝国がその前身となって発足し英国とその植民地であった独立の主権国家からなる緩やかな国家連合・集合体を有する[1]）。

また、地方自治制度としては、全国一律の二層制を採用している日本の制度とは異なり、イングランドでは二層制（カウンティとディストリクト）と一層制が混在しており、スコットランド、ウェールズ、北アイルランドは一層制に統一されている。さらに教会の教区に起源を持ち、法律上の準自治体であるパリッシュと呼ばれる地域共同体が田園部を中心に多く存在する[2]。

英国といえば、「地方自治は、民主政治の最良の学校」という言葉で知られるジェームズ・ブライスを生んだ地としても知られ、「地方自治の母国」というイメージがある一方で、英国の地方自治体は、法制度に目を向けると、国会主権の原則の下、国会（Parliament of the United Kingdom of Great Britain and Northern Ireland）が制定する法律により個別に授権された事務のみを処理でき、授権され

---

1) 英国を中心とした国家連合・集合体（コモンウェルス等）の歴史的背景や現代的意味について、小川浩之『英連邦』（中公叢書、2012年）、秋田茂『イギリス帝国の歴史』（中公新書、2012年）等、参照。

2) 竹下譲『パリッシュにみる自治の機能』（イマジン出版、2000年）、竹下譲監修・著『よくわかる世界の地方自治制度』〔竹下執筆「イギリス」の章〕（イマジン出版、2008年）20-26頁、山田光矢『パリッシュ―イングランドの地域自治組織（準自治体）の歴史と実態』（北樹出版、2004年）等、参照。

た範囲を越える自治体の行為は、「権限踰越（ultra vires）」の法理（「権限逸脱」の法理または「越権」の法理ともいう）によって違法とされるということもあり、むしろ、自治体は、「大英帝国最後の植民地」ではないかという評価もある[3]。

　日本では日本国憲法（第8章）により地方自治が保障されているが、英国では憲法典はなく、地方自治については国会が制定する法律および慣習法がその拠りどころとなっていることもあり、中央政府レベルによる政治のあり方（政権交代や与野党の党利党略）によって地方自治制度の大きな変遷を余儀なくされた。

　また、前述の通り、地方自治体は、原則として、国会が制定する法律により個別に授権された事務のみを処理できるものとされているが（「1972年地方自治法（Local Government Act 1972）」など）、授権された範囲を越える行為は、権限踰越の法理により違法になるとされてきた（住民もしくは監査委員会からの提訴に基づき裁判所が違法性を認定・宣言する）[4]。また、だからこそ、中央政府と地方自治体および同一地域内における各地方自治体間の役割分担は、原則として分野により明確に区分されている（分離型[5]）。

　しかし、近年、こうした英国（というよりも、ここでは主としてイングランド）の典型的な地方自治のあり方には変化が見られる。「2000年地方自治法（Local Government Act 2000）」では、地域社会および住民の福祉の増進に関する3分野（経済：Economic Well-being、社会福祉：Social Well-being、環境：Environmental Well-being）の政策を一定の制約の下で自由に実施することができることになった。さらに、「2011年地域主義法（Localism Act 2011）」が制定され、同法においては、地方自治体に対し、個人が行うことができることであれば、法令で禁止されていない限り行うことができる法的権限（「包括的権限（General Power of Competence）」）が付与されることとなった。これらにより、中央—地方関係について、大きな変革を伴う可能性がある[6]。

3）　内貴滋『英国行政大改革と日本』（ぎょうせい、2009年）2-3頁。

4）　内貴・同上、211頁。英国地方自治における権限踰越の法理に対する理論的・歴史的に分析したものとして、和田武士「権限踰越の法理の下での英国地方自治—司法的統制の歴史的展開」立教大学博士学位請求論文（2015年3月31日）（https://rikkyo.repo.nii.ac.jp/?action=repository_action_common_download&item_id=11331&item_no=1&attribute_id=20&file_no=2［2018年4月1日閲覧］）参照。

5）　中央政府と地方政府の関係を表す分析概念としての「分離」・「融合」概念については、天川晃「変革の構想—道州制の文脈」大森彌＝佐藤誠三郎編『日本の地方政府』（東京大学出版会、1986年）111-137頁、西尾勝『行政学の基礎概念』（東京大学出版会、1990年）420頁以下等、参照。

このように、英国の地方自治制度のみならず、英国の「国のかたち」全体に大きな影響を与える改革が現在もなお進行中である。近年、英国では、①スコットランド、ウェールズ、北アイルランドへの権限移譲（devolution）が進められ（これは一種の分「国」化ないし連邦制化の動きといえるかもしれない）、しかも、こうした権限移譲がそれぞれ「不均一」に進められている点が非常に重要である[7]。

また、②EU法（EC法）の受容の結果として、「国会主権」の相対化[8]が進み、同時に、EU法（EC法）や欧州人権法の影響を受けて、③司法統制上の「権限踰越」の法理の相対化[9]が見られる。さらに、それらを前提としつつ、主にイングランド内において、④2011年地域主義法（Localism Act 2011）等により地方公共団体への包括的権限の付与が行われており、自治体の権限の拡大が見られる。

①の分権は、イングランド以外への「不均一」な「領域」への分権であり、連邦制化ないし分「国」的権限移譲ともいうべき事態であるが、こうした動きを

---

6) 一般財団法人自治体国際化協会ロンドン事務所資料『英国の地方自治（概要版）2016年改訂版』（http://www.jlgc.org.uk/jp/wp-content/uploads/2015/12/2016_LON.pdf［2018年4月1日閲覧］）8頁、参照。なお、同事務所の2011年版の資料『英国の地方自治（概要版）2011年改訂版』（http://www.clair.or.jp/j/forum/pub/series/pdf/j40.pdf［2018年4月1日閲覧］）では、6頁、参照。なお、この「包括的権限」につき、同報告書（2011年改訂版）は、「法令で禁止されていない如何なる行動をも行うことができる法的権限」と説明していた（6頁）。

7) 山崎幹根『「領域」をめぐる分権と統合—スコットランドから考える』（岩波書店、2011年）参照。山崎は、英国の国家構造を「単一主権国家としてのユニタリー・ステイト（a unitary state）としてよりも、〔スコットランドなどの〕それぞれの「領域」に不均一な形で権限が委譲されているユニオン・ステイト（a union state）として理解する意義を、さらには、ステイト・オブ・ユニオンズ（a state of unions）としてとらえる必要性」（同書、18頁）を強調している。

8) 「国会主権」の原則とは、国王・貴族院・庶民院の3者からなる国会だけが、常にどの会期においても法的に無制限の立法権を持ち、また国会以外の何人も（裁判所も）国会の立法を無効としたり適用を拒否・排除したりできないというものであり、国会の通常の制定法よりも上位の法は想定されず、国会の制定法は同位であり、どの会期の国会も法的に無制限の立法権を持つので、前の国会は後の国会を拘束できないとするものである（「後法は前法を破る」）。EU法（EC法）の受容による「国会主権」の相対化について、中村民雄「EUの中のイギリス憲法」早稲田法学87巻2号（2012年1月20日）、同「EU法とイギリス憲法」中村民雄＝山元一編『ヨーロッパ「憲法」の形成と各国憲法の変化』（信山社、2012年）、同『イギリス憲法とEC法』（東京大学出版会、1993年）等、参照。

9) 国会主権から権限踰越の原則を導き出す次のような説明もある。「そもそもイギリスの地方政府は、『国会主権（Parliamentary Sovereignty）』原理の要請で、その設立から権限、内部構成にいたるまで国会制定法により統制されている。そのため、地方政府が活動する際には、常に制定法上の根拠が必要とされ、それを欠けば、たとえ地域住民の利益向上を目的とした行為であっても、裁判所は権限踰越（ultra vires）として無効の判断を下すとされている」（岡田章宏『近代イギリス地方自治制度の形成』〈桜井書店、2005年〉23頁）。

「大きな分権」と呼ぶ見解（内貴滋）[10]もある。そして、④の分権は、イングランド内の「領域内」・地域的分権の動きである[11]。英国ではこうした２つの方向性・志向性を持つ分権（「２つの分権」）が同時進行しているのである。こうした英国の制度構造の変化には、①の動きなどのような「内からの地方分権」と、②の動きなどのような「外からの『ヨーロッパからのインパクト』」という要素が影響しているといえよう[12]。しかも、この構造変化は今なお進行中である[13]。

　本稿は、近年見られる、英国における「国のかたち」の基本構造の変化が地方分権・権限移譲に与えた影響の一端について紹介と検討を試みようとするものである。ただし、紙幅が限られていることもあり、本稿では、ややマクロ的となるが、先に述べた「２つの分権」の動きの紹介とその背景等を検討することを中心としたい。

　本稿では、以上のような問題意識に立ちつつ、内貴滋の言い方でいうところの

---

10)　内貴滋は、スコットランドやウェールズへの権限移譲を「大きな分権」と表現している（前掲書〈注３〉15頁）。また、内貴は、「連合王国の構成地域において統治機関の構造が相違している状況」を「非対称的地方分権（Asymmetrical Devolution）」と呼んでいる（内貴滋『英国地方自治の素顔と日本―地方構造改革の全容と日英制度比較』〈ぎょうせい、2016年〉57頁）。

11)　内貴滋は、こうした分権を「小さな分権」と表現している（内貴滋「英国の地方分権の実情」公営企業〈2007年7月号〉43頁、内貴・前掲〈注10〉『英国地方自治の素顔と日本』66頁）。なお、内貴・前掲〈注３〉『英国行政大改革と日本』では「大きな分権」という表現はあるが「小さな分権」という表現は見当たらない。ただ、イングランド内の分権は、いわゆる「大きな分権」とは質的に異なるものだとは思われるが、そのようなものを「小さな分権」と呼ぶのがふさわしいかどうかは疑問が残る。

12)　植村勝慶「イギリス統治機構の変容」全国憲法研究会編『憲法問題26』（三省堂、2015年）80頁、参照。

13)　特に英国のEU離脱問題が挙げられるであろう。英国がEUを離脱した場合の英国政治・英国地方自治に対する影響は予想できない側面を持っている。

　　英国では、英国のEU離脱が争点となった、2016年6月23日の国民投票でEU離脱票が多数を占めた。また、その後、2017年6月8日に行われた下院議員総選挙でも、EU離脱を掲げるテリーザ・メイ首相の政権が続いた（メイが党首を務める保守党が過半数を割りながらも連立によって政権が継続した）。さらに、2017年12月には交渉の第一段階について英国とEUの合意が行われた。このように、英国はEU離脱の道を進んでいる。しかし、EU脱退期限とされる2019年3月までに英国がEUと交渉すべきことは多く、EU脱退の過程・今後の見通し自体、不透明な側面を持っている。

　　ただ、仮にEU脱退に伴って英国に大きな変化が起きるとしても、その前の状態はいかなるものであったかをまとめておくことにも一定の意義があるものとは思われるし、また、英国のEU離脱は欧州人権条約や欧州評議会などからの離脱を意味するわけではないので（近年において欧州法の影響も大きく受けてきた）英国地方自治制度の基本が英国のEU離脱によってすぐさま大きな変容を見せるというものでもないように思われる。

「大きな分権」すなわちイングランド以外への「不均一」な「領域」への分権
（分「国」的権限移譲）を第Ⅱ節で、それぞれ、スコットランドの動き（Ⅱ—2）、
ウェールズの動き（Ⅱ—3）、北アイルランドの動き（Ⅱ—4）を扱う。また、イン
グランド内の「領域内」・地域的分権を第Ⅳ節で扱うが、その背景にある重要な
変化として、第Ⅲ節では、（国会主権原則の相対化を前提とした）権限踰越の法理の
相対化について扱うこととする。それらの分析から英国の地方自治の課題の一端
を探ることができればと考えている（第Ⅴ節）。以下、順次、考察を進めたいと
思う。

Ⅱ　英国における「大きな分権」

1.　「複合国家」としての英国

　近代国家は、「絶対主義によって作り出された主権国家 state の枠組みを前提
とした上で、その枠組みの実質をなす人的団体としての共同体性を nation とい
う観念によって調達し、主権を革命を通して君主主権から国民主権へと組み換え
ることによって成立した」ものであり、「絶対主義が作り出した権力機構として
の state を外枠とし、その内容を、人的共同体という古典古代以来の国家概念の
近代版であり、言語の共通性を中核とする nation という観念によって埋め、権
力の正統性根拠を国民主権に求めつつ生み出された、作為の産物であった」（加
藤節）[14]ともされるが、その際の国家モデルの典型例として挙げられてきたのが、
フランスの国家形成（state-building）そして国民形成（nation-building）の歴史で
ある。

　この点については、樋口陽一も、フランス型近代国家を「ルソー・ジャコバン
型国家像」と位置づけ、中間団体を廃し集権化を進めた近代国家の典型として挙
げるが、英国についても、「ホッブズ→ロック→議会主権」という系で捉えつつ、
「集権＝多数派デモクラシーの典型としてのウェストミンスター・モデルを提供
してきた」[15]と位置付け、その意味で、英国についても集権国家としての側面に
注目する。

　これに対して、近年注目されるのが、イングランド中心史観を排するというこ

---

14)　加藤節『政治と人間』（岩波書店、1993 年）65 頁。
15)　樋口陽一『自由と国家』（岩波新書、1989 年）153 頁。

とを強調して、英国を「複合国家」として位置付ける試みである[16]。例えば、岩井淳は、J・H・エリオットの論文「複合君主政のヨーロッパ（A Europe of Composite Monarchies）」（1992 年）に注目しつつ、君主などの主権者が法的・政治的・文化的に異なる複数の国や地域を同時支配したという視点から「複合国家」としての英国の歴史を描き出そうとする[17]。振り返れば、近代イングランドの「革命」「内戦」にスコットランド（宗教改革）やアイルランド（アルスター地方住民の反乱）の動きが大きく影響している（作用と反作用）ことはよく知られているが、当然のことながら、英国の歴史も政治もイングランドのみで完結しない。そして、今日においても、「連合王国」は、「権限移譲（Devolution）」と呼ばれる動きに対応して、相対的に自立した４つの「国」へと変容しつつある点にも格別の注目が必要であろう[18]。

　本稿では、近年の英国における「ウェストミンスター・モデル」[19]の変化の兆しを注視しつつ、また、あまりに根強いと感じる「イングランド中心史観」を適切に相対化する視点の提起の重要性にも鑑み、「集権＝多数派デモクラシーの典型」としての英国ではない側面にも一定の注目をしたいと思う次第である。以下、その動きとその歴史的背景について見ておきたいと思う。

---

16)　岩井淳編著『複合国家イギリスの宗教と社会』（ミネルヴァ書房、2012 年）参照。

17)　同上書、6-7 頁、参照。

18)　こうした諸地域の非対称的な自立化傾向は英国だけの現象ではなく西欧諸国全体にますます大きく広がりを見せつつある。この点につき、高橋進は、西欧諸国の多くがもともと「マルチ・エスニック国家」であるというだけでなく、「単一国家」でありながら諸地域が異なる権限を持って国家内に存在・帰属している、いわゆる「礫岩国家（Conglomerate state）」的な状態（H・グスタフソン）であるとし、「一つの国家として存続するためには、これからもいっそうエスニックに異なる地域、あるいは同一のエスニックと思われていた地域からの『差異』の主張に対して、権限移譲や自治権拡大、漸進的連邦制など多様な形態でそれぞれに異なる権限を付与していかなければならないだろう」、と指摘している（高橋進「エスノ・リージョナリズムの隆盛と『再国民化』」高橋進＝石田徹編『「再国民化」に揺らぐヨーロッパ―新たなナショナリズムの隆盛と移民排斥のゆくえ』〈法律文化社、2016 年〉38 頁）。

19)　植村・前掲（注 12）「イギリス統治機構の変容」は、アーレンド・レイプハルトの議論（Arend Lijphart, *Patterns of Democracy*: Forms and Performance in Thirty-six Countries 2nd Edition, Yale University Press, 2012）に依拠しつつ、（「コンセンサス・モデル」と対置される）「ウェストミンスター・モデル」（多数決型民主主義体制）の指標として、①単独過半数内閣への執政権の集中、②内閣の優越、③二大政党制、④得票と獲得議席の格差が大きい選挙制度、⑤利益集団民主主義、⑥単一国家と中央集権制、⑦一院制議会への立法権の集中、⑧軟性憲法、⑨違憲審査制の不在、⑩政府に支配される中央銀行を挙げている（同論文、68 頁）。

第2章　英国における政治構造変革と「2つの分権」　59

2. スコットランドへの権限移譲と独立論の台頭

(1) 前史

まず、スコットランドの歴史を簡単に振り返ってみたい[20]。スコットランドは、1603年までは独自の王を頂く独立国家であり、1707年までは自らの議会を有していた。

しかし、1603年ステュアート朝のジェームズ6世がイングランド王ジェームズ1世となり、イングランドと「同君連合」を結び、また、1707年に、スコットランドは、「合同法（Acts of Union）」によって、イングランド王国と合同してグレートブリテン王国（またはグレートブリテン連合王国：略称UK）となる。これは、形式上は対等な「合同」だが、国家の議会や王宮など主な機関は旧イングランド王国に置かれ、事実上「併合」されたものと見なされている。だが、建前のうえでは、あくまでも両者は対等（本来2つの王室がたまたま同じ人物に兼任されているだけ）とされ、英国国旗のユニオンジャックにもスコットランドの旗が取り入れられていることにも注意が必要である。

(2) スコット議会・スコットランド自治政府の設立

スコットランドへの権限移譲にとって、特に重要なのは、1997年総選挙においてブレア労働党が地方分権の積極的推進を公約に謳い、その一環として、「スコットランド議会（Scottish Parliament）」の設立を提案したことである[21]。

1997年9月には、議会設立の是非を問う住民投票の結果（賛成74.3%）を受けて、「1998年スコットランド法（Scotland Act 1998）」が制定された。さらに、1999年5月に、スコットランド議会の第1回選挙が実施され、同年7月、スコットランド議会が正式発足するに至ったのである。また、その際、スコットラン

---

20) 以下の記述につき、内貴・前掲（注3）15-18頁、財団法人自治体国際化協会平成21年度専門家海外派遣調査報告書『イギリスの「道州制」─概要と運用─スコットランドへの分権を中心として』（2010年）3頁以下、石見豊『英国の分権改革とリージョナリズム』（芦書房、2012年）31頁以下等を参照した。

21) なお、1979年にも、スコットランドに議会（assembly）を設置することの是非をめぐる住民投票が行われたことがあるが、そのときは条件を満たさず議会設置に至らなかった。この住民投票の際の根拠法律（The Scotland Act 1978）には、議会設立のためには、投票の過半数の賛成に加えて、スコットランド有権者の40%が賛成しなければ設立が認められないことを定める「40%条項」が規定されていた。実際の投票では、投票者のうち、51.6%が賛成したものの（反対は、48.4%、投票率は63.6%）、有権者全体で見ると、賛成は32.8%であり（反対は30.8%）、「40%条項」の条件を満たさず、議会設置はできなかったのである（石見・前掲注〈20〉36頁、参照）。

ド議会とその執行機関であるスコットランド自治政府（Scotland Executive）は、「スコットランド省（Scottish Office）」（英国政府の閣内大臣であるスコットランド大臣の管轄下において幅広くスコットランドに関係する事柄を遂行する中央省庁）の機能と職員を引き継ぐこととなった。

(3) スコットランド議会の権限と構成

　スコットランド議会の権限は、「1998年スコットランド法」により明記された国が権限を留保する事項以外の同議会に権限移譲された事項に及ぶ。具体的には、国が権限を留保する法律全般や国の機関に関する事項、防衛、外交、マクロ経済、社会保障、入国管理以外の分野における直接的（一次的）な立法機能と域内税率変更権（3％の範囲内で所得税を独自に増減できる）が与えられている。国会は、スコットランド議会の立法事項についても立法を行う権限はある（1998年スコットランド法28条7項）が、しかし、国会がそうした立法を行うときは、事前にスコットランド議会の同意を得ることが確認され、以後それが慣行（習律）となったとされる（「シーウェル憲法習律」と呼ばれる）。また、スコットランドには中央政府より英国全体の予算の約1割が使途自由な一般財源である「一括交付金」として配分されることとなっている[22]。

　スコットランドの議会は一院制であり、議員は、任期4年で、小選挙区比例代表併用制により選出される（73人が小選挙区制で選出され、さらにそれぞれ7人の議員を選出する8つの地区から比例代表制で56人、合計129人を選出）。なお、議員は、国会議員・欧州議会議員および地方議会議員との兼職が可能である。

　第4回選挙（2011年5月5日実施）では、スコットランド国民党（SNP）が過半数を占めて、スコットランド議会で初めて単一の政党が過半数を握ることになった（第1・2回は労働党と自由民主党の連立政権、第3回はSNPと緑の党の少数与党政権である）。

　一番最近の選挙である第5回選挙は、2016年5月5日に行われた（スコットラ

22）「シーウェル憲法習律」については、中村民雄「イギリスのEU脱退とイギリス憲法（2・完）」『早稲田大学法学ニュース』2016年7月8日（http://www.waseda.jp/folaw/law/news/2016/07/08/8199/［2018年4月1日閲覧]）参照。「一括交付金」については、山口二郎『分権の可能性—スコットランドと北海道』（公人の友社、2000年）26頁、参照。この一括交付金の額は、いわゆる「バーネット・フォーミュラ」という算定式（前年度の一括交付金額を基本としつつ、それをどの程度変化させるかをイングランドとスコットランドの人口比に基づいて自動的に算出する算定式）によって決定される。スコットランドに有利にはたらくとされ、イングランドの保守党を中心に批判も出ている（山崎・前掲〈注7〉64-72頁）。

ンド議会議員選挙は、通常4年ごとに行われることになっているが、前回選挙から4年後の2015年5月には英国国会の下院議員選挙があり、選挙が重なるということから、スコットランド議会議員選挙は2016年に行われることとなった）。この選挙では、定数129議席のうち、SNPは63議席を獲得した[23]。SNPは過半数には届かなかったものの政権を維持することとなった（少数政権)[24]。

(4) スコットランド自治政府の構成

スコットランド自治政府（「スコットランド政府」とも呼ぶ）は、議会議員の中から選ばれる首相（First Minister、「主席大臣」とも訳される）を長とし、閣僚である大臣（Minister）と副大臣（Junior Minister）で構成される（いずれも議会議員）。大臣・副大臣は、議会議員の中から首相が指名し、議会が承認する。国会議員・欧州議会議員および地方議会議員との兼職が可能だが、英国の国務大臣との職を兼ねることはできない。

(5) スコットランド独立論の台頭と住民投票

2012年10月15日には、英国のキャメロン首相とスコットランド自治政府のサモンド首相がエディンバラで、スコットランド独立の是非を問う住民投票の実施に向けた合意書（「エディンバラ合意」）が調印され、2014年9月18日にスコットランドで住民投票が実施された（政治家等の人名に付した肩書きは当時のもの、以下同様)[25]。直前までの世論調査では、賛否が拮抗していたこともあり、世界的な注目を浴びたが、結果、僅差により独立の提案は否決されるに至った。

住民投票は、まさに「世界が息をのむ」とも評されたような想定外の接戦となった。2014年9月18日に行われた住民投票では、独立に賛成が161万7989票（約45%）、反対が200万1926票（約55%）で、反対派の辛勝といった結果に終わったのである（登録有権者数は428万人余、投票率は84.6%)[26]。

英国キャメロン首相とスコットランド自治政府サモンド首相が住民投票を決め

---

23) 他の党の議席は、保守党が31議席、労働党が24議席、緑の党が6議席、自由民主党が5議席となった（https://www.bloomberg.co.jp/news/articles/2016-05-06/O6QQL86TTDS701 [2016年9月15日閲覧]）。

24) 久保山尚「イギリスのEU離脱とスコットランド―独立への茨の道」SYNODOS（2016年6月28日記事）（http://synodos.jp/international/17389 [2016年9月15日閲覧]）。

25) スコットランド独立住民投票についての分析として、石見豊「スコットランドの英国からの独立をめぐる住民投票に関する一考察―政治過程を中心に」国士舘大学政経論叢、2014(4)（2014年12月）、山崎幹根「スコットランド住民投票の普遍的意義」世界（2014年11月号）等、参照。

たのは、2012年10月だが、しばらくは独立賛成意見は2割から3割程度で推移し、これほどの接戦になるとは予想されていなかった[27]。

しかし、前述のとおり、スコットランドは、もともと1707年にスコットランドがイングランドに実質的に「併合」される前には独立国であったという固有の歴史的・民族的（エスニック的）な背景がある[28]。

さらに、それに加えて、スコットランドには、中央政府（特に新自由主義的政策をとる保守党政権）の政策への不満が蓄積されていた。例えば、サッチャー政権時代（1979〜1990年）には、主要産業であった石炭産業など重厚長大産業が閉鎖・解体に追い込まれ、しかも同政権下ではコミュニティ・チャージ（「人頭税」の一種とされる）が他の地域よりも1年早く導入させられ「スコットランドが実験台にされた」との批判を呼んだ[29]。中央集権と緊縮財政政策が強められ、ロンドンに富や権限が集中しすぎていることや福祉予算削減を中央政府が押し付けてくることなど、地域経済格差を拡大し雇用と福祉を破壊した中央政府への批判が強まる一方であった。分配格差や貧困放置という政策を問題とする、こうした「シヴィック的」な要素も重要である[30]。

しかし、そうした中で、自治・分権の構想が具体的に展開されてきたことは注目に値する。こうした自治・分権構想策定と運動の中核を担ったのが、「スコットランド憲政会議（the Scottish Constitutional Convention）」[31]である。同会議は、学

26）　朝日新聞2014年9月20日朝刊1面。また、共同通信（佐々木健記者）2014年9月20日付記事（中國新聞同日朝刊5面等）は、「世界は息をのんで想定外の接戦を見守った。……かつて世界中に植民地を持つ大英帝国を築いた英国が、分裂の瀬戸際まで至った事態は、変動期の世界の現状を象徴しているようだ」と報じた。

27）　ただし、住民投票の直前期の世論調査では賛否が拮抗し、一部の世論調査（『サンデー・タイムス』2014年9月7日付）では、賛成派（51％）が反対派（49％）を上回ったこともある（上掲共同通信記事参照）。

28）　佐藤優は、近年のスコットランド独立問題の背景として、「地域主義（リージョナリズム）」の要素よりも「民族主義（ナショナリズム）」の要素のほうが大きいと指摘する（佐藤優『超したたか勉強術』〈朝日新書、2015年〉142頁）。そのうえで、沖縄の新聞社（琉球新報等）と比較して日本本土の新聞社（朝日新聞等）の報道がリージョナリズムの観点と関心からこの問題を取材・報道することに偏りを見せて、ナショナリズムの要素を欠落させていたことは、スコットランド情勢を民族の問題ではなく地域の問題として見たいロンドンの英国中央政府の見方に記者の視座が同化していたこととともに、「日本人が大民族であるがゆえに、少数民族の気持ちや論理、歴史に対する関心が希薄」であり、このことは、「沖縄が置かれている状況にも無自覚である」ことにもつながっていること（同書、142-143頁）、英国や日本において「マイノリティーに対する無関心、無自覚な収奪」が起こっていると指摘している（同書、153頁）。

29）　山崎・前掲（注25）30頁。

者、市民、労働組合、自治体関係者などを中心に 1989 年に設立された超党派の
フォーラム・運動体であり、労働党や自由民主党、そしてスコットランド国民党
(Scottish National Party＝SNP) も巻き込んで運動を展開し、スコットランド議会
設立に重要な役割を果たした[32]。

　同会議は、1979 年のスコットランドの議会設立の住民投票で敗北した直後に
設立された「スコットランド議会期成同盟 (Campaign for a Scottish Assembly)」
等を母体としている。また、1988 年には、「権利章典 (Bill of Rights)」(1689 年)
制定から 300 年ということにちなんで、英国成文憲法典制定を求める「憲章 88
(Charter)」の運動が起こったが、スコットランドでは、その動きに呼応して
「スコットランド議会期成同盟」が「スコットランドのための権利の要求 (The
Claim of Right for Scotland)」を提示した。その「権利の要求」において、スコッ
トランドの自治の権利が主張され、将来の政府のあり方を議論する憲政会議の設
立が提案されたことにより、後にスコットランド議会設立の中核を担う、この
「スコットランド憲政会議」が設立されたのである。同会議は、1990 年には、議
論の成果として、『スコットランド議会に向けて (Towards Scotland Parliament)』
を発表し、さらに、1995 年には最終報告書である『スコットランドの議会、ス
コットランドの権利 (Scotland's Parliament, Scotland's Right)』をまとめている。こ
の提案が労働党と自由民主党により受け入れられ、両党のマニフェストにも取り
入れられるに至った。そして、1997 年にブレア労働党政権が誕生し、1999 年に
は、住民投票を経て、スコットランド議会の設立が実現したのである[33]。こうし

---

30)　小堀眞裕は、英国におけるナショナリズムやアイデンティティの主張が、「シヴィック」的
　　要素と「エスニック」的要素の双方の絡まりあい（しばしばそれらは両立せず引っ張りあいを
　　見せる）によって成り立っていることを指摘する（小堀眞裕「英国におけるナショナル・アイ
　　デンティティ論—どういう意味での『再国民化』論が可能か」高橋進＝石田徹編・前掲〈注
　　18〉所収）。例えば、SNP のスコットランド独立論もゲール語教育の拡大などを主張していた
　　ことに見られるように「エスニック」的な要素を持つが、より多くの支持を得るためには、排
　　外主義を退け、民主主義や自由などの価値に賛同し、地域格差は正、公正や福祉重視の経済政
　　策推進、人種・宗教の寛容・尊重など「シヴィック」的な要素を強調せざるをえない。しかし、
　　実際のところ、本当にシヴィックな要素のみを訴えるのであれば独立論自体が成り立ち難くな
　　る。そのため、スコットランドはイングランドから不当な扱いを受けてきたというような「エ
　　スニック」な論理も必要とされるという状況にあることを指摘している（同書、139 頁）。
31)　山崎・前掲（注 7）31-32 頁、山口・前掲（注 22）29-32 頁、渡辺樹「スコットランド議会
　　とスコットランド国民党」レファレンス（2007 年 10 月）28-29 頁等、参照。
32)　ただし、SNP は、議会設立ではなく独立を強く主張したため、第 1 回の会議には参加した
　　ものの途中で脱退している。
33)　渡辺・前掲（注 31）29 頁、参照。

て見ると、スコットランド議会設立には、この「スコットランド憲政会議」の果たした役割はたいへん重要なものであったといえよう。こうしたグラスルーツ・レベルから広がったスコットランドの自治獲得要求は、多くの人々が参加した運動、真摯な討議、具体的な提案を伴いつつ、育っていったものであることがここでは重要であると思われる。

さらに 2011 年には、そのスコットランド議会で、スコットランド独立を掲げる SNP が単独過半数の議席を獲得するに至った。これがスコットランドの独立を求める動きに弾みをつけた。

同党は、地理的にはスコットランドに 9 割程度が帰属するとも見られる北海油田の権利を財政的な裏付けとして、競争重視の米国型社会（新自由主義的政治経済構造）を目指す英国政府の政策を北欧型の福祉国家的な政策へと転換することを目指すこと、また核兵器搭載の原子力潜水艦の撤去[34]を実現して核兵器のないスコットランドを目指すこと、独立後は EU に加盟することなどを政策理念として掲げた[35]。こうした理念や政策は、住民に間に相当支持を広げ、独立支持の世論を着実に増やしていったのである[36]。

だが、住民投票の結果は、僅差で独立反対が多数となった。この背景には、SNP が独立後の構想として掲げていた通貨政策（英ポンドを使い続けるため英国と通貨同盟を作る計画）が英国政府・与党や野党の労働党にも拒否され、通貨や物価

---

34) SNP は、もともと、「核兵器のないスコットランド」を政策目標として掲げてはいたが、2011 年選挙におけるマニフェストにおいて、核軍縮や福祉、教育の拡充、自然エネルギーの促進等の政策の必要性を強調し、それらの政策を実行するためには、「1998 年スコットランド法」の下で、英国に留保されている諸権限をスコットランドに移す「独立」が不可欠であると主張した。なお、スコットランドには、英国が保有する唯一の核兵器である潜水艦発射弾道ミサイル「トライデント」システムが配備されているが、SNP は、2007 年 10 月にグラスゴーで「トライデント・サミット」を開催し、トライデント撤去方針を鮮明にしている。ただし、2011 年議会選挙で SNP は過半数の議席を獲得したが、仮に独立を達成したとしても、トライデント・システムを撤去するための具体的なプロセスや時間枠、英国政府との交渉の成立可能性の見込みなどについては明らかにしていなかった（NPO 法人ピースデポ発行『核兵器・核実験モニター』412 号〈2012 年 11 月 15 日〉6 頁参照）。

35) 『毎日新聞』（2014 年 9 月 20 日）朝刊 3 面。

36) なお、小林照夫は、スコットランドでの住民投票で独立賛成が 45％に達した背景に、SNP の政策が浸透していたことに加えて、「英国に代わる将来的な同盟相手としての EU の存在がある」と指摘している（『毎日新聞』〈2014 年 9 月 26 日〉朝刊 11 面）。当時のキャメロン政権（保守党）が EU と距離を置こうとし、EU 監視法を制定したり、EU 離脱を問う国民投票を実施したのとは対照的な動きであった（EU 離脱の是非を問う国民投票は 2016 年 6 月 23 日に行われ、離脱派が僅差で勝利した）。

第2章　英国における政治構造変革と「2つの分権」　65

の安定が見込めないことのリスクが住民の暮らしと経済に対する不安感を増した一方で、キャメロン首相の遊説や中央レベルの与野党が一致してスコットランド自治権のさらなる拡大の誓約[37)]を行うなど「なりふり構わぬ慰留作戦」を展開したことが功を奏したともされる[38)]。しかし、スコットランドの独立に賛成した有権者はもちろんのこと、現時点での独立には二の足を踏んだ有権者の中にもスコットランドの自治拡大を求める声は相当に大きいものと思われる。また、スコッ

---

37)　保守党・労働党・自由民主党の党首は、独立反対キャンペーンを展開する中で、スコットランドへのさらなる権限移譲を約束した「誓約（the Vow）」を発表した。これを受けて、住民投票後に設置された「スコットランド権限移譲検討委員会」（スミス委員会）が 2014 年 11 月に勧告書を出し、それを踏まえて、スコットランドへの新たな権限移譲を認める法律案として内閣により国会に提案された（外務省「英国（グレートブリテン及び北アイルランド連合王国）基礎データ」http://www.mofa.go.jp/mofaj/area/uk/data.html［2016 年 9 月 15 日閲覧]）。この法案は、2016 年 3 月 23 日に、「2016 年スコットランド法（Scotland Act 2016）」として国会で成立し、同日、女王の裁可を受けた（http://services.parliament.uk/bills/2015-16/scotland.html［2016 年 9 月 15 日閲覧]）。

　同法の内容として、例えば、①スコットランド議会およびスコットランド政府を英国の国のしくみにおいて恒久的な存在として認めること（スコットランド住民による住民投票で廃止を決定しない限り廃止されないものとする）、②所得税（貯蓄からの利息または株式の配当金でない収入に関して課せられるもの）の税率および課税所得帯（所得税のそれぞれの税率が適用される所得の範囲）に関する権限をスコットランド議会へ移譲すること、③ VAT（付加価値税）において、基本税率（2016 年 4 月現在では 20％）については最初の 10％分の税収、軽減税率（2016 年 4 月現在では 5％）については 2.5％分の税収をスコットランド政府へ配分すること、④住宅関連手当を含む福祉手当に関する権限の一部をスコットランド議会へ移譲すること、⑤中絶法の権限をスコットランド議会へ移譲すること、⑥スコットランド議会の選挙制度に関する権限をスコットランド議会に移譲すること（スコットランド議会の 3 分の 2 の議員が賛成すれば選挙制度の変更が可能）などが含まれている（自治体国際化協会ロンドン事務所マンスリートピック〈2016 年 4 月〉http://www.jlgc.org.uk/jp/wp-content/uploads/2016/05/uk_apr_2016_02.pdf［2016 年 9 月 15 日閲覧]）。

　また、2016 年スコットランド法は、（国会制定法優位の原則を定めた）1998 年スコットランド法 28 条 7 項（「本条の規定［スコットランド議会の立法権限を定める規定］は、国会がスコットランドについて立法する権限に影響を及ぼすものではない」）の後に、「ただし国会は、スコットランド議会の同意がない限り権限を移譲した事項について立法することは通常はないことを認める」という規定を追加した（1998 年法 28 条 8 項）。これは、「シーウェル憲法習律」に法的根拠を与えるものであるとされる（松井幸夫「スコットランドへの権限移譲とその制度的展開」倉持孝司編著『「スコットランド問題」の考察』〈法律文化社、2018 年〉74-77 頁）。松井は、この点を次のように指摘している。

　「2016 年スコットランド法は、この『シーウェルの憲法習律』を確認し、この『憲法習律』に法的根拠を与えた。もちろんそこで確認されたのは『通常』の場合であって『非通常』の場合の国会の主権が否定されているわけではない。しかし、同じく同法によって、スコットランド議会・政府の『恒久』性が認められ、それらは住民のレファレンダムによらずしては廃止できないとされたこととも相まって、国会主権原理の変容はますます明確になっている。」（同書、77 頁。）

トランド独立の慰留のために、与野党がスコットランドの自治権のさらなる拡大を約束したことにより、今後スコットランドにおいてさらなる自治拡大を求める声が高まる可能性が高い。また、政治状況の変化次第では、独立論の再燃、さらには、英国の他の地域であるウェールズや北アイルランドの自治権拡大の要求が強まるかもしれない（特に英国が EU 離脱を決めたことも EU 支持・加盟志向の強いスコットランドでは独立論の再燃につながる可能性がある）。

　この住民投票そのものが、英国政治全体（さらには国際社会）に与える影響は極めて大きなものであろう[39]。そして、そもそも独立をめぐる住民投票が平和裏に実施されたこと自体が異例であり、英国の民主主義の成熟を示すものと思われ、この点は極めて重要であるように思われる[40]。

3.　ウェールズへの権限移譲

(1)　前史

　ウェールズはもともと 7 世紀から 8 世紀にアングロ＝サクソン人が侵入した際、西部地域に逃れたブリトン人の居住地である。だが、1282 年に、イングランドのエドワード 1 世が、ウェールズのケルト部族の首長ルーエリンを殺害し、ウェールズにイングランド同様の州制度を施行し、その後 2 年間でウェールズのイングランドへの事実上の「併合」を完成したとされる。1536 年には、ウェールズ統治法（Government of Wales Act）が制定され、イングランドとの行政や法律が

---

38)　『朝日新聞』（2014 年 9 月 20 日）朝刊 3 面。なお、エリザベス女王も、スコットランドのバルモラル城付近の教会での礼拝後に、「人々は未来について慎重に考えることを望む」と発言し、スコットランドの独立の是非を問う住民投票をめぐり、住民が将来について慎重に考え投票することを望んでいる見解を示したと英国『タイムズ紙』などで報じられた。もし報道の通りならば、政治的中立を守るべき女王の異例の発言である（『日本経済新聞』〈2014 年 9 月 15 日〉付記事 https://www.nikkei.com/article/DGXLAS0040001_V10C14A9000000/［2016 年 9 月 15 日閲覧］）。

39)　また、前述のとおり、英国の EU 離脱が争点となった 2016 年 6 月 23 日の国民投票では離脱派が多数となり、英国の EU 離脱が確定的な状況となっているが、スコットランドでは英国全体の結果とは異なり EU 残留派が多数を占めたことから、再びスコットランド独立（英国から独立したうえで EU 加盟を目指す）の是非を問う住民投票を求める声が大きくなっていることも注目されよう（前掲〈注 6〉『英国の地方自治（概要版）2016 年改訂版』8 頁、参照）。

40)　前掲（注 26）共同通信 2014 年 9 月 20 日記事参照。なお、同記事において、日台健生は、当該住民投票の特徴として、「①英政府が投票の実施を承認②軍事力の不使用③北海油田があり経済的に自立可能」の 3 点を挙げ、「セルビアから独立したコソボや、ロシアが編入を強行したクリミアはこの 3 点を備えていない。……平和裏に投票が実施されたことは評価に値する」、と指摘している。

一本化された。こうしてウェールズはイングランドに併合され、連合王国を構成するようになった。このようなイングランドによる侵攻そして併合という歴史を持つウェールズは、13世紀にイングランドの統治下に入って以来、次期イングランド王（後にはグレートブリテン王）となるべき最年長の王子（王太子）が、プリンス・オブ・ウェールズ（ウェールズ大公）として戴冠するのが慣習となっている。ウェールズは、1536年による統合から長らく「イングランド王国」、あるいは、「イングランドおよびウェールズ」の一部として扱われ、UKの中でもスコットランドや北アイルランドとは事情が異なる。英国国旗「ユニオンジャック」にウェールズの国旗だけが含まれていない[41]。

　長らくケルト系の文化圏を形成してきたウェールズでは、今でもウェールズ語を話すコミュニティがあり、英語が標準語となった地域とある程度区別可能な状態となっている。前者は主として山間地、後者は都市部およびイングランド隣接地域を中心に見出される。20世紀初頭は、ウェールズ地域の半分の人々がウェールズ語を話していたが、1970年代までにその割合は20%前後までに減少した。ウェールズは、①ウェールズ意識の希薄な British Wales（人口の大半）、②英語も話すがウェールズ人意識を持つ Welsh Wales、③ウェールズ語の世界に生きている人々（YFlogymraeg、ウェールズ語でウェールズを意味する）の「3つウェールズ」からなるともいわれている[42]。

(2) ウェールズ議会設立の失敗（1979年）

　後述するウェールズ議会設立の前史として、かつて議会設立に失敗した事例があったことをここで紹介しておきたい[43]。

　1979年に、当時の英国キャラハン労働党政権が、労働党の圧倒的な地盤でもあるウェールズからの支持を確保するため、ウェールズに直接公選議会を設置し、その議会に権限移譲を図る「ウェールズ法」を提起し、住民投票を実施したことがある。

　しかし、その結果は、反対4対賛成1の惨敗となり、議会の設立に失敗した。この投票結果の背景には、「3つのウェールズ」の分裂に加えて、ウェールズ法を支持する勢力である労働党やNUM（全国炭鉱労働組合）に対する信頼感の喪失

---

41)　中澤秀雄「ウェールズにおける権限委譲とその社会的背景」（中央大学）法学新報118巻
　　　5・6号（2011年10月20日）121頁、石見・前掲（注20）13頁等、参照。
42)　中澤・同上論文、104頁。
43)　以下の記述につき、中澤・同上論文、104-108頁を参照した。

（相次ぐストライキによる社会的混乱への失望と怒り）が原因ともいわれている。そして、その数カ月後、サッチャー保守党政権が誕生してもいる。サッチャー政権は、NUM との全面対決（「NUM は内なる敵」演説等）を行い、炭鉱の急激な閉鎖を断行した。そして、それに反対する英国炭鉱全体を巻き込む長期ストも乗り越え（1985 年に政府からの譲歩を何も勝ち取れないままスト中止へ）、英国炭鉱業の全面的な閉鎖への道を推進していった。

この結果、かつて石炭産業の中心地であったウェールズは、基幹産業を一気に失い、「ウェールズは閉鎖された」とも表現されるほどの衰退を見せた。その後、産業構造の転換によって失業率を回復させたヨークシャーなどのイングランド旧産炭地と比べて、ウェールズ側ははかばかしい回復を見せていない。特に谷間のコミュニティでは男性の半分近くが失業しているということも珍しくない。

その後、英国の製造業を急激に破壊させたサッチャー政権への批判は、いわゆる「人頭税」提案ともあいまって、英国全土から起こるようになり、後のブレア労働党政権の誕生にもつながるが、このように、ウェールズの事態の推移と英国の政権交代には一定のつながりを見ることができよう。

(3) ウェールズ議会の設立

ウェールズに議会が設立されることになった直接の契機は、1997 年総選挙においてブレア労働党が地方分権の積極的推進を公約に謳い、その一環として、「ウェールズ議会（National Assembly for Wales）」の設立を提案したことに始まる[44]。

1997 年 9 月、議会設立の是非を問う住民投票の結果（賛成 50.3%）を受けて、「1998 年ウェールズ統治法（Government of Wales Act 1998）」が制定された。さらに、1999 年 5 月、第 1 回選挙（小選挙区比例代表併用制）が実施され、同年 7 月、ウェールズ議会が正式発足するに至った。なお、スコットランドの場合とほぼ同様に、ウェールズ議会とその執行機関である内閣（Executive Committee）は、「ウェールズ省（Welsh Office）」（英国政府の閣内大臣であるウェールズ大臣の管轄下において幅広くウェールズに関係する事柄を遂行）の機能と職員を引き継ぐこととなった。

---

44) 以下のウェールズ機会設立の背景、同議会の権限、構成等については、石見・前掲（注 20）69 頁以下、自治体国際化協会ロンドン事務所「マンスリートピック」2011 年 3 月（http://www.jlgc.org.uk/jp/information/monthly/mtopic201103.pdf）、「ウェールズへの地方分権」自治体国際化協会ロンドン事務所『Clair Report』No. 381（Mar 8, 2013）（http://www.clair.or.jp/j/forum/pub/docs/381.pdf）等を参照した［2016 年 9 月 15 日閲覧］。

(4) ウェールズ議会の権限と構成

しかし、ウェールズ議会（Assembly）に当初付与された権限は、スコットランド議会（Parliament）とは異なる[45]。

ウェールズ議会は、発足当初は、「ウェールズ法」（当初は「1998 年ウェールズ法」、後に「2006 年ウェールズ法」）に列挙される分野に限って国の法律を施行するための二次的な立法権（国会の制定した法律の範囲内で、それを施行するために定められる具体的な命令・規則等を定める権限）のみが与えられた。また、税率の変更や独自の財源を調達する権限は与えられていない。

しかし、その後、2007 年 10 月 30 日に成立した「地方自治、保険サービスへの住民関連法（Local Government and Public Involvement in Health Act）」の中で、地方自治体再編と自治体構造の変更を行う権限がウェールズ議会に付与された（この権限を「ウェールズの地方自治に関するすべての立法権」と表現する論者もいる[46]）。

さらに、ウェールズ議会が、国会に諮ることなく単独で、分権された事項に関してより広範囲に立法できる権限（一次立法権）を得るべきかどうかを問う住民投票が、ウェールズにおいて 2011 年 3 月 3 日に実施された。投票用紙に示された質問は「20 分野におけるすべての事項について、ウェールズ議会が一次立法権を持つことを望みますか」というものであったが、住民投票の結果、賛成 63％、反対 36％で承認された。

これまで、ウェールズ議会は相対的に限定された分野の範囲においてのみ、ウェールズ議会規則（Assembly Measures）の制定という形で立法することができた（二次的立法権）。これらは 20 分野に及んでいたが、実際に立法が可能なのはそれぞれの分野の中のごくわずかな特定事項のみであり、国会が制定した法律に授権規定が含まれている場合か、あるいは、ウェールズ議会に必要が生じて枢密院令（日本の政令に当たる）を中央政府に要求した場合のいずれかにおいてのみ、この範囲を広げることができる可能性を持っていた。

これに対して、2006 年法の下では、特定事項の範囲を著しく拡大するという

---

45) Parliament と Assembly の違いについて、山口二郎は、「パーリアメントというのは大変重い言葉でして、主権を持った議会をパーリアメントといいます。英語でもう一つ議会にアッセンブリーというのがあるんです。要するに日本の地方議会とかは全部アッセンブリー。アッセンブリーというのは一応議会ではあるけれども主権がない。だから主権がないということは税金の決定ができないということです。あるいは法律を作ることができないということです」、と述べている（山口・前掲〈注 22〉25-26 頁）。

46) 内貴・前掲（注 3）19 頁。

しくみもあり、住民投票によって承認された場合のみ範囲の拡大が可能というものであった。

　この住民投票の結果、次の 20 の分野[47]において、ウェールズ議会が一次立法権を持つことになった。ただし、国会にはいまだ 20 のすべての分野について留保権限があることにも注意が必要である。2006 年法 114 条によれば、ウェールズ大臣は、ウェールズに分権されていない事項、イングランドにおける上水道・水資源・水質、イングランドで施行されている法律および英国の国際的責務に対して不利な影響を与える可能性がある場合は、ウェールズ議会法に介入することができる広範な権限を持っている。また、英国司法長官（The UK Attorney General）は、もしウェールズ議会の立法権限の範囲かどうか疑わしいと判断した場合には、いかなる法案についても、たとえウェールズ議会を通過した法案であっても、英国最高裁判所に対して問い質すことができるとされているのである。

4.　北アイルランドへの権限移譲

(1)　前史および概略

　英国（UK）の中でも、特に歴史的・民族的に特別な背景を持っているのは、北アイルランドであろう[48]。アイルランド島 32 地域のうち UK を構成する「北アイルランド」は 6 地域であり、残りの 26 地域は 1921 年に英国から独立して、現在、アイルランド共和国を構成している。

　1801 年に英国に併合されて以来、植民地であったアイルランドも、1920 年に成立した「アイルランド統治法（Government of Ireland Act 1920）」によってアイルランドは南北に分割され、それぞれに自治権が付与された。また、「アイルランド独立戦争」（1919～1921 年）の講和条約である英愛条約に基づいて、南部 26 州によりアイルランド自由国が建国され、英国より分離した際は北アイルランドも一応アイルランド自由国の管轄内に含まれていた（北アイルランドの帰属につい

47）　その分野とは、農林水産業・動植物・農村開発、歴史的建造物の保護、文化、経済開発、教育と職業訓練、環境、消防・救急、食料、保健及び保健サービス、高速道路及び幹線道路・運輸・交通、住宅、地方自治、ウェールズ議会、行政、社会福祉、スポーツとレジャー、観光、都市計画、上下水道・洪水対策、ウェールズ語である。

48）　以下の記述につき、内貴・前掲（注 3）20-25 頁、石見・前掲（注 20）14-22、202-207 頁、戒能通厚編『現代イギリス法事典』（新世社、2003 年）352-358 頁〔元山健執筆〕、松井幸夫「北アイルランドの平和と分権：地方分権とイギリス憲法改革（三）」（島根大学）島根法学、47(4)（2004 年 2 月 29 日）を参照した。

ては北アイルランド自身の決定に委ねられるものとされていた）。しかしアイルランド自由国で内戦が始まったため、英愛条約の条項に基づいて北アイルランド議会はアイルランド自由国からの離脱を表明して英国にとどまることになり、アイルランドは、北アイルランドが英国に、それ以外の南アイルランドがアイルランド共和国に属すという現在のような状況になっているのである。

その後の北アイルランドの歴史を振り返るならば、北アイルランド自治政府（「北アイルランド政府」ともいう）による統治は2度中断し、自治政府の統治の時代（① 1921〜1972 年、② 1999〜2002 年、③ 2007 年以降の約 10 年）と英国政府（アイルランド省）による直接統治の時代（1972〜1999 年、2002〜2007 年）の双方がある（ただし、後述の通り、2017 年 1 月より自治政府が不成立の状態にある）。このことにも表れているように、北アイルランドは、自治政府の成立後、すぐに安定に向かったわけではない。特に、1960 年代後半からは、社会的に差別を受けていたカトリックと、プロテスタント主体の北アイルランド政府との対立が深刻化するに至った。IRA（アイルランド共和軍）暫定派をはじめとするナショナリスト（英国からの独立を主張）とユニオニスト（英国との連合維持を主張）双方の私兵組織と英陸軍、北アイルランド警察が相争う抗争が続き、数多くのテロによって数千名にものぼる死者が発生するなど、社会と経済の混乱は極めて深刻な問題となったのである。

このため、1972 年には、1921 年以降北アイルランドを統治してきた「ストーモント議会」[49]と自治政府による統治が廃止され、英国政府による直接統治が始まった。

しかし、1990 年代になると和平への道が模索されはじめ、1998 年に、ユニオニストおよびナショナリスト政党、私兵組織と英国、アイルランド両政府によって「ベルファスト合意」[50]が行われ、これに基づいて「北アイルランド議会」（The Northern Ireland Assembly）が設置されるに至った。

北アイルランド自治政府も、このベルファスト合意によって設立が決定された

---

49) 英国の「ウェストミンスター議会」、南アイルランド（アイルランド共和国）の「レンスター議会」に対して、1921〜1972 年に存在した北アイルランドの議会は「ストーモント議会」と通称されている。

50) ベルファスト合意とは、北アイルランドのベルファストにおいて、1998 年 4 月 10 日に英国とアイルランド間で結ばれた和平合意である。この合意の後、アイルランド共和国は国民投票により北アイルランド 6 州の領有権を放棄することになった。

ものだが、2002 年から機能を停止していた。同時に設置された北アイルランド議会（The Northern Ireland Assembly）も、一時は、党派間の対立によって機能停止に追い込まれた。2003 年の北アイルランド総選挙においては、強硬派のシン・フェイン党や民主統一党（DUP）が穏健派以上の票を獲得するなど、政治的対立が先鋭化する傾向も見られた。2007 年 3 月 26 日には、シン・フェインと民主統一党との間で自治機能を再開させることで合意が形成され、2007 年 5 月 8 日に自治政府がようやく復活し、その後、約 10 年間、自治政府による統治が続いた。

　しかし、2017 年 1 月、それまで自治政府を運営してきたプロテスタント系の民主統一党とカトリック系のシン・フェイン党の対立で自治政府が崩壊し、議会選挙後の連立交渉も失敗に終わり、人々は「ベルファスト合意」20 年の節目を北アイルランド自治政府が成立しない状態で迎えることとなった（そして 2018 年 4 月 1 日現在もその状態が継続中）。北アイルランドの自治はいまだ不安定な状態にあるのが現状である。

(2) 北アイルランド議会の設置

　北アイルランド議会（The Northern Ireland Assembly）が設置される経緯を考えるときに重要なのは、1998 年 4 月に、英国およびアイルランド共和国両政府による「北アイルランド和平プロセス」が最終合意に達したことである（ベルファスト合意、合意文書はグッド・フライデー・アグリーメントと呼ばれる）。この合意では、北アイルランド議会設置、武装解除による平和的社会の確立、プロテスタントとカトリック双方の権利の保障等が定められた。

　そして、1998 年 5 月に、北アイルランド議会（The Northern Ireland Assembly）設立を問う住民投票が行われ、賛成 94.4％で可決されるに至った。その後、1998 年 6 月に、第 1 回選挙（比例代表制）が行われ、108 人の議員から構成される一院制の議会が設置されるに至ったのである。

　ところが、2002 年 10 月には、いわゆる「ナショナリスト（アイルランド共和国との一体化を標榜するカトリック勢力）」のスパイ行為疑惑により自治権が剥奪され、北アイルランド議会は、北アイルランド自治政府（Northern Ireland Executive）とともに機能停止に追い込まれた。しかし、2006 年 5 月に再開し、「セント・アンドルーズ合意」（自治再開の条件として、IRA の政治組織であるシン・フェイン党が北アイルランド警察を全面的に支持すること、ユニオニスト強硬派である民主統一党がナショナリスト側と協力することなど）を経て、2007 年 5 月には北アイルランド自治

政府が再建された（その後、2017年1月より自治政府未成立の状態が続いている）。

(3) 北アイルランド議会・北アイルランド自治政府の権限と構成

北アイルランド議会は、一院制の議会（議員数は90人）であるが、議員の任期は4年で、比例代表制度で選出される。議会には、国が権限を留保する事項以外で分権された事項に関する一次立法機能が与えられている[51]。

また、自治政府は、議会議員から選ばれる首相（First Minister）と副首相（Deputy First Minister）を長とし、閣僚である大臣（Minister）と副大臣（Junior Minister）で構成される。

首相と副首相は2人一組で選出されるが、その際ナショナリストおよびユニオニスト双方の過半数の支持を得なければならない。またどちらかが欠ける場合は残りの者も辞任しなければならない。これは、北アイルランド自治政府がナショナリスト、ユニオニストのどちらか一方に独占的に支配されるべきではないとする「1998年北アイルランド法」の規定によるものである。

大臣・副大臣は、議会議員の中から首相と副首相が指名し、議会が承認する。自治政府の首相、大臣は、国会議員、欧州議会議員および地方議会議員との兼職が可能だが、英国の国務大臣との職を兼ねることはできないものとされている。

Ⅲ　権限踰越の法理の相対化

1.　権限踰越の法理

権限踰越の法理とは、先にも見た通り、地方自治体は、国会が制定する法律により個別に授権された事務のみを処理でき、授権された範囲を越える自治体の行為は違法とされるという法理をいう。その背景にある考え方として、地方公共団体は自然人ではなく人工人たる法人であり、制定法（法律）の定めに基づく制定法人であるから、制定法人は、その設立根拠である制定法（法律）に列挙されている事項のみを適法になしうるものであり、その活動の範囲が限定されているというものである[52]。この点から、「権限踰越の法理」を見ると、制定法人は、制定法によって明示的に与えられた権限およびそれらに合理的にみて付随する（in-

---

51)　議会が権限を有する分野は、農業、農村開発、文化、芸術、余暇、教育、企業、商業、投資、環境、財政、人事、保健、社会福祉、公共の安全、職業能力開発、雇用、地域開発、社会開発（都市再生、地域社会発展、住宅問題、田園地帯の保護等）に関する権限である。

cidental）行為を行う権限しかなく、その権限の範囲を越える行為は違法無効とする法理ということでもある。しかし、英国（ここでは主としてイングランド）の地方自治体は、常に中央政府に統制され、その活動において自治裁量の余地は全くないかというと、事はそう単純でもない。岡田章宏は、「権限踰越の原則」をめぐる制度と実態の相違を次のように説明する。

　「地方政府が活動する際には、常に制定法上の根拠が必要とされ、それを欠けば、たとえ地域住民の利益向上を目的とした行為であっても、裁判所は権限踰越（ultra vires）として無効の判断を下すとされている。その枠組み自体、わが国にはなじみのないものであるが、事態をさらにわかりにくくしているのは、このような統制があるにもかかわらず、地方政府は、事実上相当な裁量権を行使してきたという点である。中央政府は、地方政府との間で『合意と協議』という関係を保ちながら、地方の実質判断を尊重する傾向にあったし、裁判所もまた、制定法上の権限に付随する領域を合理的な範囲で認め、地方政府が独自の判断で活動する余地を容認してきたのである。その背後には、長きにわたる自治の伝統が大きく横たわっていると考えられる。」[53]

　このように、英国の場合、地方自治の実態は、法制度のみを観察していては正確な理解はできない。しかし、その点を留保したとしても、やはり自治体側から見ると、国会による統制は大きなものであることは間違いないだろう。「1972年地方自治法（Local Government Act 1972）」111条1項には、「地方自治体はその機能を果たすことを促進し、誘導し、あるいは付随的なことを行うことができる」といった規定もあるが、地方自治体の権能が国会の立法的な統制に服していることには変わりはなく、地方自治体は、独自の裁量のみを用いて新たな行政分野で活動することはできなかった。特に、自治体による独自の資金調達については厳しい規制があり、裁判所も、特に地方自治体が独自に財源を調達しようとした事例（とりわけ「小さな政府」を標榜したサッチャー政権の下、厳しい財政運営が迫られた時期に、労働党の影響力の強い自治体において、様々な手段を用いて資金調達が試み

52）　従来、公法人と私法人を区別されずに適用されてきたこの権限踰越の法理が、20世紀初頭になると、「会社のような私法人との関係で権限踰越の法理は次第に緩やかに適用されるようになり、最後は法律により廃止された。しかし、公法人については、権限踰越の法理は司法統制の有力な方法として生き残った」とされる（廣田全男「イギリスの地方分権改革と権限踰越の法理」自治総研339号〈2007年1月号〉9頁）。

53）　岡田章宏・前掲（注9）23頁。

られた事例）に対して、同法を援用して、権限踰越ゆえに違法と判断し続けてきた。ただし、この点については、裁判所が、「住民の利益を考慮し、地方財政の効率的な運営を狙いとして権限踰越の法理を用いてきた」という指摘（和田武士）もある[54]。

2. 2000年地方自治法による変化

　地方分権を掲げたブレア労働党政権[55]の下で、「2000年地方自治法（Local Government Act 2000）」が制定され、地域社会および住民の福祉の増進に関する3分野（経済：Economic Well-being、社会福祉：Social Well-being、環境：Environmental Well-being）の政策を一定の制約の下で自由に実施することができることとされた（同法2条1項）。

　ただし、同法3条1項によれば、あらゆる法令に含まれる制限規定によって地方公共団体がなしえないとされている事項に関して、福祉の権限によって地方公共団体がその事項をなしうるようにはならないとされ、また、同法3条2項も同様に、福祉の権限によって、借入等の手段を用いて地方公共団体が資金を調達できるようになるわけではないと福祉権限の限界を定めている。

　しかし、こうした条項にもかかわらず、ブレア政権の下、中央政府は、地方公共団体への権限移譲に好意的であったことが注目される。

　例えば、2000年地方自治法注釈では、「2条及び3条は、法令に明確に記載されている禁止・拘束または制限に抵触しない限り、地方公共団体がいかなる施策もなしうることを許容している。その趣旨は、地方公共団体の活動の範囲を広げるものであり、他方では、地方公共団体が、当該権限が欠如していることを理由に異議を唱える範囲を減らすことにある」とし、副首相府方針でも、「地方公共団体に新たな権限を広く認め、その権限を革新的にかつ上手く機能するようにしたい」とされていた[56]。

　この方針は、どのように具現化されたのであろうか、これらは具体的事例との

54）　和田武士「司法による英国地方自治の推進と地方自治の将来」立教大学大学院　法学研究43号（2012年）5頁。

55）　和田・同上論文によれば、「従来は、保守党が地方公共団体の活動を統制する一方で、労働党は地方公共団体に肩入れしすぎて直接介入する傾向があった。このように、以前の中央政府は、地方に対して好意的であれ敵対的であれ介入することがあったが、これに対してブレア政権は、中央から地方に権限を移すことを検討していた」（同論文・6頁）、とされる。

56）　和田・同上論文、6-7頁。

関係で明らかにすることが必要であろう。

3. 司法と英国地方自治

和田武士によれば、裁判所は、この権限踰越に関する問題について、社会福祉の領域では、地方公共団体の権限を認める傾向にある一方、財政運営の領域では従来以上の権限を認めることに消極的な傾向があるとされる[57]。以下、和田武士論文「司法による英国地方自治の推進と地方自治の将来」(『立教大学大学院　法学研究』43号・2012年)を参照して、その内容の一部をごく簡単に紹介しておきたいと思う。

(1) 社会福祉関連事件

社会福祉関連事件のリーディングケース[58]の1つとされるのが、「エンフィールド (Enfield) 事件」高等法院判決 (2002年) である。原告は、ガーナ出身者で、英国に資格外滞在 (不法滞在) をしていたが、残留を求めていたところ、娘が生まれ、またその後、ヒト免疫不全ウイルス感染が判明した。原告は、住居を得られるよう地方公共団体に扶助を申請していたが請求が認められなかったので提訴したという事件である。

国家扶助法は、病気や障害で保護を必要とする者に住居施設を提供することを地方公共団体に義務付けており、児童法は、保護が必要な子どもへのサービス提供を通じて、家族による子どもの養育を促進させることを地方公共団体に義務づけているが、原告は、これらの規定によっても住居関連の扶助がなされないならば、「私生活および家庭生活の尊重の権利」を定めている欧州人権条約8条[59]に違反すると主張し、また、原告は、裁判所は、人権法3条により、英国国内の制

---

57) 和田・同上論文、7頁。

58) 和田上掲論文では、その他の社会福祉関連事件として、福祉権限を広く解釈したレヴィシャム (Levisham) 事件高等法院判決 (2002) やランベス (Lambeth) 事件控訴院判決 (2003)、福祉権限の限界を明らかにしたオクスフォードシャー (Oxfordshire) 事件高等法院判決 (2002)・控訴院判決 (2004)、福祉権限の行使が特定の法令により明文で制約されているとしても法令の解釈上その行使が認められることもあると判示したランベス対グラント (Lambeth vs Grant) 事件控訴院判決 (2004) 等を挙げている (同論文、11-17頁)。

59) 欧州人権条約8条 (私生活および家庭生活の尊重についての権利)
「1　すべての者は、その私的および家庭生活、住居および通信の権利を有する。
2　この権利の行使については、法律の基づき、かつ国の安全、公共の安全もしくは国の経済的福利のため、また、無秩序もしくは犯罪防止のため、健康もしくは道徳の保護のため、または他の者の権利および自由の保護のため民主的社会において必要なもの以外のいかなる公の機関による干渉もあってはならない。」

定法を欧州人権条約の権利を実現させるように解釈すべきであり、そうでなければ人権法4条の「不適合宣言」をすべきだと主張した。

これに対して、地方公共団体の側は、当該扶助を提供する権限は当該地方公共団体にはないと主張した。訴訟に参加した国務大臣（保健相）の代理人は、地方の権限が広く認められるべきという主張を展開し、そこでは、2000年地方自治法を援用して、地方公共団体には住宅関連の財政的扶助を提供する権限があり、そして、その権限の行使を制約する規定は存在しないとの見解を示した。

結局、高等法院は、原告勝訴の判決を下した。判決では、2000年地方自治法により地方公共団体には福祉権限が認められ、地方公共団体には従来なしえなかった活動を実施する権限が広く与えられたとし、このことから、ある領域に対して地方公共団体に権限が何ら付与されていないとしても、その領域の権限が法令上制約されていると理解することは不適切であるとする。ただし、副首相指針のように「権限の制約が法令に明確に詳述されなければならない」というほどまで福祉権限の制約を限定的に捉えるわけではなく、ある法令が地方公共団体の福祉の権限を制約する規定である2000年地方自治法3条に該当するか否かは一義的には決定されず、事案に応じて個別的具体的に判断されるべきと判示した。そのうえで、当該事件においては、関連する法が解釈された結果、資格外滞在者に対して、住居を直接的に提供することは認められないものの、2000年地方自治法3条によると、住居のために地方公共団体が財政的に扶助することは禁じられていないと判示した。

本判決の意義として、制定法によって授権されていない政策でも2000年地方自治法2条を援用することで実施しうる可能性が認められたこと、そして、ある法令が福祉の権限を制約する規定である2000年地方自治法3条に該当するか否かは一義的には決定されず、この判断には一般的な基準は存在しないという判断を示したことが挙げられる。

(2) 経済（財政運営）関連の事件

経済関連事件としては、ブレント事件判決（高等法院および控訴院判決）を挙げておきたい[60]。地方公共団体による相互保険会社の運営が権限踰越に当たると判断された事例である。これは、ブレント（Brent）という地方公共団体が、地方

---

60) 和田・前掲（注54）論文では、2000年地方自治法2条の「経済（財政運営）」の論点が争われたのは、「現在のところこの事件のみ」としている（同論文、19頁）。

公共団体向けの保険調達の契約を入札にかけ、原告である民間保険業者が入札したが、後になって、ロンドン内の複数の地方公共団体によって設立された相互保険機構を設立して当該機構と保険契約をするほうが掛け金が少なくなるということを理由に、方針を転換して、保険調達の契約手続を取りやめる旨の通知を原告に対して行ったことに対して、地方公共団体にはそのような保険会社を運営する権限がないとしてブレントを訴えた事件である。

結局、高等法院も控訴院も、地方公共団体による相互保険会社の運営が権限踰越に当たると判示した。控訴院では、被告側がいう、金銭の支出を抑えるということには、複雑かつ投機的な側面がある、すなわち、掛け金のみならず、この相互保険機構を運営する際に地方公共団体は多額の金銭を支払う可能性があるが、これは住民税を支払う者の利益を害する恐れがあるとして、権限踰越に当たると判断した（なお、ブレント事件控訴院判決を受けて、国会は、「2009 年地域民主主義、経済開発および建設法（Local Democracy, Economic Development and Construction Act 2009)」を制定し、その 34 条により、地方公共団体に、相互保険協定を結ぶ権限を付与した）。

(3) 権限踰越原則の相対化と英国地方自治

英国の裁判所は、福祉権限については、特定の授権法が存在しない場合でも、2000 年地方自治法 2 条によって、地方公共団体には福祉に関する政策を実施する余地が認められるようになったことに対応して、一般的には、社会福祉の領域で福祉の権限を肯定し、所得の再分配の機能を地方公共団体が担うことを認める方向にあるようである。

その理由としては、まず何といっても欧州人権条約の影響が考えられる。1998年人権法を制定することで英国は欧州人権条約を国内法化した。地方自治との関連では、その中でも、欧州人権条約第 8 条「私生活及び家庭生活の尊重の権利」等が重視され、例えば、エンフィールド事件（2002 年）では、2000 年地方自治法が定める福祉の権限の不行使が、条約上の権利を侵害するときには、地方公共団体は福祉の権限を行使する義務を負うと判示された（ただし、オックスフォードシャー事件控訴院判決〈2004 年〉では、福祉の権限が他の制定法の権限と同一の効果をもたらすときには、福祉の権限が他の制定法の権限に服すると判断され、福祉の権限を具体的に制限する制定法規定があるときには福祉の権限には限界が見られることを示している。しかし、その後、ランベス vs グラント事件控訴院判決〈2004 年〉のように、福祉

の権限が特定の法令により明文で制約されているとしても法令の解釈上その行使が認められることもあると判断している例もある)[61]。

　他方で、地方財政運営に関しては、裁判所は、2000年地方自治法制定以前と同様に、地方公共団体の権限を限定的にしか認めていない。ただし、これは、和田も指摘するように、「住民の利益を踏まえつつ判断したもの」という評価も可能であり、「司法は、事案に応じて、住民の利益を考慮し、権限踰越の法理を用いることで地方への司法的統制の強弱を調整する傾向がある」ともいえるだろう[62]。

　なお、さらに、英国は、ブレア政権の下で、1998年に欧州地方自治憲章を批准した。同憲章4条4項[63]が規定する全権限性の原則等は権限踰越の法理と衝突する可能性があるが、英国は、権限踰越の法理を撤回してはいない。ただし、地方自治体の権限や裁量権を拡大する方向で地方自治法改正を行ってきているので、この点からも権限踰越の法理の相対化の傾向が見られるといいうるように思われる[64]。

Ⅳ　イングランド内の地域的分権
——「2011年地域主義法」の成立と地方自治制度の変化

1.　「2011年地域主義法」の制定
(1)　「2011年地域主義法」成立の背景

　2010年総選挙では、どの政党も地方を重視する政策を掲げる中、保守党・自由民主党連立政権（首相はキャメロン保守党党首）が成立し、同年12月に、地域主

---

61)　和田・同上論文、20-21頁。和田は、さらに、2000年地方自治法2条により自治体権限が拡大されたという中央政府見解の影響も考えられるとも指摘している（21頁）。

62)　和田・同上論文、21-22頁。

63)　欧州地方自治憲章4条4項「地方自治体に与えられる権限は、原則として完全かつ排他的なものでなければならない。この権限は法律による場合を除き、中央政府又は他の地方政府によって侵され、又は制限されてはならない。」（法律時報66巻12号〈1994年11月号〉42頁）

64)　ただし、廣田全男は、ブレア政権下での欧州地方自治憲章批准や地方分権改革について、「国会主権の揺らぎを示すとともに、政府の地方自治に対する姿勢の変化を示すもの」であり、「地方自治体の裁量権」の「拡大」をもたらしたとしつつ、それが「中央政府の強い統制下に置かれた自由の拡大にとどまり」、「議院内閣制の下」での「庶民院の優勢、さらには『首相の独裁』が指摘されている」ような「体制の下での地方分権」であることに注意を喚起している（廣田・前掲〈注52〉14頁）。

義法案が政府提出法案として国会に提出され、2011 年 11 月 16 日に「地域主義法（Localism Act）」が制定された。この背景には、ブレント事件後、地方政府関係者により、「地方政府（包括権限）法案草案」が作成され、「地方自治体協議会（Local Government Association）」を通じて国会に対して提案されていたという経緯がある。

　なお、この「2011 年地域主義法」の条項の多くは、二次立法の 1 つである「規則（regulation）」の制定によって、当該条項の内容の詳細を決定する権限を国務大臣に与えている。また、同法の内容の大半は、イングランドのみに適用されるが、対象地域にウェールズが含まれる条項もある。

　労働党に代わって政権についたキャメロン政権のスローガンは、「大きな社会（Big Society）」であった。これは、従来の「大きな政府」、「小さな政府」のいずれとも異なり、地方パワー、住民パワーを公的分野に最大活用して国家を運営しようというものである。もともと福祉国家・「大きな政府（Big Government）」に懐疑的であった保守党としては、地方自治体の権限の拡大よりも、福祉国家の発展とともに公的部門が吸収してきた権限を、地域住民や彼らが構成する自発的な地域団体に「戻す」というところに力点が置かれている。そうした発想がこの地域主義法に活かされたのであり、同法の主眼は、地方政府というよりは地域社会の権限強化にあったといえるだろう[65]。

(2)　政府による「地域主義法」（2011 年）の説明

　英国政府は、同法の提案に当たって法案の狙いを「中央政府から個人やコミュニティ・カウンシルに権限を移すこと」と説明した。その理由として、中央政府があまりにも干渉したり統制したりするようになったために、地方の民主主義や個人の責任が軽視され、公共サービスに関する改革や進取性が抑圧されたことを挙げている。そして、地域主義（localism）というものは、単に〈地方政府〉に権限を移譲するものではないと断ったうえで、中央政府が地方の人々を信用するならば、地方の政府は権限をさらに〈住民〉に移すことになると説明していた。また、同法成立時には、クラーク地方分権担当大臣も、「100 年に及ぶ中央集権体制に終止符が打たれ、権限は住民、コミュニティ、地域議会の人々の手に戻る」、と同法の意義を説明していたところである[66]。

　65）　大塚大輔「英国『地域主義法』の概要」地方自治 771 号（2012 年 2 月 5 日）66-69 頁。
　66）　内貴・前掲（注10）321-322 頁。

(3) 「2011年地域主義法」の特徴

これまで、地方公共団体は、（自然人ではなく）制定「法人」であるから、制定法によって認められることに限ってしか活動できないとされてきた。しかし、「2011年地域主義法」の成立によって、理論上、その前提は逆転することになった。

「2011年地域主義法」１条により、地方公共団体（および広域行政体である消防局、交通局、合同行政機構〈Combined Authority〉等）は、自然人と同様に、一般的・包括的権限を持つことになった。これにより、地方公共団体に与えられるのは、個人がなしうることならば何でも活動できるという法的能力である（１条１項「地方公共団体は、個人が一般に行ういかなることをも実行する権限を有する（A local authority has power to do anything that individuals generally may do)」）。これは、従来の英国の地方自治制度の特徴とされた「分離型」の制度が、大陸型の地方自治制度のように「一般権限」を持つものへと変化する方向性を持つものと表現する指摘（牧原出)[67]もあるほどの大きな変化である。

ただし、その活動には限界がある。それはすなわち、個人でできる範囲での権能であるから、例えば、課税権の行使、罰金を課すこと、住民投票制度を条例で作ることなど、公権力の行使に関する権限は認められず、その分野に関しては、これまで通り権限踰越の法理の制約が存在している[68]。また、同法により、包括的権限が付与された地方公共団体は従来よりも積極的な活動を行いうるようにも見えるが、他方、個別法による制約には服さなければならず、権限踰越の法理が撤回されたわけではない。これらの点には注意が必要である[69]。

(4) 「2011年地域主義法」の内容

「2011年地域主義法」の主な内容は以下の通りである[70]。

同法の第１章から第４章は、地方自治体に対する「包括的権限」の付与、地方

---

67) 牧原出「『二元代表制』と『直接公選制』」地方自治768号（2011年11月）６頁。
68) 内貴・前掲（注10）323頁、大塚・前掲（注65）論文、69頁、参照。ただし、同法では、この包括的権限によって、支出削減の目的で他者と協力して新たな策を講じるという自由が自治体に認められることとなった。内貴は、従前は自治体が貧しい人々のために衣服を洗う相互保険会社を設立した際に民間のリスクマネージメント会社から訴えられ、権限踰越の法理により無効とされた事例があったことを紹介した上で、同法成立後はこうした新たなプロジェクトへの自治体の出資や支援は認められうる範囲にあるのでその範囲では自治体の権能が拡大されたと指摘する（内貴・前掲〈注10〉323頁）。
69) 和田・前掲（注54）論文26-27頁。

議員の行動規範に関する制度変更、ビジネス・レイト（事業資産税）の改革などについて規定している。

　また、地方自治体が選択できる行政形態として、「委員会制度」を復活させることやイングランド内の大規模都市において、直接公選首長制度導入の是非を問う住民投票を実施すること[71]、自治体から要請があった場合に自治体以外の公的機関が有する地域公共サービス提供に関する特定の権限を自治体へ移管する権限を国務大臣に付与すること（ただし、権限の移管が、地域経済活性化または公共サービス提供機関の地域に対する説明責任の向上につながると国務大臣が判断した場合に限る。権限を移管する場合は国会の承認が必要）、地方議員の行動規範の遵守について監督を行う「イングランド基準委員会」を廃止することなどが盛り込まれた。

　また、コミュニティの権限強化に関して、同法では、第5章において、例えば、カウンシル・タックスにおける超過税率の適用を計画している自治体に対して引き上げの賛否を問う住民投票の実施を義務付けることや地域団体、パリッシュ、地方自治体の職員が公共サービスの運営を地方自治体に代わって担うことを申し出る権利（community right to challenge）を創設すること[72]、自治体に対して地域にとって重要な価値を持つと考えられる資産（図書館、プール、特産品販売所、市場、パブ等）の一覧表の作成を義務付ける（一覧表に掲載された資産が売却される場合、地域住民のグループに入札の機会が与えられるまで売却を行えないものとする）ことなどが盛り込まれている。

　さらに、同法では、地域開発について、第6章において、建築許可制度、地域

---

70)　内貴・前掲（注10）、大塚・前掲（注65）、牧原・前掲（注67）、自治体国際化協会ロンドン事務所「マンスリートピック」（2012年3月臨時号［http://www.jlgc.org.uk/jp/information/monthly/mtopic201203extraedition.pdf］2018年4月1日閲覧）等、参照。

71)　なお、この直接公選首長の導入について、同法に基づき、ロンドン以外のイングランドの12の大都市において直接公選首長の導入の是非を問う住民投票を行うこととし、結局、議会の議決のみで直接公選制を導入していたレスター市およびリバプール市を除いた10市について住民投票が実施されたが、ブリストル市のみ賛成多数となり、その他の市では否決された。大都市における直接公選首長によるリーダーシップを発揮させ地域コミュニティを活性化しようとしていた、当時のキャメロン政権のもくろみは外れたとされる（岩崎忠「英国における契約による権限移譲・規制緩和」自治総研〈2014年3月号〉47頁、参照）。

72)　この申し出がなされた場合には、地方自治体はこれに回答しなければならず、これを受理する場合には、当該団体を対象とした入札手続を講ずる必要がある（大塚・前掲〈注65〉論文、72頁）。大塚は、この制度に関して、「『市場化テスト』と似通った概念であるが、異なる点は、対象団体が非営利の地域団体等に限定されるとともに、対象サービスが地域団体等サービスを引き受ける側の発意によって特定される点である」（同論文、72頁）と指摘している。

開発に関する内容について規定している。例えば、地域開発公社（RDAs）が策定していた「地域戦略（regional strategies）」を廃止し、地域開発に関する業務を担う自治体に対し、「地域開発計画文書」の策定について、より多くの自由裁量を与えることなどが盛り込まれている。これは、従来のものから大幅に規制を緩和し、開発を助長するようなものとなっており、そのことが大きな争点となった。この点は、大塚大輔も指摘しているように、「慢性的な住宅不足に悩む英国社会において、政府が土地開発を後押しすることへの期待はあるものの、過度な土地開発を望まない地域の意向に結果的に反する国の方針が、果たして地方分権という趣旨に沿っているのかという疑問の声が上がった」からである[73]。

V　英国地方自治論の課題

　最後に、本稿で取り上げた問題を簡単に振り返りながら、英国地方自治の課題を探ることとしたい。英国は、イングランド、スコットランド、ウェールズ、北アイルランドからなる「連合王国」であるが、他面で、小選挙区制を背景に多数派デモクラシーを特徴とした「ウェストミンスター・モデル」の下、中央政府・国会・多数党による集権的な政治が行われてきた（制度上は、連邦国家ではなく単一国家に分類される）。これまで、「国会主権」原則の下、「権限踰越」の法理が適用され、地方自治体は、国会が定めた法律により個別に授権された事務のみを処理でき、授権された範囲を越える行為はすべて違法とされるという拘束の下で自治体運営を迫られてきた。

　また、中央政府レベルの保守党と労働党という二大政党の政争の中で、政権交代の度に、地方自治制度は大きく変動した。地域住民や自治体関係者等から見れば、従来から地方分権それ自体に消極的であった保守党も、そして、地方分権それ自体には積極論が多かったとはいえ常に自治体に肩入れしすぎて直接介入・口出しする傾向も強かった労働党[74]も、どちらも、地方分権を（真に）推進する主体とは見なされなくなってきたといえるのかもしれない。近年、英国で、地方分権・権限移譲（さらには独立）が強く主張されるようになっている背景には、住民や自治体関係者といった当事者たちが、政権交代だけでは地方自治の問題は解

---

73)　大塚・同上論文、66頁。
74)　和田・前掲（注54）6頁、参照。

決しない、もう中央政府の政治に振り回されるのは御免だと考えた可能性も大いにありうるだろう。

英国は、いま大きな変革の途上にある。独立論が大きく台頭したスコットランドをはじめ、ウェールズも、北アイルランドも、権限移譲の進展・自治権拡大の傾向が見られる。これらの動きは、連邦制あるいは分「国」化の道につながるかもしれない。

ただ、イングランドにおいては、「領域」としてイングランド地域の自治権（特に地域議会の設立）を求めるという動きは他の地域ほどには見られない[75]。しかし、イングランド内において、地方自治体の自治・分権改革が進んでいる。「2011年地域主義法」により、地方自治体に包括的権限が与えられたのもその1つの表れである。

また、英国では、欧州法の国内法化により、欧州人権条約や欧州地方自治憲章の考え方が英国法に漸進的に入り込むなどして、英国憲政上の最大の特徴である「国会主権」原理が相対化し、また、同時に、「権限踰越」の法理も相対化してきている。そして、自治・分権に関する重要問題では国会・議会だけでの決定に任せず、（分権前に）住民投票で民意を問う機会が増えてきている（人民の民意が投票等で示されてしまえば主権を有する国会といえどもそれを覆すのは難しいと考える可能性もある）。これらの動きは、これまでの英国政治の「国のかたち」が大きく変化してきていることを示しているといえるだろう（ただし、これらの動きに対して、2016年6月23日の国民投票によってEU離脱派が多数を占め、EU離脱への歩みを進めようとしているという別の変化も見せている）。

しかし、もともと英国地方自治は、良くも悪くも、法制度がそのままその実態

---

75) 内貴・前掲（注10）50-51頁、参照。同書では、代表的な意見として、地域に議会を設置するいわゆる「大きな分権」そのものへの懐疑的意見（保守党）や「イングランドは英国の人口の5分の4を占めているのでわざわざ分権議会を設置するような必要はない」とする意見（労働党）を紹介したうえで、「イングランドにおける実際の分権議会設置の動きは、スコットランドなどと比べて地域全体としての総意とは言えず、地域の歴史に根ざした運動とも言えず、大きな動きとはなっていない」、と指摘している（同書、50-51頁）。ただし、かつて、イングランドでは同地域を8つの地域（リージョン）に分けてその各地に公選議会を設ける構想があり、2003年には「地域議会（準備）法（Regional Assembly（Preparations）Act）」が制定された。そこでは、8つの地域に一斉に議会を設けるのではなく、住民投票に附し、環境の整った地域から順々に議会を設けるという方式が採られた。しかし、2004年11月4日に、イングランド北部のノース・イーストにおいて議会設置の是非を問う住民投票が行われたものの、大差で否決され、これによりイングランドにおける地域議会の設置は、「事実上終焉した」とも指摘されている（石見・前掲〈注20〉127-128頁）。

第2章　英国における政治構造変革と「2つの分権」　85

を表すものではなかった（これはある意味ではどこの国でもそうなのだが）。また、「2011年地域主義法」により自治体が処理できる領域を拡大したとしても、その下で、財政的な統制はより厳しくなっていることもあり、「大きな変化は望めない」という指摘（田村秀）[76]もある。また、近年、ベストバリュー制度やCPA制度（包括的行政評価制度）などにより、地方自治体は、中央政府から常に監視を受け、また自治体の順位付けが行われ、自治体や自治体職員の事務的・精神的負担は甚大なものがある（政策目標による誘導・先導）。また、その評価が悪ければ、キャッピングという税率の上限制約に留まらず、人事や選挙にまで中央政府が介入しうる制度も設けられている[77]。また、一般法たる「2011年地域主義法」によって包括的権限が付与されても、個別法による自治制約の途は残されている（そもそも国会が地域主義法を廃止することもできる）。この点は、地方分権一括法等の一般法による地方分権改革が進められても、個別法や財政上のコントロールを受ける日本の地方自治についても同様のことがいえる。この意味で、法制度上の変化をすぐさま自治の拡大と見る見方は短絡的といえるかもしれない[78]。

　しかし、その点は大いに留保を付けたうえで、英国が、国際的な人権保障や地方自治保障のスタンダードを、時に司法を通じて、（受動的ではあるにせよ）取り入れて「国のかたち」を大きく変動させてきた点や、中央政府が何をどの程度分権・権限移譲するかを、一律に、かつ「中央集権的に」決定し実行してきた日本などとは異なり、連合王国内において、スコットランドなどの「領域」ごとに、それぞれその歴史的経緯や自治権獲得要求の強さを反映し、ある意味で積極的に、「不均一」な権限移譲を成し遂げてきた点などは、注目に値するように思われる。

　この「不均一」な権限移譲は、英国においては、「連合王国」の一体性を損なうことなく（また国会主権原理を象徴的には維持しながら）、「領域」からの自治権・自己決定権の要求を政治・行政に反映することができ、また、「領域」に自治権

---

76)　田村秀『暴走する地方自治』（ちくま新書、2012年）153頁。
77)　内貴・前掲（注3）247頁
78)　内貴滋によれば、「2013年度から2014年度に行った……実態調査によれば、包括的権能を行使して新たな政策に取り組んだ、という例はなかった」（内貴・前掲〈注10〉323頁）、とされる。その原因として、包括的権能が「個人にできる範囲」であり公権力行使に関することが対象外であることに加えて、やはり地方財政の厳しさが影を落としているとされる。キャメロン政権下で行われた「3年間で30％にも及ぶ歳出規模の抑制では、既存の政策の見直しで手一杯であり、まして新規政策に充てるべき財源を見出すことは困難」であったと指摘している（同書、323頁）。

が与えられることにより、分離独立を主張するナショナリストの動きを弱めることになったこともあり、かえって、連合王国の枠組みの強化・安定化をもたらしてきた側面もあったことが指摘されている[79]。この点は、スコットランド独立の動きや英国のEU脱退の動きもあることから、今後とも継続していくかどうか不確実な要素を孕んではいる。しかし、日本においても、固有の歴史的背景を持つ沖縄[80]や北海道などのような「領域」に対して、国内上の「不均一」な自治権を与える可能性を含めて検討されてよいかもしれない。そもそも、どこの地域がどの程度の自治権限を持つかどうかを主権構成主体である市民が決めてこそ、真の自治・分権だと思われるからである。

　また、英国の分権改革で注目されるのは、中央政府から自治体への権限委譲（移譲）は、それにとどまるものではなく、自治体はさらに住民にその権限を委譲（移譲）すべきもの（「中央から地方へ」「自治体から住民やコミュニティへ」）という「二重権限委譲論（double devolution）」と呼ばれる考え方が明確に出てきていることである。とかく国と地方の行政機関相互間の問題と見られがちな「分権」

---

79)　山崎・前掲（注7）51-52頁。石見豊も、「英国議会の主権と各地域の自治権の要請を調整する（両立させる）政治的知恵（妥協）」と指摘する（石見・前掲〈注20〉224頁）。

80)　沖縄においてスコットランドの独立をめぐる住民投票の関心・注目度は非常に高かった。それはスコットランド独立や自治権拡大をめぐる動きを沖縄の姿を重ねて見ていた人々が大変多かったからであろう（佐藤・前掲〈注28〉142-145頁、参照）。この点に関して佐藤優は以下のような『琉球新報』の記事に注目をしている。『琉球新報』（2014年9月20日）記事では、「スコットランドと沖縄の置かれている状況がよく似ているので『もし沖縄が独立した時は……』と重ね合わせて見ていた」という声（英国イーストアングリア地方在住の主婦・我部貴子さん）が紹介されている。また、同記事において、政治学者の島袋純は、琉球王国が1879年に日本に併合された「琉球処分」と対比しながら、この住民投票を、「一度統合された地域が主権を回復する権利があると自己決定権を主張し、その権利を平和的に獲得してきた先進事例」であり、「独自の文化、言語、歴史を持つ地域の人々が、自らの国では民主的要求を充足できないという場合に、自らの民主的な政府をつくる手続きのモデルになる」ことから「沖縄にとって大きな示唆を与える」と指摘している（http://ryukyushimpo.jp/news/prentry-231847.html）。また、同日の『琉球新報』社説では、「民主的手続きを通じて国家の解体と地域の分離独立の可能性を示した試みは世界史的に重要な意義がある。それを徹底的に平和的な手段でやり遂げたスコットランド住民に深く敬意を表したい」、「独立反対が多数だと高をくくっていたキャメロン英首相も、賛成派が急追したことで投票直前に慌てて訪れ、一層の自治権限拡大を約束せざるを得なかった。……賛成派は独立こそ勝ち取れなかったものの、大きな果実を得たとも言える。原潜の基地の存在にも焦点を当て、非核化の願いを国際的に可視化した意義も大きい」、「冷戦終結以降、EUのように国を超える枠組みができる一方、地域の分離独立の動きも加速している。国家の機能の限界があらわになったと言える。もっと小さい単位の自己決定権確立がもはや無視できない国際的潮流になっているのだ。沖縄もこの経験に深く学び、自己決定権確立につなげたい」と述べている（http://ryukyushimpo.jp/editorial/prentry-231845.html）。websiteはいずれも2016年9月15日閲覧。

なり「権限委譲（移譲）」がそうした権限争いに留まるものではなく、自治の担い手としての住民・市民をどう位置付けるかということが大きな論点となっていることは、今後の日本の地方自治・地方分権のあり方を考えるうえでもあらためて重要な視点であると思われる[81]。

　従来ややもすると、地方自治の成り立ちや必要性を国家的必要性から導こうとする傾向が実務においても学説においても強かったのではないかという印象を抱く。あらためて自治の意義を考えたい。それは、「自然的・有機体的統一体とみられていた単位（共同体的地域社会）の内で『自然に治まる』という意味を残していた状態から、個人間の公正な手続を経た合意によって、自分たちが統治の主体であり同時に客体であるという関係を作り出す行為を意味するものとしての『自治』」（「治」の意味の自動詞的用法から他動詞的用法への転換)[82]の意味について見つめ直したうえで、自治の主体たる住民・市民の視点、そして、地域という政治・行政の最前線の視点から自治の意義や必要性を論証することであろう。私自身、本稿の考察を通じてあらためてその必要性を強く感じた次第である。

---

81)　内貴・前掲（注10）410頁、参照。
82)　石田雄『自治　一語の辞典』（三省堂、1998年）115頁（ルビは原文のまま）。

第3章　フランスにおける地方分権・地方自治

飯島　淳子

（東北大学）

I　はじめに

　わが国と同じく、強固な集権国家としての伝統を擁するフランスは、わが国に10年先立ち、35年以上にわたって、分権化への歩みを進めてきた。本稿は、フランス地方分権改革のあり様を分析することを通じて、その理念と方向性を探ろうとするものである[1]。

　はじめに、フランス地方制度の基本的な特徴を踏まえつつ、第一次地方分権改革（Acte I）と呼ばれる1980年代改革、および、第二次地方分権改革（Acte II）と呼ばれる2003年3月28日憲法改正について確認しておく。

　フランス法は、地方公共団体に対して憲法上の保障を与えている点において（憲法72条〜74条、1条）日本法と共通しているが、地方公共団体を一統治団体ではなく一あくまで行政として捉える点において、日本法と根本的に異なる。この基底には、国家の単一性の原理がある。この原理は、法定立の国（立法権）による独占一したがって、地方公共団体の始源的立法権能の否定一を要求するのに加え、法執行の国（行政権）による独占をも要求する。国家行政権は、憲法上の

---

1)　本稿は、筆者のこれまでの研究に多くを依存している（「フランスにおける地方自治の法理論（一）〜（五・完）」国家学会雑誌118巻3・4号1頁以下〈2005年〉、118巻7・8号42頁以下〈2005年〉、118巻11・12号1頁以下〈2005年〉、119巻1・2号1頁以下〈2006年〉、119巻5・6号1頁以下〈2006年〉、「地方分権・地方自治の法構造」法学73巻1号1頁以下〈2009年〉、「フランス地方制度改革の現状」自治体国際化協会『平成24年度比較地方自治研究会調査研究報告書』〈2013年〉、「フランスにおける大都市制度」日本都市センターブックレット『欧米諸国にみる大都市制度』〈2013年〉等参照）。なお、地方行政に関する個別法は、地方公共団体一般法典（Code général des collectivités territoriales：CGCT）に編纂されるが、本稿は、紙幅の制約上、根拠条項の引用を省略している。

任務として、地方公共団体に対する行政的コントロールを行わなければならない（憲法72条6項）。

　この国家関与法制は、1982年3月2日の「コミューン、県および州の権利と自由に関する法律」によって、"事前の後見監督から事後の裁判的統制へ"というスローガンの下、根本的に変更された。すなわち、官選知事（préfet）が認可・取消・代行権限の行使により（事後に留まらない）事前の（適法性に留まらない）合目的性のコントロールを行う伝統的な後見監督制度（tutelle）[2]は廃止され、裁判所による事後の適法性コントロールに限定されたのである。知事は、もはや自ら地方公共団体の行為を取り消すことはできず、その行為を裁判所に訴えることしかできない。具体的には、地方公共団体の行為のうち、法律で列挙された重要な行為（議会の議決、警察権限の行使、行政立法等）については、公告・告知に加え、知事への送付が必要とされたうえで、知事は、送付された行為が適法でないと認めるときは、送付から2カ月以内に、当該行為を地方行政裁判所に付託し、裁判所は、当該行為が違法である場合には、それを取り消す。知事の付託（déféré préfectoral）と呼ばれるこの適法性コントロール制度は、関与自体の裁判化を通じて法治主義の徹底を図ったものであるといえる。

　そして、1980年代改革は、憲法院判例の展開と軌を一にして、憲法上の保障に連なっていく。フランスの憲法院は、日本の最高裁とは異なり、地方公共団体の自由行政の原則（憲法72条3項）に基づいて、実際に違憲判決を下している。しかも、違憲判決の対象は、自治組織権に関わる領域（地方公務員の採用、地方議会内部の常任委員会の運営方法）に留まらず、地方公共団体の政策に関わる領域（公共調達契約の規律、公団住宅建設のコミューンへの義務付け）にまで及んでいた。この憲法院判例の展開が、2003年3月28日憲法改正に結実することになる。2003年憲法改正は、補完性原則の宣言（72条2項）、実験の権利の創設（72条4項）、地方公共団体間の後見監督禁止と対になったリーダー制度の導入（72条5項）、決定型住民投票制度の創設（72—1条）、自治財政権の保障（72—2条）等を内容とするものである。そして、憲法改正を具体化するべく、2004年8月13日法律によって、大規模な権限移譲が行われた[3]。

　2）　ただし、後見監督は、法律が定める場合について、かつ、その定める限りにおいてのみ、行使されるものであり、しかも、地方公共団体が後見監督行為について越権訴訟を提起することは、当然に認められていたから、後見監督制度の下においても、国地方間における法治主義の伝統は確立していたといえる。

地方公共団体への権限移譲は、地方自治の量的拡大をもたらすが、同時に、負担をももたらすものである。実際、財政支出の増加を伴う権限移譲に耐えきれない地方公共団体が続出した。そこで政府は、権限移譲をいったん中断し、改革の矛先を"受け皿"となる行政組織面に向けるに至った。2007年に大統領に就任したサルコジ氏（UMP）による改革、そして、2012年にサルコジ氏を破って政権交代を果たしたオランド氏（社会党）による改革—第三次地方分権改革（Acte Ⅲ）とも呼ばれる—が、それである。

フランス地方制度の特徴として、コミューン（commune）、県（département）および州（région）の三層制に加え、実質的には、コミューン間協力公施設法人（établissements publics de coopération intercommunale：EPCI。以下では、固有の税源を有しているものをコミューン連合といい、そうでないものを含む総体を広域共同体という）が基礎的地方公共団体の役割を担っていることが挙げられる。コミューンは、数の多さ（3万5000以上）、規模の小ささと行財政能力の低さ（人口200人未満のコミューンが全体の4分の1を占め、人口2000人未満のコミューンは3万に及ぶ）からして、単独で総合的行政を担う主体たりえず、しかも、コミューンの強制的合併手続を定めた1971年7月10日法律が完全に失敗に終わったことに象徴されるように、合併はタブー視されたことから[4]、コミューン間の広域連携が当然の事理として求められたのである。近時の改革は、フランス地方組織のミルフィーユ状態（mille-feuilles territorial）、すなわち、行政階層の過剰（コミューン連合とEUを加え、六層制であるともいわれる）と各階層の団体数の過剰（コミューンのみならず、コミューン連合、県および州についても、数の多さと規模・行財政能力の小ささが指摘される）の克服に向けた試行錯誤の軌跡であるともいえる。以下では、政権交代による連続性と断絶性にも着目しながら、フランスの地方制度改革のあり様を分析する[5]。

---

3) コミューンは、近接の地方公共団体として、都市計画、小学校、図書館・美術館等の権限を、県は、管理の地方公共団体として、道路管理、社会保障、中学校等の権限を、州は、将来に向けた地方公共団体として、経済発展・国土整備、職業教育、高校、文化等の権限を担うものとされた。

4) ただし、合併がタブー視されてきたフランスにおいて、2010年12月16日法律が導入した新コミューン制度（communes nouvelles）というコミューン合併策は、旧コミューンを自治区（communes déléguées）として存続させうるものであり、2015年3月16日法律によって強化された財政的誘導もあいまって、相当数の新コミューンが誕生していることは、注目される。

Ⅱ　2010 年 12 月 16 日法律——サルコジ(UMP)政権下の地方制度改革

1.　基本方針

新自由主義的理念を色濃く帯びたサルコジ政権の下、バラデュール元首相を委員長とする委員会の報告書（2009 年 3 月 5 日）をもとにしつつ、法案策定段階および国会審議過程において大きく修正され、憲法院による一部違憲判決（2010 年 12 月 9 日）[6]を踏まえたうえで、2010 年 12 月 16 日に「地方公共団体の改革に係る法律」[7]が公布された。2010 年 12 月 16 日法律は、"ミルフィーユ状態"に対処するため、単純化、明確化ないし合理化という目標の下、コミューン・コミューン連合および県・州という二極化を図り、しかも、これらを選挙によって分節化するという方法を選択した。組織の単純化と権限配分の明確化の実現のために、基礎的レベルと広域的レベルがそれぞれ、選挙を介して連結されることになったのである。

2.　コミューン・コミューン連合レベル

(1)　コミューン連合の貫徹・合理化

コミューン・コミューン連合レベルの施策は、全仏市長会等の利害関係者を含む政治的調整の下、具体的かつ明確に定められた手続・基準や日程に従って着実に進められた。

コミューン連合制度は、1999 年 7 月 12 日の「コミューン間協力の強化と簡素化に関する法律」によって、固有の税源を持ち、構成員コミューンから体系的に権限を移譲される 3 種類の制度、すなわち、農村地域を対象とする（人口要件のない）コミューン共同体（communautés de communes）、人口 1.5 万人以上の 1 または複数の中心コミューンを含む人口 5 万人以上の都市圏を対象とする都市圏共

---

5)　邦語文献として、植村哲ほか「サルコジ大統領によるフランスの地方自治制度改革に関する動向 (1) ～ (14)」地方自治 739 号 (1)（2009 年）～764 号 (14)（2011 年）随時連載、黒瀬敏文ほか「オランド大統領によるフランスの地方自治制度改革に関する動向 (1) ～ (8)」地方自治 797 号 (1)（2014 年）～834 号 (8)（2017 年）随時連載、山崎栄一「フランスにおける市町村と広域共同体の関係に関する覚え書き（上）（中）（下）」地方自治 805 号（2014 年）41 頁・806 号（2015 年）18 頁・808 号（2015 年）27 頁等参照。

6)　CC 9 décembre 2010, n° 2010-618 DC, Loi de réforme des collectivités territoriales.

7)　Loi n° 2010-1563 du 16 décembre 2010 de réforme des collectivités territoriales.

同体（communautés d'agglomération）、および、人口 50 万人以上の大都市圏を対象とする大都市共同体（communautés urbaines）に整理されていた。

2010 年 12 月 16 日法律は、すべてのコミューンをコミューン連合に加入させるに加え（もっとも、すでに 95％のコミューンが何らかの広域共同体に加入していた）、とりわけ人口要件のないコミューン共同体をターゲットに、地理的側面（飛び地・非連続地の解消。ただし、島嶼等については例外が許容されている）、および、人口の側面（圏域人口を原則として 5000 人以上とする）から合理化・再編することを目標としたものである（ただし、イル・ド・フランス州を除く）。この貫徹・合理化の作業は、知事のイニシアティブに多くを負っている。すなわち、知事は、県広域共同体計画（Schéma départemental de la coopération intercommunale）を作成し、関係議会の議員を構成員とする県広域共同体委員会（Commission départementale de la coopération intercommunale）の答申を得たうえで、計画を実行に移すが、その際、たとえ関係議会が反対したとしても、委員会が 3 分の 2 以上の特別多数をもって修正案を採択しない限り、知事は、自らの案に則ってコミューンの再編を行うことができる。知事に認められたこの強力な権限を梃子に、コミューン共同体の減少（2223〈2012 年〉から 1903〈2013 年〉へ）をはじめ、相応の成果が挙げられた。

(2) コミューン連合における直接選挙制の導入

コミューン連合は、実質的にコミューンに代わって基礎的地方公共団体の役割を果たしているにもかかわらず、間接選挙制の下にあったことから、民主的正統性の欠如を常に批判されてきた。2010 年 12 月 16 日法律は、貫徹・合理化によるコミューン連合のさらなる強化に伴って、直接選挙制の導入を実現した。コミューン連合議会議員の選挙は、コミューン議会議員の選挙と同時に同一の名簿によって行い、上位当選者がコミューン議会議員とコミューン連合議会議員を兼任する―下位当選者はコミューン議会議員のみとなる―という方式（共同選挙方式〈fléchage〉と呼ばれる）がとられることになった。この新たな方式による選挙は、2014 年 3 月から実施されている。

2010 年 12 月 16 日法律は、明らかに、コミューン連合のコミューンに対する優先を基礎としている。コミューン連合は、貫徹・合理化によって存在の普遍性を達成し、また、直接選挙制の導入によって民主的正統性を付与される。このことはすなわち、コミューン連合の"自治体化"を意味するともいえよう。かかる

改革は、従前の制度を推し進め、コミューン連合によるコミューンの吸収、そして、コミューンの将来的消滅につながる可能性を孕んでいる。コミューンは、たしかに、―教会をシンボルとする―現実の社会生活に根付いてはいるものの、コミューン連合の"自治体化"を直視し、自らの存在意義を問い直す必要に迫られている。その際、市長がいかなる権限を保持していくのかが1つの手懸かりになろう。伝統的に市長の権限の中核をなしてきた警察（police municipal）や身分関係（état civil）に加え、リーダー自治体としての権限をもとに、制度上の役割が再構成されよう。オランド政権の兼職制度改革[8]により、国会議員との兼職を禁じられた市長は、政治家としての力を大きく削がれるおそれがある中で、コミューンの"顔"としての役割をいかに果たしていくかが問われている。

(3) メトロポールの"失敗"

2010年12月16日法律は他方で、大都市制度の整備に着手した。小コミューンにとっての実際上の必要から生み出されてきた広域連携のしくみは、都市経営や世界的競争力の観点とは無縁のものであった。そこで、現在のフランス国家が抱える都市への人口集中問題、世界の大都市との競争、生活圏の広域化といった課題に正面から対応するべく、メトロポール（métropoles）という新たな制度が打ち出された[9]。

メトロポールは、バラデュール報告において提言されていたが、その後の立法過程においていわば骨抜きにされた。バラデュール報告が、メトロポールを「21世紀のコミューン」の名の下に目玉の1つとし、国が職権によって地方公共団体

---

8) オランド政権は、ジョスパン元首相を委員長とする政治倫理刷新委員会による報告書を受け、2014年2月14日に「国会議員と地方公共団体執行部職の兼職禁止に関する組織法」を公布した。この改正により、地方公共団体の執行部職（各レベルの議長と副議長）は、国会議員およびEU議会議員との兼職を禁じられることになった。

9) 2010年12月16日法律は、大都市制度として、メトロポールのほかに、大都市拠点圏（pôles métropolitains）を導入した。大都市拠点圏は、メトロポールとは異なり、既存のコミューン連合相互を連携させるための混合組合（syndicat mixte）であって、コミューン連合間の合意によって設立される。大都市拠点圏は、圏域人口が30万超であり（この要件は、後述の2014年1月27日法律によって削除された）、かつ、構成メンバーであるコミューン連合の1つ以上が人口15万超であることを要件とすることから、複数の中心をもつ広範な都市圏域として設定され、さらに、地理的連続性を要求されないため、地理的に離れた複数の都市圏をネットワーク化することができる。大都市拠点圏は、経済開発、イノベーション・研究・高等教育・文化の促進、地域整備およびインフラ・交通サービスの整備といった任務を与えられ、州レベルの地域戦略の鍵になることが期待された。新たに組織を設立する必要がないといった柔軟性ゆえに、シロン・ロラン（ナンシー、メス、エピナル）を皮切りに、大都市拠点圏は各地において設立されている。

として11団体を創設するとしていたのに対し、2010年12月16日法律は、メトロポールを、関係地方公共団体が自発的に創設するコミューン連合として性格付けた。メトロポールを地方公共団体として強制的に設立するバラデュール報告はすなわち、メトロポール圏内のコミューンを廃止しようとするものであったことから、国会によって拒否されたのである。

　メトロポールは、地域の競争力と統合を向上させるために、地域の経済、環境、教育、文化、社会の整備・発展に関する計画を作成し、実施するものとされている。その権限は、まず、コミューン（経済面・社会面・文化面での発展・整備、地域整備、住宅政策、地区改善政策、公共サービスの管理、環境の保護・活用と生活環境政策の6分野）、県（県道管理等）および州（経済活動の海外へのプロモーション）から、義務的に移譲される。また、メトロポールの求めにより、県（福祉事務、中学校の設置・管理等）および州（高校の設置・管理等）から、協約によって権限が移譲される。さらに、国からも、大規模施設やインフラの整備・運営・管理に関して権限が移譲されうる。

　メトロポールの人口要件（50万超）[10]を満たす大都市圏は複数存在したが、現にメトロポールの創設に至ったのは、ニースのみであった。これは、サルコジ大統領の側近であるニース市長の強力なイニシアティブの下に相成ったものである。メトロポール制度の"失敗"の主たる理由として、メトロポールが、大都市共同体と変わらない権限しか持たない"スーパー大都市共同体"にすぎず、改革に踏み出すだけのメリットに乏しいことに加え、県・州との関係において、さらに、残存地域との関係においても、微妙な問題が生じかねないことが挙げられる。

3.　県・州レベル

(1)　県州兼任議員制度

　県・州レベルの施策、とりわけ県州兼任議員制度（conseillers territoriaux）は、立法過程を通じた最大の争点であった。県州兼任議員制度とは、県と州との連結を目的として、1人の議員に県議会議員と州議会議員を兼任させるものである。すなわち、このしくみは、県議会と州議会を同一の議員によって構成させること

---

10)　人口要件に関して、メトロポールが50万超とされたことに伴って、大都市共同体は、50万超から45万超へと引き下げられ、さらに後述の2014年1月27日法律によって25万超に引き下げられている。

を通じて、制度上の連結を強制するものである。一見奇抜なこの試みは、歴史的経緯からして、県と州がそれぞれに、規模の小ささに縛られ、政治的に廃止不可能であり、かつ、県合併・州合併の見込みも立たない状況の中で、県・州のいずれをも存続させつつ合理化を図るために絞り出された。

　制度上の連結が選挙制度によってなされるところに、この施策の特徴がある。地方公共団体としては、県と州の2つがあるが、議会は1つにするという発想がとられ、その手段として選挙制度が利用されたのである。しかし、県州兼任議員制度は、野党社会党が圧倒的多数を占める県議会・州議会による真っ向からの反対に遭ったのみならず、2つの地方公共団体を1つの選挙によって1つの議会が代表することは、憲法72条3項の定める自由行政の原則に違反するのではないかとして、学界を挙げての強い批判にさらされた（ただし、前掲・憲法院2010年12月9日判決は、2つの地方公共団体はそれぞれに存続しており、また、2つの地方公共団体の議会を1つの選挙で選ぶことは禁じられていないと判断した）。そして、2012年大統領選挙において政権交代が果たされるや、県州兼任議員制度は覆された。

(2) 一般権限条項の廃止

　2010年12月16日法律は、組織面での合理化と併せて、権限面での合理化の観点から、県と州に関する一般権限条項（clause de compétence générale）の廃止を企図した。一般権限条項とは、「コミューン議会は議決によってコミューンの事務を処理する」という形で、地方公共団体に対し、一国の法律によって限定的に権限を割り当てるのみでなく一住民の利益の実現のために地域利益に関わるあらゆる問題に介入する任務を与えるものである。伝統的に通用してきたこの権限配分手法は、しかし、地方公共団体間の権限の錯綜をもたらしているとして強く問題視されるようになった。そこで、県と州については、一般権限条項を廃止し、その代わりに法律によって権限を列挙する形で配分し、つまりは権限を特化ないし制約することによって、地方公共団体間の権限の明確化が図られたのである。県と州は、基礎的地方公共団体であるコミューンとは区別され、全権限性を認められなくなる。

　ただし、一般権限条項の廃止は、立法過程において、最大の争点である県州兼任議員制度を通すために、その交渉の道具として譲歩を迫られた。一般権限条項の廃止は打ち出されたものの、「特別に理由を付した議決」という手続的な要件によりさえすれば、県ないし州の利益に関するあらゆる事務をカバーすることが

できるとされたのである。さらに、2010 年 12 月 16 日法律は、立法者に対して例外的な共有権限（compétence partagée）の設定を許容し、かつ、観光、文化およびスポーツの分野を、共有権限として、正面から例外が通用する分野に設定した。以上に鑑みるならば、一般権限条項の廃止はさほど大きな射程を有しないとも評されえた。一般権限条項は、後述の通り、2014 年 1 月 27 日法律によって復活したが、再度、2015 年 8 月 7 日法律によって廃止された。

Ⅲ　2014 年 1 月 27 日法律・2015 年 1 月 16 日法律・2015 年 8 月 7 日法律——オランド（PS）政権下の地方制度改革

1.　基本方針

　社会党政権は、ミッテラン大統領の下、第一次地方分権改革を遂行した経験を誇るが、30 年の時を経て、変容した時代状況の中で地方制度改革に取り組むことになった。オランド大統領は、サルコジ政権よりさらに強力に "ミルフィーユ状態" の解消を進めようとした。2014 年 1 月 27 日の「地方行政の現代化とメトロポールの確立に係る法律」（MAPTAM 法）[11]、2015 年 1 月 16 日の「州の区画、州議会・県議会選挙と選挙期日の変更に関する法律」[12] および 2015 年 8 月 7 日の「共和国の新たな地方組織に関する法律」（NOTRe 法）[13] はいずれも、2010 年 12 月 16 日法律をも踏まえた、一連の改革として位置付けられる[14]。目指されたのは、—結局失敗に終わった—県（議会）の廃止と、これを前提としたメトロポールと州の拡大・強化である。大都市と州を主役とした "大きな自治" の力を引き出すことによって、フランスの国力を維持・再生しようという意図が、ここに見られる。

---

11)　Loi n° 2014-58 du 27 janvier 2014 de modernisation de l'action publique territoriale et d'affirmation des métropoles.

12)　Loi n° 2015-29 du 16 janvier 2015 relative à la délimitation des régions, aux élections régionales et départementales et modifiant le calendrier électoral.

13)　Loi n° 2015-991 du 7 août 2015 portant nouvelle organisation territoriale de la République.

14)　「NOTRe 法：真のビッグバンか？」と銘打った特集をいち早く組んだ AJDA 誌（2015 年 10 月 19 日号）をはじめ、基本的方向性については政権交代を経ても連続しているという認識が一般的であるように見える。

2. コミューン連合の再編・強化

(1) メトロポールの強制設立

2014 年 1 月 27 日法律の柱の 1 つは、法律名の示す通り、メトロポールの確立である。2010 年 12 月 16 日法律によって創設されたメトロポール制度は、任意的性格が災いし、ただ 1 つの実例しか生み出しえなかった。そこで、任意から強制へと大きく舵が切られたのである。2014 年 1 月 27 日法律は、パリ・リヨン・マルセイユの三大都市圏とそれ以外とを分け、前者については、各都市圏の政治的・社会的状況に応じて個別の規定を置くのに対し、後者については、一般法制度として（強制的）設立の要件・手続等を定めるのに加え、例外的に任意設立の場合を定めている。

(ⅰ) 特別型メトロポール

特別型のメトロポールは、設立目的、構成団体、事務権限、組織等を異にしている。まず、グランパリ・メトロポールは、2010 年 12 月 16 日法律とは異なり、イル・ド・フランス州を対象として、初めてパリ市と周辺 3 県等のコミューンを括るものである[15]。首都としての特性からして、権限は他のメトロポールに比べてむしろ限定されている[16]。対して、リヨン・メトロポールは、政治的合意を追い風に、最も進んだ制度として整備された（他の二大都市圏に 1 年先駆けて、2015 年 1 月 1 日に設立された）。このメトロポールは、憲法 72 条にいう特別の地位を持つ地方公共団体として、リヨン大都市共同体に代わって、かつ、当該圏域内においてはローヌ県に代わって―つまりローヌ県から独立して―設立される。したがって、コミューン連合と県の一部を"合併"して新たな地方公共団体が作られることになる。リヨン・メトロポールは、構成員コミューンから多くの権限を移譲されるに加え、ローヌ県に法律上与えられた権限を行使する。逆に、エクス・マルセイユ・プロヴァンス・メトロポールは、厳しい政治的対立に阻まれ、最も限定的な制度に留まった[17]。このメトロポールの権限は、法律で列挙された他の二

---

15) 西村茂「大パリ・メトロポールの創設―フランスにおける大都市制度の再編」法学新報 124 巻 1・2 号（2017 年）387 頁参照。なお、パリ市は、2017 年 2 月 28 日法律によって、市町村と県の地位を併せ持つものとして、憲法 72 条にいう特別の地位を持つ地方公共団体とされた。

16) D. Mabin, Quels enjeux pour la loi de modernisation de l'action publique territoriale et d'affirmation des métropoles?, AJCT, 2014, p. 233.

17) 6 つのコミューン連合のうち、主導したマルセイユ以外はすべて、主として（マルセイユの貧困地区の底上げに向けられる）財政上の連帯を理由に反対した（F. Laurie, La Métropole d'Aix-Marseille-Provence, une déclinaison statutaire d'un projet contesté, AJCT, 2014, p. 245)。

大都市圏とは異なり、設立時に構成員コミューンから6つのコミューン連合に移譲されていた権限である。

グランパリ・メトロポールとエクス・マルセイユ・プロヴァンス・メトロポールには、メトロポール議会のほか、地区議会（conseil de territoire）が中間段階に設置される。地区制度は、旧コミューンと旧コミューン連合を（それらの区域を含めて）尊重し、もってそれらの反発を和らげ、組み込んでいく—いわば日本の合併特例区と類似した—趣旨を有している[18]。

(ⅱ) 一般型メトロポール

三大都市圏を個別にターゲットとした特別型に対し、一般型のメトロポールは2010年12月16日法律との関係において理解される。決定的変更点は設立要件である。各地方公共団体の自主性を尊重した2010年12月16日法律とは異なり、2014年1月27日法律は、法定の要件を満たすコミューン連合にメトロポールへの移行を強制し、しかも、その要件を緩和することによって、メトロポールの数を増加させた。具体的には、人口65万超の都市圏における人口40万超のコミューン連合（9都市）がメトロポールを設立することになる。これらに加えて、例外的に、州都を含む圏域における人口40万超のコミューン連合（モンペリエ）および人口40万超の雇用圏の中心地であるコミューン連合（ブレスト）は、任意にメトロポールを設立する。

組織としてはまず、議会が設置される。メトロポール議会は、他のコミューン連合と異なり、2020年からは—共同選挙方式ではなく—直接普通選挙方式（suffrage universel direct）によることとされている。また、メトロポールと構成員コミューンとの調整機関として、メトロポール構成市長会議（conférence métropolitaine）が設置される。さらに、経済、社会、文化、教育、科学、非営利団体といった各界の代表者からなる開発評議会（conseil de développement）が設置される。この評議会は、メトロポールの基本方針等を諮問されるに加え、メトロポールに関するあらゆる事項について意見を述べ、諮問を受けることができる。

---

18) M. Degoffe, L'organisation des métropoles, RFDA, 2014, p. 485. 地区（territoire）は、2014年1月27日法律によって、法人格を有しない制度として創設されたが、このうちグラン・パリについては、2015年8月7日法律によって、地区に代えて、法人格を有する地域公施設法人（établissements publics territoriaux）が創設され、この法人にはコミューン組合に関する規定が適用されることになった（O. Renaudie, Le Grand Paris, RFDA, 2016, pp. 492-493）。

(2) コミューン連合の再々編

2015年8月7日法律は、コミューン連合の人口基準を5000人以上（2010年12月16日法律）から1万5000人以上に引き上げた。政府提出法案は、県議会の廃止を補うのに十分な規模を持つコミューン連合を作るという意図に基づき、コミューン連合の人口基準を2万人以上と設定していたが[19]、審議過程において最大の争点となり、1万5000人に引き下げられたのに加え、例外規定も設けられた[20]。かくして再度、2010年12月16日法律と同様の手続・スケジュールによって、コミューン共同体をターゲットに、再編・統合が強力に推進された。ただし、憲法院2014年4月25日判決[21]が、強制加入手続について、対象コミューンが諮問されない点、コミューン連合議会が手続を止められない点、および、知事が県広域共同体計画を考慮する義務を負わない点において、自由行政の原則に反するとして違憲判決を下したことを受けて、2015年8月7日法律は憲法適合性を確保するための改正を施している。

　コミューン連合の数は2062（2016年1月1日）から1266（2017年1月1日）へと削減され（39％減）、特にコミューン共同体は1019にまで削減された（45％減）。コミューン連合の平均人口は3万1800人（2016年）から5万2300人（2017年）となり、人口1万5000人未満のコミューン連合は1225（2016年）から343（2017年）となった。ただし、50以上のコミューンをまとめたコミューン連合が157にのぼるなど[22]、従来の自主的な連携・協力や地理的条件を無視した強制的再編に対しては批判もなされている[23]。なお、コミューン連合に帰属していないコミューンは例外条項に該当する4つのみとなり、この点での改革は完了した。

---

19) M. Degoffe, Les nouvelles intercommunalités, RFDA, 2016, p. 483.

20) 例外規定として、山岳地帯であることのほか、2012年1月1日から2015年8月7日までの間に合併して1万2000人以上のコミューン連合体となったことという"猶予条項"が設けられた（ibid., RFDA, 2016, p. 484）。

21) CC 25 avr. 2014, n° 2014-391 QPC, Commune de Thonon-les-Bains et autres, AJDA 2014, p. 887, D. 2014, p. 933.

22) 以上のデータにつき、M.-C. de Montecler, Forte diminution du nombre d'intercommunalités, AJDA, 2017, p. 143.

23) 例えば、元老院立法委員会は、2016年3月23日の時点で、地方制度改革に関する詳細な報告書を提出し、様々な問題点をも指摘している（Réforme territoriale: les premiers retours de l'expérience du terrain, Rapport d'information fait au nom de la commission des lois, n° 493 (2015-2016), 23 mars 2016）。

3. 州の再編・強化

(1) 州の合併・再編

オランド政権はまず、「県議会議員、コミューン議会議員および広域共同体議会議員の選挙ならびに選挙日程の変更に関する 2013 年 5 月 17 日法律」[24]によって、県州兼任議員制度をいち早く廃止した。この法律は同時に、県議会議員選挙方式の変更を行ったことで注目される。県議会については、新たな名称の下で（conseil départemental）、現在の選挙区であるカントンを再編し、その数を半減させたうえで（約 4000 から約 2000 へ）、選挙区ごとに男女 1 名ずつを選出し（男女ペア式多数代表 2 回投票方式〈scrutin binominal paritaire majoritaire à deux tours〉）、6 年ごとに一斉改選するという方式が、2015 年 3 月から実施されている[25]。県州兼任議員制度が、県と州の"痛み分け"であったのに対し、今次の県議会議員選挙方式の改正は、県を州に近づけるものであって、狡猾な"州シフト"であると見えなくもない。

その州は、ヨーロッパレベルで通用する規模と能力を備えるべく、ドラスティックな再編の対象となった。2015 年 1 月 16 日法律は、州の再編・統合後の圏域を示すとともに、それに伴う新州の名称、州都、議員定数の変更（旧州の州議会議員の定数を合算する）等を定めた。法律によって、22 州から 13 州へと強制合併され、その結果、州の平均人口は約 287 万人から 485 万人に増加した。この法律の合憲性が争われたのに対し、憲法院 2015 年 1 月 15 日判決[26]は、憲法 72—1 条 3 項が「地方公共団体の境界の変更は、法律に基づき有権者に諮問することができる」と定めるに留まるとして、合憲判断を下した。

(2) 州の権限拡充

2015 年 8 月 7 日法律は、一般権限条項の再度の廃止によって、州と県の権限を明確化・特化するとともに、2015 年 1 月 16 日法律とセットになって、規模が拡大した州の権限を拡充するものである。

一般権限条項の再度の廃止という混乱の背景には、2014 年 12 月 16 日法律の

---

24) Loi n° 2013-403 du 17 mai 2013 relative à l'élection des conseillers départementaux, des conseillers municipaux et des conseillers communautaires, et modifiant le calendrier électoral.

25) 大山礼子「議会に女性を送ろう」世界 2016 年 1 月号 174 頁、服部有希「フランスの県議会議員選挙制度改正」外国の立法 261 号（2014 年）22 頁参照。

26) CC 15 jan. 2015, n° 2014-709 DC, Loi relative à la délimitation des régions, aux élections régionales et départementales et modifiant le calendrier électoral, AJDA, 2015, p. 76.

"失敗"があった。すなわち、2014年12月16日法は、—法律上初めて「一般権限条項」という表現を用いて[27]—その復活を宣言するとともに、一般権限条項の復活に伴って、ありうべき権限の錯綜に対処するために、地方公共団体間の調整の推進を図るべく、「リーダー自治体と地方行政会議」を定めた。より具体的には、権限の錯綜状態を補正する手段として契約の促進を図り、複数の地方レベル間での協力を可能にするリーダー制度（chef de file）[28]を具体化するべく、州、県、コミューン連合およびコミューンのそれぞれについて、リーダーとなるべき行政分野を明確にしたうえで[29]、地方行政会議（conférence territoriale de l'action publique）と事務の共同実施に係る地域協定（conventions territoriales d'exercice concerté d'une compétence）という新たな調整の場と手段が設けられた[30]。しかし、この連携の作用的推進の試みは期待通りには進まず、一般権限条項こそが非効率性や複雑さの原因であるという認識が再度共有された結果[31]、2015年8月7日法律によって一般権限条項は再度廃止されることになった。

　こうして、5年間の間に、廃止、復活、再度の廃止と翻弄された一般権限条項に代わって、州と県の権限は法律に列挙されることになった。県の廃止を掲げた政府提出法案は、県に社会保障分野のみを残し、県道や中学校の管理の権限を州に移譲しようとしたが、審議過程において、県議会の巻き返しを受けて大幅に"後退"した[32]。結局、州は、圏域の経済開発に関する方針の決定と「経済開発、イノベーションおよび国際化に関する州計画」の策定、企業支援、企業への資本参画といった経済開発に関する権限を中心としつつ、これと関連する地域開発分

27) M. Verpeaux, Pavane pour une notion défunte La clause de compétence générale, RFDA, 2014, p. 458.
28) 憲法72条5項は、「いかなる地方公共団体も、他の地方公共団体に対して後見監督を行うことができない。しかしながら、ある権限の行使が複数の地方公共団体の協力を必要とする場合には、法律は、地方公共団体またはその連合体のうちの1つに、共同実施の方法をコーディネートすることを認めることができる。」と定めている。
29) 州は、地域整備・持続的開発、生物多様性の保護、経済開発、イノベーション支援、高等教育・研究支援等の分野を、県は、社会福祉、自立、連帯の分野を、また、コミューンは、持続的な移動、身近な公役務の組織化、インフラ整備、地域開発の分野を委ねられた。
30) 地方行政会議とは、州レベルでの事務権限の共同実施を推進するために、州議会議長の主宰の下、州内の県議会議長、コミューンの代表者、コミューン連合議会議長等からなる州ごとに設置される会議体である。事務の共同実施の主たる手法となる協定は、事務分野ごとに、リーダー自治体が中心となり、地方行政会議での協議を経て締結される。
31) B. Faure, Le leadership régional: nouvelle orientation du droit des collectivités territoriales? AJDA, 2015, p. 1903, N. Ferreira, La loi NOTRe: L'enchevêtrement des compétences: suite et ... fin? AJCT, 2016, p. 80.

野（「国土の整備、持続可能な発展、国土の均衡に関する州計画」の策定等）、交通分野（障害者向け通学用交通を除いた地方交通等）等を担うとされた。経済開発分野は、地方公共団体として創設された当初から州の特権的分野とされてきたが、いよいよ州は、上位レベル（ヨーロッパ・国）と下位レベル（県・コミューン）をつなぎつつ排他的権限を担うこととなった[33]。一方県は、社会福祉に関する権限を法律によって明確に配分された。この権限の特化は、県の役割を社会給付の分配つまりは“窓口”としての役割に閉じ込める一方、県の存在を正当化するという両義性を帯びている[34]。

Ⅳ　フランスにおける地方分権・地方自治の特徴

1.　連携の自発的推進から国の法律による組織編成へ

　フランスの地方制度は伝統的に、組織的連携を1つの際立った特徴としてきた。コミューン連合の発達は、コミューンの実情に照らして必然的に要請されるものであったが、このことは、裏を返すならば、広域連携の発達が“小さな自治”の基盤整備となっていることを意味しているとも解される。この基盤整備は、2010年12月16日法律によって知事の強力なイニシアティブに委ねられた。コミューン連合の国による再編は、法的には、地方自治の侵害のおそれを含んでおり、また、政治的には、知事と地方議員との力関係に大きく左右されかねない。そして、“小さな自治”の基盤整備は、逆説的に、“小さな自治”ならではの存在意義を問うことになろう。

　さらにオランド政権は、“大きな自治”を重視する方向へと転換を図った。コミューンの存続へのこだわりゆえにメトロポールの設立が関係コミューンの任意

---

32)　県は憲法上の地方公共団体であるため（72条1項）、憲法改正によることなく法律によって県というカテゴリーを廃止することはできない。ただし、法律が特定の県の廃止を定めることは不可能ではない。県の合併や州・県の合併手続が定められているほか、2014年1月27日法律によって、リヨン・メトロポールは、ローヌ県内の区域の一部を基礎とする特別の地位を持つ地方公共団体として創設され、したがってこの区域は、オーヴェルニュ・ローヌ・アルプ州、リヨン・メトロポールおよび各コミューンの三層からなっている。また、県の権限を州に吸い上げるといった権限移譲は、県の“蒸発”ひいては廃止につながりうるが、2015年8月7日法律においてはこの企ては功を奏しなかった（M. Verpeaux, La loi NOTRe dans son contexte, RFDA, 2016, pp. 675-677）。

33)　P. Idoux, Les régions et le développement économique, RFDA, 2016, pp. 467 et s.

34)　V. Donier, Les départements et les compétences sociales, RFDA, 2016, p. 476.

に委ねられたのに反し、メトロポールの設立の強制と権限の拡張（このことは、構成員コミューンからメトロポールへ移譲される権限の拡張を意味する）は、コミューンの"小さな自治"との間に緊張を孕みうる。また、メトロポールに加え、州も法律によって強制的に合併・再編された。コミューン連合の再編手続が、知事の強制権限を最後の手段としつつも、当事者（関係コミューン・コミューン連合体議会）の関与を組み込んでいるのに対し、法律による強制はまさしく、国家立法権による自治組織権の制約を意味しうる。もっとも、憲法院は、この法律について、住民への諮問手続を定める憲法条項の問題、すなわち民主主義の観点から捉え、合憲判断を下した。憲法による地方自治の保障が果たして法律に対する防波堤たりえているかが問われよう。

　他方、地方公共団体間の作用的連携の新たな展開は―現段階では―成功しておらず、フランス型連携のあり方に混乱ないし打撃をもたらしたとも解される。2014年1月27日法律は、―権限一括方式を謳いながら―地方レベルでの"融合型"を正面から打ち出し、リーダー自治体に対し、他の地方公共団体との調整のイニシアティブを負わせるものであった。調整の責任を負うのは、あくまでもリーダー自治体であって、国（知事）ではない。このことは、地方行政会議のメンバー構成に明らかである。州知事は、求めに応じて会議に出席するに留まり、メンバーではない。このように、憲法上対等な地方公共団体当事者間において法律の執行の仕方を決定するしくみは、極めて分権的であるとも解される。

　そして、かかる連携は、フランス法が蓄えてきた契約化の経験の延長に位置付けられるものでもあった。すなわち、フランス法は、国・州間の計画契約を中心として、公法人間の契約手法による公益実現のしくみ、とりわけ裁判的統制を発達させてきたが、この計画契約が、国と州を当事者とする枠組み契約の中に、個別契約によって県やコミューンを組み込むのに対し、事務の共同実施に係る地域協定は、―コミューンをも含む―リーダー自治体が他の地方公共団体と相対して交渉するものである。知事のプレゼンスに頼ることなく、地方レベルのアクター相互間が対等な連携関係を築くことができるか、その力量が試されたのである。フランス法の飽くなき挑戦と模索は、地方公共団体間の連携を推進しつつあるわが国にも示唆をもたらしえよう。

2. 住民自治の未発達と代表民主制の拡張

　翻って、"小さな自治"を支えるはずの住民自治のしくみが未発達であること
もまた、フランス法の１つの特徴である。もっぱらの関心事は団体自治（中でも
国家関与の問題）であったが、ようやく1990年代以降、住民自治の問題が地域民
主主義（démocratie locale）の名の下に論点化されるようになった。中でも、住民
投票制度は、1992年２月６日法律による諮問型住民投票制度の創設、2003年憲
法改正による（地方公共団体のイニシアティブに基づく）決定型住民投票制度の創
設（憲法72─1条）といった展開を見せている。また、2002年２月27日の「近隣
民主主義に関する法律」による近隣民主主義（démocratie de proximité）の諸制度
が存在する。その目玉である近隣住区評議会（conseil de quartiers）は、諮問的権
限と意見具申権限を有する組織として、人口８万人以上のコミューンに設置が義
務付けられた[35]。

　同時に、代表民主制の拡張に注目すべきであろう。一方で、長年の懸案であっ
たコミューン連合議会における直接選挙制の導入が実現され、その民主的正統性
は強化された。ただし、直接普通選挙が導入されたのはメトロポールのみであり、
他のコミューン連合は共同選挙方式に留められた。このことは、民主的正統性を
めぐるコミューンの・コミューン連合に対する抵抗としても意味付けられる。地
方公共団体のメルクマールの１つは地方議会議員の直接普通選挙方式による選出
であり、それゆえに、この方式の導入はコミューン連合を真の地方公共団体とす
る道を開くものとして、2015年８月７日法律の審議過程において拒否されたの
である[36]。他方で、県議会議員選挙方式においては、憲法上の価値を有するパリ
テの原則に基づき、男女ペア式多数代表２回投票方式が導入された。このことは、
廃止の圧力にさらされた県が、その弱点の１つであるパリテの観点を克服するべ
く、極めてユニークな選挙方式を梃子として、（とりわけ州に対抗するために）正
統性を確保しようとしたものであるとも解される。

　こうした民主的正統性をめぐる各階層間のせめぎ合いという側面に加え、選挙

35）　加えて、オランド政権は数年の間にいくつもの近隣民主主義制度を創設しており（2014年
　　２月21日法律に基づく市民評議会〈conseils citoyens〉、前出の2015年８月７日法律に基づく
　　開発評議会〈conseil de développement〉、2016年11月21日法律に基づく地方公役務諮問委
　　員会〈commissions consultatives des services publics locaux〉等）、こうした動向が継続する
　　のかは注目される。

36）　J.-F. Lachaume, Des intercommunalités renforcées, AJDA, 2015, p. 1906.

制度という内部組織の組み立て方、ひいてはガバナンスのあり方が法令によって
定められるということ自体、自治組織権の観点から論じられるべきであろう。地
方分権・地方自治の概念における選挙の意味付けといった理論的分析とともに、
基礎的地方公共団体の現実の機能（フランスの通常のコミューンは、それ自体、住民
の社会生活を形作っている）といった実証的分析を踏まえて、住民自治のあり方を
評価する必要がある。

V　おわりに

　おわりに、近時のフランス法と日本法の動向から読み取りうる地方分権改革の
方向性について指摘しておきたい。フランスは、1980 年代の国家関与法制改革
（A）、2003 年憲法改正（B）と 2004 年 8 月 13 日法律による権限移譲（B）を経て、
2010 年代の地方制度改革を進めている（C）。対して、日本は、機関委任事務制
度の廃止（A）、法令による義務付け・枠付けの見直し（B）および（とりわけ都道
府県から市町村への）権限移譲の推進（B）と並行して、平成の市町村合併、これ
に伴う広域的地方公共団体の見直し作業しての道州制論議を経て、大都市制度と
広域連携に焦点を当てている（C）。すなわち、両国とも、第 1 段階として、国の
行政的関与（A）・立法的関与（B）の縮減による地方公共団体の質的独立主体性
の確保、第 2 段階として、国からの事務権限の移譲による地方公共団体の量的独
立主体性の確保を図ったうえで（B）、第 3 段階として、事務権限の移譲がつまり
は地方公共団体に対する義務の賦課であることを認識するや、受け皿論に取り組
むに至ったのである（C）。
　受け皿論として、一方で、基礎的レベルに関しては、自然発生的な生活共同体
を基礎とした真の地方公共団体に触れるものであることから、その“上からの”
再編が問題となる。フランスにおいては、現実の必要に迫られつつ、独立主体と
してのコミューン相互間のプラグマティックな選択として、連携の方法が精緻化
されてきたが、近時は、連携の強制が推し進められている。コミューン連合の貫
徹・合理化とメトロポールの強化、そしてこれらへの直接選挙制の導入という近
時の改革は、農村部と大都市圏を通じて、コミューン連合の“自治体化”を図っ
ている。このことは、実質的に基礎的自治体としての役割を果たしているコミュ
ーン連合の制度的正統性を確保するものであるが、翻って、コミューンの存在意

義を根底から問い直すことになる。対して、日本においては、市町村合併が、あらゆる"アメとムチ"を梃子としつつ、極めて強力に推進されえた。そして、その効果が表れなくなるや、「人口減少社会」への急務の対応とあいまって、広域連携に希望が託されるに至っている。

　他方で、広域的レベルに関しては、両国とも激しい政治的対立を招いている。フランスにおいては、県州兼任議員制度が打ち上げられたが、政権交代により、実施に移されることなく潰された。この奇妙な制度設計の前提には、県と州のいずれも廃止することは政治的に不可能であるという認識があったが、その後まもなく、州の合併・再編が法律によって断行された。歴史の重みが異なるとはいえ、その廃止が繰り返し政治課題にのぼっている県に関しても、例えば、ローヌ県から独立して設置されるリヨン・メトロポールが、大都市圏における県の存在意義を問う先駆的実例ともなろう。こうした受け皿論は、必然的に権限配分のあり方とリンクしているが、フランスの州と県については、一般権限条項の廃止と権限の特化、ひいては地方公共団体としての本質的部分に踏み込む段階にまで至っている。対して、日本においては、広域的地方公共団体の見直し作業の１つとして、道州制論が活発に議論されたが、政権交代にあたって議論は下火になり、その後は、形やアプローチを変えた試みがくすぶり続けている。

　さらに大局的には、国地方関係（国に対する地方自治の質的・量的拡充）よりむしろ、地方レベルの諸アクターの調整に問題が移りつつある[37]。両国において期せずして符合した大都市の重視と広域連携の推進という動向は、その１つの表れであると見ることもできよう。そこでは、国地方間の法治主義に基づくルールとは異なるルールが求められる。フランス法が新たに作り出した連携の手法は―必ずしも奏功していないものの―ルール化の模索として捉えられよう。そしてそもそも、アラカルトな地方分権が一国の法制度として適切か否か自体が問われることになる。両国においてともに着手された新たな試みがいかなる成果を生み出すのか、冷静に見定めていかなければならない。

---

37)　B. Faure, Le droit des collectivités territoriales «malade de ses normes», RFDA, 2014, p. 469.

第4章 イタリアにおける州および地方団体の自治

芦田　淳
（国立国会図書館）

I　はじめに

　1948年に施行された現行イタリア共和国憲法は、20の州と、県およびコムーネ[1]という地方団体からなる三層制の地方制度を導入した。これに、制定後最大規模で、地方自治を定めた第2部第5章を大きく改めた2001年改正により、新たな地方団体として「大都市（Città metropolitana）」が憲法上追加され、2015年に設置されるに至った。また、2016年に国民投票に付された憲法改正案も、憲法上の地方団体から県を外す等、地方制度の見直しを含んでいた。本稿では、イタリアで特徴的な州等の立法権および規則制定権と、近年の憲法改正案や法律による改革動向を軸として、憲法裁判所等の判例も参照しながら、イタリアにおける州および地方団体の自治の分析を試みる。具体的には、まず、非連邦国家ながら立法権等を有するイタリアの州の自治権の特徴と現状について検討を加える。併せて、上記憲法改正案についても、その内容を確認する。次に、わが国における地方自治体の条例制定権に対応する地方団体の規則制定権について、その根拠となる制度と解釈をめぐる状況を中心に検討する。最後に、国が2014年に制定した法律による大幅な見直しを踏まえながら、地方団体それぞれの現状と地方制度全体の変容を展望する。なお、地方団体の行政および財政分野における自治権は、紙幅の関係もあり、州とあわせて簡単に触れるに留める。

---

1)　コムーネは、基礎的自治体で日本の市町村に当たるものである。ただし、日本のような人口規模等に基づく権限の違いはない。

II　州の自治権と憲法改正案

1.　州の自治権（立法、行政および財政分野）

(1)　州の立法権および国の立法権との関係

　憲法 117 条は、国および州の立法権について規律しており、事項ごとにいずれの権限に属するかを定める基準となっている。2001 年に行われた同条の改正は、立法権限の体系の転換をもたらすものであった。改正前の 117 条は、州の権限事項を列挙し、列挙されていないその他の事項はすべて国の権限事項とするものであった。これに対して、改正後の現行規定では、国の専属的立法事項（117 条 2 項）、国の法律の定める基本原則の範囲内で州が立法権を有する競合的立法事項（117 条 3 項）[2]がそれぞれ列挙され、それ以外の残余の事項については、州に立法権が属すると規定されている（117 条 4 項）。また、117 条 1 項は、国法と州法が等しく、憲法ならびに共同体の法規および国際的義務から生ずる拘束を遵守することを課している。この規定は、同じく 2001 年改正により、コムーネ、県、大都市、州および国を並列して共和国の構成要素とした 114 条 1 項[3]とあわせ、国

---

2)　基本原則を定める国の法律がない場合には、現行法から推定される原則に従う。ただし、「基本原則」が何を意味しているかについては、憲法裁判所も「競合的立法事項において国の権限と州の権限の区別をなす基本原則の概念は、その性格として厳格性および普遍性を持つものではない」（2005 年判決第 50 号）としており、曖昧な部分を残している。さらに、憲法裁判所は、EU 法の実施に当たり、競合的立法事項に関係する場合に、原則に係る国の規律を拡張して、原則と細部の関係の調整に影響を与えることが正当であると述べている（2005 年判決第 336 号）。結局のところ、基本原則と細部の規律の境界を定めるに当たっては、憲法裁判所が重要な役割を果たしており、国法と州法の均衡を図り、それぞれの実際の権限範囲を定めている。なお、国は、州法の規律がない場合、基本原則とともに細部の規律を設けることができるが、各州によって規律がなされたときにはそれに従う。

　以下、憲法裁判決の整理に際しては、Augusto Barbera e Carlo Fusaro, *Corso di diritto pubblico*, 9 ed., (Il Mulino, 2016); Matteo Carrer, *Il legislatore competente — statica e dinamica della potestà legislativa nel modello regionale italiano*, (Giuffrè, 2012); Tania Groppi, *Le grandi decisioni della Corte costituzionale italiana*, (Editoriale Scientifica, 2010); Tania Groppi, Lo stato regionale italiano nel XXI secolo, tra globalizzazione e crisi economica, *Revista d'estudis autonòmics i federals*, n. 21 (abril 2015), pp. 35-72; Stefano Papa, *La sussidiarietà alla prova: i poteri sostitutivi nel nuovo ordinamento costituzionale*, (Giuffrè, 2008); Nicola Viceconte (a cura di), *La giustizia costituzionale e il "nuovo" regionalismo — Atti del seminario di studi, Roma, 29 maggio 2012*, (Giuffrè, 2013) を参照した。

3)　2001 年改正前の 117 条 1 項は、国を含めず、「共和国は、州、県およびコムーネに区分される」と規定していた。

法と州法の完全な対等性をもたらしたと考えることも可能にしている（しかし、実際には、2001年改正以降もなお、国法は、総体として見れば中心的な役割を保持している）。

　なお、憲法116条3項は、上記117条の規定に加えて、通常州が、競合的立法事項および国の専属的立法事項の一部（治安判事の組織、教育の一般規則、環境、生態系および文化財の保護）についての権限を持つことにより、さらなる自治の特別な形式および条件を得ることができると規定している。この規定は、地方団体の意見を聞き、関係州の事前の提案および州と国の合意に基づき、憲法119条の規定する財政自治の原則を尊重して、国会の構成員の絶対多数で可決された国の法律により行われる。この手続からもわかる通り、同条は、立法権において多様な州のあり方を可能とするものであるが、まだ適用されたことはない。

　国の専属的立法事項は、「移民」「国防および軍隊」のように具体的な対象に言及した事項、「競争の保護」「環境、生態系および文化財の保護」のように実現すべき目的を示した事項、「全国的に保障されるべき市民的権利および社会的権利に関する給付の最低限の水準の決定」のように上記2例とは異なり、国の立法者に幅広い裁量を認めた事項というように多岐にわたっている。憲法裁判所は、国の専属的立法事項について積極的な解釈を行い、当該事項のうちいくつかが、国の立法者が、州の権限に属する事項も含む複数の事項にわたって措置すること（つまり、統一的な規制を行うこと）を可能にする「横断的（立法）事項」であると考えた[4]。横断的事項は、単なる一事項ではなく、憲法的に保護された価値を表すものとされる。同事項の代表的なものとして、競争の保護、給付の最低限の水準の決定、環境の保護が挙げられる。一例を挙げれば、横断的事項である「環境の保護」は、競合的立法事項である「健康の保護」に影響を及ぼしうる。こうした横断的事項は、連邦国家において、連邦政府が、明示的に配分された事項に対する権限に加え、当該権限の解釈から導き出しうる黙示的な権限を行使できるという考え方に通じるものがある。

　憲法117条4項については、「産業」に関する事項のように、国の専属的立法事項および競合的立法事項として列挙された事項以外に関して、全般的な州の立

---

4) 「横断的（立法）事項」をめぐる憲法裁判所の議論に関しては、拙稿「イタリア憲法改正と州の自治権—立法権分割と上院改革を素材として」自治総研445号（2015年11月）7-8頁参照。

法権が及ぶと考えうる。しかし、実際には、残余の事項であるからといって自動的に州の権限とはされていない。憲法裁判所は、法令上のある特定の対象が憲法117条2項および3項に列挙された事項に直接該当しないという事実のみをもって、当該対象が州の残余の立法事項に該当すると考えるわけにはいかないと判断した（2003年判決第370号）。

　上述以外にも、憲法裁判所は、州法の実際の運用において、2001年改正後の憲法の枠組みとの緊張も孕みつつ、大きな影響を及ぼしている。

　まず、憲法裁判所は、ある法令において国と州それぞれの権限の重なり合いが分離できない場合に関して、「権限の交錯」という概念を導入し、この権限同士の衝突を解決するために、「優位性」と「誠実な協働」という2つの基準を設けている。提訴された法令の本質的中核が複数ある権限事項の内の1つに属することが明白な場合には、「優位性」の基準が用いられ、実際には国の権限に有利な結論が導かれてきた。逆に、一方の規範が他方より確実に優位すると認められない場合には、国と州の間を調整する、具体的には、州の権限を保護するため州の適当な参加手段を整えるよう国の法律に義務付ける「誠実な協働」の基準が用いられることになる。国と州の間の誠実な協働の形式は、権限の衝突を予防し、また、解決するために、憲法裁判決において幅広く言及されている。しかし、憲法裁判決は、当該形式の実現を国と個別の州の合意や、国—州会議における調整に委ねており、その決定に関して明確であるとは言い難い。学説は、さらに、合意について、国と州の合意を必須とする場合（強度の合意）と、国が州との合意を求め、当該合意が得られなくとも、一定の条件を満たしていれば可とする場合（緩やかな合意）に区分している。

　また、憲法裁判所は、「統一の要求」[5]を実現するために、後述するように本来は行政権について認められた補完性原理を利用して、州の立法権限の国への一定の移転を認めた（2003年判決第303号）[6]。憲法裁判所は、憲法上の立法権分割を柔軟なものとする一方、補完的に州等の権限を用いるための国の決定が、自治を侵害する手段に変わることを避けるために、補完性原理を採用した国の法律は、

　5）　その根拠となるのが、憲法5条における共和国の統一性および不可分性の宣言である。なお、同条は、「一にして不可分の共和国は、地方自治を承認し、これを促進する。共和国は、国家に属する事務において広範な行政上の分権を行う。共和国は、立法の原理および方法を自治と分権の要請に適合させる」と規定しており、憲法の基本原理の1つである地域国家原理を表している。

合理性原理（分割不可能な統一の要求により実際に正当とされること）、比例性原理（国の法律が問題となっている権能を規律することができる唯一の法律でなければならないということ）および誠実な協働原理（国は、具体的な合意を通じて、州とともに全国的な措置を決定しなければならないということ）を尊重する必要があると判示した[7]。これらの原理とともに、補完性原理を導入することにより、2001 年改正後の憲法規定による全国的な利益の限界の拡張が行われている。

(2) 州（等）の行政権および補完性原理

州等の行政権は、憲法 118 条に規定されている。2001 年改正は、従来の権能の並行性原理に代えて（垂直的）補完性原理を導入した。前者は、（コムーネおよび県に与えられた、もっぱら地方利益に関する権能を除き）州の立法権限に関する行政権能は、州の権限に属するという原理である。これに対して、後者によれば、行政権能は、原則として市民に最も近い自治体に属し、より上位の自治体の措置は補完的な性格を持つ。実際に 118 条 1 項も、「行政権能は、その統一的行使を確保するために、補完性、差異性および最適性の原理に基づいて、県、大都市、州および国に付与すると法律が定める場合を除き、コムーネに属する」と規定している。ここでいう「差異性原理」は、等しい状況は等しく規律し、異なる状況には異なる規律を行うことにより、行政権能の付与が合理的に行われるよう求めるものである。事例を挙げるならば、一般に、大規模なコムーネは、小規模なコムーネより多くの権能を遂行することができる。この場合、州（または国）は、行政権能の配分を変えることができる。つまり、大規模コムーネには、ある権能を直接行使するよう配分できるが、それ以外のコムーネには、当該権能を複数のコムーネで共同行使するよう配分したり、県に配分するまたは州に留めることも可能とするものである。「最適性原理」は、最もふさわしい階層の政府に権能を委ねなければならないということ、つまり、法律により定められた政府が当該権能を管理できなければならないということを意味する。

憲法裁判所は、特定の行政権能をより上位の階層に配分することを正当化する

---

6) 2003 年判決第 303 号のとった論理を単純化して述べれば、補完性原理に基づいて最終的に国が行うこととなった行政権能の規律を行う際に（それが州の立法権限に対応するものであっても）国の法律によって行わなければならない場合があるということである。同判決の詳細については、拙稿「イタリア憲法裁判所と地域国家─憲法裁判所の役割と影響」曽我部真裕＝田近肇編『憲法裁判所の比較研究』（信山社、2016 年）178-182 頁参照。

7) 以下で述べる差異性原理および最適性原理とあわせ、各原理の解釈に関して、Barbera e Fusaro, *op.cit.* (2), pp. 371, 383-384 を参照した。

理由があるかについて評価できるとされている。例えば、違法建築物の取壊しに関する権限をコムーネではなく、県長官に与えた国の法律の規定[8]を、同裁判所は、違憲と判断した（2004 年判決第 196 号）。

(3) 州（等）の財政自治権

憲法 119 条によれば、州、大都市、県およびコムーネは、収入と支出に係る財政自治権を有する。州等は、固有の財産を持ち、投資的支出（例えば、道路建設）の財源のためにのみ借入れを行うことができる。ただし、この借入れにはいかなる国による保証も行われない。州等の通常の財源は、固有税、国税収入の配分および平衡化基金からの収入である。平衡化基金は、財政力の格差を減少させるよう配分され、いかなる場合にも使途の限定を行わない。以上の財源は、州等が、その与えられた権能に係る費用を完全に支払うことを保障する。これに加えて、国は、特定の州等に、追加財源を配当し、特別な措置を行う。その目的は、経済発展、社会的結束と連帯を促進し、経済的社会的不均衡を除去し、人格権の実効的な行使を助長し、またはその権能の通常の遂行とは異なる目的に対処することである。この場合には、国は使途について制約を設けることができる。

以上の 2001 年改正による 119 条の規定を実施するために制定されたのが、2009 年法律第 42 号（以下「42 号法」という）である。42 号法は、前例による支出の基準に基づいた従来の財源配分の手法を改め、標準的な費用および需要といった指標に基づくことを定めている。また、同法に基づき、国は、その全領域で市民的および社会的権利に係る最低限の水準（憲法 117 条 2 項m号）を満たすための給付を完全に行えるよう保障する。そのため、当該給付の財源は、統一的な税率および課税標準の「広義の州固有税」、個人所得税に対する州付加税および国税である付加価値税の税収の州への一部配分に加え、平衡化基金の配分により賄われると定めている。さらに、2010 年以降は、42 号法による委任を受け、国有財産の地方への移転、首都ローマの制度、地方団体における標準的需要の決定、コムーネレベルでの財政連邦主義、通常州および県の財政ならびに保健部門における標準的費用等、追加財源および特別措置、会計制度および予算枠組みの調和、制裁および報奨制度のそれぞれについて定める立法命令[9]が制定されている。た

---

8) 当該法律（2003 年法律第 326 号）の違憲とされた規定は、違法建築物の取壊しが多くのコムーネで十分に進まなかったことを背景に、取壊しの主体をコムーネから県長官に変更するものであった。

だし、その規定の中に、国法によるコムーネ税体系整備の見直しや会計検査院による地方統制強化も盛り込まれており、経済・金融危機の下、地方分権と再集権化が並行して進められている[10]。

　他方、憲法裁判所は、42号法の制定に先駆けて、国が遵守しなければならない点を明らかにしている。特に、国の財政移転に関して、従来の使途の制約を伴う国から州への財政移転が繰り返されるのを避けるために、国は、州の活動に資金供与するための分野別基金を設けることはできない（2003年判決第370号）。また、横断的事項に含まれる目的を保障するためのものを例外として（2004年判決第14号）、州の権限分野に関する国の法律による使途の制約された資金供与も認められない（2005年判決第160号）。使途に制約がある場合、利害関係を有する州を、資金の配分や使途の決定に加える必要がある（2004年判決第16号）。

　また、州等の財政自治は、憲法に適合して、かつ、財政および税制の調整原理に基づき、国または州の具体的な法律により、実施されなければならない。財政および税制の調整は、共和国を構成する州等の異なる財政および租税制度を統合するために行われる。調整により、州等がそれぞれ自律的な予算政策を行いながら、当該政策は調和したものとなる。調整原理は、州等が固有の租税および収入を定めかつ適用する権限を正当に行使する際の限界を示すものとなっている（2004年判決第37号）。なお、42号法も、領域団体（自治体）各層の代表者が参加し、予算の調和のための手段を定める「財政調整常設会議」を設置している。

2.　2016年憲法改正案とその評価

(1)　州の自治権に係る改正

　2016年改正案[11]は、国と州の間の立法権分割に関して、競合的立法事項を廃止するとともに、国の専属的立法事項を拡充するものであった。州に対しては、一般的立法権限を残しながら、その立法事項を列挙している[12]。併せて、「共和国の法的もしくは経済的統一の保護または全国的な利益の保護の必要があるときは、政府の提案に基づいて、国の法律は、専属的立法に留保されていない事項について介入することができる」と規定して、憲法裁判決で指摘されてきた全国レベル

---

　9)　立法命令（decreto legislativo）とは、法律の委任に基づいて政府の制定する、法律と同等の効力を有する命令である。

　10)　詳細については、拙稿「イタリアにおける財政連邦主義実施の動向」外国の立法260号（2014年6月）86-90頁参照。

での統一の要求を明示的に具体化していた。

　また、税財政制度に関しては、州等が「憲法に適合して、かつ、財政および税制の調整のための国の法律の規定に基づき、固有の租税と収入を定め賦課し、自らの領域に交付される国の税収の配分の決定に与る」と改めている[13]。

(2) 上院の性格および権能に係る改正

　イタリアの上院は、憲法上、国民の代表であることが明示されており、地域代表の議院ではない。これに対して、2016 年改正案では、「共和国上院は、領域団体を代表し、国とその他の共和国を構成する自治体とを接続する機能を果たす」と明示され、「領域団体を代表する 95 人の上院議員および共和国大統領によって任命されうる 5 人の上院議員で構成する」ことが規定されていた。選出方法も「州議会ならびにトレントおよびボルツァーノ自治県の県議会は、比例的な方法で、その構成員の中から複数の上院議員を選出し、各州および県で 1 名ずつ、各領域のコムーネの長の中から上院議員を選出する」として、州議会による間接選挙の規定が置かれていた。上院の権能に関しては、憲法改正法律およびその他の憲法的法律をはじめ列挙された事項について両院の権限を対等に留める一方、その他の法律の可決を下院に委ねた。併せて、従来、下院と対等であった政府の信任権限に関しては、上院について削除した。憲法裁判所裁判官の任命についても、両院合同会議で 5 名と規定する現行規定を、下院が 3 名、上院が 2 名と各院が任

11）　本稿で 2016 年（憲法）改正案という場合、Testo di legge costituzionale approvato in seconda votazione a maggioranza assoluta, ma inferiore ai due terzi dei membri di ciascuna Camera, recante: «Disposizioni per il superamento del bicameralismo paritario, la riduzione del numero dei parlamentari, il contenimento dei costi di funzionamento delle istituzioni, la soppressione del CNEL e la revisione del titolo V della parte II della Costituzione.», in *Gazzetta Ufficiale della Repubblica Italiana*, 15 aprile 2016, n. 88, pp. 1-17 を指す。なお、同改正案は、2014 年 4 月に中道左派政権によって提出され、2016 年 5 月に議会で可決されたものの、同年 12 月に国民投票で否決された（賛成 40.9％、反対 59.1％）。

12）　同項は、「言語的少数者の代表。州領域に係る計画作成および州内部における移動。社会資本の整備。保健サービスおよび社会サービスの計画作成および組織化。地方経済発展の促進ならびに州の範囲内での企業に対するサービスおよび職業訓練の組織化。学校施設の自治を除く、学校サービスおよび大学を含む学習権の促進。州の利益に関する限りで、文化活動ならびに環境財、文化財および景観の促進に係る規律。州による観光の活用および組織化。州の範囲内で適切に結ばれた取決めに基づき、州および地方の財政上の計画目標を遵守するための州の領域団体の間での財政関係の規制。国の専属的権限に明示的に留保されていないすべての事項」と規定するものであった。

13）　ちなみに、2001 年改正前には、「共和国の法律は、州の財政と国、県およびコムーネの財政とを調整する」（119 条 1 項）という規定があった。

命するよう改めていた。

(3) 県の廃止に係る改正

2016 年改正案は、共和国を構成する団体としての県（憲法 114 条）をはじめ、憲法上の県に関する言及をすべて削除することとした。ただし、同時に、末尾規定において、憲法上の地方団体ではないものの、州とコムーネの中間に位置する「広域の団体」についての一般的な制度を国の法律に委ね、その他の規定を州の法律に委ねていた。

(4) 改正の評価

県の廃止に係る改正は、後述する法律レベルでの県に対する従来の見直し（権能の縮減等）と軌を一にするものであった。立法権分割等に係る改正も、憲法の体系的な解釈を通じて憲法裁判所がこれまで強調してきた統一の要求を憲法上に取り込むことにより、国の権限を再強化するものといえた。これに対して、上院に係る改正は、地域代表としての性格を上院に刻印し、そのうえで憲法改正に上院が下院と対等に参加するという意味では、自治の強化と位置付けうるものであったが、その構成員選出の手法は十全なものとは言い難かった。

3. 小括

共和国憲法制定当初から、州は一部の立法権を有していたが、2001 年改正により、その立法権は拡張され、非連邦国家ながら連邦国家に類似した国と州の間での立法権分割が憲法上実現した。また、行政および財政分野でも、州等の権限拡大が行われた。しかし、国と州の立法権分割について審査を行う憲法裁判所により、本来は行政権について規定された補完性原理の援用、国の専属的立法事項の一部に対する横断的事項の推定、国と州の権限の交錯に際しての優位性および誠実な協働の基準の適用等を介して、（地域国家ならではの）州の立法権に対する抑制が加えられている。そして、2016 年憲法改正案は、国の専属的立法事項の追加、統一の要求に基づいた国の介入の容認という形で、この憲法裁判所による運用を憲法上に取り込もうとするものであった。加えて、財政分野を中心に、経済・金融危機の影響の下、法律レベルでも再集権化が近年進められている。ただし、2016 年憲法改正案における上院の地域代表化は、連邦制への再接近につながる要素を秘めていた。

Ⅲ　地方団体をめぐる制度と現状

1.　地方団体の規則（条例）制定権

(1)　根拠規定等

　地方団体の規則制定権は、2001 年改正後の憲法 117 条 6 項[14]により、憲法上初めて承認された[15]。その後、改正の実施法たる 2003 年法律第 131 号により、①地方団体の組織、権能の遂行および管理の規律について、当該団体の規則制定権に一定の留保がなされること、また、組織の規律について、憲章の規則を尊重すること、②規則と法律の関係について、規則制定権は「憲法 114 条、117 条 6 項および 118 条の規定に適合して、それぞれの権限に基づき、画一性の最低要件を保障する国および州の法律の範囲内で」（4 条 4 項）機能することと定められている。

　学説には、憲法 117 条 6 項を、規則に対する真の権限留保と解釈し、規則の法源上の一次的性格を強調する立場と、法律と規則の関係において伝統的な階統制の基準[16]に基づき、規則を一次的法源（以下、法律と同義）に無条件に従属するも

---

　14)　同項 3 文は「コムーネ、県および大都市は、組織およびその与えられた（attribuite）権能の遂行の規律について規則制定権を有する」と規定している。

　15)　規則制定権とともに、地方団体は、憲章制定権も有している。その根拠は、「コムーネ、県、大都市および州は、憲法が定める原則に基づく固有の憲章、権限および権能を有する自治団体である」と規定した 2001 年改正後の憲法 114 条 2 項である。また、2003 年法律第 131 号は、憲章が、憲法および公的組織に関する一般原則と調和し、憲法 117 条 2 項 p 号（コムーネ、県および大都市の選挙法、統治機関および基本的権能）実施のための国の法律の規定を尊重して、地方団体の組織および活動に関する原則、代行を含む統制形式ならびに少数派の保障および人民の参加形式を定めると規定している。地方団体の憲章の性格に関しては、2005 年破棄院民事連合部判決第 12868 号等によれば、「規則という二次的法源に比べて優位する位置にあり、自治体の組織の基本原則を定め、当該自治体の機能に係る一般的基準を設ける原則的法律の下にある」もので、法体系において「形式的には行政決定であるが、本質的には準一次的（par-aprimario o sub primario）なレベルの非典型的な決定」と位置付けられている。なお、破棄院は、民事・刑事事件の最終審である。

　　　以下、地方団体の規則制定権に関する議論の整理に際しては、Roberto Bin e Leopoldo Coen (a cura di), *Il sistema delle autonomie locali tra efficienza amministrativa e rappresentanza della comunità*, (2010, CLEUP); Francesco Staderini, Paolo Caretti e Pietro Milazzo, *Diritto degli enti locali*, 14 ed., (CEDAM, 2014); Luciano Vandelli, *Il sistema delle autonomie locali*, 6 ed., (Il Mulino, 2015) を参照した。

　16)　現行憲法に先立ち、1942 年に制定された民法 4 条は「規則は、法律の規定に反する内容を含むことはできない」という法の一般原則を定めている。

のとしてその二次的性格を主張する立場とがある。

(2) 行政裁判所による解釈

行政判例は、以下の事例の通り、地方団体の規則に対して、法律に厳格かつ階統的に従うべきとする傾向がうかがえる[17]。①地方団体の規則が求められる「法律の遵守」は、一次的法源が明確に同意していないことはすべて、規定することが禁止されていると解釈されなければならない（2008年国務院第4部判決第6610号）。②法律の規定に反している場合、「規則の規定に対する州法の優位」は、規則の規定が不適用とされなければならないことを意味し、問題となっているコムーネの措置の正当性は、一次的法源によって与えられる基準のみに照らして判断されなければならない（2008年国務院第5部判決第2343号）。③建築に関する州法が、その実施のための州規則が制定されるまでコムーネの規則の制定を認めないのは正当である（2008年国務院第5部判決第1305号）。④地方団体の規則を法律実施のための規則と見なし、一次的法源は、そこで定める原則と解釈上乗り越えられない矛盾を示しているコムーネの規則を廃止することができる（2008年シチリア州行政裁判所カターニア第1部判決第866号）。

(3) 憲法裁判所による解釈

しかし、憲法裁判所の判決の中には、行政判例と異なった見方を示すものがある。その興味深い例として、2004年判決第372号を取り上げる。そこで政府により提訴されたトスカーナ州憲章[18]は、2004年7月に採択されたもので、その63条2項において、地方団体に与えられた行政権能の組織化について、具体的な統一の要求がある場合には、画一性に係る本質的な要件を保障するために、州法で規律可能と規定していた。これに対して、中央政府側は、この規定が、憲法

---

17) ただし、これに対して、地方団体の規則と国または州の規則の関係については、いかなる場合でも、地方団体の規則は、憲法で地方団体の規則制定権に委ねられた分野において国または州により定められた規則に優位すると考えられるべきとする判決（2012年ロンバルディア州行政裁判所ミラノ第2部判決第2734号等）があり、法律の規定がない場合には、上記の分野について国または州のいかなる措置も、一次的法源でなければ認められていないという見方がある（Vandelli, *op.cit.* (15), pp. 133-134）。なお、国務院は、憲法103条1項に基づき、正当な利益の保護のために、および法律の定める特別の事項については権利の保護のために、行政に対する裁判権を有している。

18) 州の憲章については、地方団体の憲章とは異なり、憲法123条により、州議会が、その議員の絶対多数で、少なくとも2カ月の期間をおいて連続して2回議決することで可決した法律により採択することや、憲法に適合するように州の統治形態ならびに組織および運営の基本原則を定めること等が規定されている。

118 条および 114 条ならびに誠実な協働原理に違反し、組織および州法により地方団体に与えられた権能の遂行に関する規則制定権を奪うとともに、憲法 117 条 6 項により地方団体に与えられた規則制定権の留保を侵害しているとして、憲法裁判所に提訴した。この訴えを受け、憲法裁判所は、次のように判示した。

「『具体的な統一の要求がある場合』に、地方団体の組織および権能の遂行について規律する権限を州法に与えているトスカーナ州憲章 63 条 2 項は、補完性原理が適用されると憲法の想定する場合に該当する。つまり、組織および与えられた権能の遂行の規律を地方団体の規則制定権に留保する同憲章 63 条 1 項から導かれる一般基準に対する例外である。ただし、この例外は、憲法 117 条 6 項の規定の下にある。憲法 117 条 6 項は、2003 年法律第 131 号 4 条 4 項により実施され、後者に基づく組織および権能の遂行に関する地方団体の規則制定権は、画一性の最低要件を保障する国および州の法律の範囲内で実行される。

州法への留保に係る憲章の規定は、地方団体の自治を過度に抑圧しないよう、憲法 118 条 1 項に示された原理 [補完性原理] を尊重して、組織および『与えられた』権能の遂行の州法による規律を正当化できる『具体的な統一の要求』が存在する場合に限定されたものであれば、認めることができる。この [州の] 権限を否定すれば、一定の活動を本質的に画一的な形式で行うことを必要とする厳密な統一の利益を危険にさらすことを避けるために、州の立法者は、その統一的な実施を保障するため、より上位の政府に問題の権能を配分する以外の選択肢はないという非常識な結果に至ることになるだろう。これは、到達すべき目的に釣り合っておらず、補完性原理に反している」。

憲法裁判所は、以上のような解釈を示し、提訴された規定は補完性原理に基づく州の権限行使が認められる場合であるとして、中央政府側の訴えは根拠がないと判断した。しかし、この判決で重要と思われるのは、先に見た行政判例が階統制の基準に従って国または州の法律が地方団体の規則に優越するという関係を想定しているのに対して、法律と地方団体の規則それぞれの権限領域を画するために補完性原理が用いられている点である。つまり、法律は、権限配分を定められることに加えて、統一の利益の保護のために、地方団体の組織および権能の遂行の一部を定めることができるというのである。裏返せば、地方団体の規則制定権が、本来、国または州の法律に対して保障された権限領域を有しているという観点がうかがわれる。なお、州の規則については、地方団体の規則の補完を行うも

のであれ、同規則により修正可能なものであれ、憲法 117 条 6 項により地方団体の規則制定の自治に留保されている領域を規律することは憲法裁判所によっても認められていない（2006 年判決第 246 号[19]）。

(4) 小括

地方団体の規則制定権に関する行政判例は、国および州の法律（一次的法源）を優位とする伝統的で厳格な階統制に基づいた解釈によっていると考えられる。これに対して、憲法裁判所が 2001 年憲法改正を踏まえて示した観点に立てば、地方団体の規則は、二次的性格を持ちつつも、国および州の法律に対して当該規則に留保された権限領域が保障される可能性がうかがえる。また、規則間の優劣関係について、国や州の規則に対して、地方団体の規則に委ねられた分野に関しては、後者の規則の優位が認められている。さらに、地方団体の規則制定権が、地方団体の自治の憲法的保障の潜在的な強化をもたらすとともに、国および州の立法者の「自己抑制的な」態度を招いたとの評価もある[20]。

2. 地方団体の現状とそれに対する見直し

(1) 県の機関および権能の見直し

地方団体に係る制度は、2014 年法律第 56 号（以下「56 号法」という）により、大きな見直しが加えられている[21]。同法は、地方制度の合理化による行政コスト削減を大きな目的とするものである。従来、県については、経済・金融危機の下、コスト削減を目的として、一連の緊急法律命令[22]により、権能と機関の改革や数

---

19) 2004 年エミリア−ロマーニャ州法第 26 号 16 条 7 項は、地方団体の権限とされた認証手続について当該団体に規則制定権を認める一方、地方団体の規則制定まで州理事会の制定した規則を適用すると規定していた。これに対して、憲法裁判所は、2006 年判決第 246 号において、補完を行うものであれ修正可能なものであれ、当該法律が地方団体に与えた事項に関して州に規則制定権を認めることは、憲法 117 条により厳格に禁じられていると考えるべきであり、いかなる不履行の場合の定めもないため、代行措置として認められないと判示した。

20) Giovanni Tarli Barbieri e Pietro Milazzo, Art. 117, 6 co., Raffaele Bifulco, Alfonso Celotto, Marco Olivetti (a cura di), *Commentario alla Costituzione*, (UTET giuridica, 2006), pp. 2295-2297.

21) 以下、56 号法および関係規定の整理に際しては、AA.VV., *La Riforma delle Province e delle Città Metropolitane*, (Simone, 2014); Federica Fabrizzi e Giulio M. Salerno (a cura di), *La riforma delle autonomie territoriali nella legge Delrio*, (Jovene, 2014) を参照した。

22) 緊急法律命令 (decreto legge) とは、緊急の必要がある非常の場合に、政府の制定する、法律と同等の効力を有する命令である。ただし、公布後 60 日以内に、議会によって法律に転換されなければ、効力を失う。

の減少が模索されてきたが、憲法裁判所により違憲判決が下されていた（2013年判決第220号）[23]。56号法も、憲法第2部第5章改正およびその実施規定が実現するまでの措置として、原則として通常州を対象に、県の再編に関する規定を設けるものであった。

まず、県の機関を次のように改めた。県知事は、県内のコムーネの長および議員により選出される[24]。被選挙資格は、県知事の選挙日以降18カ月以上の任期が残っている県内のコムーネの長が有する。県知事の任期は4年、県を代表し、県議会およびコムーネ長会議を招集かつ主宰し、サービスおよび組織の状況等を監督し、憲章により与えられた権能を行使する。県議会は、県知事および住民数に応じて人数の規定された議員（16名〜10名）から構成される。県議会は、政策等の方針決定および執行機関の統制を行い、規則および諸計画を可決し、県知事から県議会に提出されるその他すべての議案について決定を行うとともに、憲章に係る提案および予算承認の最終決定についての権限を有する。また、県議会議員の選挙権および被選挙権は、県内のコムーネの長および議員が有し、任期は2年である。各県内のコムーネの長により構成されるコムーネ長会議は、憲章を採択するとともに、予算の承認について諮問を受ける権限を有する。憲章は、提案、諮問および統制に関するその他の権限をコムーネ長会議に与えることができる。

県の基本的権能も再定義され、①環境に関する調整、保護および活用のための県の領域における計画作成、②県の領域における輸送サービス計画作成、民間輸送に関する認証および監督、県道の建設および管理、③学校ネットワークに係る県レベルの計画作成、④データの収集および処理ならびに地方団体に対する技術的および行政的援助、⑤学校建築の管理、⑥県の領域における雇用上の差別事象の監督および男女機会均等の促進となっている。

県によって従来行われてきた、上記以外の権能は、統合会議[25]における合意に

---

23) 違憲の理由としては、県の根本的な見直しを、あくまで「緊急の必要がある非常の場合」の手段である緊急法律命令で行うことは認められないこと等が挙げられている。

24) 2014年秋に、64県で県知事および県議会議員の選挙が実施された。そのうち、53県の知事にコムーネの長が選出され、さらに53名のうち16名が県都であるコムーネの長であった。残りの者は、最初の選挙のみ被選挙資格を認められた前県議会議員等であった。Unione Province d'Italia, Le 64 Province al voto: I Presidenti proclamati, 20 ottobre 2014. 〈http://www.upinet.it/docs/contenuti/2014/10/presidenti_eletti_province%202014.pdf〉

25) 1997年立法命令第281号8条等に基づき、国の関係大臣ならびに州および地方団体の代表から構成され、国の活動に対する自治体の協力を推進し、共通の課題について検討するために設置された機関である。

よる総合的な再編の対象となる。この合意により、国と州は、再編対象となる権能を厳密に確定し、①権能ごとに実施に最適な領域の確定、②コムーネおよびコムーネ連合による基本的権能の効果的な遂行、③所要の統一的規制を存続させること、④合意または契約に基づき、再編の過程に加わった自治体間で権能実施の証明および委任の形式を定めることという目的を満たすために関係する権限を定める。

(2) 大都市の設置

(i) 大都市の権能および機関

56号法は、トリノはじめ10県が、2015年1月に大都市に移行する旨を定めた。大都市の基本的な権能は、県のそれに加え、①大都市領域の3カ年戦略計画の採択および改訂、②領域に関わる全般的なインフラ等の計画策定ならびに域内のコムーネの活動等に係る制約および目標の決定、③公共サービス管理の調整された制度の構築、域内の一般的利益に関わる公共サービスの組織化、④域内のコムーネの都市計画の適合性等を保障した上での輸送交通政策、⑤経済的および社会的発展の促進および調整、⑥域内の情報化およびデジタル化の促進および調整である。ただし、国または州は、以上の大都市の固有の権能に対して、補完性、差異性および最適性の原理に基づいて権能を遂行することができる。

　大都市の機関は、市長、議会および評議会である。すべての職は、無報酬である。市長は、県都であるコムーネの長と定められている。市長は、大都市を代表し、議会および評議会を招集かつ主宰し、サービスおよび組織の状況ならびに決定の実施の監督等を行う。議会は、政策等の方針決定および執行機関の統制を行う機関であり、評議会に対する憲章およびその改正の提案、規則等の承認、予算案の採択および評議会の意見を踏まえた最終承認が主な権能である。議員定数は、住民数に応じて24名から14名とされる。任期は5年、県都のコムーネ議会選挙に際して、大都市議会の選挙も実施される。議会は、大都市を構成するコムーネの長および議員を選挙人として、非拘束名簿式比例代表制により選出される。被選挙資格は、現職のコムーネの長および議員であり、その職を失えば、大都市議会の議員の職も失う。なお、憲章で定めることにより、市長および議会を普通選挙で選出することも可能である。大都市を構成するコムーネの長で構成される評議会は、憲章の規定に従い提案を行うことや諮問を受けることができるほか、議会の提出した憲章およびその改正の可否を決する。

(ii) 大都市に対する憲法裁判所の判断

　憲法裁判所は、2015 年判決第 50 号により、56 号法の一部を違憲とする複数の州の提訴を退けた[26]。第 1 に、州側は、憲法 117 条 2 項 p 号に「大都市の設置」の文言がないことから、同条 4 項を適用し、大都市設置が州の権限に属すると主張した。これに対して、憲法裁判所は、次の理由により、認容できないと判断した。①州の主張を認めた場合、大都市の国レベルでの重要性を考えれば州の専属的権限にふさわしいとは思えない活動（大都市の設置）を州が行うことを正当化することになる、②憲法 117 条 2 項 p 号による国の専属的立法事項は、新たな領域団体の場合であっても州が規律することはできない、③憲法 114 条は、その中で領域団体である大都市に言及することにより、共和国、より正しくは国に、少なくとも本質的な側面に関して統一的な規律を保障するよう大都市を具体的に設置する義務を課している、④大都市は同名の県の廃止と入れ替わりに設置されるものであり、県の設置は国の権限である。なお、憲法 117 条 4 項にかかわらず、同条 2 項および 3 項に含まれないものが、自動的に州の立法権限事項になることを否定する判断は、従来の憲法裁判決にも見られるところである[27]。また、大都市に移行する 9 県を具体的に列挙したことにより、大都市設置の一般的手続を規定していないとの主張に対しては、大都市への転換が適当と考えられたすべての県を指定しており、56 号法が明らかに一般的な性格を持つ法律であるとした。第 2 に、憲法裁判所は、大都市の長および議会の選出方法に対して、直接選挙は必須ではなく、大都市の憲章により直接選挙制を導入可能であることと、（コムーネの長および議員による選挙という）利害関係者の真の参加を可能にする措置をもって、合憲と判断した。この背景には、民主主義および主権が代表制民主主義のみでは汲み尽されないという憲法裁判所の伝統的な解釈がうかがえる。第 3 に、大都市を構成するもう 1 つの機関たる評議会に関しては、構成員の代表的性格も踏まえつつ、憲章による権限拡大が可能であることをもって、現行規定による制限された権限を合憲と判断した。

(3) コムーネの連合および統合等の状況

　コムーネが小規模なままに留まっていること[28]は、イタリアでも従来から対応

26）　同判決の解釈に際しては、Alberto Lucarelli, La sentenza della Corte costituzionale n. 50 del 2015. Considerazioni in merito all'istituzione delle città metropolitane, *federalismi.it*, n. 8/2015 (2015.4.22.), pp. 2-7 を参照した。

27）　Ⅱ 1.(1)の 2003 年判決第 370 号に関する箇所を参照。

すべき課題として認識されてきた。1990年に導入されたコムーネ連合（unione di comuni）の制度は、当初、統合を前提とするもので、同一県の隣接した住民5000人以下の複数のコムーネが、サービス等を行うために連合を形成できると定める一方、形成から10年以内に統合できない場合には解散を義務付けていた。しかし、この規定は、コムーネ側の反発を招き、共同してサービス等を行う場合も、特定の事業に係る相互協力を契約で定めることが多かった。そのため、1999年の法改正により、統合の義務付けを改め、続く2000年立法命令第267号は、コムーネ連合を、共同して権能を執行するため、複数のコムーネによって構成される地方団体と規定した。ここで、コムーネ連合が、公選制の機関を持たず、コムーネから与えられた権限しか持たない点で二次的ながら、法人格を有する地方団体として認められることとなった。その後、2010年には、住民5000人以下のコムーネに対して、その基本的権能の実施を、特殊な例外を除き、連合または契約により行うことを義務付けた[29]。さらに、2011年には、住民1000人以下のコムーネに対して、全行政権能および全公共サービスを共同して行うことを義務付けたが（「特別連合」）、2012年に任意と改められた。また、コムーネ連合設立の要件にも変遷があり、参加する各コムーネの人口要件が1999年に廃止された一方、2011年には、参加するコムーネの合計人口が原則として1万人以上とされた。2017年の数字を見れば、コムーネ連合の数は535、参加コムーネ数は3105、そこに属する人口は約1198万人となっており、その重要性を増している。

　56号法は、特別連合を廃止する一方、サービス等を共同して行うための契約に参加するコムーネの合計人口も1万人以上であることを義務付けた。また、国および州は、その権限に基づき、コムーネ連合に対して県の権能の一部を付与で

28）　住民5000人以下のコムーネの数は5567（2017年）となっており、コムーネ全体の69.8%を占めている。ただし、人口の面から見れば、全体の16.5%に留まっている。

29）　この義務付けを行った2010年緊急法律命令第78号は、2012年以降、コムーネの基本的権能として、以下の権能を列挙している。①行政の一般的組織、財政および会計の管理ならびに統制、②コムーネの公共輸送サービスを含む、コムーネの領域における一般的利益に関わる公共サービスの組織化、③現行法令により国の保持する権能を除く不動産登記、④コムーネの範囲の都市計画および建築計画ならびにコムーネを超える階層の領域計画への参加、⑤コムーネの範囲における災害救助および一次医療の調整に関する計画に係る活動、⑥ごみの収集、運搬、処理および再利用に係るサービスの組織化および管理ならびに関連する租税の徴収、⑦社会サービスに係る地方制度の企画および管理ならびに憲法118条4項の規定に基づく市民に対する関係給付の実施、⑧県の権限に配分されない学校建設、学校サービスの組織化および管理、⑨コムーネ警察および地方行政警察、⑩統計に関するサービス。

きると定めた。さらに、56 号法は、コムーネ連合の機関に係る修正も行っている。コムーネ連合の議会については、議員数の上限設定を憲章に委ねるとともに、少数派の代表のみならず、各コムーネは少なくとも 1 名の代表を有するとして各コムーネの代表を保障することとした。憲章については、連合の設立の際のみ、参加する各コムーネの議会により可決され、その後の改正は当該連合の議会が行うと定め、連合に対して憲章の自治を認めている。連合の長（参加コムーネのいずれかの長が兼職）については、参加コムーネの書記[30]を利用できるようにした。なお、コムーネ連合の機関におけるすべての役職は、無報酬である。

　また、56 号法は、コムーネ統合 (fusione di comuni) についても、一連の促進策を設けたほか、隣接したコムーネの「併合」による統合について、新たな手続を設けた。その手続とは、併合する側のコムーネは、その法人格と機関を維持し、併合される側のコムーネの機関を廃止するというものである。後者の保護のために、併合する側のコムーネの憲章には、適切な参加および分権の手段を追加する。また、統合の効果を漸進的なものとするための経過措置として、一時的に旧コムーネの領域ごとに異なる租税および公共料金を維持することを可能とし、新コムーネは、区 (municipi) を置くこともできる。なお、コムーネ統合は、従来、2000 年立法命令第 267 号等でも規定されていたが、十分には機能してこなかった[31]。

(4) 小括

　まず、経済・金融危機を背景に、県に対して、その権能を縮減するとともに、兼職を前提とした（それゆえ無報酬とする）間接選挙制が近年導入された。また、一部の県を廃止して、その代わりに大都市を新たに設置した。県との差異化を図るべく、大都市には県より広い権能を与える一方、近年の地方制度合理化の潮流に根差し、その機関は兼職が前提の間接選挙による選出を原則としている。併せて、小規模なコムーネを対象としたコムーネ連合およびコムーネ統合についても、優遇策のほか、機関や手続の見直しが加えられている。以上の近年の措置をまとめれば、基礎自治体たるコムーネに対しては、連合や統合により事務の実施を確実なものとし、他方、州との中間に位置する県に対しては、一部を大都市として

---

30)　書記は、コムーネの長により任命され、議会および理事会に対して助言および補助等を行う役職である。

31)　コムーネの数は、2001 年の 8101 から 2011 年の 8092 までほとんど変化が見られない。ただし、2017 年には 7978 となっており、僅かながら減少の傾向がうかがえる。

再編するとともに、その権能および機関の面で“軽量化”し、従来の三層制の見直しを図っている。

Ⅳ　おわりに

　以上見てきた通り、イタリアの州および地方団体の自治は、2001年憲法改正によって大きく前進し、その後、立法や判例、学説を通じて、実施されてきた。同改正により、州は、国と対等ともいえる立法権の承認をはじめ、他の地方団体とは一線を画した自治権を有することとなった。ただし、州と国の実際の権限関係については、憲法の積極的な解釈を通じて生み出されてきた憲法裁判所の判例の蓄積を背景に、国の権限拡張による再集権化および合理化の方向で見直しが進められている。他方、地方団体も、州に比べれば行政的な色彩は強いものの、2001年憲法改正により、その権能を拡大している。

　また、地方制度全体のあり方については、近年、州とコムーネを中心とした再編の方向性が鮮明になったと思われる。特にコムーネに関しては、次の2点を指摘できる。まず、7割が小規模なままという問題に対して、単に複数のコムーネを統合するだけでなく、基本的な権能の実施に支障があればコムーネ連合等の手段をもって対応している。併せて、従来は県が担っていた中規模領域の事務に対しては、一部を他の階層に移管するとともに、コムーネ自体を残しながら重層的に大都市や県の実質的な構成要素とすること（端的には、コムーネの長等による互選をベースとした間接選挙制）で、経済・金融危機等を踏まえた合理化も図りつつ、対応を目指している。これらの施策の結果、県を憲法上の地方団体から外す2016年憲法改正案こそ否決されたものの、地方制度自体、多様性を伴いつつ、二層制により近い三層制へと変貌しつつあるように見える。また、州をはじめとした地域の代表へと上院を改める憲法改正案も、国と地方の関係を大きく見直す要素を含んでいたが、国民投票により否決され、実現に至らなかった。

第5章　ドイツにおける地方自治保障の現状
―― 分権化と民営化の挟撃の中の市町村自治

人見　剛
（早稲田大学）

I　はじめに

　近年の日本における地方自治、とりわけ基礎自治体である市町村の自治の課題は、かつてのようなわかりやすい中央集権的統制、例えば機関委任事務制度に伴う国の下請化、自治事務に対する関与の強化などの自治体の自由度の制約ばかりでなく、一方で基礎自治体である市町村への事務の押し付け、あるいは合併による行財政力の規模の拡大による事務処理力の増大の強要、他方で自治体事務の民間委託、民営化などによる市場からの自治体活動の浸食にある。現代日本の市町村は、国や都道府県からの分権化の強要と市場からの民間化圧力に挟まれ、その自治が危機にさらされるようになっているのである。

　こうした事情はドイツにおいても同様に看取されるようである。

　まず、前世紀末に日本で行われた、ドイツ地方自治法の現代的課題に関する講演において、シュミット＝アスマン（E. Schmidt-Aßmann）は、次のように論じていた。「かつては、事務が奪われることに市町村は反対しました。しかし、今日では新しい事務が割り当てられ、それに伴い新たな財政負担が転嫁されることに、市町村は反対しています。」「自治体の自治行政が脅かされるのは、実質的にみて重要な事務が奪われる場合だけではありません。財政手段が不充分なまま事務が割り当てられることによっても、自治行政は脅かされます。『国庫が空の時代』には、ここに最も重要な問題の一つが存在します」[1]。

---
　1)　E・シュミット＝アスマン（大橋洋一訳）「ドイツ地方自治法の新たな発展―行政現代化の
　　要請に直面した市町村行政」自治研究74巻12号（1998年）8頁、10頁。

また、より多くの事務が市町村のものとなればなるほど、事務処理義務を負う市町村は行政能力を拡大させなければならず、ひいては行財政能力に劣る小規模自治体の存在が問題となり、ドイツにおいても市町村合併が課題として提起されることになる[2]。特に、東西ドイツ統合後、小規模市町村が極めて多かった旧東ドイツ地域においては、現代的な地域行政課題の受け皿として市町村合併や市町村の共同事務処理方式の導入が不可避となり、さらには市町村を補完する広域自治体としての郡の統合も進行している。

さらに、市町村行政活動の民営化も、地方財政危機やEUによる市場化促進政策の影響の下、自治体の固有行政としての生活基盤配慮行政（Daseinsvorsorge）の領域で定着しており、事務処理を自治体が自主的に手放すことによる自己危殆化（Selbstgefährdung）として、民営化と地方自治との緊張関係が論じられるようになっている[3]。

本稿は、こうした分権の名の下の事務移譲圧力や合併強制、そして民営化・民間化による地方自治の浸食について、憲法上の地方自治の原理がいかに統制法理として働きうるのか、大いに参考にできると思われる最近のドイツの議論を紹介・検討しようとするものである。

II　国家からの事務割当てによる市町村財政の圧迫と自治財政権保障

1.　問題の所在

ドイツにおいても、1990年代の経済停滞期の国の財政危機を背景に、連邦や州は、地方分権の建前に仮託して地方自治体に事務を押し付けるようになったという[4]。近年の行政改革の一環としての「自治体化（Kommunalisierung）」を論じたクレマー（C. Kremer）は、州の事務を市町村に移譲させる自治体化の背景には種々の要因があるが、大きな要因は、州の財政事情であり、国家事務を自治体事務と一緒に処理させることによって効率化し、州財政の節約を図ることにあると

---

2)　M. Burgi, Kommunalisierung als gestaltungsbedürftiger Wandel von Staatlichkeit und von Selbstverwaltung, Die Verwaltung 42 (2009) 170.

3)　A. Engels, Die Verfassungsgarantie kommunaler Selbstverwaltung, 2014, S. 11.

4)　上代庸平「地方自治の保障と地方自治体の財政高権―ドイツ地方自治における制度的保障理論の発展」法政論叢42巻2号（2006年）66頁以下。

する[5]。例えば、バーデン＝ヴュルテンベルク州では、2005年から合計350の州の特別官庁が廃止され、それらの事務は、州の下級官庁としての郡および郡から独立した特別市に移譲されたという[6]。したがって、自治体への国家介入としてかつて問題となったのは、自治体からの任務取上げ（Aufgabenentzug）すなわち事務の吸上げ（Hochzonung）や自治体の事務処理の画一化であったが、今や州から自治体への新しい事務の割り当てが、法的正当化を要する自治侵害と見られるようになっている。たとえ自治体の役割が拡大するとしても、国家事務が財政的裏付けなしに市町村に移譲されることによって、自治体の本来の自治事務処理に充てられる力や人的・物的資源が削がれてしまうからである[7]。ペッツ（H. Petz）は、こうした事態を「任務委任による地方自治行政権の間接的制限」と呼び[8]、ドライアー（H. Dreier）は、委任事務や義務的自治事務の増加（委任事務は、自治体の事務の3分の2以上あるいは80％以上を占めているともいわれる）による自治行政の空洞化（Aushöhlung）と呼んでいる[9]。

このような自治体の任務過重（Aufgabenüberbürdung）[10]は、州政府のみならず連邦政府によってももたらされている。社会保障行政の領域でそれは顕著であり、連邦も立法権を有する「公的扶助」（基本法74条1項7号）について制定される連邦法（社会法典）において、その法律が連邦参議院の同意を得たものであれば、「行政庁の設置および手続」について連邦が定めることができ（2006年の連邦制改革による改正前の基本法84条1項）、その「行政庁の設置」には行政庁の任務配分も含まれると解されていたからである[11]。

したがって、ここでは事務移譲に伴う自治体の財政上の過剰負担が問題となるので、以下では、①市町村の自治事務処理に係る最低限供与保障の原則、②州政

---

5) C. Kremer, Kommunalisierung als Element der Verwaltungsreform. Das Beispiel Hessen: Abkehr von der Magistratsverfassung und dem monistischen Aufgabenverständnis, VerwArch. 102 (2011) 247.

6) 片木淳『日独比較研究市町村合併』（早稲田大学出版部、2012年）74頁。

7) C. Kremer, a. a. O. (Anm. 5), S. 256f. Vgl., P. T. Tettinger/K. -A. Schwarz, in: v. Mangold/Klein/Starck, Grundgesetz II, 2010, Art. 28, Rn. 231.; F. Schoch, Der verfassungsrechtliche Schutz der kommunalen Selbstverwaltung, Jura 2001, 129.

8) H. Petz, Aufgabenübertragungen und kommunales Selbstverwaltungsrecht, DöV 1991, 324ff.

9) H. Dreier, in: H. Dreier (Hrsg.), Grundgesetz Kommentar, 2. Bd., 2. Aufl., 2006, Art. 28, Rn. 97.

10) W. Löwer, in: I. v. Münch/P. Kunig (Hrsg.), Grundgesetz Kommentar, Bd. 1, 6. Aufl., 2012, Art. 28, Rn. 59.; Dreier, a.a.O. (Anm. 9), Rn. 120.

11) M. Burgi, Kommunalrecht, 5, Aufl., 2015, § 1, Rn. 13.; F. Schoch/J. Wieland, Die Verfassungswidrigkeit des § 96 Abs. 1 Satz 1 BSHG, JZ 1995, 982 (986f).

府からの委任事務に係る牽連性原則、③連邦政府からの委任事務の憲法上の禁止、これらの諸問題に関するドイツにおける対処のあり様を概観しておこう。

2. 自治体に対する任務適合的な財政供与保障の原則と自治事務に関する最低限供与保障の原則

基本法 28 条 2 項 1 文は、「市町村に対しては、法律の範囲内において、地域的共同体のすべての事務を、自己の責任において規律する権利が保障されていなければならない。」と定めており、そこにいう自己責任性（Eigenverantwortung）は、「法律上定められた財政制度の枠内で、歳入、歳出活動を自己責任をもって行う権限」[12] を意味する自治体の財政高権（Finanzhoheit）を包含しているとされてきた[13]。しかも、1994 年に同条項は改正され、そこに 3 文「自治行政の保障は、財政上の自己責任（die finanzielle Eigenverantwortung）の基盤をも包括する。」が追加された[14]。この規定は、同条 2 項 1 文の定める市町村の「全権限性と自己責任性」の不可欠の基盤として自治体の財政自治権があるとする自治体からの要請により定められたもので、「任務適合的な財政供与の保障（Gewährleistung der aufgabenadäquaten Finazausstattung）」を定めたものと解されている[15]。

例えば、連邦行政裁判所は、ノルトライン＝ヴェストファーレン州の市町村間の財政調整のための割当て（基本法 106 条 6 項 6 文）が争われた事件に関する 1998 年 3 月 25 日判決において、「かかる割当てに基づくと当該市町村にもはや任務に適合した財政供与が残されていない場合には、市町村の財政的自己責任の基礎が保障されているとはいえない。任務に適合的な財政供与は、配分されたすべての任務および地方自治行政の枠内で自ら選択した任務の履行を可能とするために市町村の財政手段が充足されていることを前提としている。財政供与の保障は、基本法 28 条 2 項 3 文の新設によって宣言的に確認されただけではなく、実

---

12) BVerfG, Beschluß v. 24. 6. 1969, BVerfGE 26, 228(244).

13) 参照、シュテルン（赤坂正浩ほか編訳）『ドイツ憲法 I〔総論・統治編〕』（信山社、2009 年）48 頁〔駒林良則訳〕。

14) なお、1997 年には、3 文に後段「税率決定権を有する市町村に帰属する経済関連の租税財源もこの基盤の一部をなしている。」がさらに加えられ、営業収益税の形態の営業税を憲法上市町村に保障する趣旨とされている。B. Pieroth, in: H. D. Jarass/B. Pieroth, Grundgesetz Kommentar, 9. Aufl., 2007, § 28, Rn. 14.

15) Tettinger/Schwarz, a.a.O.（Anm7）, Rn. 244ff. 上代庸平「ドイツ財政憲法における地方自治体の位置—連邦制改革への一視角」中京法学 45 巻 3・4 号（2011 年）385 頁。

体法上強化されたのである」[16]。と述べ、ニーダーザクセン州の市町村とその所属する市町村連合との間の財政配分をめぐる係争事件に関する 2006 年 11 月 15 日判決において、前記の 1998 年判決は「基本法 28 条 2 項 3 文によって強化された自治体財政高権の保障は、任務に適合的な財政供与を含むことを確言している」[17]と判示した。各州の憲法裁判所も同様の判示を繰り返しており[18]、州による自治体に対する適切な財政供与は、「ドイツ共通州憲法（gemeines deutsche Landesverfassungsrecht）」となっているといわれている[19]。

　かかる任務適合的な財政供与保障には、その内容として、国からの委任事務の処理を賄う財源に加えて、自治体の自治事務の財源保障も含まれている。したがって、自治事務については一般的な財政調整制度としての基準交付金（Schlüsselzuweisung）に係る最低限供与保障（Mindestausstattungsgarantie）が語られ、かかる保障が基本法上保障されたものであるかについて、連邦憲法裁判所は態度を明確にしていないが[20]、学説は広くこれを認めている[21]。

　問題は、何をもって最低限供与であると見るかであるが、義務的事務を適切に執行できる財源がそこに含まれるのは当然として、自治体がその裁量に基づいて行う随意事務を実施できる財政的な自由な財源もそこに含まれるとされている。

16）　BVerwGE 106, 287.

17）　BVerwGE 127, 157.

18）　ニーダーザクセン州憲法裁判所のビュッケブルク決定など各州の判例について参照、上代庸平「自治体財政に対する最少供与保障―概念と構造」法学政治学論究 76 号（2008 年）205 頁以下。Nierhaus, in: M. Sachs (Hrsg.), Grundgesetz Kommentar, 4. Aufl., 2007, Art. 28, Rn. 84.

19）　A. Leisner-Egensperger, Die Finazausgleichsgesetze der Länder und das kommunale Selbstverwaltungsrecht―Voraussetzungen zulässiger Kommunalverfassungbeschwerden―, DöV 2010, 706.

20）　1969 年 6 月 10 日の連邦憲法裁判所決定（BVerfGE 26, 172 (181)）は、州法ではなく連邦法による財政的制約が問題となった事案を踏まえ、「固有財源によるものであれ、交付金によるものであれ、市町村の財政的最低限供与保障も自治体の自治行政の中核部分に含まれるか否かは、ここで論及する必要はない。市町村が憲法上保障された財政的最少供与請求権を有するとしても、かかる権利は、1961 年租税改正法のような連邦法によって侵害されることはありえない。なぜなら、かかる請求権は、連邦ではなく、州に対してのみ認められるものであるからである。市町村財政の配慮は、原則として州の排他的権限の下にある。」と判示した。

　　かかる判示は、所得税の市町村配分を定める連邦法が基本法 106 条 5 項に違反するとする違憲主張は、憲法異議（基本法 93 条 1 項 4b 号）の対象事項に含まれないとして申立てを退けた連邦憲法裁判所 1985 年 10 月 15 日決定（BVerfGE 71, 25(36f)）においても引き継がれている。さらに参照、Beschluß v. 7. 2. 1991, BVerfGE 83, 363(386).

21）　F. Schoch, a.a.O. (Anm. 7), S. 133.; A. Leisner-Egensperger, a.a.O. (Anm. 19), S. 711.; P. T. Tettinger/K.-A. Schwarz, a.a.O. (Anm. 7), Rn. 247.; K. Lange, Kommunalrecht, 2013, Kapitel 1, Rn. 76.; H. Dreier, a.a.O. (Anm. 9), Rn. 126.

そうした自由な財源が「自由な先端（freie Spitze）」と呼ばれ、その範囲について
は、各種の議論があり、自治体財源のおおよそ5％から10％がそうした自由な
財源として市町村財政に残されていなければならないとされているようである[22]。
例えば、フーフェン（F. Hufen）は、市町村財政の少なくとも5％を下限とし[23]、
ライスナー＝エーゲンスペルガー（A. Leisner-Egensperuger）は、2～5％で足
りるとしている[24]。

　ただし、州財政が逼迫している下では、そのような自治体の財源保障を十全に
行うことは実際には困難であることから、限られた州の財政の枠内で、州の任務
を自治体の任務に優先してはならないとともに自治体の任務を州のそれに優先す
る必要もないという意味での州任務と自治体任務の等価性（Gleichwertigkeit）に
よる州と自治体の財源の配分対称性（Verteilungssymmetrie）の要請に基づく「適
切な財政供与（angemessene Finanzausstattung）」が保障されるに留まるとするの
が、各州の憲法裁判所の判例の動向であるとされている[25]。

　しかし、学説では、法令による義務的事務によって自治体財源が費消し尽くさ
れ、随意事務に充てる財源が全くないという事態は、まさしく地方自治保障の中
核領域（Kernbereich）の侵害に当たり憲法違反であるので、上のような州財政の
逼迫を理由とする基準交付金の切詰めは論理が逆であり、自治体に課した事務の
削減・廃止（あるいは自治体からの事務の返上）、事務のサービス水準の切下げ、自
治体への新たな税源の付与などがなされるべきであるとする見解も有力である[26]。

3.　ドイツ州憲法における州・自治体間の牽連性の原則

　地方自治体に対する州の最低限供与保障の原則は、自治体の固有事務に係る財

---

22)　紹介として、森稔樹「ドイツの地方税財源確保法制度」日本財政法学会編『地方税財源確保
の法制度』（龍星出版、2004年）85頁以下、上代・前掲論文（注18）220頁以下。

23)　F. Hufen, Aufgabenentzug durch Aufgabenüberlastung —Verfassungsrechtliche Grenzen
der Überwälzung kostenintensiver Staatsaufgaben auf die Kommunen—, DöV 1998, 279.; B.
Piroth, a.a.O.（Anm. 14), Rn. 14.

24)　A. Leisner-Egensperger, a.a.O.（Anm. 19), S. 712.

25)　Vgl., H.-G. Henneke, Begrenzt die finazielle Leistungsfähigkeit des Landes den Anspruch der
Kommunen auf eine aufgabenangemessene Finazausstattung?, DöV 2008, 857ff. 上代・前掲論
文（注18）218頁以下。

26)　F. Schoch, Die finanzverfassungsrechtlichen Grundlagen der kommunalen Selbstverwaltung,
in:　D.　Ehlers/W.　Krebs　（Hrsg.),　Grundfragen　des　Verwaltungsrechts　und　des
Kommunalrechts. Symposion aus Anlaß der Emeritierung von Prof. H.-U. Erichsen am 5. Mai
2000 in Münster, 2000, S. 122ff.; H.-G. Henneke, a.a.O.（Anm. 25), 860.

政的保障の原則であったが、自治体の委任事務に関する適正供与保障原則の具体化として、「金を出すものが口も出す（Wer zahlt, schaft an.）」を意味する、事務負担を生じさせたものがその財源を手当てするべきであるとする牽連性原則（Konnexitätsprinzip）[27]がある。牽連性の原則は、もともとは、主に連邦と州の間の連邦委託行政に係る連邦の経費負担について論じられていたもので、基本法104a条2項の「州が連邦の委託によって行動するときは、それによって生ずる経費は、連邦が負担する。」とする規定に基づく[28]。

これに対し、州と地方自治体との関係における牽連性は、各州の憲法の規定するところであり、その内容は、各州ごとに多様であった。例えば、州憲法における牽連性の最古の規定は、バーデン＝ヴュルテンベルク州憲法71条3項「市町村および市町村連合に対しては、特定の公的任務の処理を法律によって委任することができる。その場合には、費用補填に関する定めがなされねばならない。この事務の執行が市町村および市町村連合にさらなる負担をもたらすときは、それに相応の財政調整がなされねばならない。」との定めで、これは1953年から妥当していたといわれている[29]。

他方、例えば、ノルトライン＝ヴェストファーレン州憲法78条3項は、「費用補填に関する定めが同時になされるときは、州は、法律の規定により、市町村および市町村連合に特定の公的任務を引き受けて実施するように義務付けることができる。」と定めていた。

前者のような規定が、自治体に費用負担を生ずる任務を委譲する際に追加負担が生じた場合の財政調整も義務付ける「厳格な牽連性（strikte Konnexität）」と呼ばれ、後者のような規定は、委任事務の費用負担に関する規律を義務付けるだけの「相対的な牽連性（relative Konnexität）」の定めと呼ばれていた[30]。

---

27) 「連結性原則」という訳語もある。参照、白藤博行「日本国憲法における地方自治保障と自治体像―自治体の『非自治体化』を考える法学的視点」室井力編『現代自治体再編論』（日本評論社、2002年）132頁、森・前掲論文（注22）80頁。

28) 連邦と州の間の牽連性原則について参照、上代・前掲論文（注15）377頁以下。

29) 上代庸平「自治体財政保障のための規律形式―牽連性原理の具体化と形成を素材として」Law and Practice 3号（2009年）96頁、注（22）。

30) 参照、上代庸平「財政憲法原理としての牽連性―厳格化の傾向と財政立法による補完」法学政治学論究74号（2007年）193頁以下、白藤・前掲論文（注27）133頁以下。Nierhaus, a.a. O. (Anm. 18), Rn. 88. 2000年の時点で厳格な牽連性の規定を有していた州憲法は、バーデン＝ヴュルテンベルク州とシュレスヴィヒ＝ホルシュタイン州の他は、旧東ドイツ5州であった。Vgl., F. Schoch, a.a.O. (Anm. 26), S. 130ff.

こうした憲法状況の下、州からの経費負担の不十分な事務の押し付けや、交付金の算定方法（基準交付金と事務委任に係る目的交付金を区別しない一括交付金の制度）などをめぐって自治体からの訴訟が多く提起されることになり、1990 年代後半のニーダーザクセン州憲法裁判所の一連のビュッケブルク判決（1995 年 8 月 15 日判決、1997 年 11 月 25 日判決）[31]やバーデン = ヴュルテンベルク州憲法裁判所の 1999 年 5 月 10 日判決[32]など、州が市町村に事務委任をしながらその財政負担に関わる措置を十分に伴わせない財政調整法の違憲判決も下されるようになった。

これらの判例の影響もあり、各州憲法の改正が陸続となされ、委任事務の処理費用については、自治体の財政力を考慮せずに（財政力が豊かな市町村であっても）当該事務に適合した財源供与（Aufgabenangemessene Finazausstattung）をすべきことを要請する牽連性規定（Konnexitätsregeln）が憲法上明確化・強化されるようになったといわれている[33]。

例えば、2000 年に改正されたメクレンブルク = フォアポメルン州憲法 72 条 3 項は、「市町村および郡は、法律または法律に基づく命令によって、同時に費用の補填に関する規定が定められる場合に特定の公共事務を義務付けられうる。」という相対的牽連性の従来の定めに、「この事務の執行が市町村および郡に追加的負担をもたらす場合、これに対応した財政調整がなされなければならない。」との規定を追加した。

以前から厳格な牽連性の規定を擁していたバーデン = ヴュルテンベルク州憲法 71 条 3 項は、2008 年に改正され、委任事務の委任の場合に限らず、自治事務を随意的事務から義務的事務に変更する場合等も牽連性規定の対象に含め、次のような詳細な規定になっている。

「市町村および市町村連合に対しては、法律によって既存の特定の公的事務あるいは新規の公的事務の処理を委任することができる。同時に費用の補填に関す

---

31) DVBl. 1995, 1175.; DVBl. 1998, 185. これらの判決について参照、武田公子『ドイツ自治体の行財政改革』（法律文化社、2003 年）59 頁以下、上代庸平「自治体財政に対する憲法的保障の構造と牽連性原理―ニーダーザクセン州国事裁判所ビュッケブルク判決を手がかりに」法学政治学論究 72 号（2007 年）311 頁以下。

32) DöV 1999, 687. この判決について参照、武田公子「ドイツにおける自治体間財政調整の動向―牽連性原則と州・自治体間協議」京都府立大学学術報告（人文・社会）56 号（2004 年）114 頁以下、上代・前掲論文（注 29）102 頁以下。

33) その概要として、上代・前掲論文（注 30）199 頁以下。M. Burgi, a.a.O.（Anm. 11），§ 18, Rn. 6. 2000 年から 2004 年にかけて行われた 5 州の憲法改正の一覧として参照、武田・前掲論文（注 32）113 頁。

第5章　ドイツにおける地方自治保障の現状　137

る定めがなされなければならない。これらの事務あるいはこれらの事務の様式も
しくは処理費用について州が原因となって生ずる事後的な変更、または指図に基
づく義務的委任事務を処理するための費用について州の原因によらずに生ずる事
後的な変更が、市町村および市町村連合に重大な負担の増加をもたらすときは、
適合的な財政調整を行わなければならない。第2文および第3文は、州が市町村
および市町村連合の随意事務を義務的事務に変更し、または既存の委任されてい
ない事務の執行について特別の要求を設定するときに準用する。」

　こうした憲法改正は各州で次々に行われ、今日では、相対的な牽連性原則の州
憲法は姿を消し、厳格な牽連性原則が、都市州（ベルリン、ハンブルク、ブレーメ
ン）を除く州すべてにおいて導入されるに至っている[34]。例えば、長らく相対的
牽連性の規定に留まっていたノルトライン＝ヴェストファーレン州憲法78条3
項も、2004年改正において、次のような厳格な牽連性原則の定めになっている。

　「州は、市町村および市町村連合に対して、法律または命令によって、特定の
公的事務を引き受けて処理することを義務付けることができ、その際には同時に
費用の補填に関する規定を定めなければならない。新たな事務の委任または既存
の事務の変更が、それに係る市町村または市町村連合に重大な負担をもたらすと
きは、法律または命令によって、費用負担の算定に基づき、発生する必要で平均
的な支出に相応する財政調整を行うものとする。その補充費用は、総額で支給さ
れうる。事後的に算定費用から重大なかい離が生じた場合には、財政調整は将来
に向けて適応させられなければならない。第2文から第4文に関する詳細は法律
で定めるが、その中で費用算定の基準を定めるとともに、また自治体連合組織の
参加に関する規定を設けなければならない。」

　これらの州憲法改正において注目されるのは、上記条文の最後の一文において
州法による財政調整について自治体の参加を憲法上明示的に要求している点であ
る。そして、この趣旨は、2003年の改正バイエルン州憲法83条7項にも見ら
れ[35]、そこでは「自治体の連合組織は、市町村ないし市町村連合に関わる問題が

---

34)　H. C. Röhl, Kommunalrecht, in: F. Schoch (Hrsg.), Besonderes Verwaltungsrecht, 15. Aufl., 2013, 1. Kapitel, Rn. 58.

35)　バイエルン州でも、憲法改正がなされる以前に、学校運営に係る分担金や委任事務費算定や基準交付金の配分額をめぐっていくつもの憲法裁判が提起され、地方自治体の財政負担が大いに論じられていた。参照、上代庸平「憲法問題としての自治体財政調整―バイエルン州憲法旧規定における財政事項の規律を素材に」法学政治学論究67号（2005年）299頁以下。

法律または命令によって規制される前に、州政府によって適時に意見を聴かれなければならない。州政府は牽連性原則（第3項）の実現のために、自治体代表団体との協議を行うものとする。」と定められている。先に紹介したバーデン＝ヴュルテンベルク州憲法71条4項も「法律または命令によって市町村ないし市町村連合に関する一般的な問題が規定される前に、適時に、これらまたはこれらの連合組織の意見を聴かなければならない。」と定めて、同条3項5文では「第4項で規定される連合組織の、費用負担の予測に関する協議についての詳細は、法律または州政府とこれらの連合組織との協定によって規定されうる。」と定めている。

　このような州・自治体間の協議手続については、次のような評価が可能であろう。「憲法に牽連性原則を盛り込むだけでは十分でないことも明らかになってきている。要は財源配分のプロセスに、当事者である自治体が、その代表団体を通じて主体的に参画していくこと、またこの合意プロセスに公開性・透明性を確保することで、州の恣意的な財源配分の余地を残さないことが重要と考えられているのである。こうした協議の場を整備することで、憲法における牽連性原則の規定ははじめて実効性に向けた担保を得られるのである。また、これまで州と自治体の対決の場となっていた財政調整が、両者の対話の場となることも注目に値しよう。とりわけ、これまで自治体の負担において新たな事務事業を立法化することに疑問を持たなかった州が、立法にあたって市町村にもたらされる負担の算定を義務づけられることで、州にとってもコスト意識の涵養につながるとの期待もある」[36]。

4.　連邦政府による事務割当ての憲法的統制

　先に述べたように、市町村への事務の押し付けは、州法によってのみならず、連邦法によってもなされることがある。こうした市町村への「連邦の直接介入（Bundesdurchgriff）」による市町村の財政負担ついては、連邦と州の間の牽連性を定める基本法104a条も、州政府による州の委任事務に関して財源供与を要請する州憲法の牽連性の規定も妥当しない[37]。そこで、自治体の連合組織（Spitzenverband）[38]は、連邦制改革に伴う基本法改正の審議に際して、基本法

---

36)　武田・前掲論文（注32）118頁。参照、上代・前掲論文（注29）101頁以下。
37)　F. Schoch, a.a.O.（Anm. 7）, S. 122f.

104a 条の連邦と州との間の牽連性原則を連邦と自治体との間にも定めることを要求した。しかし、かかる要求に対しては州政府が、連邦と州の国家二層制を変更して自治体を国家の三層目に位置付けることになるなどとして反対し、自治体側にも連邦の直接介入をかえって招来しかねないことから慎重論もあり、その結果、結局、2006 年の第一次連邦制改革に伴う基本法改正において、基本法 84 条 1 項 7 文と同 85 条 1 項 2 文は、「連邦法律によって、市町村および市町村連合に任務を委譲することはできない。」と定めることとなった[39]。連邦が連邦法律を制定することによって市町村に直接に事務委託をすることを禁じたわけである。これにより、「市町村行財政に対する州の責任を明確化するとともに、市町村が直接関与できない連邦法律による負担を免れるという意味でも、連邦制と地方自治制における権限分配を正常化する」[40]ものであるとされた[41]。

　かかる基本法改正が、すぐさま問題となったのが、2006 年の消費者情報保護法案の連邦大統領署名拒否事件であった[42]。この法案は、消費者情報保護に係る義務的事務の処理を市町村および市町村連合に一方的に移譲するものであり、上述の基本法 84 条 1 項 7 文の定めに違反する違憲法律であるとして、大統領が副署を拒否し、法案の成立がいったん阻止されたのであった。

　また、労働者の失業扶助と社会扶助を統合した「求職者のための基礎保障」制度を導入したハルツ第 4 次改革[43]に関わって、連邦法である社会法典第 2 編によって、独立行政法人である労働エージェンシーと自治体が事務を共同して処理す

---

38)　これについては参照、木佐茂男「ドイツの自治体連合組織」『国際比較の中の地方自治と法』（日本評論社、2015 年）194 頁以下、同『豊かさを生む地方自治』（日本評論社、1996 年）144 頁以下。

39)　M. Burgi, a.a.O. (Anm. 11), § 18, Rn. 5.; § 1, Rn. 14. 以上の経緯について、vgl., W. Försterling, Das Aufgabenübertragungsverbot nach Art. 84 Abs.1 Satz 7 GG, Der Landkreis 2007, 58. 武田公子『ドイツ・ハルツ改革における政府間行財政関係—地域雇用政策の可能性』（法律文化社、2016 年）98 頁以下。

40)　上代・前掲論文（注 15）385 頁以下。

41)　ただし、憲法改正以前の既存の直接介入規定は、違憲であっても基本法 125a 条 1 項に基づいて有効とされる。同項は、「連邦法として制定されていたが、…第 84 条 1 項 7 文、第 85 条 1 項 2 文もしくは第 105 条 2a 項 2 文の付加によって…もはや連邦法律としては制定されえなくなる法は、引き続き連邦法として効力を有する。」と定めている。

42)　参照、白藤博行「行政主体間の混合行政禁止原則と自己責任原則—最近のドイツの制度的保障論と ARGE 判決を素材として」室井力先生追悼論文集『行政法の原理と展開』（法律文化社、2012 年）91 頁。大統領の措置を支持するものとして、F. Schoch, Verfassungswidrigkeit des bundesgesetzlichen Durchgriffs auf Kommunen, DVBl. 2007, 261ff.

43)　参照、武田・前掲（注 39）17 頁以下。

るために設置される共同事務処理機構（Arbeitsgemeinschaft）に郡が事務処理を
委ねるものとされたことから郡が提起した憲法異議において同様の問題が争われ
た。連邦憲法裁判所 2007 年 12 月 20 日判決[44]は、基本法 93 条 1 項 4b 号の自治
体憲法異議では、基本法 28 条に基づく自治行政権の法律による毀損のみが主張
できることから、基本法 84 条 1 項 7 文違反の主張は認められないとして退けつ
つ、基本法 83 条以下の予定する連邦行政権と州行政権の分離原則（混合行政禁止
〈Verbot der Mischverwaltung〉の原則）と州行政機関としての自治体の位置付けか
ら、自治体と連邦機関との合同行政機関の設置は憲法上の行政管轄区分を逸脱し、
かつ当該自治体の自治行政権（基本法 28 条 2 項）に抵触して違憲であると判示し
た[45]。ただし、ショッホ（F. Schoch）は、この判決が、市町村と市町村連合（郡）
の憲法上の保障に質的差を設けるような判示を行ったこと、基本法 84 条 1 項違
反の主張を自治体憲法異議の対象から除いたこと、そして連邦法による事務配分
による地方自治権侵害を正面から論じなかったことなどを厳しく批判している点
にも注意を要する[46]。

　なお、こうして違憲とされた共同事務処理機構は、その後 2010 年に基本法が
改正され、新たに次のような 91e 条が付け加えられることにより憲法上の根拠が
与えられている[47]。

　「(1)求職者のための基礎保障の領域における連邦法の実施においては、連邦と
州もしくは州法に基づいて権限を有する市町村および市町村連合は、原則として
共同施設において共同して事務を実施するものとする。

　(2)連邦は、限られた数の市町村および市町村連合が、その申請により、最上級
州行政庁の同意の下、1 項の任務を単独で処理することを認めることができる。
管理経費を含む必要な経費は、それが 1 項に基づく法律の実施において連邦によ
って賄われなければならない限りにおいて、連邦が負担する。

　(3)詳細は、連邦参議院の同意を要する連邦法が定める。」

　こうして共同事務処理機構は合憲化されたが、さらに基本法 91e 条 2 項に基づ

---

44) BVerfGE 119, 331ff. = NVwZ 2008, 183ff.; B. Pieroth, Das Verbot bundesgesetzlicher
　　Aufgagenübertragung an Gemeinden, in: Festschrift für F. E. Schnapp zum 70. Geburtstag,
　　2008, S. 213ff.

45) 白藤・前掲論文（注 42）84 頁以下、武田・前掲（注 39）92 頁以下。

46) F. Schoch, Neukonzeption der kommunalen Selbstverwaltungsgarantie durch das
　　Bundesverfassungsgericht?, DVBl. 2008, 937ff.

47) 白藤・前掲論文（注 42）98 頁、注（31）、武田・前掲（注 39）101 頁以下。

いて単独で当該事務を処理する自治体（選択自治体 Optionkommune)[48]に対して連邦が監督権限を有するか否かが、地方自治保障との関係でさらに争われることになった。連邦憲法裁判所は 2014 年 10 月 7 日判決[49]において、連邦労働大臣は選択自治体の事務処理に対する法監督も専門監督権限も有さず、連邦会計監査院も財政統制権限を有さないとしつつ、連邦による直接財政負担の帰結として連邦労働大臣は特殊憲法上の財政統制権限を有すると判示した。したがって、その限りで、基本法 91e 条は、基本法 83 条以下および 104a 条以下の連邦と州の行政権・財政権の分配ルールの例外となることになる。ただし、連邦は、自治体の内部組織法について何らの立法権を有さないのであり、選択自治体としての申請に必要な市町村議会の議決について 3 分の 2 以上の特別議決要件を連邦法で定めたことは違憲であるとされた[50]。

Ⅲ　ドイツにおける自治体合併と憲法上の地方自治保障

1.　強制合併の憲法裁判所による裁判的統制

　ドイツは、面積約 35 万 7000 km^2、人口約 8175 万人と、いずれも日本より若干小さな国であるが、市町村数は 1 万 1400 あまり（市町村平均人口 7000 余り、平均面積約 30 km^2）であり、平成の大合併後の日本のそれの 7 倍近くに及び[51]、市町村の平均規模は、日本より相当に小さい。

　そのようなドイツにおいても、近代的な自治行政の担い手に適合的たるべく、わが国の昭和の大合併に相当するような国家主導の大規模な市町村合併が、1960 年代から 70 年代にかけて旧西ドイツの各州において行われた[52]。当時は約 2 万 4000 あった旧西ドイツ地域の市町村は、改革後に約 3 分の 1 の 8505 にまで減少したといわれる[53]。特に有名なのが、市町村数が 2334 から 396 に約 6 分の 1 に

---

48)　この自治体の拡大の模様について参照、武田・前掲（注39）111 頁以下。

49)　BVerfGE 137, 108. = JZ 2014, 1153. この判決の問題点の指摘を含む評釈として、A. Berger, JZ 2014, 1163ff. 邦語文献として、赤坂幸一「ハルツⅣ改革と自治権の保障」自治研究 92 巻 3 号（2016 年）143 頁以下。

50)　参照、武田・前掲（注39）108 頁以下。

51)　片木・前掲（注6）2 頁の資料による。

52)　参照、成田頼明『西ドイツの地方制度改革』（良書普及会、1974 年）88 頁以下。この改革期における旧西ドイツ地域の市町村の人口規模別の数量の変遷について参照、森川洋『ドイツ市町村の地域改革と現状』（古今書院、2005 年）4 頁。

減少したノルトライン＝ヴェストファーレン州である。このほかに、バーデン＝ヴュルテンベルク州やバイエルン州などでも大規模な市町村の区域改革（Gebietsreform）がなされた[54]。

しかし、こうした地方制度改革にも州ごとに偏差があるのであり、例えば、ラインラント＝プファルツ州では合併はごく小規模で、連合市町村（Verbandsgemeinde）という市町村の事務共同処理連合（構成市町村とは別に議会・首長を擁する地方自治体）による行政能力の向上が目指されたのであり[55]、ニーダーザクセン州でも、連合市町村に類似した共同市町村（Samtgemeinde）が存続・拡充されて単一市町村（Einheitsgemeinde）への合併はごくわずかしかなされなかった[56]。また、シュレスヴィッヒ＝ホルシュタイン州では、プロイセンの地方制度以来の、市町村の行政事務を受託する共同の事務処理組織であるアムト（Amt）の規模拡大と機能強化によって課題に対処し、大きな市町村合併は行われていない[57]。

当時の西ドイツでは、日本と異なり、市町村の区域について各州の憲法に規定があり、市町村の廃置分合は州の権限として市町村法典などの州法に定められ、法律によれば市町村の強制合併も可能であった。基本法 28 条 2 項 1 文の地方自治保障は、市町村を制度的に保障しているのであって、個々の市町村の存立まで保障するものではないと解されているからである[58]。他方、ドイツの各州憲法には自治体憲法異議の申立てが認められており[59]、この時期の強制合併をめぐっては多くの憲法裁判が起こされた[60]。ただ、各州の憲法裁判所は、区域再編成法に

53）H. C. Röhl, a.a.O.（Anm. 34), Rn. 9.; H. Dreier, a.a.O.（Anm. 9), Rn. 96. ノルトライン＝ヴェストファーレン州の市町村合併の模様について参照、森川・前掲（注 52）122 頁以下。また、合併に対する代償措置としての都市ベチルク（地区）の制度についても、森川・前掲（注 52）130 頁以下参照。

54）バーデン＝ヴュルテンベルク州では、市町村数は 3379 から 1110 へと、バイエルン州では、同じく 7087 から 2051 へと、それぞれ約 3 分の 1 に減少した。

55）同州における連合市町村と構成市町村の関係について参照、森川・前掲（注 52）29 頁以下。

56）ラインラント＝プファルツ州について、森川・前掲（注 52）29 頁以下、ニーダーザクセン州について、同書 45 頁以下を参照。「連合市町村」、「共同市町村」、市町村の「行政連合（Verwaltungsgemeinschaft, Verwaltungsverband)」等と呼ばれる各州の包括的な共同事務処理法人の制度について参照、山本隆司「市町村事務を包括的に共同処理するための公共団体―ドイツ法の備忘録」地方自治 804 号（2014 年）2 頁以下。それらの団体の法的性格について、vgl., M. Wallerath, Aufgaben und Struktur. Zur Rekonstruktion der gemeindlichen Ebene, Festschrift für H. P. Bull zum 75. Geburtstag, 2011, S. 882ff.

57）森川・前掲（注 52）63 頁以下。

58）W. Löwer, a.a.O.（Anm. 10), Rn. 46.; H. Dreier, a.a.O.（Anm. 9), Rn. 101.

ついては立法者の判断を尊重する消極的な違憲審査に終始したようであり、違憲判断はごく稀であった[61]。

こうした州憲法裁判所決定の審査密度を承認したとされる[62]連邦憲法裁判所の1978年11月27日決定[63]は、シュテルン（K. Stern）によれば、次のようにまとめられている。裁判所は、①合併等の措置の重要な法律上の根拠となっている実態を立法者が正確かつ完全に調査しているか、②あらゆる公益上の理由や法定要件を慎重に比較衡量しているか、③自治体に対する侵害が相当性を持ち、必要性があり、比例原則に適合しているか、④実態的な正当性やシステム整合性を考慮しているかどうか等の諸点を審査すべきであり、立法の目標設定、内容的な比較衡量・評価・診断がなされている場合には、こうした立法府の評価や判断に明白な過誤があるか否か、あるいは憲法上の価値秩序に反しているか否かのみが裁判所の審査に服するというのである[64]。

その後、①上述のような比較衡量の要請の根拠としての公共の福祉（öffentliches Wohl）に適合すること、②手続的には関係市町村の意見の聴取の2本柱を基本とする審査基準[65]を引き継ぎつつ、いったん合併した市町村を再度分割するという廃置分合立法の特殊性（法的安定性の要請）も踏まえて、当該立法を違憲とした1992年5月12日連邦憲法裁判所決定[66]が現れた。そこでは、15年前の合併に対する住民の根強い批判の多くは、合併そのものに対する批判というよりは合併の目標が達成されず誤った方向に展開してしまったことへの批判とみられること、住民からの批判や意見を独自に調査・評価せず、住民全体の意向も考慮され

---

59) 参照、畑尻剛 = 工藤達朗編『ドイツの憲法裁判〔第2版〕』（中央大学出版部、2013年）362頁以下。

60) 参照、成田・前掲（注52）215頁以下。

61) 例えば、ラインラント = プファルツ州憲法裁判所1969年5月12日判決（DöV 1970, 601.）など。

62) クラウス・シュテルン（成田頼明訳）「西ドイツにおける地方自治の情況」自治研究63巻7号（1987年）14頁。

63) BVerfGE 50, 50. この判決について参照、松塚晋輔「自治体合併の憲法的基礎（1）—ドイツ判例学説を参考に」京女法学1号（2011年）100頁以下。

64) 参照、シュテルン・前掲論文（注62）46頁以下。

65) 成田・前掲（注52）177頁、182頁。H. Dreier, a.a.O.（Anm. 9）, Rn. 126.

66) BVerfGE 86, 90 (108f) = NVwZ 1993, 262 (263). この判決について参照、ドイツ憲法判例研究会編『ドイツの憲法判例Ⅱ（第2版）』（信山社、2006年）383頁以下〔駒林良則〕、苗村辰弥「ゲマインデ再編成と地方自治—ゲマインデの再分立を定めたニーダーザクセン州法律が違憲とされた事例」法政研究62巻1号（1995年）197頁以下。

ていないこと、再分割の理由とされた個々の事由についても十分な調査がなされ
ず信頼できる事実認定に欠けていること、憲法上要請される対立利害の比較衡量
も十分になされていないことが、当該立法の違憲の根拠とされた。

2. 旧東ドイツ地域における市町村の区域改革

1970 年代に全国的な市町村合併が行われた旧西ドイツ地域と異なり、旧東ド
イツ地域では多くの小市町村が温存されていた。東西統合当時、東ドイツ地域に
は 7563 市町村があり、そのほぼ半数は人口 500 人以下で、人口 10 万を超える市
は 15 しかなかったという[67]。こうした旧東ドイツ地域の新 5 州においても、東
西統合後、1990 年代以降に広範な市町村合併が行われたが、ここでも合併と並
んで行政共同体アムトなどの事務の共同処理方式との選択制で実施されており[68]、
かつて西側のノルトライン＝ヴェストファーレン州で行われたような単一市町村
への一面的合併方針はとられていない[69]。シュレスヴィヒ＝ホルシュタイン州の
アムト制を導入したのがブランデンブルク州とメクレンブルク＝フォアポメルン
州であり、バイエルン州・バーデン＝ヴュルテンベルク州の行政共同体を導入し
たのが、チューリンゲン州、ザクセン州、ザクセン＝アンハルト州である。

もちろんこれらの州においても強制合併は行われており、それはあまりに小規
模な市町村の多い旧東ドイツ地域の実情を踏まえれば理解可能なことであろう。
ただ、重要なことは、そうした条件の下であっても、極めて人口密度が低い東ド
イツ地域における自然的条件の下では、行政効率をもっぱら追求した合併では、
市民近接性（Bürgernähe）という住民自治の要素が見失われる危険があることが
強く意識されていることである[70]。このことが明確に示されたのが、次に紹介す
る、広域自治体としての郡の大規模な再編成を違憲と断じたメクレンブルク＝フ
ォアポメルン州憲法裁判所の判決である。

---

67) H. C. Röhl, a.a.O. (Anm. 34), Rn. 9. 統合前の東西両ドイツの市町村の人口規模別比較につい
て参照、村上博「ドイツ新諸ラントにおける自治体の区域改革」『広域行政の法理』（成文堂、
2009 年）247 頁。

68) ブランデンブルク州の地域改革を「合併・連合併用モデル」と呼ぶものとして、縣公一郎
「ドイツ新州における市町村改革―合併・連合併用モデルの展開」月刊自治研 515 号（2002
年）58 頁以下。

69) チューリンゲン州、ブランデンブルク州、ザクセン州、メクレンブルク＝フォアポメルン州
などの模様について参照、森川・前掲（注52）149 頁以下、村上・前掲論文（注67）271 頁以
下。

70) 行政効率と市民近接性の緊張関係について vgl., A. Engels, a.a.O. (Anm. 3), S. 250f.

3. 旧東ドイツ地域における郡の地域改革

市町村を包括する広域自治体としての郡も、旧東ドイツ地域では小規模であり[71]、その統合も広範に実施された。特に、州自体の行財政能力も極めて劣るメクレンブルク＝フォアポメルン州では、東西統一後間もなくの1993年に実施された区域改革によって6つの特別市と31の郡が6つの特別市と12の郡に再編されたのであるが[72]、2006年にはさらに6つの特別市をすべて廃止し、郡も5つに統合するドラスティックな機能・郡構造改革法が制定された。これに対し、強制合併させられる郡等が憲法異議の訴えを提起し、同州の憲法裁判所は、2007年7月26日判決[73]において、この法律を違憲とする判決を下した[74]。

かかる画期的な判決の注目すべき判示の要点は、次のようである。

①地方自治行政は、自治体の事務に対する市民の能動性（Aktivierung）を意味し、このことは、市町村と郡に同様に当てはまる。すなわち、地方自治行政保障の指導理念は市民的協働（eine bürgerschaftliche Mitwirkung）であって政治的な形成意思においても基底とされており、基本法28条2項1文に基づく市町村の自治行政権と同2文の郡の自治行政権とは原則的に異ならず、市町村と郡の自治行政は、自治行政として一体のものである。

②地方自治行政に係る法律に求められる要件とそれに対応する憲法裁判所の統制密度は、地方自治行政の実質の毀損が大きければ大きいほど高められる。

③よき自治体自治行政のためには、合理的な任務履行（rationelle Aufgabenerfüllung）と並んで、市民的民主的決定（die bürgerschaftlich-demokratische

---

71) 統一以前の東西両ドイツの郡の規模の比較について参照、村上・前掲論文（注67）247頁。

72) 1993年のメクレンブルク＝フォアポメルン州の郡制改革について参照、村上・前掲論文（注67）295頁以下。

73) DVBl. 2007, 1102. = DöV 2006, 929f. = NVwZ 2007, 1054.

74) 2000年代のメクレンブルク＝フォアポメルン州における広域郡（Regionalkreis）の設置を中心とする行政改革とこれに一定の歯止めをかけた州憲法裁判所の判決に関する詳しい紹介として、森川洋『行政地理学研究』（古今書院、2008年）182頁以下。憲法裁判所の判決については、松塚晋輔「ドイツ連邦州における自治体合併の考察—メクレンブルク・フォアポメルン州憲法裁判所による2007年違憲判決の検討」大石眞先生還暦記念『憲法改革の理念と展開（上巻）』（信山社、2012年）367頁以下。判例評釈として、H. P. Bull, Kommunale Selbstverwaltung heute—Idee, Ideologie und Wirklichkeit, DVBl. 2008, 1ff.; H. Meyer, Lehrstück über Demokratie in überschaubaren kommunalen Strukturen, NVwZ 2007. 1024f.; Hans Meyer, Liegt die Zukunft Mecklenburg-Vorpommerns im 19. Jahrhundert?, NVwZ 2008, 24ff. 判決前後の状況について vgl., H. Meyer, Regionalkreisbildung: Länder zu Landkreisen?, DöV 2006, 929ff.; dens, Gebiets- und Verwaltungsreform in Mecklenburg-Vorpommern—Zum Scheitern verurteilt?, Der Landkreis 2008, 629ff.

Entscheidungsfindung）は、憲法上本質的要素であり、よき国家行政とよき自治行政を等置してはならない。自治体の新編成を正当化する公共の福祉（öffentliche Wohl）には、国家の利害と地方の利害の両方が含まれる。郡地域改革においては、地方自治行政を支える２つの要素、すなわち一方の合理的な任務履行の意味での給付能力（Leistungsfähigkeit）と他方の市民的民主的次元（bürgerschaftlich-demokratische Dimension）のうち一方を規律目標として前面に設定する場合、他方の要素も十分に充足されているか否かの審査は、不可欠である。郡は、その住民が持続的かつ適切に郡議会およびその委員会において名誉職活動を展開することが標準的に可能となるように州域に配置されなければならない。力強い自治行政は、できるだけ多くの社会的グループから代表者が集まるべく要請される。

　④立法者は、自治体の新編成において、それを正当化する公共の福祉を、標準に即して手続的に定めなければならない。包括的な郡地域改革のための諸原則において郡の具体的な地域区分に関する個別的な決定に具体化される指導理念が設定されておらず、当該諸原則においてすでに地域区分—ここでは州計画地区に基づく５つの郡への再編と従来の郡独立市の郡への併合—が確定している場合には、立法者は、この諸原則の段階ですでに地方自治行政のすべての諸側面を衡量（abwägen）していなければならない。郡地域改革に関する準備と法律案において必須の衡量についての必要な基礎資料を提供することは州政府の任務である。これが十分になされないときは、州議会が自ら決定の基礎資料を調達する義務を負う。

　以上のように、本判決は、まず地方自治保障は、市町村のみならず郡にも同様に妥当することを確認したうえで、郡再編成に関する州法律の規定は、内容上住民自治の見地から疑義があること（特に名誉職議員による素人市民の参加[75]が広域化によって損なわれる可能性があること）を強調している。もっとも、判決は、この点だけで法律の違憲性を判断しているわけではなく、そうした合併の問題点を十分に考慮せず、また他の選択肢も検討しないまま法律を制定したという立法過程における要考慮事項の考慮遺脱ないし考慮不尽が違憲の直接の根拠である。この点で、これまでの市町村合併法律の合憲性審査と同じく、立法者の広い立法裁量を認めつつ、行政計画の裁判的統制における衡量原則違反の裁判審査とよく似た

75）　ドイツ地方議会議員の名誉職制について参照、駒林良則『地方議会の法構造』（成文堂、
　　　2006年）95頁以下。

判断過程の審査[76]の枠内で瑕疵が認定されたわけである。

本稿の見地からは、メクレンブルク＝フォアポメルン州がかかる郡の広域化を図る背景には、州の行財政危機を乗り切る手段として州事務や職員の郡への大幅な移譲を行うための条件整備という目的があることが重要である[77]。かかる事務移譲は、郡にとってその自治行政権（団体自治）の拡大でもあるが、このことが郡域の拡大を伴う限りで、もう一方の（より重要な）住民自治の要素の切り下げにつながることが本判決においてクローズアップされているのである。郡の事務拡大は、住民代表の郡議会の権限拡大にもつながりうるが、移譲される事務が州機関でもある郡長（Landrat）の機関委任事務等である限り、郡議会の関与が当然に認められるわけでもないことも判決では言及されている。本稿の前節では、国家からの財源補填を伴わない事務移譲が自治体の自治財政権侵害になりうるという問題を取り上げたが、ここでは自治体合併等を伴う事務移譲が自治体の住民自治の侵害となりうるという問題に厳しい警鐘が鳴らされたのであった。

その後、メクレンブルク＝フォアポメルン州政府は、あらためて郡の面積は 4000 km^2 を超えてはならず、その人口は 17 万 5000 人をできるだけ下回らないようにするとした郡制改革の要綱を決定し、これに基づき 2010 年に 2 つの特別市と 6 つの郡に再編成する法律を州議会が可決した[78]。そして、再度提起された憲法訴訟に対して、2011 年 8 月 18 日州憲法裁判所判決は、この新しい郡地域改革を合憲と判断したということである[79]。おそらく、今度は、郡制改革のメリットとデメリットを十分に考慮した上で、より緩和した改革立法を制定したことが州議会の立法裁量の枠内にあると判断されたのであろう。

Ⅳ　ドイツにおける市町村行政の民営化と憲法上の地方自治保障

1.　民営化と地方自治保障

基本法 28 条 2 項 1 文は、「市町村に対しては、法律の範囲内で、地域的共同体のすべての事務を、自己の責任において規律する権利が保障されていなければならない」と定めている。かかる市町村の全権限性（Allzuständigkeit）と自己責任

---

76)　参照、高橋滋『現代型訴訟と行政裁量』（弘文堂、1990 年）95 頁以下。

77)　参照、森川・前掲（注 74）。

78)　片木・前掲（注 6）161 頁。

79)　Vgl., M. Burgi, a.a.O. (Anm. 11), § 20, Rn. 11.

性（Eigenverantwortung）から、市町村の事務の民営化に対する憲法上の制約が導かれるであろうか。この問題については、すでに 1970 年代において、一方で、地方自治保障は、連邦や州に対する関係で自治体の自治を保障するものであって、民間組織に対するものではない、とする伝統的な観念と、他方で、自治体の事務を国家が吸い上げることによって地方自治の本質的内容を侵害することが禁じられているのであれば、国家が民営化法の制定によって民間組織のために地方自治を侵害することも禁じられているし、基本法 28 条 2 項は自治体の基本権的自由を保障したものではなく、地方自治を実現する義務を課したものであるので、自治体が地方議会の議決によって自主的に民間化をすることも、それが地方自治の本質的内容たる事務に及ぶ場合には違憲となる、とする見解の対立があったようである[80]。

　ちなみに先に見たシュミット＝アスマンの 1998 年の講演では次のように語られていた。「基本法 28 条 2 項は市町村に対し権限を与えるという内容だけでなく、（制限的な方法で）義務を課す内容をもちます。しかし、こうした一般的な『現存義務』を市町村が充足する方法には、たくさんのものがあります。市町村はそのために必ずしも自分で特定のサービスを提供する必要はありません。ですから、承認されていることは、基本法 28 条 2 項は民営化の限界として、『せいぜいほとんど考えられないような極端な事例で』意味をもちうるに過ぎないということです」[81]。

　憲法上の地方自治保障は、自治体事務の民間化に対する制約原理となりうるが、それはごく限定的なものでしかない、ということであろう。ただ、近年の民営化論議の進行の下で、こうした民営化と地方自治保障の関係をより掘り下げる学説・判例も看取されるので、以下ではその模様の一端を紹介することとする。

2.　市町村の経済活動に関する補完性原則の強化から緩和へ

　市町村の経済活動については、それを私企業の活動との関係で補完的に認めるのがドイツ市町村法制の伝統であり、この趣旨は、各州の市町村法典において明文で定められてきた。かかる補完性の規定には、市町村の経済活動を、他者ない

---

80)　参照、廣田全男「民営化問題と地方自治」『現代ドイツ地方自治の潮流』（東京市政調査会、1992 年）34 頁以下、角松生史「『民間化』の法律学―西ドイツ Privatisierung 論を素材として」国家学会雑誌 102 巻 11・12 号（1989 年）755 頁以下。

81)　シュミット＝アスマン・前掲論文（注 1 ）16 頁。

第5章　ドイツにおける地方自治保障の現状　149

し他の私的第三者によって「同様に適切かつ経済的に（ebenso gut und wirtschaft-lich）」目的が充足されえない場合にのみ認める真正補完性条項と、他者ないし他の私的第三者によって「より適切かつ経済的に（besser und wirtschaftlicher）」目的が充足されえない場合には自治体の経済活動を認める不真正補完性条項とがあった[82]。私経済企業が自治体と同等の経済性を発揮できる場合には自治体の企業活動を認めないことになる前者は、民営化へのシフトに急な旧東ドイツの新州に広まった傾向[83]で、世紀転換期において多くの州法で採用され、ラインラント＝プファルツ州市町村法85条1項3号も真正補完性条項を1998年に新たに導入することになった。これに対して州下のバード＝クロイツナッハ市から憲法異議の訴えが提起され、ラインラント＝プファルツ州憲法裁判所2000年3月28日判決[84]は、大要以下のように判示して、この1998年改正法を合憲と判示した。

　まず、市町村の経済活動も州憲法49条1項・3項「1　市町村は、その地域において、自己の責任の下全ての地域的公行政を行う主体である。市町村は、差し迫った公益のため法律の明文の定めによって他の主体に排他的に与えられたものでない限り、あらゆる公的任務を引き受けることができる。……3　市町村と市町村連合には、その事務の自治行政権が保障される。国家の監督は、その行政の法律適合性に限定される。」の自治権保障に含まれる。水道、電気の供給などの経済活動として実施されてきた生活基盤配慮行政は、伝統的で典型的な市町村自治行政であるからである。その意味で、まず市町村法の当該改正規定は、自治行政保障の保護範囲への介入には該当するが、その中核部分を害してはいない。なぜなら、①経済的企業にのみ関わる介入にとどまり、②市町村の義務的自治事務（廃棄物処理など）への介入はなく、③既存の公企業は、基本的に制約されず、重大な事業拡大のみが制限され、④電気、ガス、水道、暖房、近距離交通などの生存配慮は対象外となり、⑤自治体に公営企業継続のための判断余地も認められ

---

82)　参照、角松・前掲論文（注80）746頁、人見剛「ドイツにおける市町村生活基盤配慮行政の（再）公営化」清水誠先生追悼論集『日本社会と市民法学』（日本評論社、2013年）413頁以下、鈴木崇弘「ドイツ水道法制における民間委託の統制（二）―行政契約の活用に留意した分析」自治研究93巻4号（2017年）116頁以下。

83)　参照、斉藤誠「国法の規律と地域性―ドイツ市町村と電気通信事業の関係から」『現代地方自治の法的基層』（有斐閣、2012年）247頁以下。

84)　NVwZ 2000, 801. ＝DVBl. 2000, 992. 斉藤・前掲論文（注83）254頁、注（69）に、この判決への言及がある。この判決を支持するものとして、M. Ruffert, Kommunalwirtschaft und Landes-Wirtschaftsverfassung, NVwZ 2000, 763ff.; H.-G. Henneke, Anmerkung, DVBl. 2000, 997ff.

150

ている、からである。

では、自治行政保障の中核部分以外の周縁部分への侵害はどうか。これも本改正法には認められない。なぜなら、①自治行政保障は、体系上国家組織法上の分配原理であって、自治体と私経済主体との間の一般的な分配原理ではなく、②市町村を経済的リスクから保護し、私経済を不適切な公的競業者から保護することは、公共の福祉の適切な考慮に基づくものであり、③立法の明確性原則にも反しない、からである。

かかる判示の本稿にとって注目されるポイントは、自治行政保障は、公行政の組織原理であって自治体と私的市場経済の間の役割配分原理ではない、とする点である[85]。もっとも、それは、体系的一般論としてそのような性格であるというだけであり、本判決も、市場の利益を保護する目的であっても法律による市町村自治の制約であるから、憲法との抵触が問題となりうることは認めていると思われる。そして、一般論として、法律による民営化が基本法28条2項1文によって制約されることは、学説上有力な見解であるといって良いと思われる。例えば、ペーター（M. Peter）は、次のように論じている。「市町村の自己責任性の原理は、任務実施をするか否か、そしていかに任務を実施するかに関する市町村の決定は、原則として市町村の事務に留まることを要請する。すると一定の任務の民間化を法律上義務付けることは、市町村がその任務を私人に委ねるか否かの、基本法28条2項1文によって保障された自治体の自由な決定の可能性の制限ということになる」[86]。したがって、「市町村の地方自治行政権は、上級国家行政主体の『事務吸い上げ』に対してのみならず、私人の利益になる立法による任務の取り上げに対しても保護を与えるものである」[87]。また、レナート（K. Rennert）は、「立法者が、他の行政主体に権限を移譲するために市町村からその権限を奪うのも、立法者が当該任務を民営化し、そのためにあらゆる行政主体の権限が失われるのも、地方自治行政にとっては同じことである」[88]として、憲法上の地方自治保障が、民営化立法に対して制約となることを認めている[89]。

---

85) 同旨、D. Ehlers, Empfielt es sich, das Recht der öffentlichen Unternehmen im Spannungsfeld von öffentlichem Auftragung und Wettbewerb national und gemeinschaftlich neu zu regeln?, Gutachten E für 64. DJT, 2002, E 69.

86) M. Peter, Rechtliche Grenzen der gemeindlichen Wirtschaftsbetätigung durch die kommunale Selbstverwaltungsgarantie, 2012, S. 546.

87) M. Peter, a.a.O. (Anm. 86), S. 548.

88) K. Rennert, Der Selbstverwaltungsgedanke im kommunalen Wirtschaftsrecht, JZ 2003, 388.

第 5 章　ドイツにおける地方自治保障の現状　151

　なお、こうして市町村の経済活動に関して民間化の余地を拡大する真正補完条項への転換が、ラインラント＝プファルツ州の市町村法においても認められたのであるが、しかし、最近の立法動向としては、私経済に対する自治体の活動の補完性、言い換えれば自治体の活動に対する私経済主体の活動の優先性を緩和する傾向が目立っている[90]。ノルトライン＝ヴェストファーレン州法は、2010 年に、市町村経済の再活性化に関する法律によって、真正補完性条項から不真正補完性条項に転換しており[91]、ブランデンブルク州法も、2012 年の市町村の生活基盤配慮の強化に関する法律によって自治体経済活動の障害を除くに至っている[92]。かくして、今日では、不真正補完条項を採用する州は、メクレンブルク＝フォアポメルン州、ザクセン州、ザクセン＝アンハルト州、シュレスヴィヒ＝ホルシュタイン州に前の 2 州を加えて合計 6 州になっている。しかも、ブランデンブルク州地方制度法 91 条 3 項 3 文は、民間のほうがより経済的な給付を提供できる場合でも、市町村議会ないし主幹委員会が公共の利益上必要があると認めれば自治体の給付活動を認める旨の定めさえ置いている。

3.　随意的自治事務の民営化の憲法上の限界

　さらに随意的自治事務について、それを市町村の判断で民営化することにも憲法上の限界を認めることになる連邦行政裁判所の判決が現れ、学説上の議論を呼んでいる。連邦行政裁判所 2009 年 5 月 27 日判決[93]がそれである。オッヘンバッハ市が、1997 年に伝統のクリスマス市を民間主催に改めたことが争われた事件について、連邦行政裁判所は、クリスマス市は「文化的社会的伝統的な背景を持った公共施設の運営」であり、経済的活動に関するヘッセン州市町村法の補完性条項の対象外であるとしたうえで、クリスマス市の開催の民営化を行った市町村の措置は違法になりうるとして、事件を原審に差し戻したものである。

　法律上実施が義務付けられているわけではない随意事務について、自治体の判

---

89)　結論同旨、J. Wieland/J. Hellermann, Das Verbot ausschließlicher Konzessionsverträge und die kommunale Selbstverwaltung, DVBl. 1996, 407ff.

90)　参照、人見・前掲論文（注 82）412 頁以下、ヤン・ツィーコー（人見剛訳）「再公営化―地方自治体サービスの民営化からの転換？―ドイツにおける議論状況について」立教法務研究 7号（2014 年）59 頁。

91)　H. Bauer, Zukunftsthema "Rekommunalisierung", DöV 2012, 335.

92)　H. Bauer, a.a.O.（Anm. 91）, S. 335.

93)　DVBl. 2009, 1382. ＝NVwZ 2009, 1305. ＝JZ 2009, 1167.

断で行った民営化が、憲法上の地方自治保障と抵触しうるとした、このラディカルな判決に対しては、学説からの根本的な批判が相次いでいる[94]。「この決定は、結論が特殊民俗学的であるだけでなく、理由付けが法文化のルールに則っていない」[95]とまで難ずるものもある。批判論の要点は、まず、基本法28条2項1文の解釈として、同条は、自治体の事務処理の「権利」を保障したものであり、事務処理の「義務」を定めたものではない、というものである。したがって、自治体は、随意事務について、事務処理をするか否か、どのような仕方で処理するかについて自己の判断で決定する権利を有し、そのようなものとして自治体の統制を外した民営化を行うことも当然認められるはずであることになる。

その他、随意事務処理にあたっての経済性と節約性の原則との抵触や、経済的活動と文化的活動の峻別は疑わしくクリスマス市には経済的活動の側面がある、などの批判も見られる。

しかし、この判決に一定の理解を示す学説もないわけではない。ブルギ（M. Burgi）は、本判決に対する批判論は、地方自治行政保障のドグマーティクや近年の民営化ドグマーティクの発展を踏まえないものであるとしたうえで、次のように論じている。基本法28条2項1文の保障は、その方向性として、対国家すなわち州や連邦、そして他の地方公共団体に対して向けられるが、それだけでなく当該地方公共団体自身に対しても向けられる[96]。したがって、自治体が自らの事務事業を完全に民営化すること（例えば、市町村のすべての給付行政事務を民営化すること）は基本法違反となる[97]。したがって、機能的民営化[98]は、基本法の地

---

94) D. Ehlers, Privatisierung eines kommunalen Weihnachtsmarktes nicht zulässig. Anmerkung zum BVerwG, Urteil vom 27. 5. 2009, DVBl. 2009, 1456f.; F. Schoch, Das gemeindliche Selbstverwaltungsrecht gemäß Art. 28 Abs. 2 Satz 1 GG als Privatisierungsverbot?, DVBl. 2009, 1533ff. これら学説からの批判を支持するテキストとして、H. C. Röhl, a.a.O.（Anm. 34), Rn. 32.; K. Lange, a.a.O.（Anm. 21), Kapitel 1, Rn. 53.; Kapitel 11, Rn. 78f. 前出の M. Peter, a.a. O.（Anm. 86), S. 210f. も、この判決は、州法の補完性条項と憲法の問題を混同してしまっており、判決の結論の憲法上の根拠付けを欠いているとする。

95) M. Winkler, Anmerkung, JZ 2009, 1170.

96) 憲法上の地方自治に含まれる自己責任性からは、自治行政義務が導かれるとする学説は、すぐ後に見るカッツのほかにも見られる。Vgl., M. Peter, a. a. O.（Anm. 86), S. 212ff.; S. Tomerius/T. Breitkreuz, Selbstverwaltungsrecht und »Selbstverwaltungspflicht«, DVBl. 2003, 426ff.

97) M. Burgi, a.a.O.（Anm. 11), § 6, Rn. 10.; § 17, Rn. 85.

98) 民営化の諸類型（組織の民営化、財産の民営化、実質的民営化（事務の民営化）、機能的民営化）について参照、大脇成昭「民営化法理の類型論的考察―ドイツ法を中心として」法政研究 66 巻 1 号（1999 年）293 頁以下。

第 5 章　ドイツにおける地方自治保障の現状　**153**

方自治保障に抵触するとは考えられないが、任務の民営化には基本法上の限界が
ある。ただ、本件は、任務の民営化とはいえないので、やはり違憲にはなりえな
い。

　また、カッツ（A. Katz）は、次のように論じて、この判決を評価する[99]。

　まず、本判決は、実質的民営化の禁止を基本法 28 条 2 項から引き出している
わけではない。自治体の中核的な任務を民営化する場合にも保証責任
（Gewährleistungsverantwortung）を確保することが憲法上の要請であるとしてい
るだけである。基本法 28 条 2 項は、実効的な自治確保のために、その任務領域
の確実な実施を要請しており、それを確保しないままの民営化は、自己責任保障
の許されない自己過剰制約（eine unzulässige Selbstüberbeschränkung der Selbst-
verantwortungsgarantie）となる。また、自治行政は、「権利」であるだけではな
く、「原理的な義務」でもある（基本法 1 条 1 項〔すべての国家権力による人間の尊
厳の尊重・保護義務〕と 20 条 1 項〔民主制原理・社会国家原理〕を含んだ 28 条 2 項の
諸機能の実現）。

　本判決の一般論の本件事案への当てはめの是非はともかく、地方自治保障が、
当の自治体自体に対してもその自治権能の自己放棄に対して制約原理となること
が認められていること、少なくともそうした学説が有力に唱えられていることに
は刮目しておくべきであろう。

4.　ドイツ市町村行政におけるサービス給付行政の再公営化

　最後に、ドイツでは、近年は再公営化（Rekommunalisierung）と呼ばれる民営
化からの離脱の傾向も顕著になっていることに言及しておこう[100]。

---

99)　A. Katz, Verantwortlichkeiten und Grenzen bei "Privatisierung" kommunaler Aufgaben,
　　NVwZ 2010, 405ff. これを支持するものとして、A. Engels, a.a.O.（Anm. 3）, S. 485f.

100)　T. I. Schmidt, Rechtliche Rahmenbedingungen und Perspektiven der Rekommunalisierung,
　　DöV 2014, 357ff.; C. Brüning,（Re-）Kommunalisierung von Aufgaben aus privater Hand ―
　　Maßstäbe und Grenzen, VerwArch. 100（2009）453ff.; Bauer, a.a.O.（Anm. 91）, S. 329ff.; 参照、
　　ヤン・ツィーコー（人見剛訳）・前掲論文（注 90）43 頁以下、人見・前掲論文（注 82）399 頁
　　以下。
　　　英語圏の諸国でも、アウトソーシングならぬインソーシング（Insourcing）、民間化の反転
　　（Reversing Privatization）、公化（Publicization）、再公有化（Re-Municipalisation）などが広
　　く語られるようになっている。参照、榊原秀訓「自治体の規模権限拡大と地方公務員による行
　　政サービス提供の縮小」三橋良士明・村上博・榊原秀訓編『自治体行政システムの転換と法』
　　（日本評論社、2014 年）22 頁以下。

いったん民営化された自治体の事業を、自治体が買い戻して公営化した例とし
て、1998 年に民営化されたポツダム市の上下水道の 2000 年の再公営化、2003 年
のボッフム市・ドルトムント市による水道事業の再公営化、2003 年に民営化し
たキールの交通事業の 2009 年の再公営化などが典型例として挙げられている[101]。
こうした再公営化は、民営化に伴って当然に要請される公的主体による再規制
(Regulierung) を行うべき保証責任＝「保障国家論」における補足責任
(Auffangverantwortung)[102]の現れとも評価することができる[103]。

かかる民営化からの大きな方向転換の背景としては、①世界金融危機以降の市
場経済に対する信頼喪失、②民営化の失敗（民営のコスト高、料金の値上げなどの
サービスの低下など）、③住民自治の価値の復権（市民参加、利潤よりも公共の福祉、
株主利益よりも利用者市民の利益、自治体によるコントロールの確保）、④地域におけ
る雇用の維持、環境・福祉等の水準の確保、⑤民営化事業が黒字事業であった場
合、他の赤字事業の費用補填ができること、などが指摘されている[104]。ただ、公
共経営学者の見るところでは、再公営化のトレンドは、公営の民営に対する優位
性に基づくものというよりは、主に民営化の失敗の経験によるものであるとい
う[105]。

民営化を阻止しようとする住民の運動・活動も活発に見られ、市民請求、市民
投票などによって民営化を阻止し公営を継続した事例も数多く報告されている
（ドレスデン、フライブルク、ハンブルク、ハイデルベルク、ライプチヒ、ロストックな
ど）[106]。裁判に発展したケースとして、ベルリン市（州）の水道事業の民営化を
めぐる裁判闘争、ドレスデン市営住宅の民営化をめぐる 2011 年のアメリカの投

---

101) H. Bauer, a.a.O. (Anm. 91), S. 330ff. その他、ドイツ各地の水道事業の再公営化について参照、
宇野二朗「再公営化の動向からみる地方公営企業の展望―ドイツの事例から」都市とガバナン
ス 25 号（2016 年）16 頁以下。ハンブルクにおける電力事業の再公営化について参照、鎌田司
「『平成の大合併』後の自治体経営―海外における公営企業の『再公営化』の動きを事例に」都
市とガバナンス 24 号（2015 年）5 頁以下。

102) 板垣勝彦『保障行政の法理論』（弘文堂、2013 年）215 頁以下、311 頁以下、412 頁以下。

103) ヤン・ツィーコー（人見訳）・前掲論文（注 90）62 頁以下。これに対して、再公営化は、保
証国家の実現ではなく、それからの転換であるという評価もある。T. I. Schmidt, a.a.O. (Anm.
100), S. 365.

104) H. Bauer, a.a.O. (Anm. 91), S. 334f.

105) D. Budäus/D. Hilgers, Mutais mutandis: Rekommunalisierung zwischen Euphorie und
Staatsversagen, DöV 2013, 701ff.

106) 自治労宮崎県本部編・杉田憲道監修『民間委託が公共サービスを壊す―ドイツ地方自治体の
反民営化・再公営化の闘いから学ぶ』（同時代社、2010 年）。

第5章　ドイツにおける地方自治保障の現状　**155**

資会社と市との裁判などもある[107]。

　さらに、近年の各州の市町村法の改正によって、設立自治体の影響力を確保しつつ、法人格と経営上の独立性、そして公法上の特別な権限を兼ね備えた新たな営造物法人としての公営企業形態＝自治体企業（Kommunalunternehmen）が設置され、「公法上の組織形態のルネッサンス」[108]とも呼ばれる、自治体企業の新設も進んでいる。2007年以降、2009年のハンブルク・エネルギー公社、2011年のミュンスター合同公社など40以上の市営事業が新たに誕生し、再公営化の受け皿となっているのである[109]。

---

107) H. Bauer, a.a.O. (Anm. 91), S. 330ff.

108) M. Burgi, Verwaltungsorganisationsrecht, in: H.-U. Erichsen/D. Ehlers (Hrsg.), Allgemeines Verwaltungsrecht, 14. Aufl., 2010, § 10, Rn. 13.

109) S. Weil, Privatisierung und Kommunalisierung aus Sicht der Kommunalwirtschaft, in: J. Ipsen (Hrsg.), Rekommunalisierung von Versorgungsleistungen?, 2012, S. 45.

第 2 部　東アジアの地方自治と分権改革の現状

第6章　韓国の地方自治法制と分権改革の現状

第1節　韓国の地方分権改革と課題

崔　祐溶

（韓国東亜大学）

Ⅰ　序論

　韓国では、1991年、地方自治が30年ぶりに復活し（1991年当時は、議員のみが民選で選ばれ、首長は任命制であった）、1995年には、首長も民選で選ばれるようになった。したがって、地方自治が再開された1995年当時には、地方自治の制度整備が優先されていたため、地方分権を議論するところまではいかなかった。

　その後、盧武鉉大統領（第16代大統領、2003～2008年）時代は、「地方分権の時代」と呼ばれても良いほど、地方分権は国政の主要な課題となった。その後は、李明博大統領（第17代大統領、2008～2013年）、朴槿慧大統領（第18代大統領、2013～2017年）を経て、現在、第19代目の文在寅大統領に至るまで、地方分権は国政の主要課題として取り上げられている。

　本稿は、韓国における地方分権の推進状況を、金大中大統領から現政府までをその対象にして、概略的に考察したものである。したがって、各時期別の主要政策課題に対する細かな内容とそれに対する評価は最小限に留めて、韓国史における地方分権の理念がいかに具体化してきたか、また、政権の代わるごとに、いかなる政策変化があったかを中心に考察する。以下のⅡでは、歴代政府（金大中政府～李明博政府）の地方分権政策の推進内容とそれに対する政策的な評価を行い、韓国の地方分権が進むべき道を模索してみる。その後に、現政府の地方分権政策

の概要を見ることにする。

Ⅱ　韓国政府の地方分権改革の内容と課題

1.　概略的分析

　金大中政府は、1999 年 1 月、「中央行政権限の地方移譲促進等に関する法律」を制定して、中央政府の権限を地方に移譲するための本格的な事務配分作業に着手した。ところが、この作業は 1991 年から政府次元で進められてきた中央部署の権限を地方に移譲する作業であって、本格的な地方分権改革として行われたものではない。しかし、法律に基づいて地方移譲を推進した点では意味があるといえる。

　その後、地方分権と地域均衡発展を大統領選挙のスローガンにして大統領になった盧武鉉大統領は、地方分権のロード・マップを作成して、7 項目の地方分権に関する核心課題を選定した。また、連続的に推進していく課題として、20 個の項目にわたる細部課題を設定した[1]。さらに、かかる課題を実現するための後続措置として、「地方分権特別法[2]」を制定し、地方分権 5 カ年総合実行計画を立てた。韓国の歴史において、ようやく地方分権改革が始まった時期であった。

　李明博政府では、国政課題として選定した 100 項目の課題の中に地方分権が含まれていて、これは、後に、「地方分権促進に関する特別法」として具体化された。地方分権に関する当時の主要な課題を見ると、事務区分の体系改善、中央権限の地方移譲、教育自治制度の改善、自治警察制の導入、特別地方行政機関の整備、地方交付税制度の改編、国税・地方税の調整、自治立法権の強化等であり、盧武鉉政府の地方分権課題を相当程度、踏襲したものであった。

　朴槿慧政府は、過去の地方分権過程で議論された課題を中心に、国の地方分権政策課題を提案している。その内容は、国家―地方事務の明確化、地域性が高い

---

1)　これに対する詳しい内容は、拙著『地方自治法の主要争点』（〔韓国〕東方文化社、2014 年）21-22 頁参照。盧武鉉政府の地方分権に関する 7 つの主要課題は、次の通りである。①中央権限などの画期的地方移譲、②地方財政力拡充など画期的財政分権の推進、③地方自治団体の自治行政力量強化、④地方議会政治の活性化および選挙制度の改善、⑤地方自治団体の責任性強化、⑥住民参政制度の導入など市民社会の活性化、⑦中央―地方自治団体間の協力関係の確立。

2)　この法律は、5 年の限時立法で、後に、「地方分権促進に関する特別法」、「地方分権および地方行政体制改編に関する特別法」、現在の「地方自治分権および地方行政体制改革に関する特別法」（2018 年 3 月 20 日施行）につながる。

事務の画期的な移譲、地方消費税の引上げ、地方税比重の拡大、地方財政調整制度の改編、地域間の不均衡解消等であり、具体化された地方分権政策を提示している。同政権は、2013年5月、「地方分権および地方行政体制改編に関する特別法」を制定して、大統領の直轄機関として、地方自治発展委員会を設置した。地方自治発展委員会は、事務区分体系の整備、特別地方行政機関の整備、地方財政拡大および健全性強化、自治警察制度の導入等、20項目の地方分権課題を選定して推進したが、大きな成果は成し遂げられなかった。

上記で考察したように、地方自治の復活以来、歴代政府は、地方分権を国政課題として選定して推進している。その中でも、盧武鉉政府は、地方分権に対して最も大きな関心を持って、国政の主要課題として推進した。それにより、地方分権は、韓国社会の主要イシューとして位置付けられることになった。

2. 歴代政府における地方分権の内容と評価

(1) 金大中政府

金大中政府は、「小さな政府」を標榜し、行政組織の整備と人員削減を推進した。当時は、民営化の流れが強かっただけに、地方事務の民間委託および移譲が推進され、自治体の規制改革も同時に進められた。

中央事務の地方移譲もかかる国政改革の1つとして推進された。しかし、地方移譲推進委員会を通じて移譲が決定されたのはわずか610件にすぎず、大きな成果は得られなかった。当時の韓国社会は、金融危機からの脱出が何よりも急務であったため、地方分権に全力を尽くす国家的環境が整えられなかったことも1つの原因であった。

金大中政府における地方分権は、事務移譲が主であって、この業務は国務総理を委員長とする地方移譲推進委員会で推進された。同委員会の委員は15人から20人以内で構成され、当然職〔＝充て職〕委員としては、国務総理、国務調整室長、行政自治部長官、企画予算処長官、法制処長官および行政自治部長官が推薦する4人以内の地方自治団体長で構成され、大統領が委嘱した。当時は、韓国がIMF救済金融を受けている時期で、政府改革が最も主要な政策課題であって、また、新自由主義的政府運営が世界各国で行われている時期であったため、地方分権より、政府の効率性および経済優先の地方政策が推進された。例えば、地方行政組織の整備と人員削減、地方事務の民間委託および移譲、自治体が行う規制

の改革などが国政の優先的な課題であった。

(2) 廬武鉉政府

　廬武鉉政府は、地方分権政策を国政の主要課題として位置付けて、以前の政府では見られなかった果敢な地方分権政策を樹立した。その主要な内容は、中央権限の地方移譲および事務区分体系の改善、教育自治制度の改善および自治警察制度の導入、特別地方行政機関の整備、地方議会政治活動基盤の整備・強化、租税改革などである。その中で、地方分権細部推進課題として選定された47個の地方分権課題は、以下、表6-1の通りである。

　表6-1でわかるように、これらは、地方分権に関することだけでなく、地方行政の全般にわたる改革課題を含めている。

　廬武鉉政府の主要地方分権課題の課題ごとの成果は以下の通りである。事務区分体系の改善は、機関委任事務の廃止など、国家事務と自治事務間の厳格な分離を目標にして推進されたが、達成までは至らなかった。この課題は現在も進行中である。済州特別自治道の設立（広域自治体である済州道を特別自治体にして、より大きな自治権限を与えようとするもの）は、2006年、済州特別自治道法（正式名は、「済州特別自治道設置および国際自由都市助成のための特別法」）の制定を通じて完成された。教育自治制度の改善については、教育監直選制の導入という目標は達成したが、完全な教育自治までには至らなかった。特別地方行政機関の整備も、中央部署の反発でできなかった。そして、国税・地方税の移譲も企画財政部の反発により達成できなかった。地方財政構造は、過去には、地方交付税、譲与金、国庫補助金で構成されていたが、法改正後、地方交付税（道路分交付税、分権交付税などを新設）、均衡発展特別会計、国庫補助金で新たに調整されることとなり、地方譲与金は廃止された。当時、15％から19.24％に交付税率が引上げになったが、実際、純粋な増加は0.3％にすぎなかった。交付税率が4.24％引き上げられたが、実際の交付税の法定率増加内容を見ると、剰余金と社会福祉事業費を分権交付税という名目で交付税に編入させたもので、純粋な増加ではなく、社会福祉に対する需要拡大により、かえって地方財政は悪くなった。

　自治立法権の強化、自治組織権の強化なども目標には至らなかった。しかし、住民訴訟制度の導入、住民召還〔＝リコール〕制度の導入など、住民参与制度の法的整備においてはある程度の成果はあげられた。これは、廬武鉉政府の業績中の1つであるといえる。

第 6 章　韓国の地方自治法制と分権改革の現状　163

表 6-1　盧武鉉政府における 47 個の地方分権課題

連番	課題名	連番	課題名	連番	課題名
1	事務区分体系改善	17	国庫補助金整備	33	地方議会活動基盤強化
2	中央行政権限の地方移譲	18	地方予算編成指針廃止および補完	34	地方選挙制度改善
3	大都市特例制度強化	19	地方債発行承認制度改善	35	自治体監査体系改善
4	済州^{チェジュ}特別自治道推進	20	地方剰余金制度改善	36	住民監査請求制度活性化
5	教育自治制度改善	21	地方財政評価機能強化	37	住民訴訟制度導入
6	自治警察制度導入	22	自治体複式簿記会計制度導入	38	住民リコール制度導入
7	特別行政機関整備	23	自治体予算支出の合理性確保	39	自治体評価制度改善
8	地方分権化指標開発および分権水準測定	24	財政運営の透明性、健全性強化	40	条例制定・改廃請求制度改善
9	自治団体管轄区域の合理的調整	25	自治立法権拡大	41	住民自治制度改善
10	地方分権特別法制定	26	自治組織権強化	42	ボランティア活動奨励、支援
11	地方交付税法定率の段階的向上調整	27	分権型都市計画体系構築	43	地域内専門家の政策課程参与拡大
12	地方交付税制度改善	28	自治体自体の革新体系構築	44	住民投票制度導入
13	国税と地方税の合理的調整	29	地方公務員教育訓練革新	45	中央―自治体間協力体制強化
14	地方税の新税源拡大	30	地方公務員人事制度改善	46	自治体間協力体制強化
15	財産税と総合土地税実現	31	自治体人事公正性改善	47	中央―自治体、自治体間の紛争調整機能強化
16	地方税非課税減免の縮小	32	中央―地方間人事交流活性化		

出所：政府革新地方分権委員会『参与政府の地方分権』（2005 年）42-45 頁。

　盧武鉉政府の地方分権推進は二元的に進められた。まず、中央行政権限の地方移譲は、金大中政府の時に設けられた「地方移譲推進委員会」が継続的に推進した。しかし、他の地方分権課題の大部分は、「政府革新地方分権推進委員会」と

いう委員会が設置され、この委員会が主導的に地方分権課題を遂行した。ところで主要な地方分権課題の中で、政府革新地方分権推進委員会では8個の課題だけを推進して、他の課題は個別部署が推進する体系であった。8個の個別課題は、事務区分体系の改善、済州特別自治道の推進、教育自治制度の改善、自治警察制度の導入、特別地方行政機関の整備、国税と地方税の合理的な調整、国庫補助金の整備、分権型都市計画体系構築などで、かかる課題は関係部署と協議して推進することになった。しかし、地方分権とは中央行政権限の地方移譲という側面が強いため、個別部署が自らの権限を縮小する地方分権をどれぐらい推進できるかという疑問があった。実際、個別部署による権限の移譲は、ほとんどなかった。

盧武鉉政府の国政の3大目標は、国民とともにする民主主義、ともに生きる均衡発展支援、そして平和と繁栄の東北アジア時代であった。そのための4大国政原理は、原則と信頼、公正と透明、対話と妥協、分権と自立であった。盧武鉉政府の国政運営の核心は「革新」と「地域均衡発展」であって、均衡発展は行政中心複合都市の建設のような分散政策を意味した。ところで地方分権は、国政運営システムを変えるということであるから、地域均衡発展とは相容れないという指摘があった。地方分権は、中央行政権限を地方に移譲することで、権限の分散を意味するが、均衡発展は、中央政府が産業、人力、公共部分などを分散させなければならないため、強力な権限を中央政府が持つしかないという点から、分権と対比される集権的論理であるという指摘である。特に政権の後半期に至るにつれて、国家均衡発展が政局の主要なイシューになり、地方分権は相対的に萎縮することになった。

(3) 李明博政府

李明博政府では、2008年2月に大統領職引受委員会が192個の国政課題を発表した。その後、2008年10月には、192個の国政課題を再整理した李明博政府100大国政課題を発表した。李明博政府の地方分権担当推進機構は、「地方分権促進委員会」であった。

李明博政府の地方分権に関する実現の意欲は、盧武鉉政府に比べて相対的に低いほうであった。その分、全体的に地方分権の成果はわずかであった。2008年2月に制定された「地方分権促進に関する特別法」は、李明博政府の地方分権推進のための根拠法であった。李明博政府の主な分権課題に対して評価をすると、以下のようになる。

第6章 韓国の地方自治法制と分権改革の現状 165

表6-2 地方分権促進委員会が定めた地方分権課題

分野	分権課題
権限および機能再配分	事務区分体系改善
	中央行政権限の地方移譲
	特別行政機関の機能調整
	教育自治制度改善
	自治警察制度導入
地方財政拡充	国税と地方税の合理的調整
	地方交付税制度改善
	地方財政の透明性・健全性向上
自治力量強化	自治立法権拡大
	地方議会の専門性・自立性強化
	住民直接参与制度の補完
	地方選挙制度改善
	自治体評価基準の準備および診断・評価
	地方自治行政体制整備
協力および共感帯拡散	政府および自治体間協力体制強化
	紛争調整機能強化
	特別自治体制度の導入・活用
	地方公務員の人事交流拡大および教育訓練制度改善
	ボランティア活動奨励・支援
	地方分権広報および共感帯形成

出所：地方分権促進委員会『第2期地方分権促進委員会地方分権白書』（2013年）
300頁。

　第1に、事務区分体系の改善は、中央部署の包括的な監督などで自治体の自律性を侵害する主要要因であると指摘されてきた機関委任事務を廃止して、自治体の事務を国家事務と自治事務に単純明瞭に分けるように改善するということであったが、目標の達成には至らなかった。第2に、事務移譲に関することである。韓国は自治体の事務体系が複雑で地方の中央従属が強く、権限と責任の不明瞭などによる弊害が多かった。すなわち自治体の事務は、国家事務、自治事務、機関委任事務、共同事務などその分類が複雑で、事務に関する紛争が絶えなかったのである。そこで事務改革が行われ、当時、中央政府の事務の中から自治体に移譲された3101個の事務の中で、1982個の事務が関連法改正を通じて自治事務にな

第1節　韓国の地方分権改革と課題

表6-3　地方移譲事務の現況 （基準：2012.12.31）

区分	総計	小計	金大中政府			盧武鉉政府					李明博政府					
			'00	'01	'02	'03	'04	'05	'06	'07	小計	'08	'09	'10	'11	'12
移譲確定	3101	1514	185	176	251	478	53	203	80	88	1587	54	697	481	277	78
移譲完了 （当該年度法令改正数）	1982	1219	2	92	138	172	204	436	44	131	763	118	81	135	232	197
推進中	1119	48	-	1	1	12	-	12	12	10	1071	9	361	371	254	76

出所：地方分権促進委員会『第2期地方分権促進委員会地方分権白書』（2013年）271頁。

った。

　第3に、特別地方行政機関の移管は、以前の政府から持続的に提起されてきた分権課題であったが、組織を移管しなければならないだけに中央部署の反対が強い事案であった[3]。したがって、極めて消極的に推進されてきた。李明博政府では、2008年7月、地域発展政策報告会議にて、特別地方行政機関の整備方案が決定された。その当時の会議内容を見ると、整備対象機関は、中小企業、労働、環境、山林、国道・河川、海洋・港湾、食医薬品など、201個の機関が整備対象であった。その中で、国道・河川、海洋・港湾、食医薬品など3個の分野の施設管理、許認可、指導・拘束など単純執行的な事務を主に行っている事務は、自治体にその機能を移譲することが決定された。しかし、決定はしたものの、後続の法律改正が行われず、実際に、権限の移譲が行われた例はほとんどない。

　第4に、地方自治と教育自治の一元化を見ると、2010年2月に改正された教育自治法は、教育議員制を2014年以後は廃止することにした点で、教育自治と地方自治の一元化措置として画期的であるといえる。これは、教育者あるいは教育行政家出身者のみが地方議会の教育議員になれる制度を一般議員も教育議員になれるようにしたことで、教育自治と一般自治の一元化を目指したことである。したがって、教育自治制の改善と関連した地方分権の推進については肯定的に評価できる。

　第5に、自治警察制の導入についてである。地方分権促進委員会の発足以後、自治警察制の導入に関する論議が数回続いたが、成果はなかった。韓国における自治警察制の導入の核心は、自治警察を広域自治体に置くべきなのか、それとも基礎自治体に置くべきなのかの問題と、警察権の範囲（特に、自治警察への捜査権付与などの問題）をいかに整えるかに関することであった。これらに関する結論

3）　これに関しては、拙著・前掲書（注1）68-89頁に詳しい説明がある。

が出てこない限り、自治警察制に関する論議は、簡単には整理できないと思われる。現在、済州特別自治道では、自治警察制を実施してはいるが、済州自治警察の権限は交通、防犯などに限定されていて、完全な自治警察制とはいえない。

第6に、2010年の地方所得・消費税の導入は、李明博政府の最も大きな成果であるといえる。当時の行政安全部は、2009年9月16日、「地方財政支援制度の改編方案」を大統領に報告し、2010年から地方所得・消費税を導入することが最終的に確定された。地方所得税は、現行の所得割住民税の名称変更であり、地方消費税は、付加価値税の5％を移転することである。かかる国税の地方税移転は、地方分権の推進と関連して意味ある成果であった。ところで、政府は、2008年、所得税と法人税を引き下げて、不動産交付税の財源になる総合不動産税制を改編した。これによって、地方財政の収入が2012年だけで約8000億円減少した。したがって地方消費税の導入は、国税―地方税の調整において極めて重要なものとして評価できるが、所得税と法人税の引下げによる地方交付税などの引下規模に対する十分な補填措置ではないため、大きな成果を挙げたとはいえない。

最後に、自治立法権の拡大についてである。まず、条例制定権の範囲を制限するものとして指摘されてきた地方自治法22条の「法令の範囲内で」という文言については、韓国の大法院は、これを「法令に違反しない範囲内で」という意味に法解釈をしているから（大法院1997.04.25.宣告、96チュ244判決）、同22条の改正は意味がないというのが行政部の立場であった。そして、地方自治法22条の但書である「条例で住民の権利を制限したり、義務を課する場合は、法律の根拠が必要である」という、いわゆる「法律の留保」に関する但書の削除に関しては、憲法12条1項の罪刑法定主義、37条2項の法律留保の原則などから、慎重な検討が必要であるという立場を堅持している。かかる立場による限り、実質的な自治立法権の保障のための関連法規定の整備は難しいと思われる。

李明博政府の地方分権推進は、地方分権促進委員会がこれを担当した。地方分権に関する課題20項目の課題別推進主体については、主に中央部署でこれを推進した。同委員会は、中央行政権限の地方移譲と地方分権の広報および国民の共感帯の拡大という2つの目標を担当した。これは、中央部署が自ら自己の行政権限を下ろしにくいということを考えてみると、地方分権の推進動力は極めて弱かったといえるだろう。李明博政府の地方分権推進機構である地方分権促進委員会

の委員長は、過去、盧武鉉政府では、国務総理を委員長とするか、大統領室の政策室長を委員長にするなど、政治的かつ行政的に重みのある人物を委員長として任命したが、李明博政府では総選挙で落選した人物を委員長に任命したり（第2代リ・バンホ委員長）、14日間で委員長が交代させられるなど（第3代リ・ダルゴン委員長）、盧武鉉政府に比べて政治的に低い位置の人物が任命され、その分、地方分権の推進は政治的に険しい状況になった。

李明博政府は実用政府を標榜して、大統領自らも、「ビジネス・フレンドリー (business -friendly)」を強調して、親企業政府〔＝企業経営型政府〕を標榜した。したがって地方分権と関連した政策に対しても効率性を強調した。その代表的なものは、「地方行政体制改編[4]と5＋2広域経済圏」である。ところが地方行政体制改編は、基礎自治体の合併を主な対象にして展開されており、5＋2広域経済圏も中央政府の主導下で推進され、実質的な地方分権とは距離がある政策であって、いずれも目立つ成果はなかった。

3. 総合的な評価

歴代政府の地方分権に関する評価を、各政府が提示した分権課題の性格、推進機構などを中心に考察してみた。かかる評価の結果を総合してみると次の通りである。

第1に、目標の具体性・適合性について評価すると、金大中政府は、中央行政権限の地方移譲を制度化させたという点では成果があったが、当時の学界および市民団体などから要求された特別地方行政機関の移転、自治警察制度の導入などについては、政府次元の積極的な動きがなかったという点で、相対的に足りないと評価することができる。盧武鉉政府は、地方分権に関する課題を制度的に具体化させたという点では高い評価ができる。李明博政府は、盧武鉉政府の分権政策を継承はしたものの、消極的な推進に留まったという評価ができる。

第2に、地方分権推進の成果について考察してみる。金大中政府は、地方分権に対する目標設定が不十分であって、当時は、地方分権という概念さえ整えられなかった時期で、地方分権に関する成果を評価することは正しくないと思われる。盧武鉉政府の地方分権に対する目標は高かったが、満足するほどの実質的な結果

---

4) これに対しては、拙稿「韓国の基礎自治体合併と自治」地方自治職員研修（2010年10月号）（公職研）20-22頁。

第6章　韓国の地方自治法制と分権改革の現状　169

表6-4　歴代政府の地方分権政策の根拠法および推進機構

政府	金大中政府 (98.2〜03.2)	盧武鉉政府 (03.2〜08.2)	李明博政府 (08.2〜13.2)	朴槿慧政府 (13.2〜17.3)	文在寅政府 (17.5〜現在)
根拠法	中央行政機関の地方移譲促進等に関する法律	1.中央行政機関の地方移譲促進等に関する法律 2.地方分権特別法	地方分権促進等に関する特別法	地方分権および地方行政体制改編に関する特別法	地方自治分権および地方行政体制改編に関する特別法
推進機構	地方移譲推進委員会	1.地方移譲推進委員会 2.政府革新地方分権委員会	地方分権促進委員会	地方自治発展委員会	自治分権委員会

は出せなかった。これに対して李明博政府は、国税―地方税の調整のための地方所得・消費税の導入、特別地方行政機関の一部移管など、他の政権に比べて比較的成果があったと評価できる。

　第3に、地方分権の推進体系については、金大中政府は、既存の法外の機構であった地方分権推進機構を制度化したという点では一定の役割を果たした。盧武鉉政府は、地方分権を積極的に推進しようとしたが、地方分権と均衡発展の調和がとれず、政権の後期には、国家均衡発展を中心に政策を立て実施するようになった。李明博政府では、地方分権推進機構が地方分権促進委員会に一元化されたが（表6-4参照）、地方分権促進委員会の機能が以前の地方移譲推進委員会に比べて弱くなったという点は問題であった[5]。

　第4に、地方分権に関する推進意志については、金大中政府では、委員長に国務総理を任命し、政権次元で名望家を民間委員長として委嘱した。盧武鉉政府では、地方分権推進機構が二元化されたが、政府革新地方分権委員会は、政府の核心人材を集結させる構造をとったことで、推進意志は高かったといえる。反面、李明博政府は、前述したように政治的な重要性が低い人物を委員長として任命するなど、地方分権推進意志はそれほど高くはなかった。

　第5に、地方自治の哲学について考察してみよう。金大中政府は、地方自治を政府改革の道具と認識していた。これは、民営化や公共部門の構造調整など、当時の経済事情を反映して、新自由主義的な政策として現れた。盧武鉉政府の地方

---

5)　地方分権の推進機構に関しては、拙著・前掲書（注1）54-66頁（新たな地方分権推進機構の必要性）に詳しい説明がある。

分権に関する哲学は、政府革新と地域均衡発展に要約できる。李明博政府の地方分権に関する哲学は、実用に根差した分権で、これは、5＋2広域経済圏、地方行政体制改編などに現れた。

分析結果の特徴としては、李明博政府が地方分権の意志の側面では、多少、その意志が低いと評価できるが、教育議員制度の廃止、地方所得税・消費税の導入、特別地方行政機関の整備など、他の政府に比べて成果はあった。これは、盧武鉉政府の地方分権の芽が花開いた結果であったと解釈することもできるし、自治体をはじめ、学界・市民社会の地方分権に対する熱望が成果を挙げたと解釈することもできる。ただし、明らかになったことは、地方分権に対する要求が継続的に提起され、合理的な政策代案が提示されるならば、政府の地方分権への意志が多少低かったとしても、地方分権の成果は導かれるということである。

朴槿慧政府の地方分権推進について簡単に整理すると、地方分権推進機構であった「地方自治発展委員会」が大統領所属になっていて、同委員会の主要役割は、地方分権課題の推進と地方行政体制改編であった。しかし、同委員会の戦略課題および細部課題は、以前の政府と比較した場合、それらと特に大きな差は見当たらない。同委員会が、2014年7月に整理した「地方自治発展総合計画」を見ると、核心課題が8つ、一般課題が10、そして、未来発展課題が2つとなっている。

核心課題は、①自治事務と国家事務の区分体系の整備、②中央権限および事務の地方移譲、③地方財政拡充および健全性の強化、④教育自治と地方自治の連携・統合、⑤自治警察制度の導入、⑥大都市特例制度の改善、⑦特別市・広域市の自治区・郡の地位および機能改編、⑧邑・面・洞の住民自治会導入の8課題である。一般課題は、①地方議会の活性化および責任性の向上、②地方選挙制度の改善、③自治体間の管轄区域の境界調整制度の改善、④国家と自治体間の協力体制の確立、⑤自治体間の協力体制の確立、⑥特別地方行政機関の整備、⑦自治体評価制度の改善、⑧住民直接参加制度の強化、⑨小規模自治体の合併、⑩市・郡・区の合併および合併自治体特例発掘の10個の課題である。未来発展課題は、自治体機関構成形態の多様化と、道の位置付けおよび機能の再定立の2つの課題である。

これらの中で注目すべき点は、自治体間の管轄区域と境界調整制度の改善と邑・面・洞の住民自治会導入などが以前の政策と異なる程度で、他の政策課題は

表6-5　文在寅大統領の地方分権に関する公約

憲法改正	・地方分権型憲法改正
自治力量強化方案	1.広域地方自治団体長が参与する‘第2国務会議’制度導入 2.地方自治団体の実質的自治組織権確保 3.自治立法権、自治行政権、自治財政権、自治福祉権の保障 4.地方移譲一括法制定 5.地方議会の権限強化
	・強力な財政分権推進 ・国税―地方税構造改善および自主財源の拡充など財政分権拡大
	・住民参与拡大による自治分権と草の根民主主義の強化

出所：民主党の公約集から筆者が整理。

過去の課題を踏襲したといえる。主な課題が地方分権よりは地方自治制度の全般にわたることで、純粋な地方分権と関連したことは中央権限および事務の地方移譲、地方財政の拡充、特別地方行政機関の整備などである。

4.　文在寅政府の地方分権政策

　2017年3月10日、朴槿慧大統領が弾劾され、その後の大統領選挙で、第19代大統領として文在寅氏が当選された。文在寅大統領は、候補者の時から積極的な地方分権を標榜した（その具体的な内容は、表6-5の通りである）。まず、地方分権型に憲法を改正するという公約の実現のため、2018年3月26日、文大統領は憲法改正案を発議した[6]。しかし、国会の同意を得られず、憲法改正は実現されなかった。その改正案には、地方分権に関する画期的な内容が複数含まれていて、今後の議論には多くの参考になると思われる[7]。それから、過去に地方移譲が決められたが、関連法律の不備で移譲されなかった事務の地方移譲のため、現在、「地方移譲一括法」が国会で審議されている（2018年12月13日時点）。とりあえず、今の時点で、現政府の分権政策を評価することはできないが、以前の保守政府とは違う立場に立っているのは確かなようで、その結果が注目される。地方分権に関する主な政策策定のため、大統領直属の機関として、「自治分権委員会」

---

6)　韓国の憲法改正は、大統領の発議から60日以内に、国会議員3分の2以上の賛成を必要とする。今回は、野党である自由韓国党の反対で、改正案は国会での議論さえできなかった。

7)　例えば、改正案第1条第3項の『大韓民国は、地方分権国家を志向する。』という新しい条文がある。これは、今後、韓国が志向する国政の方向性を表したもので、憲法のもつ位置づけから、この条文の影響は相当大きいといえるだろう。改正案の全文は、http://www1.president.go.kr/Amendment で見られる。

を置いている[8]。

Ⅲ　結論

　韓国社会は、西欧の市民革命のような歴史を持っていないが、市民社会の蓄積された力と誠実で勤勉な国民性で、近代化と民主化を同時に達成した。その過程で、中央集権的思考は、結果を早期に導出できる点でより便利な道具であり、また、国民的な総意を導くことのできる有用な手段でもあった。したがってわれわれは、自然と、中央集権に慣れた社会文化を持つことになったのである。このように、中央集権にあまりにも慣れているわれわれに、地方分権という理念は余りにも遠くにある難しいものであった。しかし、中央集権により現れた権力の偏重と地域間の不均衡、階層の固定化など、様々な弊害が現れ始め、中央集権の問題が社会的・国民的改革の対象として浮き上がっている。その導火線が、まさに2002 年の盧武鉉政府の出帆であった。それから 16 年が過ぎている。その間、国民に見慣れていなかった「地方分権」は、国家的課題として発展しており、地域均衡発展は全国民的関心事となった。16 年ぶりに大きな社会変化を成し遂げたのである。しかし依然として中央の権力は堅固であり、地方分権に対する一般国民の違和感も完全にはなくなっていない。

　地方分権の問題は、一時代、一人の人間により完成されるわけではない。今後、引き続き議論していかなければならない長期的な国家課題が、まさに地方分権であると思われる。何よりもこのような分権の意味を全国民が認識して、また政策決定権者が自覚するときに、いわゆる「分権型先進国家」は完成されるであろう。地方分権は至難な道である。今、われわれに必要なことは、かかる認識の共有であり、かかる認識の共有のうえに、地方分権の持続的な推進が行われるべきである。

---

8)　筆者も、委員会傘下の中央権限移譲第 2 専門委員会の委員長として、移譲事務に関わっている。

第2節　韓国における基礎自治体の合併と合併特例に関する一考察

文　尚徳

（韓国ソウル市立大学）

I　はじめに

　韓国では、地方自治をめぐって地方行政体制改編の問題が重要な国家改革課題として扱われてきたことがある。これは、自治体の自治力量と競争力の強化などの観点から地方の自治行政体制を全面的に改編しようとして、政府と中央政治圏など国側が国家政策としてイニシアティブをとって推進してきた結果といえる。地方行政体制改編については、主に基礎自治体の市郡区の合併（統合[1]）の問題をはじめ、広域自治体の特別市・広域市内の区の機能調整、同じく広域自治体である道の地位および機能再設定、基礎自治体内の末端行政単位の邑面洞の住民自治の強化などが議論された。

　特に基礎自治体の市郡区合併の問題は、人為的に決められた地方行政区域と住民の便宜によって自然発生的に形成される生活区域との乖離とそれに対する一致の要求、交通通信の発達に伴う生活範囲の拡大、行政費用の節減による行政効率の改善、自治体規模の不均衡から生じる地域格差の解消のための区域調整の必要性などから、国家的・地域的関心事となっており、実際、合併した事例も一部存在する。しかし、市郡区合併の問題は2以上の自治体に関わっているので、地域によっては多くの論争が起こったり、ようやく合併に成功した場合にも少なくない後遺症を残すこともあった。

　この論考では、これまで韓国における基礎自治体の市郡区の合併に関連して、

---

1) 韓国では自治体の合併に当たる用語として「統合」という用語が主に使われている。

その推進の背景、経過、効果、合併特例などを考察したうえで、その中で現れた様々な問題点を批判的に分析することによって、より望ましい自治体合併の道を探ることにしたい。

Ⅱ 韓国の地方自治体制の現況

韓国における一般的・総合的自治（行政）の主体は地方自治団体（以下、自治体という）である。地方自治団体は公法人で、重層構造の地方自治体制になっている。現在17広域自治体と226基礎自治体が設置されている。

広域自治体の種類には特別市（1）、広域市（6）、特別自治市（1）、道（8）、特別自治道（1）、そして基礎自治体には市（75）、郡（82）、（自治）区（69）がある[2]。市は道の管轄区域内に、郡は広域市、特別自治市、道の管轄区域内に置かれ、自治区は特別市、広域市、特別自治市の管轄区域内に置かれる。基礎自治体には、自治体ではない末端の行政単位（行政区域）として、市と自治区には洞、郡には邑・面を置き、特別市・広域市および特別自治市ではない人口50万人以上の市には自治区ではない区（行政区の性格を持つ）を置くことができる。

そして現在唯一の特別自治市である世宗特別自治市内には、法律[3]上基礎自治体を置かないことにした。また唯一の特別自治道である済州特別自治道内にも、法律上従来の4基礎自治体（済州市・北済州郡・西帰浦市・南済州郡）を廃止し、基礎自治体はこれを置かないことにした。ただし、済州特別自治道の全体区域を南北に両分し、基礎自治体ではない行政市の済州市と西帰浦市を設置したが、これは人口50万人以上の市に置くことができる行政区に類似した性格を持つ行政区域である。

Ⅲ 韓国における基礎自治体合併の前史と略史

1. 基礎自治体合併の前史——都農分離

韓国において1990年代以前（1961～1993年）までは、基礎自治体の合併より分離が持続的に行われてきた。これは1961年、いくつかの邑と面の地域を含む

---

2) （ ）内の数字は各自治体種類別に現在設置されている自治体の数である。
3) 世宗特別自治市設置などに関する特別法。

「郡」が基礎地方自治単位になって以降[4]、郡の邑地域や新都市などの都市地域が産業化で急速に成長し、上下水道、ごみ処理、都市交通、公園などの現代的都市行政サービスの提供が次第に難しくなった。そこで郡から邑や新都市地域を分離し市に昇格させ、その残り部分だけで郡を維持する市郡分離方式の区域改編が推進されてきたのである。

地方自治法上、ある地域が都市の形になって人口5万人以上になると、郡と対等の地位を持つ市に昇格させることができる。このような要件が満たされる郡内の都市地域を分離し、市に昇格させる都農分離政策が1994年以前まで続いてきた。しかし都農分離は歴史文化的に共通の住民感情をもつ共同生活圏を分離させ、結局、住民生活圏と行政区域の不一致により住民の不便が生じたり、共同体意識の毀損により消耗的な地域葛藤が発生したりするようになった。

2. 基礎自治体合併の略史

基礎自治体の市郡に対する合併は、1990年代中盤から本格的に推進された。市郡合併の推進過程はだいたい3期に分けて探ってみることができる。各時期別の市郡合併の過程と特徴などを整理すれば、次のようである。

(1) 国家（内務部）主導の市郡合併（1994〜1998年）

地方自治の復活に従う1995年6月の地方選挙（自治体の長および地方議会議員の同時住民直選）を前にした1994年から、地方自治の基盤の強化、行政費用の節減、自治体規模の経済（economy of scale）追求、地域経済の活性化、地域間衡平性の改善などの名目で、従来市と郡に分離された地域を中心に再び1つの自治体に合併する政策が推進された。こうした方式で合併された市を、都市地域の市と農漁村地域の郡が合併されたという意味で都農複合市ないし都農合併市と呼ぶ。

当時中央政府の主務部の内務部は、歴史的関連性と同一生活圏などを基準にし、道知事の責任で合併勧告地域を選定することにした。その結果第一次として49市と43郡が合併勧告対象地域に選ばれた。そして各地域別に住民公聴会と住民

---

4) 邑と面は規模面では大体日本の町と村と似ていると思われる。1948年、大韓民国の建国直後に制定された地方自治法（1949.7.4. 法律第32号）は市、邑、面を基礎自治体の種類としたが、1961年いわゆる5・16軍事クーデターで権力を掌握した軍事政権は全国の地方議会を解散し、1961年9月1日制定の「地方自治に関する臨時措置法」によって邑・面自治を全面廃止し、いくつかの邑と面を合わせた規模で郡を創設してこれを市とともに新しい基礎自治体にした。

意見調査、地方議会の意見調査を経て、1994年8月、33市と32郡を廃止し33都農複合市を誕生させた。以後にも1998年まで3度にわたって8都農複合市が追加新設され、この時期に全部で50市と44郡が廃止され、41都農複合市が新設されることになった。この過程で一部地域の市郡合併は失敗することもあり、その主たる原因は概ね郡地域の住民の反対が大きかったところにある。郡地域では、合併以後に予想される郡地域の相対的不利益に対する懸念が強かった。

(2) 国家（行政安全部）主導の自律合併推進（2008～2010年）

2008年成立した保守党のハンナラ党所属の李明博政府の国政課題の中に、いわゆる地方行政体制改編案が含まれていた[5]。2009年8月、李大統領は国民談話で全国的な地方行政体制改編の推進意思を再度確認し、これに従って所管部所の行政安全部と与党の主導する国会を中心に自治体合併の論議が本格的に始まることになった。行政安全部は直ちに合併支援計画を発表し、9月からは全国的に合併対象地域を選定する作業を実施した。自律合併という名目下で全国的に合併支援の申込みを受付し始めたのである。行政安全部は合併の効果として、住民に対する行政サービスが向上されるだけではなく行政費用も節減され、中央政府から財政的インセンティブを受けることもできると広報した。

2009年10月まで、全国18地域46市郡が合併を申し込み、この数字は全市郡の30％に近いもので、地方側が政府（行政安全部）の意図に呼応したように見えた。しかし合併申請自体が、地域全体の住民意思を代弁するとは認めにくいものであった。そこで、この地域の住民に対する意見調査を経て、過半数以上が合併に賛成する6地域13市郡だけを合併対象に限ることにした。行政安全部はこの6地域のうち、市郡が合併されると国会議員の選挙区と食い違いの生ずる問題のある2地域をさらに除外し、残り4地域に限って地方議会の合併議決を誘導したが、2地域の市郡議会だけが合併議決をし、またその中で1地域は地方議会の議決過程に問題があって除外され、結局唯一の対象地域である馬山市、昌原市、鎮海市の3市だけが合併に至って、結局2010年7月1日（統合）昌原市に再編されることになった。

---

5) 政府と政界では、地方自治体制改編を推進しながらも地方行政体制という表現を使っているが、この表現は不適切な側面があると思う。法人格と議会を持つ自治体から構成される地方体制は単純な行政体制ではないからである。こうした点から、地方行政体制よりも地方自治体制という用語のほうがもっと適切であると思う。

第6章　韓国の地方自治法制と分権改革の現状　177

(3)　地方行政体制改編に関する特別法と市郡合併の推進（2011〜2012年）

　上述の市郡合併推進であまり成果がなかったことで、政府は地方自治行政体制の改編をいっそう体系的かつ明確に推進するために関連法案を国会に提出し、国会は2010年10月1日、与野党合意で地方行政体制改編に関する特別法（以下、特別法という）を制定した。この法律は、自治体の力量強化、自治体間の不均衡解消のために高費用・低効率・多層構造の地方行政体制の問題点を改善することによって、住民の便益を増進し行政の効率性を高め、実効性のある地方分権と地方自治の定着を図り、地域単位の競争力確保を通じて国家の競争力を高めることにその立法の目的を置いた。この時からはじめて特別法によって基礎自治体の合併が推進されることになったのである。

　この特別法に従って、2011年2月16日大統領直属の地方行政改編推進委員会（以下「改編委」という）が設置され、改編委は法律上の任務に従って次のような合併基準を確定し、具体的な合併推進手続を開始した[6]。

〇市郡区の合併基準の確定（改編委）
・合併基準の意味：地域自身が合併するかを判断できる準拠の提示
・一次的合併基準：人口過疎あるいは面積過小地域
　- 当該自治体の住民が人口過疎あるいは面積過小と感じる場合
　- 人口あるいは面積が全国市郡別平均を相当下回る場合
　- 人口が最近10年間に相当減少した場合
　- 過疎自治区：
　　人口あるいは面積が当該特別市・広域市の自治区平均の50％以下で、合併される場合、人口あるいは面積が自治区平均以下の場合
・二次的合併基準
　- 地理・地形的与件〔＝条件〕上、合併の不可避な地域
　- 生活・経済圏の分離による住民生活の不便、地域発展阻害地域
　- 歴史・文化的に同質性（共同体意識）の大きい地域
　- 合併を通じ地域競争力が強化されうる地域（大規模事業推進など）

---

6)　以下は、地方行政体制改編推進委員会『大韓民国百年大計に向けた地方行政体制改編（政策資料集）』（2012年12月26日）参照。

法律に基づき、改編委は全国 20 地域 50 市郡区から合併建議を受けた。改編委は、建議のあった地域と建議はなかったが改編委自ら合併の必要性を認める地域（2 以上の自治体にわたる大規模事業の推進あるいは過疎自治区など）を含め審議対象を選定し、専門資料による書面審査、現場訪問調査、住民世論調査の実施（1000〜1500 人の住民を対象とする賛否意見調査：大部分の市郡区で住民世論調査による合併賛成率は 50％以上）し、36 市郡区を 16 自治体に合併する方案[7]を決め、地方行政体制改編基本計画を確定した後、これを 2012 年 6 月、大統領と国会に報告した。

政府（行政安全部）は改編委の基本計画に従って後続手続として自治体の合併を推進した。先に法律によって当該地方議会の意見を聴き、自治体の長に合併推進を勧告し、国家政策上必要な地域は行政安全部長官の裁量的判断によって長に住民投票の実施を要求した（要求を受けた長は住民投票を実施[8]）。

その結果、清州市と清原郡の場合は合併されたが、以後、大統領選挙と政権交代過程など国家的な政治日程のため、これ以上の基礎自治体合併推進は事実上中断されてしまった。2013 年 2 月、朴槿惠新政権の成立後、再び全州市と完州郡に対する合併意思確認手続が始まり、安全行政部長官（政府組織法改正で名称変更）の確認の結果、全州市議会の賛成議決はあったものの、完州郡の住民投票で否決されたので、政府もこれ以上の合併推進は中止するようになった。全国 50 市郡区—20 地域の建議と改編委の 36 市郡区—16 自治体合併案にもかかわらず、合併に成功したのは清州市だけで、非常に微々たる結果になってしまったのである。

朴槿惠政府によって、従来の地方分権および地方行政体制改編の根拠法であっ

---

7) 改編委の合併対象の 36 市郡区—16 地域には合併の建議された 14 市郡—6 地域と改編委選定の 22 市郡区—10 地域（大規模事業 4、過疎自治区 5、その他 1）が含まれている。その他の地域は、清州市—清原郡地域で、この合併は改編委とは別に地域自体で合併の動きが進んでいたが、改編委がこれに対しても特別法上の合併特例を認めることとし、基本計画に含まれたのである。

8) 住民投票法 8 条による自治体の合併に関する住民投票はいわば国家政策に関する住民投票で、自治体自ら実施する通常の住民投票とは法的効果が異なる。すなわち、自治体自ら実施する通常の住民投票は、住民投票権者総数の 3 分の 1 以上の投票と有効投票数の過半数の得票で確定され（住民投票法 24 条①）、それには法的拘束力など一定の法的効果が発生する（住民投票法 24 条⑤⑥）。しかし、国家政策としての自治体の合併に関する住民投票にはこのような住民投票法 24 条①⑤⑥が準用されない（住民投票法 8 条①）。それゆえ手続と確定要件およびその法的効果が法律上決まっていないことになる。要するに自治体の合併に関する住民投票は国家政策決定のための 1 つの参考手段ともいえる。

第6章　韓国の地方自治法制と分権改革の現状　179

た地方分権促進に関する特別法と地方行政体制改編に関する特別法は、2013年
5月、地方分権および地方行政体制改編に関する特別法（以下、新特別法という）
に統合された。新特別法によって、従来の地方分権促進委員会と地方行政体制改
編推進委員会も大統領所属の地方自治発展委員会に統合された。そして両委員会
の審議議決事項は地方自治発展委員会の審議議決事項と見なされ、大統領と国会
に報告した地方行政体制改編基本計画も有効と定められた。そこで地方自治発展
委員会は、改編委の作成した基本計画を今後、地方自治発展総合計画に反映する
ことにした。

　ただし、地方自治発展委員会の設置後、その内部分科委として行政体制改編分
科委員会が構成され市郡区合併の任務が付与されたが、具体的な推進の動きは見
られなかった。

Ⅳ　合併自治体に対する行財政上の特例

　2010年に制定された特別法は、国から合併自治体へ安定的かつ効率的な運営
を支援し自立基盤を拡充できるよう、様々な行財政的特例が与えられるようにし
た。このような膨大な特例は、多数の自治体が実利の観点から合併論議を促進し
合併に積極的に応じてくることを意図した誘導戦略ともいえよう。紙面の関係上、
特例の個別の内容を詳しく列挙するのは無理であるが、特別法と行政的措置を通
じて合併自治体に与えられる主要特例の内容は次のようである[9]。

　第1に、財政的特例として、合併に直接使われた経費の支援および合併に伴う
節減運営経費の一部の支援、補助金支援および財政投融資の審査時の優待、普通
交付税の財政不足額が合併以前より少ない場合、差額を4年間補正、普通交付税
の6/100を10年間支援し、合併市郡当たり特別交付税50億ウォン支援、合併後
最初の予算を従来の自治体の予算を合算した金額に編成、などがある。

　第2に、地域開発特例として、各種施策事業（地域特化および戦略産業、農漁村
生活改善事業など）の際の優先支援、開発促進地区、新発展地域など地区、地域
指定時の優先支援、などがある。

　第3に、地域住民特例として、合併によって、従前の利益の喪失や新しい負担
追加の禁止、免許税、財産税、地方教育税の従前税率を5年の範囲内で維持する

---

9)　地方行政体制改編推進委員会『市郡区合併案内（brochuer）』（2013年1月）20-23頁。

こと、などがある。

　第4に、行政的特例として、廃止自治体の区域に自治区ではない行政区と出張所の設置の許容、合併に従う公務員定員超過部分を定員外に認定、廃止自治体所属公務員に対する同等な待遇、合併自治体に対する行政機構設置の例外の許容、旅客自動車運輸事業上、運賃基準、料率および登録基準などに関する特例の許容、などがある。

　第5に、地方議会特例として、合併自治体の新しい議会が構成されるまで、自治体別に各1人の副議長選出、地域選挙区確定時における廃止自治体の人口等価性反映、などがある。

　最後に、大都市特例として、合併自治体の人口が50万人または100万人以上の場合、各当該大都市にすでに適用されている各種の行財政的特例を追加適用する。

　合併自治体に与えられる特例の主要内容は、全体的に合併自治体に対しては合併以前と比べて特別な行財政および公務員人事などにおいて不利益のないようにすること以外に（不利益排除の原則、特別法§23）、合併に対する特別財政支援をし、他の基礎自治体には認められていない多様な優待的措置や特例を認めることである。これは合併自治体の安定的で効率的な運営を支援することに留まらず、合併自体を積極的に誘導するための相当水準の合併インセンティブを提供しようとすることと評価される。国は上述のような特例以外にも各種の特例を次々と創設し、必要なときには法令の制定や改正を推進する方針も立てていた。

V　基礎自治体の合併過程に関する批判的考察

1.　国主導の人為的合併推進の問題点

　以上、韓国における基礎自治体の市郡区の合併に関するこれまでの展開状況を探ってみた。これまで推進された市郡区合併は主に国がイシューを占有しその過程を導いた他律的なものであった。合併推進の目的として規模の経済を通じた行政効率および競争力などを名分にしていたが、その他には地方自治に関する国自身の立場や選挙など政治次元の現実的利害関係も少なからず介在していたともいえよう[10]。とにかく国が人為的に推進した基礎自治体合併政策が成功を納めて終了した事例はほとんどない。そしてその推進目的や過程、成果などに関する学界

の一般的評価も否定的に見える[11]。

　基礎自治体の市郡区は、法制上、法人格を保有し一定の自治権を享有する地域公共団体である。さらに、長い歴史の中で文化的固有性と独自性、構成員である住民間の同質感と紐帯関係を有する、住民に一番近い自治単位である。もちろん、基礎自治体の廃置分合は法律事項で、国が最終決定する問題ではあるが、その事案の重大性や自治権尊重の側面を考えると、国が人為的合併政策で自治体の存廃を左右しようとする場合には様々な側面から非常に真剣なアプローチをしなければならないと思う。自治体合併は、地域問題を解決するうえで最終的に試みられる手段になるべきである。そして不可避的に合併を推進する場合には、何よりもその地域の主権者たる住民の明確な意思を住民投票で確認し（住民投票の結果に法的拘束力まで付与するのは困難だとしても）、それに基づいて合併の判断ないしその方策を講ずることがもっと望ましいと思われる。

　2008年以後李明博政府が推進した地方行政体制改編は、大統領がその推進意志を披瀝し、これを受けて行政安全部が直ちに合併支援計画を発表した。全国各地域から合併建議を受け結果的に46自治体が合併建議をしたが、合併手続を開始する建議自体が住民全体の意思に基づいて行われたとはいえない。そのため、建議をした自治体は多かったが、龍頭蛇尾のように実際に合併された地域は1つにすぎないのである。それに新設された昌原市の場合にも、人口規模で100万人を超えるなど基礎自治体としてはあまりにも大きいといわなければならないので[12]、こうした結果は、そもそも小規模の市郡区を合併し規模の経済を図るという合併の趣旨に合致するか疑問であり、自律的合併であったとはいうが、合併意思の確認を住民投票ではなく3市の地方議会の議決だけで済ませたので、結局合併の目的と意思が不明確な状態で合併の結果を導くことに偏ってしまい、住民全体に対する意思確認もなく無理に合併が強行されたと思われる。その結果、昌原市が合併はされたが、それに伴うシナジー効果より、合併市の名称や市庁舎所在地などをめぐって合併過程で意見調整が容易ではなかったし、合併後もセンシテ

---

10)　これに関する詳細な議論は、Seong Ho Ahn「地方自治体制改編と自治単位の規模」経済正義実践連合 internet 資料（国会電子図書館 http://dl.nanet.go.kr/SearchDetailList.do）（2009年）5-6頁。

11)　金星浩 = 金海龍「地方行政体制改編と憲法的課題」韓国地方自治学会セミナー Vol. 2009、No. 10、158頁。

12)　合併前の3市の人口はそれぞれ昌原市50万人、馬山市40万7000人、鎮海市17万3000人で、すでに相当規模の基礎自治体であった。

ィヴな争点が発生する場合には利害対立が激しくなったり、さらに再分離の主張まで出てくるなど、いまだ後遺症に苦しんでいる[13]。

2010年特別法が制定され、以降は根拠法律に基づいて市郡合併が推進されるようになったが、それ以後も上述のような問題点は相変わらず解消されなかった。合併の契機を住民よりも中央政府（改編委）と地域の一部政治家が主導する余地が広く存在した。同法は、合併基準および具体的合併案を改編委が決定するようにし、自治体合併建議も長、地方議会、住民投票権者1～2％の住民が容易にできるようにした。このようにして推進された合併案であったので、実際合併されたのは合併建議をしなくとも、地域内で合併意思を結集し自治体と住民が自ら合併を推進してきた清州市1つにすぎなかった。それに合併建議があった後、政府の判断では合併可能性が高いとされて安全行政部長官が合併を推進した全州市と完州郡の場合も、少数派住民に対する政府の事前世論調査の結果とは違って、完州郡住民投票では過半数の住民が反対し合併は霧散してしまった。

要するに、国が主唱し主導した他律的な自治体合併推進は、地方自治の精神に合致せず、地方自治が復元され漸進的発展を模索している状況にも適合しない時代逆行的動きだったと思う。このようになった原因にはいろいろなものがあるけれども、地方自治法上、自治体の廃置分合において地方議会の意見聴取以外に住民全体の意思確認をするか否かが政府（行政安全部長官）の任意的判断に委ねられていて、住民投票を必須手続にしなかった法制度にも問題があると思う。地方議会は住民代表機関ではあるが、当該自治体の存廃のかかる合併決定までも住民の意思を代弁することができるかは依然として疑問である。私見では、今後自治体段階の合併決定においては、原則的に住民投票を通じた住民全体意思確認を必須手続とするような法制化がなされるべきであると思う[14]。

---

13) 法的な拘束力はないけれども、合併昌原市議会では分離建議案が4件も議決されたことがあり、また馬山と鎮海地域の地域区国会議員はそれぞれ馬山市と鎮海市の分離法律案を国会に発議するなど、合併後にも再分離の問題が争点になっている。

14) もちろん、住民投票を必須手続として規定するにしても住民投票の結果に国家などに対する拘束力までも認めるのは正しくないと思う。合併などの自治体廃置分合の問題は最終的には国が決定すべき国家政策事項（法律事項）だと思うからである。立法者は住民投票を通じた住民の一般的意思を客観的に確認したうえで、その結果を十分参照し合併に関する最終決定権を行使するのが地方自治の精神にも合致することだと思う。

2. 合併基礎自治体の規模の不適切性

　合併を通じて基礎自治体の規模を拡大することが絶対的な善であるかのように認識されるのは問題である。規模を大きくする自治体合併の問題は、国家別または地域別に地方自治体制の現状や合併の与件などに従って相対的に検討すべき問題だからである。

　現実には、韓国の基礎的地方自治における自治体の規模面の条件はその大部分については相当水準が確保されていると思う。韓国の1つの基礎自治体当たりの平均人口規模はすでに 20 万人を超えていて、世界的にも最も大きい規模である[15]。西欧の諸先進国や日本の基礎自治体の平均人口規模が数千人から数万人程度であることと比較すれば、韓国の場合はすでにその数倍ないし数十倍以上の規模になっているのである。基礎自治体の平均的区域面積も基礎自治体の数と国土の総面積を勘案した場合、これらの国家と比べて決して狭くはない。このような状況で、個別的に合併に対する客観的必要性が検証され、多数住民の意思も合併に肯定的であることが確認される場合ならともかく、そうではない場合にまで一般的に基礎自治体の規模を現在以上に拡大しようとする全面的合併政策は理解しにくい側面がある。

　自治体合併を通じた行政の効率向上を主張する主な前提の1つはいわゆる「規模の経済理論」である。規模の経済論者は管轄区域が広がることによって、行政サービスの重複と浪費を避け、行政サービスの提供においてより効率性を向上させることができるという。しかし規模の経済概念の公共部門への適用はいろいろな問題を引き起こしうるので、慎重を期さなければならない。基礎自治体の規模と効率性ないし競争力との関係に関する国内外の多数の先行研究者らは両者間の体系的連関性は立証しにくいことを確認している。先に述べた国（内務部）主導の市郡合併（1994〜1998 年）の効果を経験的に分析した国内のある研究結果によれば、市郡合併が行政的（行政費用節減）、財政的（規模の経済）、経済的（経済成長）のそれぞれの側面ですべて期待した効果を達成しなかったとの報告がある[16]。

　そして規模の経済を通じた行政効率性向上の主張にはいくつか看過された点がある。規模の経済理論は目に見える量的部分に結果を依存するため、行政サービ

---

　15)　韓国の基礎自治体の市の平均人口規模は 31 万人、自治区は 32 万人、人口の少ない農漁村地域の郡は 5 万 5000 人を超えている。

　16)　柳在源＝孫和廷「市郡統合の効果に関する経験的分析」韓國行政學報 Vol. 43、No. 4（2009年）294-302 頁。

スの質はあまり考慮に入れていない。そして規模の経済の効果の極大化地点がどこまでかを判別することも難しい。仮に規模の経済が作用する場合にも、行政サービスが住民の願うものとは異なるのなら、それはむしろ行政能率性の低下を招くこともありうる。必要以上に広くなった行政区域のせいで都市の規模が肥大化させられ、むしろ適正な行政からの超過または不足による規模の不経済が現れる可能性も排除できない。

　合併自治体が必要以上に巨大化・広域化されると、自治体内部にも政治的脆弱地域や経済・社会・文化的疎外地域が発生しやすく、住民参加や住民の意思集約も困難になり、草の根民主主義を実現するための住民密着型生活政治はそれだけ難しくなる可能性が大きい。参与民主主義の後退は避けられないであろう[17]。そして巨大化・広域化された基礎自治体では、地方公務員らの地域ないし住民への接近も困難になり、住民の意思を認識しにくくなる。結果的に行政機関や公務員中心の行政便宜主義ないし官僚主義がはびこる可能性も少なくない。したがって、このような必要以上の巨大合併自治体がはたして現代社会の求める基礎自治体としての性格に符合するのかについては、多大の疑問が残っている。

　そして、特別法が規定した合併自治体に対する不利益排除の原則は、合併を触発させるには寄与したかも知れないが、合併の効果を可視化するにはむしろ障害となったと思う。合併にもかかわらず、人的能力や機構、自治体財政の確立などに関して構造改革や特別な自助努力をしなくてもいいとしたら、合併から新しい行財政的、経済的シナジー効果を期待するのは難しいからである。こうした点から、少なくとも韓国においては、基礎自治体の合併を通じた効率性向上と経済的効果の拡大に対する信頼は実証的根拠のない神話に近いものだと思われる。

　基礎自治体の規模がすでに世界最高水準の韓国では、全面的合併政策よりもこれまで構築してきた地方自治の資産をもとに地方自治の本質と住民自治の理想をより具体的に実現することのできる多様な地方自治の発展方向を模索していくことが望ましい。学界の大多数の地方自治専門家や一部穏健な市民団体までもが、政界と以前の政府が主導してきた市郡合併政策を、中央集権的発想の所産で、反自治的、反民主的、反分権的で時代逆行的な試みと批判している[18]ことを忘れて

---

17)　基礎自治体の巨大化は、2007 年 UN-Habitat の採択した地方分権国際指針（International Guidelines on Decentralization and the Strengthening of Local Authorities）A-1-1 規定、すなわち「政治的地方分権は代議民主主義と参与民主主義が適切に組み合わされるべきである。」との規定に背馳するともいえよう。

はいけないだろう。

3. 過度の合併特例提供の問題点

先に述べた通り、国は基礎自治体の合併を誘導するために膨大な支援と行財政的特例を提供したが、はたしてこれが妥当なことであったかについては再考の必要があると思う。こういった支援と特例が新しく合併する自治体の安定的、効率的運営と自立基盤を拡充することもできるという点から肯定的に見ることもありえるが、合併というものが絶対的な善とまではいえないため、合併する場合に一律的に過度の合併特例を与えるのは、合併が不必要または不可能な非合併自治体に対する相対的差別を呼び起こし、基礎自治体の間に利益や富の不平等を深化させるとの懸念がある。地域の合併議論においても、膨大な合併インセンティブに惑わされて合併の必要性や妥当性などに対する客観的検証ないし世論の形成が不十分であるにもかかわらず、無理に合併が推進される場合が少なくなかったし、このため不必要な住民間の葛藤や地方自治の純粋性の毀損を招く副作用もかなりあったといえよう。

こうした観点から、合併に伴う特例は特別法と新特別法のように無条件の合併誘導策として提供されるのは望ましくない。合併の必要性が客観的に認められ、住民も自発的に合併を希望する場合に限って、当該自治体に不当な損失の生じないように、また合併に最小限要求される行財政的支援を提供するに留まる程度が正しい。

Ⅵ　終わりに

自治体の合併は、合併対象の自治体の存廃がかかった重大な問題である。自治体合併は国の利害にも関連するが、そうだとしても独立性と自律性のある自治体の存廃をその地域主権者たる住民の意思確認に基づかないまま推進するのはけっして妥当ではないと思う。国からの下向式合併推進はそれなりの長所がないわけではないが、自治体の合併問題は基本的には上向式で行われることが正しい。上向的改編は地域から自ら必要性を認知し、住民主導で意思疎通と理解を踏まえた

---

18)　趙成奎「行政区域改編を通じる統合型地方自治団体の事務改編のための法的課題」地方自治法研究 Vol. 10-1（2010 年 3 月）、2 頁。

うえで自発的に合併などを推進することである。清州市と清原郡は改編委の合併推進プログラムとは別に地域自体で民間部門が合併を推進し、結局住民投票を通じて住民多数の意思に基づいて合併を成功させることができた。

　このように国が合併の契機を独占する場合にも、その最終の決定は住民投票を通じて住民全体の意思を確認したうえでこれを尊重しながら推進することが望ましい。このようにするのが憲法上の地方自治の精神に合致するだろう。またこれは合併を推進する場合に成功を導くことのできる方法であり、合併後にも構成員相互間の信頼と安定のもとで合併自治体を発展させていくことのできる正道であると思う。

第7章　中国の地方分権改革と法制度

第1節　現代中国の中央と地方の関係
——制度上の問題を念頭に

呉　東鎬

（中国延辺大学）

I　はじめに

　人類の歴史を振り返って見ると、ごく少数の都市国家を除けば、どのような国であってもいくつかの階層の政府形態を持っており、それらの政府形態間の権力配分問題は国家権力構造において避けられない重要な問題である。中国も大国であるだけに、中央・地方関係の問題は執権者の統治に大きな影響を及ぼす重要問題として挙げられており、これからの中国の未来形態を決定する重要な実践課題でもあると思われる。このような問題意識の下に、共産党が政権を取得した1949年から現在までの中国の中央・地方関係を点検し、制度上存在する問題点と対策を検討する。

II　建国時の中国共産党の選択——中央集権体制

　一般論からいえば、中国のように人口が多く、民族が多い大国においては、中央と地方の分権という国家統治方式をとるべきである。なぜならば、まず、大国は国土が広いだけに、各地域への国の統治情報の伝達には時間と人的資源と物的資源が必要になる。客観的にいえば、すべての事務を中央に任せて処理するのは

効率的ではない。したがって、中央集権方式は国家統治に不利である。次に、大国は民族が多く、各地域の条件も違うだけに、各地域が直面している問題も異なり、その問題の解決方法も各々異なり統一しにくい。さらに、具体的政治問題を解決するには、抽象的知識や原則を必要とするだけではなく、具体的な判断と地方の知識が必要である[1]。このような考え方から、49年の建国時において、中央と地方の分権という統治の考え方も存在したが、結果的には高度の中央集権体制を確立することになった[2]。蘇力教授は、その原因が建国当時の国内事情に対する共産党の2つの認識にあると分析している[3]。

　まず、建国時の統一基礎の脆弱性についての認識が挙げられる。つまり共産党は、「建国当時、中国の経済において主導的地位を占めていたのはやはり農業であり、自給自足の農業国家としての中国の広い農村地域は閉鎖的、分散的であって、高度の政治、文化的な統一がなければ分裂してしまう危険に置かれている」と考え、また、「中国は2000年以上も続いた専制国家であるが、土地が広い多民族大国であるだけに、国家権力は社会の隅々まで有効に機能していたのではなく、皇権の統治は政治文化的統治にすぎず、社会的意味の統治ではない」とも考え、さらに、「近代中国は、西欧列強の侵略によってずっと分裂していたし、新中国は社会主義国家という政治体制をとっただけに、西欧の関与を受けやすい」などと認識していた。したがって、49年建国時の第1の問題は分権ではなく、むしろいかに集権体制を確立するのかというのが優先課題であったといえよう。

　次に、建国時の政権の不安定さについての認識である。中国革命の構造から見た場合、共産党は農村から都市を包囲するという戦略を立て、農村を拠点に根拠地を設立し、政権と軍事力を立ち上げた。そのシステムの中心となるのは、各根拠地の指導者であり、すべての権力はその指導者に集中し、彼はまさにその地の王様の役割を果たしてきた。そして指導者の指揮の有効性を保障するために、現代社会の統治に必要な官僚組織を作るのではなく、逆に指導者個人の能力と知恵を活用することを重視してきた。加えて、中国の革命のもう1つの特徴が農民革命であり、革命を主導してきたのは農民だったという問題もある。彼らは文化レベルが低く、民主主義意識が乏しく、個人に対する忠誠心が強かった。したがっ

---

1)　蘇力「当代中国的中央与地方分権」中国社会科学（2004年4期）42頁参照。
2)　同上、43頁。
3)　同上、44-46頁参照。

て、ひとたび彼らを制度的に有効に制約することができなくなった場合には、権力闘争に陥りやすい。この問題は、中国革命の指導者たちが考えなければならない非常に現実的、かつ重要な問題であったといえよう。

Ⅲ　建国から改革開放以前(1949〜1978年)の中央・地方関係の特徴

　建国から改革開放までの約30年間（毛沢東の執権時代ともいえよう）、中国は地方に対する中央のコントロールを緩ませず、中央集権体制を維持してきた。

　まず建国初期、中央は地方に対するコントロールを強化する様々な措置をとってきた。例えば、もともと全国は東北、華北、華東、中南、西南、西北の6つの行政区域に分けられ、各地区には中央の代表局が設置されていたが、1952年8月以後、各地区の主要指導者たちは中央から派遣されるようになった。また1954年には6つの行政区は廃止され、各省が直接中央に対して責任を負うようになると、地方割拠の危険性は一段と弱まり、地方の権限は弱体化され、中央の統制は強化された[4]。

　次に、当時の国家統治構造から見ると、計画管理、党と政府の一元化、党への権力の集中、膨大な行政機関の設立などの特徴が顕在化しており、これは、結果的に中央への集権化と地方権力の萎縮をもたらした[5]。

　このような中央集権体制は30年間も続いてきたが、これは、中国が実施した計画経済体制と直接関係している。このいわゆる計画経済とは、主に指令的行政手段を使って諸経済活動を管理する方式をとることで、政府が直接企業を管理し、また政府が直接資金と物資の統一的調達をするとともに、商品を統一的に分配することがその特徴である。このような経済構造の下では、生産する製品に基づいて中央と地方の部門が設置され、それはまた、行政機関の膨大化と官僚主義をもたらし、中央の権威的性格の強化、中央に対する地方の依存性の増大を必然化した。つまり、計画経済体制の下では中央は絶対的優位を占めており、地方には発言権がなかったといえよう[6]。

---

　4)　同上、46頁。
　5)　張海廷「単一制下中央地方関係体制応作両類划分—我国中央集権式中央地方関係的動態平衡」河北法学（2002年1期）15頁。

Ⅳ　改革開放以後から現段階まで(転換期)の中央・地方関係の特徴

1.　中央から地方への権力移譲と分権的な特徴の出現

　周知の通り、70年代末から中国は積極的に市場体制を取り入れる経済改革を行い、この改革の過程において中央は主に2つの権力を地方へ移転してきた。

(1)　地方立法権の確立

　中国では単一制理念の制約から、いまだに地方立法権という概念の使用自体は避けているものの、82年憲法、2000年の立法法(2015修正)、2004年の地方組織法はすべて地方の立法権限を認めている[7]。具体的には、地方は次のような立法権限を有している。①各省(22の省)、自治区(5の自治区)、直轄市(4の直轄市)の人民代表大会およびその常務委員会は、当該地域の具体的事務に関して「省級地方性法規」を制定することができる(立法法72条1項)。②比較的大きな市の人民代表大会およびその常務委員会は、当該地域の具体的事務に関して「市級地方性法規」を制定することができる(立法法72条4項、6項)。ここでいう比較的大きな市とは、省、自治区人民政府所在地の市(22+5)、経済特区所在地の市(4)、国務院が批准した比較的大きな市(18)等合わせて49の市を指す。③省(22)、自治区(5)、直轄市(4)の人民政府は、当該地域の具体的事務に関して「省級地方政府規章」を制定することができる(立法法82条1項)。④比較的大きな市(49)の人民政府は、当該地域の具体的事務に関して「市級地方政府規章」を制定することができる(立法法82条4項)。また、2015年に修正された立法法によれば、上述した比較的大きな市以外のすべての市(自治州を含む)に立法権を与えている。

(2)　地方財政権の確立

　1993年12月25日、国務院は「分税制財政管理制度の実施に関する決定」を発布し、すべての税収を中央税と地方税に分割した。そこでは、営業税、地方企

---

6)　薛剛凌「中央地方間程序制度研究」行政法学研究会2009年年会論文、55頁。1956年、毛沢東は、「十大関係を論ずる」という著書の中で、「中央と地方の関係は、矛盾関係であり、その解決方法は、中央の指導を維持するとともに、地方の権力を拡大することで、地方にもっと多くの自主権を与えることである。それによって、中央の積極性と地方の積極性をともに発揮させることである。(2つの積極性方策ともいわれる)」と指摘しており、ある程度分権思想が見られるが、当時は分権を実施する条件と環境が整っておらず、実践することはできなかった。

7)　82年憲法は単に地方性法規だけを承認したが、2000年の立法法は地方政府規章をも認めた。

業所得税、都市土地使用税、都市建設税、不動産税、農業特産税、契約税、遺産税等 16 種類の税収が地方税に含まれていた。

　このような中央から地方への権力移譲は 2 つの結果をもたらした。まず、地方は相対的に独立の利益主体となりつつある。中国は、いまだに法律上は地方の相対的に独立した利益を認めず、また、相対的に独立した法律地位も与えていない。しかしながら事実上は、ますます成長していく地方の利益を認めざるをえなくなっている。実際、地方は国から相対的に独立した利益を持っているだけではなく、その他の地方団体からも独立した利益を持っている。そこで地方政府は、自己の独立した利益のためにあらゆる資源を動員し、合法的手段、さらには不法手段まで使って、中央から利益を移譲させようとしている。この意味において、地方の発展のためにより良い政策、より多くの事業、より大きな制度を設立できる裁量範囲を求めることが、まさに地方政府の最も重要な仕事になっている。そしてルールに違反しないことを前提としつつ、中央と競い合って地方利益の最大化を実現することこそが、地方政府にとっての優先問題となっている[8]。この意味において、地方政府の官吏は単純な中央の代理人ではなく、官僚兼政治家の役割を演じている。つまり彼は、中央利益の代表者であるだけではなく、地方利益の代表者でもあり、中央と地方の間で情報疎通の仲介、橋渡しの役割を担っているといえよう[9]。

　次に、地方権力の急速な拡張は、伝統的な中央と地方の関係を変えつつある。改革開放以来、中央は、高度に中央に集中していた財政権を次第に地方に移転し始めた。その結果、地方権力の急速な拡張がもたらされた。これに関して、ある報告は次のように指摘している。「地方政府はすべてをコントロールしようとしている。例えば、企業のオーナーの任命、生産、投資の規模の決定等多くの企業の決定権は、政府の決定権がこれに取って代わってしまい、その結果、『市場誘導』も『政府誘導』がこれに取って代わってしまった」[10]。このような事情は、中央と地方の伝統的関係を変えつつある。中央はもはや伝統的な命令方式で地方の服従を求めることができなくなっており、両者間の関係においては、お互いに話し合って決めていくいわゆる「交渉式」のモデルが新しく登場しているといわ

　8）　薛剛凌・前掲論文（注 6）56 頁。
　9）　陸建新「中国制度創新中的地方政府行為悖論研究」中国人民大學博士論文（1997 年）37 頁。
　10）　張顔「対蘇南郷鎮企業改制的考察」経済社会体制比較（1998 年 4 期）57 頁。

れている[11]。

2. 地方に対する中央の監督と統制

(1) 政権党の統一指導の維持は、依然として分権の重要な前提である

現在、世界の大多数の国には政党が存在しており、政府の組織と政治権力の行使も、たいていは政権党を通じて実現される。立憲体制における政党の運営のあり方については、これを憲法の中に明確に規定している国もあれば、それが1つの慣習として存在する国もある。また明確な根拠はないものの、実際上、政治運営の中で政党が大きな役割と影響力を発揮している国もある[12]。では、中国の場合、政権党である共産党は国家統治の中ではたしてどんな役割を演じているのか？　中国の政治運営にどのような影響力を持つのか？

まず現行憲法を概観すると、共産党について触れているのは序言であるが、そこでは、中国の政治と立憲体制における共産党の指導的地位が確認されているに留まる。具体的な条文の中では、政権党については一言も言及がない。すなわち序言7段では、「……中国の各民族人民は中国共産党の指導下に……わが国を富強の、民主的、文明的な社会主義国家として建設する。」と規定している。

では、ここでいう「指導的地位」とは何か？　共産党はどのような運営体制を通じてその指導的地位を実現するのか？これに対して憲法および法律は何も規定していない。ただし、党組織の内部規則としての党章の中では、少なからずこの問題に触れている。党の章程の総則28段落（最終段落）においては次のように規定している。「……党は必ず全局を統轄し各方面の協調を図る原則にのっとり、同クラスの様々な組織の中で指導的中核の役割を果たさなければならない。……」。いうまでもなく、これはすべての国家機関に対する党組織の統一的指導を意味する。それには、党の下級機関に対する党の中央機関の統一的指導も含めば、同クラスの国家機関に対する党組織の統一的指導も含んでいる。したがって、党組織がすべての国家の政治権力機関とその他の組織の権力を統制している（一元化指導体制）といえよう。この点は、中国共産党第10回全国代表大会において行われた「党章修正に関する報告」の中でも明確に表れている。当該報告では、

---

11)　鍾開斌「中国中央与地方関係基本判断：一項研究綜」上海行政学院学報（2009年3期）23頁。

12)　張海廷・前掲論文（注5）13頁。

「党の一元化指導は組織上2つの方面において現れている。まず、党と同クラスの組織との相互関係は並行ではなく、工、農、商、学、兵、政に対して党はすべてを指導する。次に、上下関係において、下級は上級に服し、全党は中央に服従する。これは、わが党が歴代によって守ってきた規律であり、遵守していかなければならない。」と論じている。したがって、憲法の規定およびその解釈から見た場合、国の最高権力は全国人民代表大会に統一的に帰属しているものの、実際の運営から見れば、全国人民代表大会を含めたすべての国家機関の権力は、最終的には中国共産党中央委員会と中央政治局に集中されている。組織メカニズムからいえば、共産党組織の地位は同クラスのすべての国家組織より上位にある。

改革開放以後、特に市場経済体制の導入に伴って、中国は、党と政府の分離、政府と企業の分離、党の指導方式の変更等の改革を行ってきたが、国家の政治権力組織に対する党の統一的指導体制は変わっていない。つまり、一貫して中央集権の党内組織体制を強調し、その組織的運営を通じて中央と地方関係に影響を与えてきたのである[13]。そして、これは主に「党が幹部を管理する」という人事制度に反映されている。

まず、改革開放以来、中央が地方政府を統制する主要手段になっているのは、地方の中核的指導幹部に対するコントロールである。これはまた単一制政治の核心的な特徴でもある。20世紀の90年代末から中央は、地方の省級レベルの中核的指導幹部に対する管理を強化してきた。その主な目的は、中央の権威を強化するとともに政治上の統一と安定を図ることにあった[14]。地方幹部の管理については、中央は主に次のような2つの方式をとっている。1つは、共産党中央委員会が直接管理する方式である。①省、自治区、直轄市レベルの指導幹部は、共産党中央委員会が直接管理する。この種の幹部は、「中央委員会が管理する幹部名簿」の中に入り、彼らに対する考察、教育、推薦、任免、審査等は中央委員会が管理する。②各省、自治区、直轄市党委員会組織部部長と副部長の任免は、事前に中央組織部の同意を経なければならない。③計画単列市(正式名称は、国家社会と経済発展計画単列市である。省級の行政区域ではないものの、省級の経済管理権限を持ち、市の党書記と市長は副省級の待遇を受ける。その税収と支出は直接中央がこれを管理す

---

13) 同上、14頁。
14) 揚光斌「中国経済転型時期的中央地方関係新論—理論」現実与政策、学海(2007年1期)70頁。

る）の党書記と市長の任免は、事前に中央組織部の同意を経なければならない。もう1つは、中央委員会登録管理の方式である。つまり、中央が直接管理してはいないが、地方は定期的に中央に報告を行わなければならず、中央組織部で登録管理する方式である。このような管理を受けるのは、省（自治区、直轄市）所属の庁、市級の正副職指導幹部である。中央組織部はこれらの幹部の任免に問題がある場合、直ちに意見を提出して修正を求めることができる[15]。

　また、中央は政治業績を内容とする地方幹部考課制度を通じて、地方の官吏を統制している。ここでいういわゆる「政治業績を内容とする地方幹部考課制度」とは、経済建設を中心に経済発展の目標任務を確定し、この目標を達成したか否かについて各級政府の管理者の業績を考課し、昇降を決定する根拠とするやり方を指す[16]。

(2)　地方立法権に対する中央の監督

　立法法88条2項の規定によれば、全国人民代表大会常務委員会は、憲法と法律に抵触した行政法規を取り消す権限と、憲法、法律、行政法規に抵触した地方性法規（＝いわゆる日本における条例）を取り消す権限を持つ。同条3項の規定によれば、国務院は部門規章、地方政府規章を修正または取り消すことができる。また、立法法89条の規定によれば、各省、自治区、直轄市が制定した地方性法規は全国人民代表大会常務委員会と国務院に登録しなければならない。比較的大きな市が制定した地方性法規も上級人民代表大会常務委員会を通じて全国人民代表大会常務委員会と国務院に登録しなければならない。

(3)　地方財政権に対する中央の統制

　税収に関する立法権（つまり、決定権）は中央に集中している。中央税、共有税の立法権が中央にあるだけではなく、ほとんどの地方税の税種に関して中央が決めている。しかも税の減免、優遇政策などの制定権も中央がコントロールしている。地方が持っているのは、ごく限られた税の決定権だけである。また、中央はいわゆる「移転交付制度」を用いて地方の財政を統制する。

　いずれにしても、改革開放以来のこの約30年間の歴史を総括した場合、中国は一方では積極的に分権を行ってきたが、その過程でもう一方では中央の集中的

---

15)　任進「憲政視野下的中国地方制度—中央地方関係的視野」中韓国際学術会議「中国—韓国地方自治法制的現状与未来」論文集（2006年）28頁。

16)　栄敬本＝崔之本＝王拴全『从圧力型体制向民主合作体制的転変』（中央編訳出版社、1998年）。

統一指導をも強化してきたといえよう。

V　転換期における中央・地方関係の制度上の問題とその対策

　上記の転換期における中央と地方の関係が示しているように、中国では、地方の立法権限と財政権を確立する一方で、地方に対する中央の監督と統制をも強化してきた。そして、そのような実践は、憲法、地方組織法、立法法等の制度によって進められてきた。ただし、中国にはいまだに中央と地方の関係を調整する基本法が存在せず、中央と地方の関係は不透明で、指導者の意思に頼る政治的な傾向が強い[17]。具体的には次のような問題が存在する。

1.　立法権限の配分において存在する問題および対策
⑴　中央と地方の立法権限の不明確性
　現行憲法、地方組織法、立法法の関連規定によれば、全人代およびその常務委員会、国務院、国務院の各部門、委員会が中央の立法権を行使する。問題は、その立法事項について明確な制限規定がないことである。つまり論理的にいえば、これらの機関はあらゆる事項について法律を作ることができる。したがって、地方の立法権限は確立されているものの、あくまでもそれは中央立法に従属するものであり、中央立法は地方事務まで関与することができ、地方は中央立法の統制から脱することはできないのである。つまり、立法事項において、地方は独自性および自治機能を果たすことが困難であると思われる。一方で、立法権限の不明確性は、立法における地方と中央の駆引きまたは衝突を引き起こす。立法法87条、88条の規定によれば、中央から地方までの立法は、複雑な立法体系を形成しており、そのヒエラルキーは、上から憲法、法律、行政法規、地方性法規、地方政府規章の順となっている。問題は、国務院所属の各部門、委員会が制定する「部門規章」と地方人代およびその常務委員会が制定する「省級地方性法規」、「市級地方性法規」の効力のヒエラルキー、また、地方人代およびその常務委員

---

　17)　当面の立法状況から見れば、一時塞ぎの措置を講ずるにすぎず、基本法の視角から根本的に中央と地方の権力衝突を解決するルートは模索していない。また、中央と地方の権力の限界に関する基本原則も確立していない。したがって、「すべての権力を中央に集中すれば、中央と地方両者ともに活気を失い、逆に、中央が握っている権力を放すと両者の関係が乱れてしまう」という悪循環に陥ってしまう。

会が制定する「市級地方性法規」と地方政府が制定する「省級政府規章」の効力のヒエラルキーが不明確な点である。また、立法法82条の規定によれば、国務院所属の各部門、委員会が制定する「部門規章」と地方政府が制定する「省級政府規章」「市級政府規章」は同等の効力を持つ。したがって、中央の部門規章と地方の地方性法規、中央の部門規章と地方政府規章、地方の市級地方性法規と地方の省級政府規章は、同一事項に対してそれぞれ異なる規定を設けることが可能である。この点は、立法法95条の規定からも立証されている[18]。

では、この問題を解決する対策は何か。日本の経験から見ると、憲法の規定によれば、国会は唯一の立法機関であるが、その例外として地方自治体も立法権を持つ。両者の立法権はどのように配分されているのか。これに関して日本の地方自治法1条の2第2項は次のように規定している。「国は、……国においては国際社会における国家としての存立にかかわる事務、全国的に統一して定めることが望ましい国民の諸活動若しくは地方自治に関する基本的な準則に関する事務又は全国的な規模で若しくは全国的な視点に立つて行わなければならない施策及び事業の実施その他の国が本来果たすべき役割を重点的に担い、住民に身近な行政はできる限り地方公共団体にゆだねることを基本として、地方公共団体との間で適切に役割を分担するとともに、地方公共団体に関する制度の策定及び施策の実施に当たつて、地方公共団体の自主性及び自立性が十分に発揮されるようにしなければならない」。つまり、この問題を解決する前提は中央権力の限界を認めることである。憲法の視角から見た場合、中央の立法権は万能ではない。中央の立法機関は自己の権限を越えて、地方の事務にまで手を伸ばすことができない。中央立法権の限界を認めることを前提に、初めて中央立法の最高の地位と国家法制の統一性とが保障される。したがって、中央と地方の立法権限を明確にしなければならない。中央の立法はマクロ的な調整に限定すべきであり、地方の立法は当該地域の安全、健康、教育と環境等の公共サービスに限定すべきである。中央と地方はそれぞれ自己の職務に専念し、中央はすべての立法権を独占してはならず、自分の範囲内のことに集中すべきである[19]。その一般原則は、「全国範囲の事務は中央が管轄し、地方範囲内の事務は地方が管轄する」ということであろう。

---

18) 立法法86条は、部門規章と地方性法規の衝突の処理方法、部門規章間の衝突の処理方法、部門規章と地方政府規章の衝突の処理方法等に関して規定している。これは、上述の法律規範間における衝突を事実上認めているといえよう。

19) 張千帆『国家主権与地方自治』（中国民主法制出版社、2012年）320頁。

(2) 法規範の抵触問題に関する解決制度の不備

立法法 97 条の規定によれば、上位法と下位法とが抵触した場合、独立した司法的性質の機関が審査・処理するのではなく、上位法の制定機関が審査・処理することになっている[20]。つまり行政法規と法律とが抵触した場合、および地方性法規と法律や行政法規とが抵触した場合は全国人民代表大会常務委員会がその紛争を審査・処理し、部門規章、地方政府規章と法律、行政法規とが抵触した場合は国務院が審査・処理し、地方政府規章と地方性法規とが抵触した場合には当該地方の人代常務委員会が審査・処理し、市級地方政府規章と省級政府規章とが抵触した場合は省級政府が審査・処理する[21]。これは、中国の法律規範審査制度が司法審査ではなく、立法と行政審査であり、抽象的審査であることを意味する。つまり、中国の裁判所は法規範の抵触問題を解決する権限を持たない[22]。

この法規範抵触の解決制度（立法審査制度）の主な問題点は、まず、権能の分配が科学的ではないところにある。法律を解釈し、異なる法規範間の抵触問題を解決するのは、あくまで司法的な性質の権能であり、立法でも行政でもない。したがって、各級の人民代表大会または行政が遂行すべき仕事ではない。司法的性質の仕事はやはり司法的性質を持つ機関に任せるべきである。もし現段階において、中国の裁判所が立法間抵触問題を解決するのに不適格であるとすれば、司法的性質を持つ新しい専門機関を設立すべきであり、科学的ではない今の制度を継続するのは無理である[23]。なぜなら、法治国家において中央と地方の法規範抵触問題を解決するのはもともと司法の仕事であるからである。次に、この種の権能分配は、「誰も自らを裁く事件で裁判官になるべきではない」という法治原則に違反する。法規範間の抵触問題を審査する主体がまさにこれらの法規範を制定した機関であるだけに、仮に審査機関が制定した法規範が間違っていたとしても、

---

20) 立法法は法院について一言も言及していない。これはおそらく当面の司法機関の地位と関係あるだろう。

21) このように、立法法は異なる法律規範間の衝突の解決方法を具体的に列挙しているが、地方人代および常務委員会の「市級地方性法規」と地方政府の「省級政府規章」間の衝突問題については規定していない。したがって、もし両者の衝突が発生した場合、処理することができない。これは、立法における大きな欠陥であるといえよう。

22) この法律規範審査制度は、行政訴訟において「具体的行政行為」の審査に限定するという規定と一致する。行政訴訟法 52 条、53 条の規定によれば、裁判所は、法律と行政法規を根拠にして、また、「規章」を参照して裁判を行っており、「抽象的行政行為」を審査することができない。

23) 張千帆・前掲書（注 19）347 頁。

それを有効に訂正することは困難である。なぜならば、具体的に法規範を審査する担当者は、人事、財務、責務の履行方法等の側面から見ればこれらの法規範を制定した機関に所属しており、したがってそのような機関が制定した法規範を擁護する傾向があるのは自然なことだからである。通常、法治国家が法規範間の抵触問題の処理を裁判所あるいは司法的性質を持つ専門機関に任せるのは、まさにこれらの機関がその紛争と直接の利害関係を有さず、かつ、独立性、中立性を保障することができるからである[24]。最後に、有効性が問題になる。人代常務委員会は専門性を持つ立法機関として、もっぱら個別の法規範間抵触事案を処理するのは時間的にも無理である。しかも、もし仮にそれが可能であるとしても、当面の立法規定から見た場合、その審査の公正さを保障できるプロセスが欠けている。事実上、2000年の立法法施行以来、全国人民代表大会常務委員会は、立法法が付与したこの法規範審査権限を一度も行使していない。このことはまさに現行立法体制の有効性の問題を説明している[25]。

　では、この問題を解決する対策は何か。中央と地方との関係に関する紛争は、性質上、法的な紛争である。したがって、司法的性質を有する機関を設立しないと、これを有効に解決することができないと思われる。問題は、どのようにしてこのいわゆる司法的性質を有する専門機関を設立するのかということであろう。全国人民代表大会およびその常務委員会が最高の国家機関であることを考えれば、この法規範審査機関はそれと等しい地位のものであってはならない。また、中国の裁判所には法規範を審査する伝統が乏しく、独立性が欠けている現状に鑑みれば、法規範の審査権を裁判所に与えることにも無理がある。したがって、全国人民代表大会常務委員会の下に「中央・地方間法規範審査委員会」を設け、もっぱら中央と地方の法規範間紛争を処理するようにする提案こそが、より現実的であると思われる。当然ながら、この法規範審査委員会には全国人民代表大会およびその常務委員会が制定した法律を審査する権限はなく、法律以下のすべての法規範を審査するものである。なぜならば、今の中国の体制からいえば、全国人民代表大会常務委員会こそが憲法の解釈権を持つ唯一の国家機関であって、法律と憲法の間の抵触問題は、依然として全国人民代表大会常務委員会が解決すべきとされるからである[26]。

---

24)　同上書、358頁。
25)　同上書、347頁。

2. 財政権の分配における問題点と対策

中国は、1994年の分税制度を通じて、地方政府の税収権の範囲を明確にし、地方の固定収入体系を立ち上げた。問題は、まず、地方に分配した税収種類（＝税目）は16に達し、それはすべての税種の3分の2を占めるようになったものの、あくまで規模の小さい種類のものばかりだったことである。次に、これら地方税収の根拠はあくまで国務院の決定によるものであって、法律規範ではない。したがって、「その内容は、しばしば新しい決定、意見によって修正されており」、また中央が地方の財政権を侵害し、省級政府が下級政府の財政権を侵害する現象が多発してきただけに、地方の財力はいまだに保障されているとは言い難い[27]。例えば、16種の地方税収の中にある「遺産税と贈与税」はいまだに立法化されておらず、徴収もなされていない。また、屠畜税、牧畜業税、農業特産税等は廃止されており、固定資産投資方向調整税の徴収も停止されている。また、2001年12月に国務院が発布した「所得税収入分配改革案」によって、もともと地方税であった個人所得税と地方企業所得税は中央との共同税になってしまい、かつ、中央に与えられる比率のほうが高くなっている。その結果、財政権が中央に集中しており、地方には必要な財政権が確保されていない。地方は日々増えていく支出を支える財源を補うために様々な名目の費用を徴集し始め、その項目と規模はますます膨大になっている[28]。それに加えて、地方財政活動には予算と法律の統制が欠けており、違法な債務が一般化している。これは市場経済における公共財政負担の適法原則に違反しており、実際には地方政府の多くが巨大な財政危機を抱えていると思われる。

このような問題を解決するには、まず補完性原則に基づいて、中央政府の関与を、地方政府が自らの職務を自発的に遂行しえない領域に限定すべきであろう。そうなると、地方の財政負担は大幅に削減できる。また、中央政府が提起した立法政策に関しては、自らより多くの財政義務を負うことで、財政圧力を通じた権

---

26) このような結論は、張千帆の著書の中の部分観点を参考にしたものである。同上書、361-365頁参照。

27) 朱大旗「分税制財政体制下中国地方税権問題的研究」中韓国際学術会議「中国―韓国地方自治法制的現状与未来」論文集（2006年）285頁。

28) ある統計によれば、現在中国の地方政府が徴収する費用の種類と規模はすでに地方の税収の規模を超えており、地方は、ますます非税収入と中央の移転支給に頼っており、その比率は増加する一方であるとされる。高亜軍「中国地方税収入規模探析」財政経済評論（2004年巻〈下〉）125頁。

力の拡大を防ぐべきである。次に、長い間、政策上の差別を受けてきた広大な農村地域に対しては財政上の修正を行い、適切な財政移転を通じて（工業化政策によって被った）農村地域の損失を補うべきであろう。また、地方が担っている事務に基づいて、一定の財政立法権を地方に与えるとともに、税種の範囲を拡大し、自律的に税率を調整する権利を与えなければならない。第3に、中央財政移転における公平、公開、合理性、効率性の原則を確立し、各年度の財政移転案の確定手続を明確にすべきである。また中央の指導下で、地方が幅広く、平等に参加する財政移転決定体制を整えるべきである。

　日本の場合、長い間、国は様々な財政手段（例えば、補助金や交付金）を用いて地方自治体をコントロールしてきた。そこで、2003年からいわゆる「三位一体」改革を実行し、補助金および交付税の削減と税源の移譲を行った。その結果については、必ずしも地方自治体の財政の拡充と独立性、自由度を十分に実現したとはいえないものの、たしかに一定の成果が見られる。そして、財政上の改革はその後も続けられており、様々な模索が試みられている。この日本の経験からもわかるように、まず、地方分権改革は一度で終わるものではなく、漸進的な過程が必要である。次に、改革の遂行には法律の保障がなければならない。特に中国のような中央集権的伝統が強い国においては、法律を重視し、法律で改革を進めることが必要である。

3.　司法の地方化問題およびその対策

　地方が相対的に独立した利益団体になるにつれて、司法の地方化現象がますます顕著になってきている。例えば、地方裁判所間で管轄を争ったり、1つの事件を異なる地域の裁判所が同時に受理したり、重複して財産を凍結、封印するなどの現象が多発している。一部の地方裁判所は地方利益を守るため、性質上経済犯罪である事件を意図的に経済紛争と捉えて処理したり、あるいは他地域の裁判の執行に様々な妨害を加えたりするなど、国家の法秩序を乱している[29]。このような現象が現れた主な原因は、中国では単一の司法体系をとっているものの、裁判所の人事と財政は垂直的管理を行っているわけではなく、地方の統制を受けるからである。

　まず、裁判所の人事権は地方にコントロールされている。憲法126条は、「人

---

29)　張千帆・前掲書（注19）346頁。

民法院は法律の規定に基づいて独立して審判権を行使し、行政機関、社会団体および個人の干渉を受けない」と規定しているものの、実際には、裁判官の昇進、賞罰等の事項は裁判所の長官によって決定され、さらに裁判所の長官は5年ごとに地方の人民代表大会の選挙によって決められる。したがって、裁判所の人事権は依然として一定の政治関与によってコントロールされている。次に、裁判所の財政は地方政府によって統制されている。第3に、憲法は行政機関と社会団体の司法への関与を禁じているものの、地方人民代表大会が司法活動に関与することは禁じていない。憲法2条の規定によれば、地方人民代表大会は、「人民が国家権力を行使する機関」として地方の最高権力機関であり、裁判所の長官をも含むすべての地方の指導者を選ぶ権力を握っている。したがって人民代表大会による司法活動の「監督」は当然のことであり、政権党の司法活動への関与もこのルートを通じて合法化されるのである。このような体制の下では、地方の人事と財政上の支持がなければ、地方の司法部門は有効に権力を行使することが不可能、ないし極めて困難である。当然ながら、個別の判決に当たっては地方の党と政府の指導部の指示または意見を勘案しなければならず、結果として司法の地方保護主義の発生が一般的な事実となってしまったのである。特に地方政府が被告になる行政事件においては、地方政府が裁判所の人事と財政をコントロールしているだけに、地方裁判所の独立性が乏しく、しばしば当該地方政府を庇護する立場になっている[30]。

　では、いかにしてこの問題を解決すべきであろうか。司法の地方化現象を防ぐために、最高裁判所の元長官であった肖揚は、「指定管轄を拡大し、他地方裁判（＝別の地方の地方裁判所による裁判）制度を導入すべきである」と提案している。ただし、他地方裁判制度の導入は、あくまで臨時的対応措置にすぎない。しかも、中国は大国であるだけに、地方利益に関わるすべての事件を他地方裁判に任せるのは無理である。根本的にこの問題を解決するには、現在の司法制度を改革するしか方法はないと思われる。そして、この司法制度改革においては、日本のモデルも1つの参考になると思われる。

　まず、裁判所の人事制度から見た場合、最高裁の15名の裁判官を除いて、すべての裁判官の実際上の任命権は最高裁が持っている。しかも、裁判官の資格について法律が詳細に規定している。したがって裁判所内部による垂直コントロー

---

30) 同上。

ルができ、その独立性と自主性を維持するとともに、外部からの関与を排除できる。また、憲法は裁判官の身分と待遇を明確に保障している。次に財政制度から見た場合、裁判所法83条の規定によれば、裁判所の経費は、独立して国の予算にこれを計上しなければならない。そしてその経費の中には、予備費を設けることを要する。したがって裁判所の財政は国の予算によって保障されており、地方の財政状況とは関係が生じない。上記の日本の経験を参考にすると、中国の「司法地方化」問題を解決するカギとなるのは、裁判所内部における垂直管理のシステムの導入であると考えられる。1つの可能な提案として挙げられるのは、各地域の高等裁判所と地方裁判所との連携を切断して、後者を直接最高裁判所に帰属させることである。そして、このような高等裁判所が地方間の紛争および地方利益に関わる事件の裁判を行うというシナリオになる。また、裁判官の高給制を積極的に推進すべきであろう。高給制は必ずしも清廉の結果をもたらすとはいえないものの、低い給料制度は必ず大きな道徳リスクと司法腐敗の一般化を引き起こすからである。また、裁判官の待遇上の平等をも保障しなければならない。

Ⅵ　終わりに

　中国は人口が多く、事情が複雑な大国であり、しかも歴史の中で長期にわたり中央集権の伝統を続けてきた。特に、現在は「党の一元化指導」という政治システムをとっており、現実に中央集権的傾向はある意味で必須であるとも考えられる。しかしもう一方では、市場化と経済発展とに伴って、行政の日常サービスに対する国民のニーズは日々向上している。特に老後の保障、教育、医療、居住、環境保護などの問題は、そのほとんどが地方政府が抱えている解決困難なものばかりであり、それらのニーズに応えるには、地方への権力移譲は避けられない現実的問題になっている。

　このような混沌の中でも分権の法制化は着々と進められており、その中で直面している制度上の問題点を解決することが、何よりも中国の変化と安定につながると思われる。特に、本稿において触れている立法制度上の問題の整理、地方財政システムの改革、司法制度の改革などは、中国の未来の姿を決定するカギになるだろう。そしてこれらに関しては、日本の経験が大いに参考になると思われる。

第2節　中国地方政府の革新の現状とその発展方向

薛 剛凌（中国政法大学）

共訳　呉 東鎬（中国延辺大学）・洪 英（中国司法研究所）

Ⅰ　地方政府の改革革新の発展および現状

1.　地方政府の改革革新の主要な発展段階

　最近の30年間における国家管理の変化の中で、改革と革新は単に中央政府が中心となるだけでなく、各級地方政府の管理とサービスがキーワードとなっている。地方政府の改革革新は「量から質へ、一方向から全方向へ、部分から全体へ、認識と実現の段階へと、次第に深化していく」過程である[1]。このような発展は、主に以下の諸段階を経てきた。

　第1段階は、地方政府の改革革新の模索期でその期間は80年代である。改革開放は地方政府の革新を促進している。中央政府は数多くの領域に実験の場を設ける形で、地方政府の改革革新を活性化させている。例えば農民自治や県級機構改革などは、この一時期のある程度代表的な改革である。ある程度の影響を与えたのは、1988年に海南省が提出した「小政府・大会社」のような政府建設目標である。このような目標は地方政府の機構や職能の設置に関わる改革革新を引き起こしたうえに、80年代後期から90年代にかけての政府管理の基本理念となった、権力を委譲するための基礎段階の民主主義システムの建設など一連の改革に重大な基盤が提供された[2]。この時期、地方政府の改革革新はまだ初期段階であって、改革の動因は主に中央政府から進められた政策にあり、中央政府の政策的な配置転換によって各部門の改革を実行し、改革の内容は主に機構改革、ならび

---

1)　李慶均＝陳健『中国政府管理創新』（社会科学文献出版社、2006年）103頁。

2)　楊雪冬「近30年中国地方政府的改革与変化：治理的視角」社会科学（2008年第12期）。

に政府と社会の間、政府と市場の間の関係を解決することであった。

第2段階は、地方政府の改革革新の発展期で、1993年に始まった市場経済体制確立のための目標達成が目指された。市場経済体制の建設を背景として、中国は世界への参入を加速し、グローバル化の流れに従っている。経済体制の転換は社会構造の深刻な変化を促し、政権党の党理念、ならびに中央政府と地方政府の間の関係に影響を及ぼした。地方政府の改革革新が新たな情勢下で大量に生まれ、その一部は経済領域に集中し、各地の経済発展の実現を目指すようになっている。たとえ80年代における地方政府の改革革新が主として中央政府の推進に起因しているとしても、その中心が機構改革にある以上、その時期に地方政府の改革革新における自主性が増大しており、しかも改革の主な狙いも行政管理体制と市場経済体制への適応性に移り変わった。

第3段階は、地方政府の改革革新の全面的な発展期である。21世紀に入ると、政府は改革の革新を通じて社会・経済の発展と転換、ならびに公共の安全という客観的な要求に対応し、経済的には、WTO体制への対応、経済調整、市場の監督が中国政府の重要な役割となった。社会発展のためには市民社会の成長と民衆の参加意識の増加が不可欠であり、それは政府の監督体制にも思想転換を促すことになる。公共の安全については、新型肺炎や地震、公共の突然の重大事故などが政府の対応処理能力の向上を求めている。それゆえ中央政府は、「サービス型政府」、「科学型政府」、「科学発展観」、「建設革新型国家」ならびに「調和的社会の建設」等の理念を提起し、地方政府のより適切な改革革新を応援し、こうした特色を顕著に示すようになった。この時期、地方政府の改革革新は次第に一大潮流となってきて、その対象領域も単なる行政分野から社会領域に拡大し、多様化傾向が現れた。

2. 近年の地方政府の改革革新の内容

中国の地方政府の改革革新はこの10年間に非常に発展し、成果も豊かになった。内容的には、地方政府の改革革新は以下の2種類に分けられる。

(1) 地方政府の行政改革

地方政府の改革革新は、まず組織構造に対する絶えざる改革の過程であり、責務の確定と運用のしくみの面での改革が進められた。行政制度改革は地方政府改革の中でも特に重要である。その内容は主に政府責務の転換、組織構造の合理化、

職務重複の明確化および数量計画のコントロールなどである。例えば、安徽省は
フラット化した財政管理体制を通じて、省内での財政分配関係をうまく処理し、
また財政収支の範囲を調整するとの前提の下で、省が県を管理する財政管理様式
を確立した。もう1つの例としては、海南省が政府のサービス責務、保障責務、
調節責務と参与責務を独自に設け、また「小さな政府・大きな社会」というガバ
ナンスの型を深化させている[3]。

　大部門制度の改革は地方政府の機構改革の中でも最も代表的な例である。地方
政府の大部門制度改革の意味は、政府組織構造に対する再調整を行い、政府の行
政プロセスを調整しつつ再構築し、その責務を明確化し、部門間の協力を促進し、
政府協働性を具体化することである[4]。大部門制度の改革と一部地方政府の重点
的な改革は、単なる機構統合と人員整理から少しずつ責務の調整機構を構築する
方向へと転換することで、一定の成果を獲得した。代表的な例は深圳モデル、順
徳モデル、随州モデルと富陽モデルである。深圳モデルは中心部門の責任を整理
し、権利と責任の一致を強要している。順徳モデルの主な特徴は職務近接部門の
整理、行政審査の簡素化である。随州モデルの改革は一方だけを重視するのでは
なく、実際の需要に応じて責務と機構を設置することである。富陽モデルは組織
機構上「専門委員会モデル」を採用することで、水平的な部門間調整問題と垂直
的な上下機構の問題に同時に対応している。行政体制の改革は地方政府の改革革
新の重要な構成部分であり、同時に地方政府が対応を迫られている難点の1つで
もある。組織構造からどのような方法で「簡素化—拡張—再簡素化—再拡張」の
悪循環を乗り越えるのかというのが、政府の行政責務の転換に関わる地方政府が
常に悩んでいる問題なのである。

(2) 地方政府の制度革新

　地方政府の制度革新の目的は、地方政府が社会を管理し、常に社会の需要に応
えるため、新制度を創造し、あるいはもとの制度を修正するところにある。換言
するならば、政府の行政体制の革新は比較的全体的、巨視的な改革であるのに対
して、政府の制度革新の方は部分的、ミクロ的な改革である。現在、地方政府の
制度革新の対象となっているのは、政府行政体制と社会需要の間の食い違いの問

---

3)　石亜軍「以地政府改革創新論行政管理体制改革—2009年地方政府改革典型調研分析」北京
　　行政学院学報（2010年第1期）。
4)　呉瑞堅『地方政府大部制改革研究—‘整体政府’理論的視角』http://www.chinareform.org.
　　cn/gov/system/Report/201207/t20120716_146744.htm。

題であり、比較的画一的な政府体制と各地域の多様な社会的現実との間に存在する不適合の問題である[5]。ここ10年、地方政府の革新は旺盛な発展状態を呈しており、獲得した成果も少なくない。2000年に設立した「中国地方政府の革新賞」は、地方政府の革新およびそれと関連する研究を推進した重要な賞である。これは中央編訳局、中央党校と北京大学など研究機構と高校の共同設立によるもので、2年に1回の割合で顕彰を行っている。この賞は、主として革新的成果の程度によって、参加度、効果度、重要度、節約度、普及度など6項の基準で地方政府の改革革新を評価する。「中国地方政府革新賞」が選定した事例からわかるのは、中国地方政府の革新が以下の3つの領域に分布しているのである。

(i) 地方政府の行政管理制度の革新

　このような制度革新の目標は専門的、効率的で、公開と誠実を重んずる地方政府を建設し、主に科学的民主的な政策、政府情報の公開、公衆参加、監督機能の改善、コストの節約、効率性の向上、業績管理、行政責任制、法律による行政などを含んでいる。この10年の発展傾向を見れば、地方政府の改革革新の重点は監督管理、コストの節約、効率の向上から次第に法律による行政、行政責任制、業績管理、行政の専業化に転化したことがわかる。すなわち、①専門化建設においては、地方政府の政策決定領域の革新がますます進展している。例えばオープンな政策策定、公衆参加と政府職員の業績評価などの革新的な手法が次第に増大している。②政府の公開制においては、地方政府は「政府情報公開条例」を制定し、電子政務化への革新がなされた。③効率的な政府建設においては、地方政府は行政審査制度の改革を開始し、政府調達制度、政府作業過程の再編、プロセスの減少と統合をメインとする町管理制度の改革、時間外手続を可能にするインターネットを用いた行政サービス、町管理における「総合管理」体制など各項目の制度革新が実施されている。④責任政府の建設の点では、地方政府は、自由裁量権の規範化、行政許可における電子監督システム、専門家からなる行政委員会制度、指導者たちに対する経済運営の責任審査、公共部門の業績評価、事務部門へのISO9000に基づく質量管理体系の導入など、テクノロジー重視型の政府建設のための様々な制度革新がなされている[6]。

　5）李景鵬「地方政府創新与政府体制改革」北京行政学院学報（2007年第3期）。
　6）何増科「中国政府創新的趨勢分析—基于五届 '中国地方政府創新賞' 獲賞項目的定量研究」北京行政学院学報（2011年第1期）。

（ii） 地方政府の公共サービス制度の革新

　この種の制度革新は、地方の経済や社会の発展が相対的に遅れ、地方の公共サービス建設が経済建設より遅れている事態を変えることを目標としている。これには、主に障碍者に対する支援、マイノリティ集団の保護、貧困家庭への援助、貧困状態からの離脱支援、地域社会サービス、社会保障と社会扶助などが含まれている。この10年の発展状況から見ると、公共サービスの革新の中心は次第に特定領域（例えば、障碍者支援、マイノリティ集団の保護、貧困家庭援助）から基本領域（例えばサービス方式の革新、基本となる公共サービスの均等化、社会保障と救助）へと移りつつある。

　特定領域の公共サービスの分野では、地方政府は、貧困家庭に対する私営企業者援助制、老人サービスとしてのレクリエーションプログラム、ホームレス状態にある児童に対する救助制度、農村の留守家庭における子どもに対する情操教育の援助促進、出稼ぎ者のためのハウス、出稼ぎに行く者と出稼ぎに来た者双方の権利に対する労働組合の保護、女性の権利保護、婦人の権利の監視機関、家庭内暴力の制止と予防などの点で制度革新がなされている。基本領域の公共サービス分野では、地方政府は、政府からの金銭給付を通じた社会組織によるサービスの活用、公共サービスの市場化と民営化に向けた改革、一連のサービス、特に庶民保護サービス制度、農村家庭における住宅地の老人介護の変換、教育券、農村衛生サービス券、陽光サービス、市民健康の電子知識システム化などのサービス分野で制度革新を行っている[7]。

（iii） 地方政府の社会管理制度の革新

　この種の制度革新の目的は、社会で数多くの問題が噴出している現状を踏まえて、社会セクターと利益手段との間に生じている問題を調整し、大量の人口流動化に起因する福祉保障問題と社会の安定化の問題を解決することで、主に社会組織の管理、地域社会の管理、流動人口の管理、体制改革のための投書体制の改革、利益調整と紛争調整、社会の治安管理、パブリックコメントの制度化などの内容を含んでいる。ここ10年、地方政府による社会管理の分野での改革の進展に比べて、社会管理の領域での改革の中心は社会秩序の維持であり、社会的自治の領域の改革はかなり弱い。この10年間に「地方政府の革新賞」に選ばれた事例から見ると、社会管理の革新領域で最も進展したのは利益の調整と紛争の調整、流

7）　同上。

動人口の管理、社会の苦情受付、社会の治安管理、体制改革のための投書制度などに制度的革新が見られる。地方政府は、地域社会のトラブル解決センター、社会問題への応急対策システム、戸籍管理の制度改革、パブリックコメント制などの革新を通じて、比較的緊急の社会問題に対応している。しかし、地域社会の管理、社会組織の管理などの面では、地域社会による公共サービス提供システムの構築がかなり求められるため、地域の社会組織登録制度、選択的な社会組織の直接登録制度の実現などに脚光が当たっている。この分野での地方政府の制度革新はまだ不十分といわざるをえない。

3. 地方政府の改革革新の特徴

(1) 地方政府の改革革新の共通点

第1に、地方政府は改革革新の主体として、非常に強力なイニシアティブを有している。80年代に始まり、90年代中後期から現在に至るまでその勢いを維持し続けている発展期において、地方政府は極めて強く改革の願望を示している。地方政府は法律や政策、ならびに中央政府が許可した範囲での改革革新を行っているが、地方間の激しい競争と日々多様化する社会環境の中で、改革革新は次第に地方政府の必然的な選択となりつつある。地方政府としては、改革の革新は固定的な政治あるいはその他の危険が存在する場合に比べて、メリットが少なくない。例えば、現在ある制度上の不足を埋め償うことで、当該地域に現れた問題と危機を解決し、上級機関と中央政府の支持を獲得し、これに対応するために用いられる政策やその他の資源を獲得することで、他の地方との競争において優位に立つことができる。

第2に、地方政府の改革革新の内容は基本的に3つの方面に関係がある。まず、政府内部の権力構造の配置と組織機構の設置のあり方を改善し、部門間の相互責務の解決、効率性の向上、政府の専業体制の増加である。次に、政府と市場との関係の調整、政府の責務の範囲の明確化、市場作用の利用、経済発展の促進である。そして政府と社会の間の関係の改善、政府の社会サービス能力の向上、社会発展の中で不断に生ずる問題への対応である。この3方面の関係を処理する中で根本的な問題は、地方政府の管理技術を高めることである。

第3に、地方政府の革新領域は当該地域の経済社会の現実に基づき次第に拡張していくことである。すでに述べたように、地方政府の革新領域について発展の

初期段階で関心が持たれたのは政府機構の簡素化であり、90年から行政領域とサービス領域の革新と変革が大幅に関心を持たれるようになった。2003年以降には、中央政府が各項目の政治理念（例えばサービス型政府、科学的発展、調和型社会など）と改革目標を提起した結果、公共サービスと社会管理領域の改革革新が目覚ましく進展している。同時に改革革新の過程で、単なる政府による介入に留まらず、共産党委員会と社会管理の機能を有する社会組織がこの分野で比較的大きな役割を果たしている。

　第4に、地方政府の改革革新の手段は多様化する傾向にある。地方政府の改革革新の中で、システムと技術の導入と革新は制度革新と体制改革の重要な柱である。これは、制度革新と体制改革の整合性の観点から決定され、また地方政府が直面する経済、社会問題の多様性と特性によって決まる。科学技術の発展に伴って、様々な技術と手段が政府の効率性を高め、制度と体制革新の効果を増大させている。例えば、浙江省衡州市が90年代に設立した農業科技110サービスセンターは、大規模な電子設備と情報技術を運用している。さらに、浙江永康市では職員に対して業績審査をする際には「公文筐テスト」方式を採用している。これは現代型の人材評価方法を導入して、制度の革新を支えるものである。システムと技術の導入と革新は制度を多様化させ、制度革新にも合理性をもたらす。多くの地方政府は改革革新の効率を高めるため、積極的に国内外の関連する革新事例を模倣し、このような制度と技術を学んでいる。

　第5に、地方政府の改革革新においては公務員関係の改革作業が非常に目立っている。地方政府の改革革新では、物質的基礎と外部環境が比較的重要であるが、だからといって当該地域の公務員の品質と能力は軽視できないのであり、ある時期にはそれは核心的な要素となる。彼らが行う仕事の質はその裁量に属する政策決定権や審査権、資源の有無に留まらず、さらに彼らの品質、能力と決断にかかっている。地方公務員の視野と能力は政府の改革革新に非常に深い影響を与える。彼らが改革革新にどのような理解を持っているのかは、彼らが行う改革革新の選択と判断に影響している。同時に、地方公務員の職務生活の発展が政府の改革革新の持続性と成功可能性に影響を与えている。その1つは、地方公務員が政府革新をうまく進めるための部分的な誘因として、彼らの転任への需要が見出せる。当該地域の政府の改革革新が比較的良好な結果を得る場合には公務員も比較的良い成績を得ることができ、転任する可能性も生まれる。第2は、地方公務員が任

務を離れる場合には、改革革新の続行が難しくなる可能性もある。特に当該地域で改革革新の制度が形成されていない場合がそうである。

第6に、地方政府の改革革新の中で、地方政府は絶対的に支配的な地位にある。地方政府は公衆、学界とマスメディアなどの参加の重要性を認識しているが、政治と行政上の勢力関係および資源をコントロールしているのは地方政府である。改革革新では政府の主観的な考え方が貫かれている。政府と市場主体および公衆の間の綱引きは、地方政府の改革革新に影響を与えるには限界がある。例えば、大部分の政府が改革革新を行うとき、社会に向けてアドバイスを求める。しかしこのようなアドバイスは一方向のものに限られている。公衆、学界とマスメディアは受け身状態にある。公衆は改革革新に対してアドバイスをすること自体は可能だが、自らイニシアティブを持って提案する権利は持ってない。学界は一般に改革革新に対して分析と論証を行っている。しかし設計段階における参加は比較的少ない。マスメディアの大部分の作業は主に宣伝の方面で現れており、改革革新を監視することは極めて少ない。ある学者がいうように、地方政府の改革革新は「本質的にはある地方政府の行為であって、本当の意味での社会の多様な行為主体による平等参加とはいえず、互いに交流を図る社会実験ではない」[8]。

(2) 地方政府の改革革新の相違点

第1に、地方政府の改革革新には地域の差異が現れている。一般的にいうと、経済が発展した地域には、政府の改革革新の事例がより多い。地方政府の改革革新が一番盛んなところは東部地域であり、次は西部地区、最後が中部地区である。このような現象が出てくる原因の1つは、東部沿海地区では早くから開発が進んでおり、経済と社会発展も比較的早かったために、伝統的な行政管理の方式では公衆の需要を満足させることが難しく、客観的に見ても政府が改革革新を行うことを必要としていたことが挙げられる。それ以外に、考えられる原因としては、地方政府の改革革新の集中効果、もしくは同じ行政区域内あるいは同一行政系統内における改革革新を目指した競争がなされ、先進事例を模倣する関係が存在したために、このように大規模な革新を実現することができたことを挙げられよう[9]。

---

8) 何顕明「地方政府創新実践的生成機制与運行機理—基于浙江現象的考察」中国行政管理（2009年第8期）。

9) 楊雪冬「過去10年的中国地方政府改革—基于中国政府創新賞的評価」公共管理学報（2011年第1期）。

第7章　中国の地方分権改革と法制度　**211**

第2に、地方政府の改革革新の主導部門にはある程度の区別がある。どこが地方政府の改革革新の主導部門になるかという視点から見ると、権力を持たず、資源が比較的少ない「弱気」部門（例えば福祉、婦女連合会、環境保護部門など）のほうが、決策決定権、資源配分決定権と行政審査権を持っている「強気」部門よりもいっそう改革革新の意欲が強い。「強気」部門は自らが持っている権力が実質的な権力で地位が安定しているので、改革革新の誘因が足りない。「強気」部門は実質的な権力でその地域の位置が固定化されているため、改革革新の誘因が足りないのである。しかし「弱気」部門は、改革革新を通じてさらに上級政府の支持を獲得し重視されるようになるため、新たな責務、権力、資源あるいは一定の業績を獲得することを目指そうとするのである[10]。

第3に、地方政府の改革革新の大きさは政府の各階層でかなり異なる。学者たちがこの10年間の地方政府の革新の典型的な事例から分析したところによると、県級、市級、省級のそれぞれで地方政府の改革革新が次第に向上する傾向が現れている。しかし農村級政府の場合は、改革革新において顕著な事例が見出せない。その原因は、改革革新の進展の度合いと地方政府の自主権の大小との間に非常に密接な関係があるという点にある。農村級政府の自主権力は比較的弱く、そして改革革新の主体となる機会が少ない。それは、一般に上級政府の革新の対象にすぎない[11]。

第4に、地方政府の改革革新の種類にも差がある。全般的にいうと、地方政府の自発的な制度革新（例えば行政管理方式、公共サービス、社会管理）は比較的進展しているが、地方政府の自発的な行政体制の改革は乏しく、主に中央政府の政策を実施しているにすぎない。その原因は、自発的な行政体制の改革には上級政府の妨害があるからである。他方で制度革新の場合は、財政上の束縛がある以外には、上級政府の支持と応援を得る可能性が比較的大きく、危険性は比較的少ないことが挙げられる[12]。

---

10)　同上。
11)　何増科・前掲（注6）。
12)　同上。

II　地方政府の改革革新の規律に対する分析

1.　地方政府の改革革新の影響の要因

(1)　地方政府の改革革新の内在的要因

　中央集権体制の下で、もし地方政府が地方改革革新の主体と主要な推進力になろうとするならば、必ずや上級庁の授権と許可を得て、ある程度の決定権と活動の自主性を獲得しなければならない[13]。高度な中央集権的計画経済の時代において、地方政府は地方における国家の代表としての性格しか持たなかったため、自主性はなく、中央政府の決定と分配に完全に服従していた。地方政府は、管轄区域の利益と地方政府自身の利益を明示的に主張することができず、中央の承認を得ることもできなかった。結局、地方政府の政治的業績は、中央の政策の現地における貫徹・実施の程度に比例していた。したがって地方政府が始めた改革革新の事例など、ほとんど見られなかった。改革開放の進展に伴い、市場原理の導入を目指す経済体制改革は、次第に行政体制改革をも促すようになった。1979年から始まった重なる分権改革は、地方政府に一定の自主権を与え、改革革新に対する地方政府の積極性を引き出すようになった。地方政府の一定の自主権は、法律上の地位、機構体制、人事権、財政権、事務管理権など様々な要素に支えられている。以下では、中国の分権改革の沿革に基づいて、上述の5つの要素の視点から、地方政府がどのようにして自主権を獲得し、どのように改革革新を試みてきたか、また、いかにして改革革新の主要な推進力となりえたのかについて述べる。

(i)　法律における地方政府の地位と権限のさらなる明確化

　改革開放以降、新しい経済改革と社会発展に応じて、憲法と一部の法律は次々と改正された。その代表的なものとして次のようなものがある。まず、1982年に改正した憲法は、あらためて中央と地方各級政府の地位と権限を明確にした。次に、1979年に制定された「地方各級人民代表大会と地方人民政府組織法」は、1982年、1995年、2004年の3回にわたって改正され、その中で各級政府の任期を明確にした。さらに、1983年に中国共産党中央委員会および国務院が発布した「政社分立を実施し、郷政府を設立するに関する通知」によって基層政府（＝

---

　13)　楊雪冬・前掲（注2）。

基礎自治体）が設立された。また、1984年に制定され、2001年に改正された「民族区域自治法」によって民族自治地方の自治権はさらに強化された[14]。

(ⅱ) 地方政府機構と行政体制の変換と準備

第1に見るべきものは1982年の行政体制改革である。この時の地方行政の体制改革では、省、直轄市、自治区政府のレベルでは機構の簡素化と圧縮再編とがメインとなっている。省以下の地方政府のレベルでは「先実験点、後進し広める（＝まず実験がなされ、次にそれを普及させる）」の定式に沿って機構改革が行われている。四川省広県は、県級の機構改革のモデルケースの「先行者」として、1982年4月に新しい県級および村級の機構を設立した。経済体制の改革の推進とあいまって、国家体制改革委員会と労働人事部は、1986年7月に16の都市を選定して地方機構の改革を実施した。

第2に見るべきものは、1988年の行政体制の改革である。地方政府の機構改革は元来1989年から行われている。しかし政治経済面で、政治情勢の変動に伴う比較的大きな変化が発生した結果、地方政府の行政体制の改革は暫くの間、放置されていた。

第3のものは1993年の行政体制の改革である。今回の改革の主な目標は政府機構と行政体制とを市場経済の発展に適応できるようにすることであり、主に政府の責務、機構と人員削減とを含んでいた。今回の改革は一定の成果を獲得した。つまり各級の地方政府が25％の人員を削減し、「削減―拡張―削減」のような誤ったサイクルに陥ることのない、非常に大きな適応性が見られた。

第4は1998年の行政体制の改革である。中国共産党中央と国務院が1999年1月と2000年に別々に公表したものが「地方政府機構の改革の意見に関する」コミュニケと、「市県人員編成削減の意見に関する」コミュニケである。今回の改革と前3回の改革との違いは関連範囲が広いこと、削減数が大きいこと、主に地方政府の責務の転換を中心としていること、政府機構の調整であること、そして機構と人員の整理だったことにある。

第5は2003年の行政体制の改革である。今回の改革がさらに重点を置いたのは政府の転換であり、政府管理のモデルを管理型、開発型からサービス型へと転換することを目標としていた。各級の地方政府が新たな多くの試みを始めている。例えばサービス型の政府の構築、政府業績評価の体系と政府の信用体系の構築な

---

14) 同上。

どである。

第6は2008年から現在までの行政体制の改革である。地方政府の行政体制の改革については、いまだに責務転換と機構改革とに関心が向けられている。

この6回の行政体制改革の経験から見ると、1998年の行政体制の改革こそが分岐点であり、地方政府の機構および行政体制の改革の重点は「組織の論理」から「責務の論理」へと変化している。組織論理の強調は機構と人員編成の合理化に向けられたが、1998年以前の地方政府改革の内容は主に技術的側面に留まっており、中心に置かれていたのは組織機構の構造と数量の調整であり、基本目標は機構と人員の削減にあった。責務の論理が強調するのは政府の権限配置の合理化である。1998年以降、地方政府が改革を行ううえで関心を払うようになった点は、政府の権限がいかに市場経済の需要と社会発展の需要とを充足させうるかであった[15]。行政改革の2つの大きな内容から見ると、政府の責務が単なる「管制型」から「開発型」、「サービス型」に転換した結果として、地方政府の改革に新たな方式と空間とが提供されることとなった。機構の削減と再編は地方政府の改革革新のための機構と体制の準備をした。

(iii) 省級政府の人事決定権の委譲

80年代に改革開放と社会経済の発展とに適応するため、国家は幹部人事制度に対して改革を行い、地方政府の職員任用分野での自主権を増加させている。1983年10月、中国共産党中央委員会組織部は、「幹部の管理体系改革における若干問題に関する規定」という通達を公布し、幹部に級別の管理を求めた。1984年7月、中央政府は幹部管理権限の委譲を決定し、管理体制を確定した（中央による各部委員会および一部重要な国有企業の主要な指導幹部の管理；省、自治区、直轄市級の政府による地〈庁〉級、司〈局〉級および重要企業、事業単位の幹部の管理；市、州級政府による県級の幹部の管理）。中央政府の要求によって、省級の政府が幹部管理の権限を委譲し、従来の二級幹部の管理体制を変化させた。このような幹部人事制度の変化は、地方政府が自らの下級幹部の管理権を増加させており、地方政府の下級幹部のコントロールと影響力を増加させた。

(iv) 地方政府財政の自主権の獲得

地方政府の財政自主権については、主に2つの段階を通じて財政改革を実現した。

---

15) 毛寿竜「中国政府体制改革的過去与未来」江蘇行政学院学報（2004年第2期）。

第7章　中国の地方分権改革と法制度　215

　第1段階は80年代の財政請負制の改革である。1980年は大部分の省と自治区が財政については「分灶食飯」（財政における中央と地方の分割）の状態であった。8年後、37の省級地方と政府と「計画単列市」が財政請負制を行っていた。財政請負制というのは、国家が地方政府に一定の財政自主権を与えて、地方政府に経済発展の積極性を呼び起こすことである。国家は、地方政府が国有企業を設立し、利益を獲得することを奨励している。地方政府の収入は当該地域の国有企業の利益と企業所得税を含んでいる。このような改革は、計画経済時代に存在した中央政府の全能モデルと資源、利益配分のパターンに調整と変更を促している。

　第2段階は90年代の税制分配改革である。税制分配改革は1993年から実行され、中央と地方の財政分布の基本制度を構築し、2クラスの財政管理体制を設立した。この財政制度改革の意義は、国家税収入の中における中央政府への配分を減少させる傾向を生み出すところにあるが、それは主に以下の内容を含んでいる。①税収利益の共有システムを設立すること。②中央政府と地方政府とがそれぞれ税収基準を確立し、税制分配を通じて、中央と地方の責務の範囲と事務区分に基づく各自の財政権を確立すること。これはまず中央の財政収入を保障し、同時に地方政府が積極的に徴税できるよう調整を加えることで、地方政府の財政能力を増加させた。

　以上の2段階の財政体制の改革は、地方政府の経済発展を応援し、積極性をも呼び起こしている。地方政府がコントロールできる収入源を得ることもできるし、それは一方では地方政府の政策実現能力の増大につながり、他方では地方政府の自らの利益をも保護することになる。

(v)　地方政府の権限の拡大

　憲法と行政組織関連法の規定によれば、地方各級政府の権限は以下の2つに分けられている。①執行権力。これは、同一級の人民代表大会の決議および上級行政機関の決定や命令の執行、行政措置の規定、行政命令の公布、国民経済と社会発展計画立案、予算の執行などを含んでいる。②自主的権力。これは、同一行政区域内の経済、教育、科学、文化、衛生、体育事業、環境保護等の管理事業を含んでいる。財政自主権の獲得と幹部管理権の増強に伴って、地方政府の管理権限も以前に比べて増えている。ある学者は、「1980年代の地方政府の権力の増加は、(a)中央から移譲した部分的管理権、例えば、計画管理権、固定資産投資権、城郷建設権など、(b)上級機関が移譲した企業の管理権、とりわけ一部赤字企業を下級

政府に管理させた結果、下級政府はより多くの経済管理権限を獲得した一方で、レイオフ労働者の生活難に対する解決などの社会的役割をも担うようになったこと、(c)臨時的任務、などに現れている」としている[16]。

前述のように、計画経済期においては、高度の中央集権体制の下で権力が中央政府に集中したため、地方政府の主な責務は中央の権威を擁護し、中央政府が下した任務を完成させることであって、独立性を持ってはいなかった。地方政府は、中央政府の地方代理人という役割に留まり、地方自身の利益の代表者ではなかったため、中央の政策に影響を与える能力を持たず、受動的に中央政府の命令を受け取るだけであった。そのため、地方政府には、自律的に改革革新を行い、地方の利益を追求する原動力が欠如していた。もっとも、改革開放政策以来、中央と地方の政府間関係には一定の変化が現れている。上述の5つの要因の下、地方政府は単なる「地方層級」から新しい利益主体へと転換し、その独立性と自主性が増えるとともに、中央の地方代理人の役割から地方公共サービスの提供者へと変わりつつある[17]。これらは、地方政府が改革革新の主体であるとともに主要な推進者として登場する基礎となっている。では、地方政府の自主性の増強はどのような場面で改革革新に対して影響をもたらすだろうか。以下、3つの場面において論ずる。

先ず、地方政府の自主性の増加の意味は、地方政府の実際の権力、責務および行為の裁量の限界が弾力化され、地方政府の選択の幅が拡大した[18]。地方政府は自身の効用目標の配置により公衆資源を大量に有している。それは、地方政府の行為がこの地域の経済社会発展の決定的な力であり、自明なことながら、改革革新の推進を通じて経済社会発展の主体となり有力な推進者となっていることを意味する。

次に、地方政府の自主性の増加は地方の利益の内容を明らかにし、改革革新の積極性を促す。地方利益は地方政府の行為を奨励する。中央政府の法規、政策、指示に従って活動しなければならないとしても、地方政府は当該地域の発展の利益を追求しつつ、体制改革と制度革新の両面で積極的、能動的な役割を果たす。

---

16) 楊雪冬・前掲（注2）。

17) 張晨『転型視野中的地方治理：空間転換、体制重塑与績効評価転向』（蘇州大学政治学専業2014級博士論文）。

18) 何顕明「政府与市場：互動中的地方政府角色変遷—基于浙江現象的個案分析」浙江社会科学（2008年第6期）。

中央政府の政策命令と地方利益の要求とが合致するときには、地方政府は中央政府から提供された機会を利用して、積極的にこの中から発展に有利な資源を得て、地方利益の実現と公務員としての業績評価向上の実験を行う。中央政府の政策命令と地方利益が合致しない場合あるいは抵触がある場合、地方利益が当該地方政府を駆り立てるため、当該地方政府は他の有効な方法と革新を探求するようになる。そして地方政府は、中央政府の要求に違反しないことを条件としつつ、弾力的に職務を遂行している。

最後に、地方政府の自主性の増加は地方政府の行動様式と意識を「単純に上級の命令を実行することから、実行者と能動（的立案）者の統一へと変化させた」。改革革新はさらに特殊性、多様性が必要である。以前は単純に中央と上級政府の命令を実行していただけだったのと異なり、現在では地方政府は相対的な自主性を獲得して、行政管理と公共サービスにおいて中央や上級政府の政策と当該地域の具体的状況とを結合させている。それは、地方政府の改革革新が当地の実際の状況に適合しているからであり、当該地域の公衆の現実の需要により密接に結び付いているからである。それは、単なる模倣と照会では実現できない。例えば、同じく政務公開領域における革新事例であるが、江苏省公安庁の「告知サービス制度」の執行を通じて湖南省長沙市政府が推進したのは、「市県農村四級連動政務の公開」であった。地方政府の財力、事務と責任の増加に伴い、地方政府は、体制改革と制度革新において、さらなる選択肢と空間を有することになった。

注意すべきこともある。地方政府の自主性の増加がこの発展改革の基礎となっているのだが、なすべき実験のうちで、地方政府の自主性がある程度、異常事態を生じさせてしまう可能性もある。この場合は改革革新の妨げとなってしまうのである。

(2) 地方政府の改革革新の外在的環境

地方政府が改革と革新を行えるか否かは、まず地方政府が改革革新の主体的地位を獲得できるかどうかによって決まる、しかし改革革新の主体的地位の獲得および能力の発揮は外部環境の支配を受けている[19]。以下の４つの方向から地方政府の改革革新の外部環境を述べる。

(i) 社会環境——経済社会の発展がもたらす地方政府への挑戦

計画経済時代には、集権体制下の一体化社会が地方政府の活動における基本環

---

19) 高衛星「地方政府制度創新的幾個問題」鄭州大学学報（2005 年第 4 期）。

境であった。これは、国家が高度に集権的な組織体系を設けることを意味するが、国家が社会資源の配置を独占し、全体的に社会をコントロールし、すべての社会構成員は国家および行政化された単位組織に組み込まれている。市場化の改革が発展するとともに、伝統的な計画経済モデルが崩壊する。全体が次第に解体し、高度な一元化の形態から多元化の形態に変化しつつある。社会の資源配置様式と利益分配システムおよび社会利益の主体、構造などが変化しつつである。地方政府の活動環境の変化の原因は、絶えず分化していく社会と複雑な市場にある。これはもともと一体化社会の政府管理システムと社会コントロールシステムでは効果的でないという危機意識から生じたものである。そして、国家管理の下では末端の機関にすぎなかった地方政府に対して、上から下へと向かう改革要求と下から上へと向かう改革要求とが二重の圧力を生み出すため、改革革新によってこのような危機とチャレンジに対応する出口を見つけ出さなければならなくなったのである[20]。経済と社会の発展が突き付けた大きな挑戦は地方政府の改革革新を迫っている。

(ⅱ) **政治環境──中央・上級政府による改革革新の決定権の維持と「手探り」の伝統**

　地方政府も一定の自由を持っているにせよ、中国の集権体制では、地方政府の改革革新の要求は体制の中から行われるものである。地方政府の改革革新は、中央または上級政府の承認を経由して行われている。中央政府が改革と制度革新の運命と発揮方向を決定し、改革革新を行う地方公務員の昇進と転任を推進している。これは中国地方政府の改革革新において無視できない制度的前提条件である。学者の楊冬雪が参加型の地方政府改革革新に関与した政府関係者に対してアンケート調査を行っているが、調査の結果わかったことは、「上級部門の認可」の選択肢においては、「（地方政府の改革革新では）外部支持を獲得することが一番重要なのか」、「革新目標に影響を与えた原因は観念のレベルから実際の運用レベルまでの時間なのか」、ならびに「どのような結果が革新の成功を証明するか」という３つの問題を３つとも選択した者が一番多かった[21]。このような環境による影響からか、地方政府はしばしば「着実型」の改革革新を発展させている。例えば地方政府は、中央・上級政府が提唱した目標や政策に従った改革革新を、あるいは中央・上級政府がすでに改革の試みを行っている領域での改革革新を求めてい

---

20) 何顕明・前掲（注18）。
21) 楊雪冬・前掲（注９）。

る。他方で昔から現在まで、中国の政府体制と行政体制の改革はともに手探り状態にあることが特徴である。すなわちモデルが少なくて前例に倣うことが難しい。そして皆「石橋を叩いて渡る」ような改革を行っている。これは、政府改革革新の「手探り」の伝統を生み出すことになる。全国的な改革と革新を行うには、比較的大きな危機があったときに、中央・上級政府が地方政府に権力を授けて実験を行わせ、これが成功を収めた場合に限り、その後に全国的に普及させるというやり方が必要である。ここからわかるのは、地方政府の改革革新の選択範囲が、中央・上級政府からの比較的大きな規制と影響を受けざるをえないということである。

(iii) **競争環境**──地方政府間に存在する改革革新競争

　新しい制度経済学の観点から見ると、政府間の競争の核心は制度の競争である。中国の地方政府が地方利益を求める際には、自己の管理区域内での経済と社会の発展の中で、必ず競争の方式をとらなければならない。そこでは、様々な流動性を有する要素と資源（例えば生産資本、人的資源など）とが核心をなす。この中で比較的主要な競争方式は、体制改革と制度革新の競争である。この点に関しいえることは以下の通りである。(i)体制改革と制度の革新は地域の競争力を上げ、外来の資源を引き付け、経済発展と住民の雇用を増加させている。(ii)コストの点で収益力があり、成功しうる改革革新は伝統的な競争戦略に加えて（例えば税収優遇、土地価格の助成金支給など）、さらに地方政府のための経済的な意義も持っている。例えば、社会的な取引コストの削減、資源配置の効率のアップ、などである。(iii)体制改革と制度革新はさらに中央・上級政府の支持と愛顧を得る。この中から良性の循環が繰り返される[22]。

(iv) **文化環境**──観念や態度が地方政府の改革革新に与える影響

　文化環境は１つの非正式的な制度要因にもかかわらず、価値観、態度、観念や習慣を通じて、ある程度、地方政府の改革革新に影響を与えている。政府関係者あるいは社会の一般大衆が、彼らの観点から改革と革新の行為およびその正規制度化についてどのように判断、理解するかは、地方政府の改革革新が順調に実施されるかどうか、ならびに社会的支持を受けるかどうかを決定している。今までの改革革新を文化環境から見ると、中央政府が極力、改革革新の観念と雰囲気を

───────────────

22)　馮亮＝潘春陽「論‘中国式分権’下的地方政府制度創新競争」世界経済状況（2009 年第 5 期）。

醸造させ、これを支援したとしても、「革新というのは1つの民族進歩の魂であり、1つの国家の景気にとってのより良い発展の原動力である」。これは地方政府の改革と革新の勇気と自信を増加させている。しかしすべての地方政府公務員が改革革新の能力を持っているわけではない。彼らはしばしば「革新」と「保守」の間で比較し選択する。加えて、一部の一般大衆における政府の信任率や改革革新への興味の程度、ならびに政府組織活動への参加度は高まっていない。これは、地方政府が改革革新の中である程度とはいえ直面している問題である。

2. 地方政府の改革革新の要因

中国地方政府の改革革新の目的は、(ⅰ)改革革新を採用して、以前からある体制、制度の限界を突破するところにある。例えば、以前実施されていた比較的厳しい「戸籍制度」が現在見られるような頻繁で激しい人口流動化という現実の状況に対応することが困難になったため、各地方政府は制度革新の試みを始めるようになった。戸籍制度は都市管理と流動人口に様々な問題をもたらすようになっている。(ⅱ)全体的な体制や制度の改革を実験することが難しいときに、体制の核心に触れるような改革革新には手を付けないままで、体制の外部や辺境から変則的な方法で、改革革新の可能性を調べることである[23]。この要因は3つに分けられている。1つは地方経済、社会、管理などの問題が改革革新を促すことである。第2は、中央・上級政府からくる政策や指示を含んだ要求である。第3は、地方政府自身の効率性を改善したいという要求である。この中で1つ目と2つ目は受動的な圧力型の革新であり、最後の3つ目は自発的な革新である。

(1) 地方経済、社会、管理などの各方面の問題から生ずる誘因

従来の社会では、地方政府の管理に対する反応には以下のいくつかの特徴がある。第1は、改革が巨大な業績を獲得したにもかかわらず、人々の改革の認知度が非常に低下してしまった場合である。第2は、経済は絶えず発展しているものの、資源と環境への負荷が過大なものになってしまう場合である。第3は、社会の変質や体制の転換が速すぎて、大量の社会衝突や社会矛盾が集中してしまう場合である[24]。ある研究者によれば、中国の地方政府の改革革新の動機の中で最も目立つものは地方の社会問題である。一言でいうと、地方政府の改革革新は主に

---

23) 何顕明『順勢而為：浙江地方政府創新実践的演進邏輯』(浙江大学出版社、2008年) 28頁。
24) 汪玉凱「深化行政体制改革需要進一歩解放思想」河北学刊 (2008年第4期)。

第7章　中国の地方分権改革と法制度　**221**

問題後追い型の改革である[25]。このような改革革新は、地方政府が政府運営の中で生じる実際の問題を解決するため、あるいは社会と公衆の実際の需要を満足させるために、発案・設計を行い、それを実施するものである[26]。このような動機は、地方政府革新の場合には主に3種類の具体的な形をとって現れる。

1つは管理問題を解決することである。例えば広東省深圳市観察局が2005年に設立した「行政審査電子観察システム」の狙いは、政府の許認可過程におけるrent seeking行為をなくすためである。情報インターネットの技術を通じて、行政審査の観察様式がソフト型から厳格拘束型に変化し、行政審査プロセスの規範化と審査過程の公開が促進されている。観察作業では、主に事後の観察から事前・本番・事後の観察の結合へと変化させることで、「審査観察の困難さ、審査規範の難解さ、審査による責任追及の困難さに由来する、審査の自由裁量権」が比較的大すぎるという問題をよりよく解決できるようになる[27]。

2つ目は社会問題の解決である。例えば上海市浦東新区の社会的紛争に対応するため、町トラブル調整センターが大量に設立されている。「改革開放以来、中国の司法行政は大きな進展を遂げるとともに、様々なチャレンジにも直面している。大量に事件が発生するため、伝統的な人民調停制度ではもはや対処するのが難しい。様々な社会紛争の出現は常に政府の正常な作業を悩ませている」。浦東新区の司法局の社会紛争調停センターはこのような背景の中で生まれてきた[28]。

3つ目は民衆の需要を満足させることである。例えば浙江省寧波市海曙区の「社会の養老施設とサービスに対する地元の老人の需要が急に上昇したために、政府型養老方式ではもはや需要を満たすことができない。同時に、家庭構造の核家族化と労働環境の変化に伴って、留守家庭が日々増大し、家族による介護は日々弱体化している。海曙区政府の実行した「政府の（老人）ホームにある養老サービスを購入する」方式は、社会資源の参加と養老産業とを最も引き付けており、地区内の高齢者や独居老人の需要を満足させることができる[29]。

---

25)　陳雪蓮＝楊雪冬「地方政府創新的駆動模式」公共管理学報（2009年第3期）。

26)　趙強「中国地方政府創新：現状、問題与対策」東亜論文（2012年第69期）19頁。

27)　中国創新網『広東省深圳市監察局：行政審批電子監察系統』http://www.chinainnovations.org/index.php?m=content&c=index&a=show&catid=187&id=1164。

28)　新浪網『上海浦東新区創辦社区矛盾調解中心』http://news.sina.com.cn/c/2007-07-16/161713458451.shtml。

29)　中国政府創新網『寧波海署区政府：政府買居家養老服務』http://www.chinainnovations.org/index.php?m=content&c=index&a=show&catid=187&id=1058。

(2) 中央と上級の政府政策や指示の要求

徹底的に中央と上級政府の政策指示を実行すること、あるいは中央と上級政府の指定した「実験点」の対象になることも、地方政府の改革革新の要因の１つである。例えば、すでに述べたように、中国政府の改革革新は常に「手探り」の伝統があり、地方政府はいつもこのようにして改革を行っている。そして、中央と上級政府が、ある領域に注目した場合、下級政府はこの領域で積極的に改革革新を追求し、また互いに競争することである。ある学者が地方政府の改革革新の研究の中で分析したところによると、ある省市がこの10年間に行った改革革新は主に同一領域に集中している。この原因は主に上級党委員会と政府がこの領域に注目していたところにあることが強調されている[30]。

このような要因と関わる地方政府の改革革新の最も典型的な例は地方政府の大部門化改革である。例えば「広東省機構編制委員会事務室の大部門体制改革である」。これは中央と広東省委省政府の指示に基づき改革精神が発揮され発展がなされたものである。広東省委員会と省政府は、中国共産党中央委員会の「行政管理体制改革の意見を深化することに関して」に示された改革方針と「珠江三角洲地域の改革発展計画綱要 2009-2020」の要求とを結合させ、「深圳などの地域が行政管理体制と改革の先行試行の意見に関して」（奥办発［2009］13号）と連動しつつ、まず佛山市順徳区から全面的な行政管理体制革新を行うことを明確にした。その上で系統ごとに各分野の体制改革を促進し、党政機構をより適切に設置し、大部門の体制改革を実施したのである[31]。

(3) 地方政府自身の効率性改善の需要

このような要因を生み出したのは地方政府の改革革新の自発性と、一般的に地方政府が学んでいる新しい型の管理理念あるいは企業および他の組織の経験である。市場経済と社会の発展とが政府の行政体制に転換を求めている。地方政府の行政体制と制度は市場経済の発展様式と企業経営管理理念とに深く影響されている。そして、ある地方の政府は市場手段を用いた公共管理を運用して行政効率を高めている[32]。

---

30) 楊雪冬・前掲（注9）。
31) 広東省機構編制委員会辦公室『大部門体制改革』http://www.ahjgbzw.gov.cn/include/web_content.php?id=28832。
32) 王勇兵「地方政府創新―制度空間与路径選択」学習時報（2006年2月28日）http://www.china.com.cn/chinese/zhuanti/xxsb/1136641.htm。

このような要因が生み出されたのは、地方政府の改革革新が主に企業の管理理念を導入したことにある。例えば、「紹興市政府の事務室は、企業に適合的な質量認証標準への改造革新を行っている。政府規制に適切な質量審査の標準を設け、先進的な管理ソフトなどの技術系統を導入している。ISO9000 系列の標準が要求するプロセス化管理を実現して、政務インターネットの操作化の程度を高めている[33]」。さらに、「南京市下関区は、2000 年 10 月以来、商業スーパーを開放し、市民に便利な新営業方式を提供している。もともとの閉鎖式の執務模式を変え、全地域の街頭事務所を窓口式とカウンター式の 2 種類に変換させている。40 以上のサービス項目を『財務スーパー』の大庁内に集めて、便利性、開放式と『一体式』のサービスを行っている[34]」。

3. 地方政府の改革革新の原動力

地方政府の改革革新の推進力としての需要と原動力は互いに区別すべきである。地方政府の改革革新の新しい要因とは改革革新を触発する要素を指す。しかし原動力というものは地方政府の改革を迫る「アクセル」である。本稿は、地方政府の改革革新の原動力は 6 つの方面の内容を含むと考えている。すなわち、地方政府公務員の改革革新の意識と社会的責任感、地方政府公務員が業績の上昇に対して抱く緊迫感、中央と上級政府の推進力、地方政府間の競争の圧力、学界とマスメデイアの関心と支持、社会民衆の圧力と支持である。このうちの前 2 つは内在的原動力であり、革新者と密接な関係があり、後の 4 つの項目は外在的な原動力で、この中の第 3、第 4 項目が体制の内側に由来し、第 5、第 6 項目は体制外のものである。以下、詳しく述べる。

(1) 地方政府官員の改革革新意識と社会的責任感

中国の根深い「人治」の伝統によれば、「腕利き」の者が持っている権力の範囲が非常に広い。そして地方政府公務員が、革新者として政府の改革革新に顕著的な影響を持っている[35]。少なからぬ学者たちが地方政府の改革革新事例の研究を通じて示したのは、地方政府公務員の革新精神と能力が改革革新の過程におい

---

33) 余瀟楓＝林国治『浙江模式与地方政府創新』http://shx.zjss.com.cn/infDetail.asp?id=17&tn=inf。

34) 中国政府創新網『江蘇省南京市下関区首創 ‘政務超市’』（新浪網）http://news.sina.com.cn/c/2007-07-16/162313458551.shtml。

35) 楊雪冬・前掲（注 9）。

て主要な役割を果たしたことこそが、改革革新が成功する重要な一因となっているということである。中国の地方政府の改革革新は、西洋における国家政府の革新と同様に、「エリートによる駆動力」によるものである。すなわち、政府の改革革新のいくぶんかは政府のエリートの「戦略構造」に由来しており、このような「戦略構造」は、時折、政府全体のために新たな方向を指し示し、日程に革新をもたらしている[36]。最近の中国の政府人事制度の改革に伴い、地方政府の公務員は次第に若年化するとともに知識化しつつある。地方政府の指導者層は絶えず学歴が高く、教養の豊かな人材を受け入れている。このような公務員は比較的高い理想と迫力と見識を持ち合わせている。自身の社会的責任感と事業計画のため、彼らは政府行政体制中に存在する問題や絶えず出現する経済社会問題に直面するたびに、地方政府の行政体制と管理・サービス制度を革新する意欲を抱くことになる[37]。

(2) 地方政府公務員による業績と昇格の追求

たとえ「地方政府公務員の改革革新の意識と社会的責任感」は、内在的原動力の中でも個人的なものであり、普遍的なものではないとしても、「地方政府官員の業績と昇格の追求」は内在的原動力の中で構造的原動力であり、地方政府の改革革新のうちで比較的よく見られる原動力の1つである。政府公務員の審査体系の中で、制度革新は指標を測るものの1つである。成功を納める地方制度革新は地方政府の1つの主要成果と見なされる。中央政府は地方政府の自主的な制度革新を応援しており、常に典型的な方式を樹立して宣伝する。例えば、浙江温州、山東諸城などである。このような地域が典型例となりえた理由としては、中央政府の支持があり、政府の重要な業績になっているうえに、当該地方政府の改革革新が経済社会の発展を促進したからであった[38]。他方で、地方政府の体制と制度が不十分な場合、あるいは地方政府の経済社会発展に適合しない場合には、政府公務員は業績と昇格を追求するために、この障害を突破して革新を行っている。

(3) 中央と上級政府の支持・推進

上述したように、中央と上級政府の態度と受入れの度合いが地方政府の改革革新に影響を与えている。もし地方政府の改革革新が中央あるいは上級政府の絶賛

---

36) 丹尼斯.A. 荣迪内利（贾内娟訳）「为人民服务的政府：民主治理中公共行政角色的转变」経済社会体制比较（2008年第2期）。
37) 李景鵬・前掲（注5）。
38) 馮亮＝潘春陽・前掲（注22）。

と承認を受けた場合、その時までの進行過程が比較的順調であったとしても、さらに進度が速くなる。同時に地方政府公務員が注意すべき政治・行政上の危険も比較的少なくなる。逆に、改革革新がしばしば「县花一层」（＝一瞬現れてすぐ消える）あるいは「中止」となる場合もある。そして、地方政府公務員が常に考えることは、「上下の交流、中央と基礎の共働」と「上から下、中央から基礎へ（のプロセス）」である[39]。この２つの方式の中で、「中央」は最も重大な要素である。

(4) 学界とマスメディアの注目と後押し

学界とマスメディアの関心、研究、宣伝は地方政府の革新に大きな影響を及ぼす作用である。まず、学界の研究とマスメディアの宣伝は、政府公務員と社会民衆とに改革革新の重要性ならびに改革革新が有するより良い効果をさらに認識させる効果を持つ。次に、学界、マスメディアの研究と報道は地方政府の革新により良い名声を与えることになる。それは中央、上級政府の関心と支持を得させることで、改革革新のプログラムの順調な実現を促進する。最後に、このような外部の応援と宣伝により、各地方政府が互いに経験を交流することも促進される。このようにして、他者の成功経験を学び、制度を参考にしたり移植したりする中で、改革革新の影響力が広がっていく。典型例としては、前述した政府革新の評賞活動である。このような学術研究と政府実験とが結合した活動は、地方政府の改革革新に積極的な推進作用を及ぼす。少なからざる地方政府が、積極的に自身の改革革新を報告し評価を受けている。表彰された政府はこの賞の名誉を大切にしている。

(5) 社会民衆の圧力と推進

政府革新の原動力は社会民衆の圧力にも関わっている。政府の行政体制と具体化される制度とに不足がある場合、経済社会の発展がもたらす問題に対応することが難しくなり、社会の民衆層に比較的大きな悩みと利益の損失をもたらす可能性もある。社会の民衆層は様々なやり方で政府に圧力を加えている。その結果、地方政府は自身の行政体制と具体化された制度を改善するようになる。同時に、行政改革と政治改革とが交差する領域で、政治改革には一定の困難がある場合、社会の民衆層はしきりに行政改革（例えば透明な政府の建設、服務政府〔＝サービスに忠実な政府〕、責任政府および参加型政府）を求めることで政治的需要を満足させ

---

39) 楊雪冬・前掲（注９）。

ている。地方政府は行政体制の改革を通じて、民衆の利益の明瞭な表現と政府の
追求していることとを連結させている。これも地方政府が改革革新を行ううえで
の1つの原動力である[40]。

4. 地方政府の改革革新が育む小回路

(1) 地方政府の改革革新の図式

地方政府の改革革新が「萌芽」から「成長」し、さらに「繁茂」に至るまでに、
どのような経過をたどるのか。以下の簡略図は、地方政府改革革新の成長過程を
示すものであり、政府が1つの革新につき、これを発意し実施し拡大するまでに
必要な軌道と過程を表したものである。同時にこれは、このような改革の軌道と
過程の記述を通じて、地方政府の改革革新がどのようにしてその影響力を発揮し
ていくのかをも示している。

第1に、社会と経済の発展が日常的な傾向であることが示されている。これは、
政府の行政体制にとっては必然的に専業化の程度を高める要因となる。政策決定、
実行、監督、協調など作用の異なる要求を通じて、行政権力は合理的な配置を行
うようになる。中国の政府行政はいまだに簡単な政策決定と実行の一体化の階段
に留まり、しかも実行面に注意が向けられすぎており、政策決定面で怠慢が見ら
れたり、監督などの作用においてはかなり不均衡な状態が生じている。

第2に、市場経済は政府の役割をマクロコントロール面での調整に置き、ミク
ロ経済への介入や、総合管理、科学的な政策決定に介入することは減らすよう改
善することを求めている。しかし現在の地方政府の権力機構は、いまだに計画経
済時代の考え方によって設置されており、条块分割（縦の関係と横の関係の分離）
の影響から自由ではないため、機構の設置のなされ方は管理が分散化、断片化し
つつ重複し、権限も重複している。これは単に政府の経済権限を有効に運用する
うえで不利なだけでなく、市場が資源配置の機能を発揮するうえでも不都合と考
えられる。

第3に、今までの社会発展の中で、政府が管理すべき需要には流動性、解放性、
多元性、交融性などの特徴が見られ、これらは互いに関連しあいながらサービス
事務の複雑さを生み出している。これは政府の管理とは適合しにくい、総合的な
要求を生み出している。今までの政府行政体制は単純で静態的な管理方式と体制

---

40) 李景鵬・前掲（注5）。

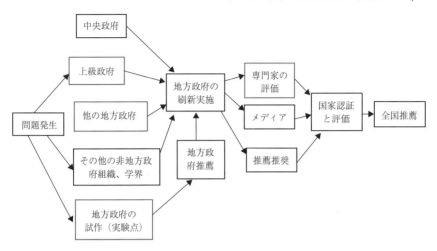

の運用に適合的であり、条块分裂（縦の関係と横の関係の分離）のせいで協調性が比較的弱く、総合性が足りない。また、社会に対する応答性が比較的遅く、柔軟性が不足し、長期的視野や全体的な計画もなく、究極的な解決を生み出すのがしばしば困難となるものであった[41]。

このような状況の下で、地方政府は必然的に改革革新を行わざるをえず、合理的な政府管理体制と様式への転換、ならびに民主政治の発展を求めるようになった。

(2) 地方政府の改革革新の定着

地方政府が改革革新を実行した後に直面する問題は、中央から上級政府の認可と承認を獲得する過程で、「このような改革革新の項目を定着させるための正統な地位を得ることができるかどうか」である。一般的にいって、地方政府の改革革新の項目に対して中央あるいは上級政府からの承認を得るには2つのルートがある。1つ目は、「正式なルートを通じて（例えば会議、報告、文書化など）あるいは非公式のルート（例えば遊説、関係の調査、裏からの口利きなど）を通じて、上級政府は地方の利益に基づく制度革新の要求を受け取り、このような要求が上級政府に正式な制度化のための政策アイデアを供給している」。これは事前の承認である。2つ目は、まず体制改革あるいは制度革新を自主的に行うことで、上級政

---

41) 薛剛凌「推進大部制改革──構建以功能為中心的政府権力結構」中国機構改革与管理（2011年第5期）。

府に〔この自主的〕決定の主旨を例外的に理解してもらい、評判を得ることで上級政府の注目を集め、先導役割を認めてもらうなどのやり方によって、中央あるいは上級政府の承認を得ることである。これは事後の承認である[42]。

(3) 地方政府における改革革新の成果の普及

地方政府の改革革新は、当該地域の経済社会発展に影響をもたらすだけではなく、ほかの地域、ひいては全国にも影響が及ぶ。仮に、地方政府の改革革新が解決したものが一般市民社会の関心の高い問題であり、かつ広く適用可能である場合、中央政府あるいは上級政府はそれを肯定し、全国にその成果を広めるとともに、その制度化を進めて行く。これは、中国が政策制定において今まで実行してきた所謂「実験―普及一般化」モデルと合致する。地方政府の改革革新成果の普及は、主に以下のルートを通じて行われている。

(i) 政府間の交流

中国の各級政府間には、上から下への垂直的交流システムが存在するとともに、地方の下級政府は、定期的な海外視察や交流を行うことも可能である。このような交流システムは、地方政府の改革革新の成果を広げる重要なルートになっている。

(ii) 学界の研究とメディアの宣伝

ネット化、情報化の発展は、地方政府の改革革新の成果を参考にし、移植する試みに対して、豊富な知識源と情報源を提供している[43]。一般に、特定地域の革新は他地域の改革革新と様々なつながりがある。

III 地方政府の改革革新の中に存在する問題およびその原因

1. 地方政府の行政体制改革の中に存在する問題およびその原因

行政改革は主に上から下へというスタイルをとっており、地方は中央に従って動く。このような改革において、「一極集中的な集権体制の下で、地方政府は中央政府に支配される客体として、その政治的権利および昇進は上級政府からの制限を受ける」。したがって地方政府は、通常は改革に対し公然と反対することは

---

42) 楊瑞竜「从地方政府的視角掲示漸進式改革成功的奥秘」南方日報（2006年4月20日）http://www.southcn.com/nflr/dangjian/200604200590.html。

43) 楊雪冬・前掲（注9）。

しないけれども、自身の利益が脅かされる可能性がある場合には往々にして消極的にこれを排斥し、改革に「執行上の差異」を生じさせるという問題をもたらす[44]。以下ではこの問題について、地方政府の行政体制改革の中に存在する問題およびその原因を分析する。

存在する問題としては第1に、地方政府の行政体制改革の簡略化、すなわち政府の権力構造、組織配置および現場において、実際に求められる行政体制に対して体系的かつ深く掘り下げた研究がなされていないことである。一部の地方政府は行政体制改革を任務として行い、改革実施の理由および調整する方向、そしてその程度についても単純に中央からの要求を機械的に取り入れるのみで、他の問題を棚に挙げたまま上から下へとコピー&ペーストするような状態になっている。その結果、現在行われている行政体制改革は、事実上、地方政府体制の真の問題に触れられていない。同時に、地方政府の行政改革は民衆の参加が少なく、多くの改革案は透明度に欠ける。これにより障害と改革のコストを下げることはできるものの、科学性と民主性の程度は高くない[45]。

第2に、改革の内容において短期的問題の解決ばかりに重きを置き、先見的および持続的な配置に欠け、「簡素化—膨張—再び簡素化」というサイクルに陥りやすい。改革を実施する過程において、初めは厳格に部門と人員を削減するものの、時間の経過とともに次第に緩くなり、一部の部門中の組織が絶えず膨張するようになる。「中央から地方まで、人員編制の調整基準を、実情を無視して一律に定め管理するサービス現場と事務が多い階級ほど、人手が足りない[46]」。例えば、ある省は以前から政府法制機構の構築が弱い省であったが、地方大部制改革を実施する中で単純に機構数を削減した結果、もともと弱い立場にあり発言力が少なかった政府法制機構は地方政府の中において極限状況に追いやられた。

第3に、地方政府の行政改革における体系性の欠如がある。機構の設置において、地方と中央政府とがうまく結び付いておらず、対応する機構が存在しない場合、上下協調のコストが増え、管理の空洞化を招きやすい。権限移転においても、多くは政府権限に対する機械的な調整に留まる。すなわち「原部門の中にあったものをただ分解した後に物理的に移転、または新たな権能の外郭的な再建の形で

---

44) 李芝蘭 = 梁雨晴「地方政府行政改革何以持続発展—広東順徳個案探析和啓示」学術研究（2012年第11期）。

45) 石亜軍・前掲（注3）。

46) 石亜軍「推進実現三個根本転変的内函式大部制改革」中国行政管理（2013年第1期）。

別組織への移転を行う」のみで、政府権限に関する科学的な位置付けと有機的な組合せとが欠如している[47]。

第4に、地方政府の行政体制改革は革新空間において制限を受ける。地方政府の行政改革は中央と地方の関係の影響を深く受ける[48]。中央と地方における事務と財務に関する権力の配置メカニズムは変わらないがゆえに、国務院構成部門の設置は依然として地方政府構成部門に対して強制的な制約を与えている。したがって中央が地方の大胆な実験と積極的な革新を奨励しても、地方政府の行政体制改革には革新の要素が欠けるのである[49]。

2. 問題発生の原因

(1) 中国の転換過程の影響

現在の中国経済は依然として計画経済から市場経済への転換過程にある。市場経済の発展とともに、社会は権力が集中する一元的な社会から利益の分化による多元的な社会へと転換する。もともとの政府行政体制は従来の経済体制を社会制度に適応したものである。したがって市場経済と多元的な社会に適応するためには、政府行政体制は統合と協調を重視しなければならない。現在、中国政府行政体制はこれに向かって変化しつつあるが、社会の変化は遅れており、その程度を強める必要がある。

(2) 中国行政伝統の影響

行政伝統とは、国家の長きにわたる統治過程において形成された習慣および方式である。行政伝統が政府行政体制に与える影響は、一方でその方法に対する依存が改革の阻害となりやすく、もう一方ではそれにより形成された思想と理念が政府と社会に深く影響を及ぼし、政府体制の革新に影響を与える。

(3) 社会発展の程度からくる制約

政府の行政体制に対する認識と設計は社会発展の法則に制約される。改革に出来あいの見本は存在せず、中国におけるすべての行政体制改革もすべて模索の中で行われてきた。発展程度と時代背景からくる制約により、これまでの改革は現代行政管理法則や国外制度に対する把握と認識が不十分で、改革の視野と方向性

---

47) 石亜軍・前掲（注3）。
48) 呉俊林「対深化我国地方政府行政体制改革的新思考」江西行政学院学報（2012年第4期）。
49) 同上。

に一定の制限をもたらした。同時に、理論研究においても政府行政体制に対する認識不足により、幅広く掘り下げた研究ができず、それが政府行政体制の設計に影響を与えた[50]。

(4) 部門利益による阻害

部門利益は、地方政府の行政体制改革が直面する1つの大きな障害である。まず、部門利益により地方政府は権限の認定と調整において認識の差異が生じる。次に、立場の強い部門が過剰な資源を独占し、立場の弱い部門には責務履行のための資源と手段がない。最後に、部門と部門との間で情報と資源がそれぞれ閉ざされており、共有されていないので、行政資源の無駄遣いが多く、また行政改革について全面的に考慮する際の阻害要因となる。

3. 地方政府制度の革新の中に存在する問題およびその原因

地方政府の制度革新が直面する2つの大きな問題は原動力不足と持続力不足である。以下、それぞれについて分析する。

(1) 地方政府制度革新の原動力不足およびその原因

地方政府革新の発展の視点からは、学者の楊冬雪の主張によると、2013年において地方政府の革新は原動力不足の状態にあるように見える。同時に、一部特定の領域（例えば幹部の選抜）において制度革新はほとんど見られない[51]。地方政府制度の革新の原動力不足の原因は、主に以下のようないくつかの方向から考えることができる。

まず、制度革新の発案者は相応のリスクを背負わなければならない。中央は地方政府に革新の勇気と精神を持つよう励ますが、革新には必然的に一定の政治リスクが伴う。もし革新が失敗すれば責任をいかにとるか。学者の高新軍は地方政府革新に関する事例調査の結果として、制度革新の中で「最も希少で最も貴重な資源とは、革新意識を持った地方幹部」であると感嘆している。制度革新の発案者と推進者として、彼らは大いなる政治的および経済的リスクを背負っている[52]。それゆえに、地方政府の役人たちは往々にして「革新」と「収穫（＝既得権益）」の間で彷徨うことになる。

---

50) 薛剛凌・前掲（注41）。

51) 付倩倩「2014地方政府創新趨勢」決策（2014年第1期）。

52) 高新軍『我国地方政府制度創新項目何以能做到可持続発展』（中央編訳局網）http://www.cctb.net/zjxz/expertarticle/201012/t20101207_24882.htm。

次に、地方政府の役割の衝突が制度革新を減少させる。地方政府は地方公共事務の管理者と国家意思の地方における代表という二重の役割を持つ。集権体制においては、地方政府の国家意思代表者としての役割が、往々にして地方公共事務管理者としての役割を圧倒する。「安定はすべてを圧倒する」という原則に従い、また安定維持の要求により、地方政府は制度革新において極めて慎重である[53]。

最後に、地方政府の制度革新作用には限界があり、短期間内では成果が出にくい。地方政府の制度革新は現存の政治および行政体制内で行わねばならず、または体制そのものの核心にある問題を回避して技術面における微修正のような改善しかできないため、一定の限界が存在する。実際に経済社会に適合しないものが現在の体制そのものである場合、地方政府の制度革新の果たしうる作用は微々たるものであり、したがって短期間で業績を生み出すことができず、おのずと地方政府役人が革新を発案することへのインセンティブも減少する。

(2) 地方政府の制度改革の持続力不足およびその原因

地方政府の制度革新は上から下への「実験点—普及」というスタイルをとっている。「中国の複雑な階級制官僚システムにおいて、中央や上級からの支持を欠くうえに他の地域の経験から学ぶことがなく、または現行制度と主流の社会実践との間に広範囲な矛盾が生じる場合には、これらの革新は瞬く間に喪失し、元来のレールに引き戻され」、地方政府の制度革新の「ガラパゴス化」が生じる[54]。歴代の「地方政府革新賞」を受賞した各地方政府の革新事項を研究した学者は、多くの地方政府の制度革新が阻害とスランプにぶつかり、革新が一時期存続した後に名ばかりのものになってしまうことも少なくないことを発見した[55]。地方政府の制度革新の持続力不足には、以下のようないくつかの原因がある。

第1に、中央と地方の間の情報の非対称性が革新に限界を設けている。地方政府が解決しているのは当該地域の経済社会発展問題であるのに対して、中央政府は全国的な経済社会政治問題を解決している。中央政府から地方政府までには長い情報伝達連鎖が存在する。一方で地方政府が問題に直面し改革を行う必要があるのに中央政府からの政策指導を受けにくく、他方では地方の実情を十分に理解していないがゆえに中央政府は往々にして地方政府の革新に対して慎重である。

---

53) 何顕明・前掲（注8）。
54) 李芝蘭＝梁雨晴・前掲（注44）。
55) 高新軍・前掲（注52）。

なぜなら中央政府にとって地方政府の制度革新が中央政策に対する「革新的」な執行なのか、それともこれを捻じ曲げているのか判断するのは困難であるからだ[56]。

第2に、「人治」の色合いが強いことである。革新者の作用および上級庁の上司の態度が革新の発展を左右する。その最たるものが「人ゆき茶冷め、官ゆき政息む」の現象である。すなわち地方政府役人が転任または離職し、新たな地方政府役員が異なる実績を求め、または異なる政治理念を持っている場合、元の制度革新を持続させることは困難だということである。例えば、かつて「地方政府革新賞」を受賞した安徽省舒城県干汊河鎮の「公共サービス民営化」という革新は、その発案者が転任した4年後にはすでに重視されなくなった。というのは、後任者は「郷鎮政府は自然に委ね、無為にして治めるべきであり、勝手な真似をするべきではない」という思想を持ち、自分たちの任務は上級の恵農政策に従って働くのみだと思っていたからである[57]。そしてまた、地方政府の制度改革に対する上級政府の承認と批准には明確な基準が存在しないという問題もある。「改革者が革新を試みるときは『秩序適合的』に行わねばならないが、この『秩序』はそもそもはっきりと定められていない。上級の上司が見て、この改革がよいと思えばそれは秩序適合的なものとなり、改革は進められる。しかし上級の上司の気に障ったり、または一部の部門の既得利益に触れ、上級部門が不満であれば、それは非秩序適合的なものとなり、すぐに止められてしまう[58]」。

第3に、地方政府は制度革新に対して深く掘り下げた研究と設計に欠けることである。具体的には、(i)その制度設計において行政管理の法則に従っておらず、欠陥があるという問題である。例えば、深圳市の公用事業企業市場化制度革新において、その失敗の理由は有効な監視システムが存在せず、「深圳市公用事業企業が業界独占の位置を占め、社会安定の勢いをもって政府に対する捕獲を実現（＝保守的な社会層が政府と結託してしまう）」という結果を招いた[59]。(ii)政府体制と制度の問題に触れることができず、形式的な革新に終わり、様々な「偽革新」が現れるという問題もある。例えば通常の業務の名前を変えただけでこれを革新と見なすスローガン式革新、上級の要求に合わせるために無理やり革新を作り出す

---

56) 韓福国「地方政府創新：困窮与選択」人民論壇（2013年第3期）。
57) 高新軍・前掲（注52）。
58) 王長江「政治体制改革勢在必行」中国改革（2010年第12期）。
59) 高新軍・前掲（注52）。

盆栽式革新、革新を絶対視する意識形態革新などである[60]。

第4に、社会の過度に速い発展によりもたらされた制度の短期性の問題である。中国経済社会の発展変化の速さゆえに、多くの革新が実際に達成できることは「頭痛めば頭医し（＝頭の治療をし）、脚痛めば脚医す（＝脚の治療をする）」こと、すなわち一時的な問題の解決だけである。革新自体は連続性と系統性に欠け、長期的な合法性、合理性および適応性を持ち合わせていない。

第5に、地方政府の制度革新のコストが高く、長期の持続性を保つには不利だということである。制度革新を行うためには、人力、財力、物力のどれも欠かせない。革新コストに対する期待が足りなければ、革新を始めた頃の情熱が過ぎれば革新項目の持続は難しい。

第6に、利益グループによる阻害が地方政府の制度革新の持続性に影響を与えることである。地方政府の制度革新の主旨が行政効率の向上、政務公開の推進、公共サービスの提供、あるいは科学的民主政策決定のいずれであれ、どうしても多かれ少なかれ政府各部門およびそのスタッフの現実の利益に触れたり、もしくは習慣を変える必要がある。したがってかかる利益グループは革新の提起と実施に障害をもたらす。例えば湖北省咸寧市咸安区の「金を以って事を養う」という郷鎮管理体制がその後押し広められなかった原因も、「誰もが鉄茶碗（安定した収入）の枠内から出たくない」からである。他にも、社会公衆が制度革新の中で利益を得ることができず、逆に不利益を被るとなれば、革新項目も冷たい目で見られ、支持と擁護を得られない。

Ⅳ　統治から管理へ、地方政府の改革革新の発展傾向

中国の特殊な国情により、与党の政治理念は政府の改革革新にダイレクトな影響を与える。中国共産党中央委員会第18回三中全会において提起された「国家管理体系および管理能力の現代化の推進」と第18回四中全会決定の中の「立法と改革政策決定との連結を実現し、重大な改革は法に依拠できるよう」というのは、いずれも地方政府の改革革新の主な目標および基本的な傾向の「羅針盤」である。地方政府の改革革新の発展法則と与党の政治理念に結び付けるなら、われわれは、地方政府の改革革新の傾向が必然的に「管制政府からサービス政府へ、

---

60)　楊雪冬「簡論中国地方政府創新研究的十個問題」公共管理学報（2008年第1期）。

全能政府から有限政府へ、人治から法治へ、集権から分権へ、統治から管理へ」
と移るはずであるといえよう。それは、具体的には以下の5つの場面に現れる。

1. 相も変わらぬ経済デバックから社会応答への改革革新方向の変化

　現在までの地方政府の改革革新の方向は、主に政府の管理方式を変え経済発展
に適応するという、経済デバック式の改革革新と呼ぶべきものであった。しかし
ながらそれは主に以下の点で変化を示している。(i)行政体制改革においては、政
府の管理目標が経済のミクロ管理からマクロ調整へと変わり、それと同時に政府
機能も変化し一部の経済領域から撤退するようになった。(ii)制度革新においては、
市場経済と相応する情報、社会保障、業界管理という面から制度建設が行われ、
経済の発展と転換が後押しされている。経済の発展と転換は必然的に社会の変革
をもたらす。例えば社会環境の変化により、民衆の思想や観念の変化、政治参加
の普及、管理への参加要求の強まり、地方利益、業界利益、個人利益、国家利益
が並存する多元的利益構造の出現などが見られ、また教育、衛生、文化、環境保
護などの問題も日に日に重要度を増している[61]。

　地方政府は複雑化しつつある社会環境に直面しなければならない。この場合、
経済デバック式の改革革新では全体の社会変革によってもたらされた諸問題に対
応することができず、またこれらの問題が解決されない限り、それがさらに経済
の発展を制約してしまう。地方政府の改革革新は改革できない泥沼に陥るか、ま
たは長期的な社会発展を犠牲にして、短期的な経済発展を追い求める本末転倒な
ものになってしまう。したがって、地方政府の改革革新は社会応答型へと転換し
なければならない。地方政府は行政体制改革と制度革新の設計において、経済発
展の要求を考慮するばかりでなく、社会、文化、技術変革および民主政治の発展
などという多岐にわたる需要を考慮せねばならない。前述の分析からは、ここ
10年の地方政府の改革革新はもうすでに足を踏み出しており、今後もこの方向
において継続的に発展するであろうことがうかがえる。

2. 改革革新の内容における権力中心から権力と権利の双方重視への変化

　地方政府の改革革新の発展過程から見れば、これまでの改革革新の重点は行政

---

　61)　薛剛凌＝王湘軍「行政体制改革基本問題研究―兼論行政体制与行政法治的関係」中国行政管
　　　理（2006年11期）。

機構の改革にあり、一元的な利益構造の中で行政権力を中心に行われてきた。しかし市場経済の発展とともに現れた多元的利益構造は伝統的な統一的利益構造を破壊した。社会民衆の経済地位の上昇と教育水準の上昇により、需要は日に日に多様性を増し、また自身の権利の主張もより強いものとなった。地方政府の改革革新が依然として行政機構と行政権力の改革ばかりを重視し、個人の権利面における需要との利益衝突の調整を無視すれば、消極的な効果をもたらすであろう。したがって地方政府の改革革新の内容においては、権力中心から権力と権利の双方重視へと転換しなければならない。すなわち改革革新の中で、権力コントロール機構の建設を重視する一方で、権利サービスの充実と保護的機構の建設も重視しなければならない。

前述の分析と重ね合わせるなら、具体的な面において、行政改革と公共サービス、特に社会福祉体制の改善、社会的弱者の保護などの公共サービス面は、地方政府の改革革新の重点であり続けるだろう。それは以下の理由による。

まず、地方政府の行政体制改革に関しては、現在の行政体制に内在する問題が日に日に露わになりつつあり、これらの問題を解決する切迫性が増している。国務総理（＝首相）の李克強は2013年「地方政府機能転換および機構改革工作テレビ電話会議」において、「地方政府改革は自己革命であり、関連する範囲が広く、関係する利益も深い」と述べ、各地の地方政府に機構改革と権限移譲を重要な任務とするよう求めた[62]。中央政府の後押しにより、行政体制改革、すなわち権力を中心とした改革は今後も依然として地方政府の改革革新の重要な内容であり続けるだろう。

次に、公共サービス面の制度革新に関しては、行政改革は一気に完成されうるものではなく、長期にわたり段階を画して行う必要があるがゆえに、現状では社会問題や利益衝突が絶えず発生せざるをえず、だからこそ市民の権利に着眼した公共サービス面の改革は地方政府の改革革新の重点になるだろう。これには2つの要素がある。1つは社会の公共サービスに対する需要が日々高まる中で、中央政府は基本的公共サービスの均等化を推進していることである。もう1つは、公共サービスの提供と革新には財力と物力の支えが必要となるが、現在の経済発展は地方政府に公共サービスの制度革新を行うための財政支援を与えていることで

---

62) 李克強『地方政府改革是一場自己革命』（東方網）http://news.eastday.com/c/20131108/u1a7761710_1.html。

ある。

3. 改革革新の発案における科学性の重視

これまでの地方政府の改革革新は、行政管理自身の法則および経済社会発展の法則を無視してきたところがあり、実践の中で衝突と改革革新項目の「短絡性」および「短期性」をもたらした。今後の地方政府の改革革新はより客観的な法則と科学的考慮とを重視するべきであろう。なぜなら、まず第1に、中央政府が提起した「管理能力の現代化」の理念が、地方政府の役人の改革革新に対する認識に影響を及ぼすからである。次に、行政政策決定の科学性に対する国家の法律と政策の要求が、地方政府の改革革新政策の決定を正しいレールに載せて走らせるための保障となるからである。最後に、改革革新がもたらすリスクを減らすために、地方政府は積極的に他の地域や国外の経験を学習するからである。これもまた改革革新の科学性を高めることになる。

4. 改革革新の推進における行政主導から法律主導への変化

中国地方政府のこれまでの改革革新、特に行政体制改革は、一般に上から下への強制的な行政的後押しを主なルートとし、時には運動の形をとって推し進められてきた。その長所は執行が速く、社会資源を大量に動員できることにあるが、短所は多くの場合、改革革新者の強力な遂行力に依拠し、科学的論証に欠け、社会的な参加も足りず、理性的でない場合もあり、また法的保障にも欠けているところにある。非理性的な改革ルートは往々にして非理性的な結果をもたらす[63]。中国共産党中央委員会第18回四中全会の開会とともに、地方政府の改革革新の推進ルートは行政手段による推進から法的手段による推進へと変わる可能性がある。それは、主に以下の2つの局面で具現化されている。

第1に、地方政府の改革革新に必要な基本組織や手続などに関する法律が重視され始めている。中国共産党中央第18回四中全会の公報において、組織法、行政手続法、行政監督法の制定と完備が提起された。1つの観点から見れば、これらの法律はいわば法律面における改革に関する制度構築、権力の運行法則および権利実現の規則を研究するものであり、立法による行政体制改革に対する積極的な応答であるといえよう[64]。

---

63) 薛剛凌『行政体制改革研究』（北京大学出版社、2007年）114-116頁。

第2に、改革と立法の内容とが緊密な連携を見せ始めている。2014年10月下旬に開会した中国共産党中央委員会第18回四中全会の公報において、「立法と改革政策の決定とを結び付け、重大な改革は法律に依拠し、立法は積極的に改革と経済社会の発展需要に適応し、実践によって有効と証明されたものは適宜、法律となり、実践条件が今なお未熟で実験が必要なものは、法的手続により権限を授与し、改革の需要に適応しない法律は適宜、改正や廃止をしなければならない」と述べた。

5. 改革革新の過程でより多くの社会勢力を吸収し参加させること

今後の地方政府の改革革新は、その発案と実施の過程においてより多くの社会勢力を参加させ、より大きな包容性と参与性を生み出すだろう。これはまず社会構造の変化によるものである。経済発展と社会転換により、業界による自主管理や社会的自治などの多様な勢力が並行して成長している。社会の対抗能力が一般的に強まり、地方政府の改革革新は閉鎖的な体系の中で自己決定することが難しくなっている。社会勢力の役割を無視すると、改革革新は認可と支持を得難く、持続可能性と普及可能性を保障できなくなる。

次にこれは社会公衆の政治参加の願望の高まりによるものである。経済的地位と教育水準の向上により、管理に参加したいという人々の声は日々高まる。人々は、政府の管理に参加することによって自身の権益を守ろうとする。最後は地方政府の改革革新の本質の限界によるものである。地方政府のすべての改革革新は、合法性の基礎を得るために既存の政治と行政体制の枠内で運営されなければならない。しかし体制内の資源は日々希薄になり、同時に伝統的管理技術の実施コストと実施効果とは反比例する。地方政府は単に体制内の資源と技術を用いただけでは、有効に管理することがますます難しくなる。だからこそ改革革新を進める中で、地方政府は社会勢力と資源の支持を求めなければならない[65]。

6. 改革革新の保障面での制度化された分権システムの形成の推進

中央と地方の関係は、中国地方政府の改革革新に深く影響を与えている。地方

---

64) 石亜軍＝王湘軍『以法治深入推進内涵式行政体制改革』（法制網）http://www.legaldaily.com.cn/bm/content/2013-11/20/content_5043478.htm?node=20737.

65) 何顕明・前掲（注8）。

政府の改革革新の成長と発展には、十分な制度的裁量と奨励システムが必要である。現在の中央と地方の関係において、地方の利益はすでに露わとなり中央政府との対抗も生じているが、全体を包括する制度化された分権システム、遅滞することのない利益表示システム、有効な監視システムなど一連の中央と地方の連携システムが欠如している。その結果、中央はその権威を確保し、地方政府の自主性に異常が生じることを防ぐために、改革革新の制度的裁量に対して制限を設けるようになる。それゆえ地方政府は、中央から独立した自己の利益を承認してもらえず、利益分配と調整のシステムが欠如しているがゆえに、時として「政策変則型」、「地方保護型」といった偽りの革新を行う。したがって、社会の多元的な利益構造が進行しつつある今日、真の地方政府の改革革新を発展させるためには、中央と地方の制度化された分権システムおよび連携システムの形成が不可欠となるであろう。

第8章　台湾地方政府法制の変遷と展望

黄　錦堂（台湾大学）

共訳　田中　孝男（九州大学）／汝　思思（九州大学）

I　序言

　地方自治は、国家の政治と行政の基本構造をなし、国家の発展と人民の福祉に深く影響しているために、論ずる価値がある。地方自治あるいは地方政府に関する課題は、（極めて小規模な国家でない限り）各国には地方自治のしくみがあるため、比較が可能である。

　本論文は、台湾の地方政府の法制を紹介し、およびこれを大まかに展望することを目的とする。序言を除くと、まず、地方政府に関する憲法と行政法の規定および行政区域の調整について論じる（II）。次に、現行の地方政府の体制、事務〔業務〕[訳注1]および権限を説明する（III）。続けて、地方政府の組織と財務を説明する（IV）。最後に、地方政府法制の革新について大まかに展望する（V）。

II　地方政府法制と行政区画

　以下、地方政府体制に関する法律の発展と主要な変革に焦点を当てて説明を行うとともに、若干の統計データを提供する。

1.　1947年憲法の規定［4段階の政府体制を設立し、省と県はそれぞれ高度な自主権を備える］

　1947年《中華民国憲法》は、中央、省、県という3段階の政府を規定していた。ここに2点注意すべきことがある。まず、118条が「直轄市の自治は、法律をもってこれを定める。」と規定している点である。すなわち上記3段階以外に、

なお「直轄市」があることを、明確に示している。直轄市は、その名が示すとおり、「都市」〔城市〕であり、かつ、中央が直轄する（中央の所管による）。ただし、等級が上昇し、省と同じ位階が付与されている。その性質が特殊であるため、制憲者は立法者に関連制度の制定を授権しており、直轄市は、前述の3者に関する自治保障規定による制限を受けていない。

次に、憲法は、郷、鎮、県轄市を規定しなかった。当時の憲法構想によると、郷、鎮、県轄市は「省自治法」が規定する事項に属しており、憲法中に直接規定する必要はなかった。以上示すように、制憲者は「中央―省・直轄市―県―郷鎮市」という4段階の政府体制を確立した。だが、実際の規定には、「省轄市」があり、県と同じ位階に列なっていた。

制憲者は、地方自治を高度に保障しようと考え、以下のように定めている。

① 省、県は、それぞれ省自治法、県自治法を制定し、自身の政府体制と行政事項を規定しなければならない。ただし、憲法と、中央が憲法108条1項1号に基づき定めた「省県自治通則」の枠組みを越えてはならない。

② 明文で権限を配分する方法を採用し、「中央が立法し、かつ、執行する事務」、「中央が立法し、かつ、省および県に執行を委任する事務」、「省が立法し、かつ、執行する事務」、「県が立法し、かつ、執行する事務」というカテゴリーを定めた。そして、多くの事務を各政府の事務として1つひとつ列挙した。列挙されていない項目があれば、権限均衡原則〔均権原則〕によって処理することとした。例を挙げると、110条は「県が立法し、ならびに執行する事務」すなわち「県自治事務」を、次のように規定している。

1）県教育、衛生、事業および交通

2）県財産の経営および処分

3）県公営事業

4）県協働〔合作〕事業

5）県農林・水利・漁業・牧業および土木

6）県財政および県税

7）県債

8）県銀行

9）県警察〔警衛〕

10）県福祉および公益に関する事務

11)　その他国家法律および省自治法によって付与された事務

　このように権限を明文で列挙して憲法の段階で保障するという方式は、連邦国家における憲法が各州〔邦〕の事務を保障するという意味をある程度含むものである。制憲者が地方自治を非常に重視していることが表れている。

③　省・県の行政首長および議員は、人民の直接選挙によって選出する。このように、地方の行政首長と議員を等しく直接選挙によって選出することおよび地方政府体制に「行政府と議会が二元的に分立する〔府會雙元分立〕」規定を採用したことは、一方で地方の自主性を強化することになり、他方で、地方における行政府と議会の間での相互監督性を確立することになる。

④　省・県の議会は、それぞれ立法権を有する。これは、地方による自治条例制定について憲法が授権しているということである。後に詳述する。

⑤　憲法は、省と中央の係争〔争議〕処理制度について、次のように、明確に定めている。省自治法の制定後司法院がこれを審査する（114条）。法規と国の法律との間に抵触があるかどうかについて疑義が生じたときは司法院による解釈が行われる（117条）。省自治法の施行中に重大な障害が発生したときは、司法院が関係組織を招集して意見を述べさせた後、委員会を組織してこれを解決する（115条）。

2.　台湾へ撤退後の発展

(1)　第1段階——権威体制時期（1949年～1986年）

1949年、（中国国民党が支配する）中央政府は、共産党との戦いに敗北した。中央政府は、中国大陸から撤退し、台湾に移って来た。福建省に属する金門県、連江県などの小島を除くと、中央政府と台湾省の管轄区域は、完全に重なっている。同じ土地に、中央政府、台湾省政府、県市、郷鎮市という四層政府が、同時に存在した。

当時は戦乱状況にあり、しかも中央政府が実際に統治権を持つ区域は完全ではなかったので、為政者は、憲法に基づく地方自治を実施しなかった。中央政府は、政党・政府・軍などの実権を持ったため、順々に各領域の立法権および重要事件の執行権を手に入れた。しかし、省政府と省議会は依然として存在していた。しかも省政府は、農林漁業・牧畜業、交通、銀行、港、鉄道、道路などの領域において所有権と経営権を継続して保有していた。これらの権限は、1997年「精省」

修憲（憲法改正）およびこれに続く法律改正後、次第に中央政府の各関係部会によって取り戻された。四層政府があった期間は、県市政府の組織、人事、財務、政治経済の地位は中央と省による二重の圧力を受けていたし、郷鎮市は、県の下にあり、その地位が明らかに脆弱であった。

第1段階は、政府が台湾に移り戒厳令を解除するまでの期間であり、「半自治」または「監護型自治」[1]と称することができる。中央政府は憲法に基づく「省県自治通則」を制定せず、そして台湾省およびその下の各県市もそのことによって各自の自治法を制定することができず、「行政命令」によって地方自治を規定した[2]。その内容は、次の通りである。まず「省長」は中央政府から派遣され、これを「省主席」と称した。地方政府の公務員は4段階政府の体制に照らして、省政府の1級主管者は第12職等とした（中央行政機関〔中央部会〕の1級機関の主管職等に準ずる）。県政府の1級主管者は9職等（省の2級機関の主管職等）とし、郷・鎮・市の事務所〔公所〕の1級主管者は6職等（県の2級機関の主管職等）とした。地方の政治、経済、社会、文化は、早い段階であれば早いほど厳しく戒厳令体制の影響を受けた。中央政府は権力、金銭、人を一身に集中させ、その上、地方選挙は指名と売買によるという方式の結果、基層地方の政治情勢は次第に悪化した[3]。

1950年10月25日、台湾省政府は《台湾省地方自治実施要綱》に基づいて、全省の行政区域を調整し、21の県市をあらためて設置した。1950年9月、台湾省は再び行政区域を区分し直し、従来の17の県市を21個に調整した。新増の各県市には省参議員を置かず、廃止された各市の元省参議員もまた代表性を失った。それゆえ、中央は臨時省議会の成立を決定した。そして、1951年9月には《台湾省臨時審議会組織規程》を制定し、これに基づいて選挙を行った。同年12月21日に（台湾省）臨時審議会が成立し、県市議員の直接民選を開始した。1959年に行政院命令により臨時という2文字を取り消して「台湾省議会」と改めた。台北県に属する6つの郷を台北市の管轄に編入したことにより、旧来からある《市

---

1) 趙永茂『中央與地方權限劃分的理論與實際』（翰蘆圖書〈台北〉、1997年）187頁。
2) 台湾省行政長官が当時の「台湾省行政長官公署組織条例」に基づいて、署令により、「省参議会組織条例」、「省参議員選挙条例」などを発布し、県市議員により省参議員を選出し、参議員は、主に、官選の省主席に助言勧告を行うこととした。参議会には、本質上は、民意を代表する機関である「議会」の性質はない。
3) ここでは以下、黄錦堂『地方制度法論（第2版）』（元照出版〈台北〉、2012年）3頁、342-343頁を参照。

組織法》は台北市当時の情況に適用できなくなっていた。これにより、行政院は行政命令の方式で、1967年に台北市を直轄市に改制した。高雄市も、1979年、都市区域の拡張と元高雄県の郷鎮部分を編入したことにより、台北市の例にならい行政命令によって直轄市に改制した。新竹市、嘉義市は1982年に省轄市に昇格した。

(2) 第2段階——権威体制の転換時期 (1987年～1995年)

　地方自治法制化の改革の第2段階は、権威体制転換期に完成した[4]。1991年に、「中央が制定した《省県自治通則》に基づいて、省・県が各自の基本法を定める」という憲法112条と122条を廃止し、立法院に授権して台湾地区の地方自治の法律を直接制定することとした。これは、原制憲者が省・県に付与している大幅な自治権を廃除する含意もあるし、郷鎮市の自治は「省自治法」によって規定して、台湾〈地区〉の必要によってその裁量で決定することを立法者が授権したという意味もある。立法者は上述の憲法修正条文に依拠して、1994年7月29日に台湾・澎湖・金門・馬祖地区に適用される「省県自治法」、「直轄市自治法」を制定した。

　この2つの法典が、憲法および法律に基づく台湾の地方自治の開始となるもので、重要な意義を有する。その規定は次の通り地方分権の枠組みを規定し、進歩と称するにふさわしいものであったし、以後の深化の基礎を固めた。すなわち、①省、直轄市、県、省轄市、郷・鎮・市はいずれも地方自治団体で、公法上の社団法人である。②省長、台北市長、高雄市長は人民の直接選挙により選出する。③地方自治団体が自治事務〔自治事項〕を享有し、かつ、それに相応する立法権と執行権を持つ。④自治事務であるかどうかの紛争に関して地方政府は司法院に大法官解釈を申請できる。⑤地方政府は上級政府が制定した枠組みの範囲で、組

---

4) 「権威体制の転換」とは、「権威体制」が政治経済の変遷によって弱体化したことを指す。この弱体化は、政府と民間の社会関係を変え、さらに政治、経済、社会という3つの面に反映した。政治面からいえば民主化の深化といえる。基本的人権の保障、参政権の付与および参加型民主の提唱が含まれている。経済面からいうと経済自由化の拡張で、管制の解除、民営化および市場への関与の引下げが含まれている。社会面からいうと社会運動が出現し、配分の不公平および経済の搾取現象を根本的に解決することを求めたり、草の根の社会運動を通して新しい文化、倫理、制度と競争のルールを構築したりすることである。簡単にいうと、権威体制の転換というのは、次第に民間社会に力を開放して、政府の施政への対抗を通じて、政治・経済・社会・文化・環境保全・労働などの各方面の合理性を求めるものである。蕭全政「国民主義：台湾地区威厳体制的政経転型」政治科学論叢第2期（1991年）71-92頁（ここで示す権威体制の転換は、72-74頁）を参照。

織と人事の自主決定権を有し、地方議会による「組織自治条例」を制定してこれを実施する。それによって、省政府、直轄市政府の一級主管の職位を簡任13職等と定め、また、この職を、倫理〔政風〕、主計、人事、警察を除き、(省長と直轄市長が自ら任用する)政務官とする。省および直轄市に、高い水準の人事上の職等を付与して、省および直轄市長が人事の面で非常に大きな優位を持つようにする。これらは、台湾の地方自治団体の国際競争力を比較するときの1つの観察上の重点事項となる。

以上2つの自治法(省県自治法、直轄市自治法)によって地方自治の法治化は確立したものの、さらに考察を進めれば、まだ以下のような不備が存在した。台湾という島嶼地でありながら4級政府があり、屋上屋を架す〔畳床架屋〕という非効率の問題である。つまり「中央」―「省・直轄市」―「県・省轄市」―「郷鎮市区」があるということである。また、地方派閥、黒金問題^(訳注2)は未処理であったし、地方の3欠問題(人材不足、財源不足、権限不足―後者は事務と権限の授与と関わる)も未解決であった。細目を定める法律や行政命令を主管機関は期限までに改正できなかった。中央と地方の法体系は混乱し、中央は関係法律と法規命令の修正を完成させられなかった。

(3) 第3段階——民主強固段階(1996年〜)

台湾は修憲を経て、1996年に第1回目の総統の直接選挙を行った。これによって、主要政党が、小規模・小管轄区域における間接選挙方式で中央の執政権を取得する方法は、用いることができなくなった。総統選挙は全国的な弁論で行い、一般的には大きな改革開放をなしうる。ただし、これは、総統が所属する政党が立法院に過半数席を持つかどうか次第である。総統の直接選挙は、国民党の政策綱領と施政が台湾のニーズに必ず向いていなければならないということをもたらした。それゆえ、(大)中国主義とはある程度へだたりがある。直接選挙によって、執政者は有権者から直接的に強い監督を受けるために、施政の面でも勇敢に進めなければならない。学界は、これを「民主強固」段階に入ったと称している。それは文字通り、一国の民主水準(これは様々な多面的指標によって得られる)は以前と比較して強固に前進しているが、進行段階にあり、まだ完成段階に至っていないということである。したがって、停滞〔躊躇〕したり、混乱したり、逆流したりする状況が発生することがある。地方政府法制にとって、以前の権威体制の時期と権威体制の転換時期の「毒」は、民主強固段階に入り、当然、調整と改善

があった。ただし、その過程には多くの困難があったし、さらに停滞や後退が出現することがないということはないであろう。

民主強固の時期における地方政府体制の改革は、李登輝、陳水扁および馬英九の3つの時期を分けることができる。

（i）**李登輝総統は国家発展会議を機に、「両級政府」を構想し、ならびにそれによって「精省」修憲を進めたが、関連改革は完全には実現しなかった**

李登輝は1996年3月に総統直接選挙で選出され、同年5月に総統に就任し、就任と同時に改革を進めた。まず、同年12月下旬「国家発展会議」を招集した。ここでは、国内各界に国家社会の改造に関する各計画を凝集することを主旨とし、最終的に地方政府に関する4つの決議[5]を作成した。具体的には、次の通りである。精省政府の機能・事務および組織を調整し、委員会を成立させて企画を完成させかつ執行し、同時に、次回からの省自治選挙を凍結する。郷鎮市レベルの自治選挙を取り消し、郷鎮市長は法に基づく選任とする。県および市には副県長・副市長を増設し、県・市政府の職務権限を強化する。地方税法通則および財政収支配分法〔財政収支画分法〕を迅速に制定・改正し、これにより地方財政を健全化する。以上は、「二階層政府構想」―将来は「中央政府―直轄市政府・県市政府」という二層を残す―と呼ばれている。「精省」は政府の層級を縮減し行政効率と競争力を創出することを目的とする。郷鎮市における自治選挙の取消しは、派閥、黒金を徹底的に除くことを目的とする。県市政府の権限拡大は、重要な政策方向である。これによって、従来の「地方の3欠」による弱く不振が続く現象を匡正する。財政収支配分法による調整も同じ発想による。

この構想に基づいて、李登輝総統は、1997年の修憲により「精省」を進め、台湾省の省長と省議員は民選によらず、行政院院長による指名に基づき総統が任命するよう改めた。省の事務または機能は、「行政院の命令に応じ、県の自治事務を監督する」に改め、「台湾省政府の機能・事務および組織の調整は、法律の特別規定をもってする」こととした。その後、立法院は「精省条例」を制定し、行政院は「台湾省審議会組織規程」を公布し、ならびに地方制度法において行政

---

5) この会議では次の4つを決議して定めた。①精省政府の事務と組織を調整し、委員会を成立して企画を立て、かつ、執行する、同時に次の省自治選挙を凍結する。②郷鎮市の自治選挙を取り消し、郷鎮市長は法に基づき選任する方法に改める。③県市に県市市長を増設し、県市政府の職務権限を強化する。④地方税法通則、財政収支配分法を早期に立法、修正し、地方財政を健全化する。

院に委託された県の自治事務を多少規定している。以上の改革は、要するに、もともとの「四層政府」を「三層政府」（中央―直轄市・県市―郷鎮市）とすることになる。

　精省の成果は、次の通りである。行政階層の簡素化は行政手続を短縮化させた（例えば都市計画の細部計画変更に関する審議事務は、3カ月時間が短縮された）。また、人員を簡素化した（1420人の人員を削減し、約10億台湾元の人件費を削減した）。中央と県市の人事交流を促し（元省政府の人員は県市政府人員が不足している事務に配置する）、法規制が緩和され、県市政府と中央政府が直接交流する機会が増加した[6]。

　ただし、国家発展会議で決議したほかの3つの改革は実現しなかった。1997年12月、県市長の選挙に国民党は空前の敗北をした。郷鎮市長、市民代表および村里長は、従来国民党の政治勢力範囲内にあったために、郷鎮市の職位を県市長による派遣に改めれば、ただ基層行政区画は民主進歩党に差し出すのと同じようなものであった。しかも1998年12月の三合一選挙（立法委員、台北・高雄市長と市議員の選挙）と2000年3月の総統選挙があるので、国民党の執政者は、行政区画を前提的な理由として、関連改革を見合わせた。陳水扁政権の時期にも、郷鎮市のクラスでの選挙取消しの政策構想を有していたが、国民党から拒絶された[7]。換言すれば、郷鎮市では依然として自治選挙が行われ、地方自治団体であることが維持されていたし、郷鎮市代表者の選挙制度も改革がなされなかった。県市に対する権限付与も今回の選挙の敗因となるため、国民党の執政者は、郷鎮市の行政区画の全面的な完成の後に進める必要があるということを口実にした（郷鎮市を持たないようにしたり〈例、台北県板橋区〉、人口が超過小の県〈例、宜蘭県〉を分けたりする）。もともとの省の事務は、結局県市政府に移譲されず各中央行政機関の「中部事務室〔中部辦公室〕」が処理するように改め、最終的には、中央行政機関における常設の3級機関を構成するものに改めた。その事務所の場所は、依然と同じ中興新村にあった。県市および郷鎮市の財政収支配分制度改正の工程も、同様に遅延した。

　6）　行政院研考会委託研究報告 RDEC-RES-099-039（黄朝盟 = 蕭全政『行政院組織改造回顧研究』2011年12月）47頁参照。
　7）　黄錦堂・前掲（注3）97頁参照。

(ⅱ) **陳水扁時期：地方分権化改革は「朝小野大」^(訳注3)のため、完成しなかった**

陳水扁は 2000 年 5 月 20 日に総統に就任してから、去任務化、地方化、法人化、委任化という「四化」改革を推進し、「企業型政府」を確立することを主旨としていた。その背景としての構想または哲学は、「新公共管理」(New Public Management) である。

当時「政府改造委員会」を設置し、その下に「政府構造研究グループ」を設置し、「パートナー〔夥伴〕関係」を課題として、専門家や学者を研究に参加するよう要請し、次の 4 つの結論を得た。政府階層の簡素化、中央と地方の権限の合理的な配分、パートナー関係の強化、県市の数量の点検による行政区域の調整[8]の 4 点である。そのほか、民進党政府は、郷鎮市長を官選に改めることを主張した。ただし、これには、相当の政治地図〔版図〕と選挙闘争に関する考慮があるはずである。陳水扁総統の 2 回の任期中に民進党は立法院上の席位は、終始、国民党と親民党の合計より少なかったので、以上の改革構想は、結局、法改正によって完成させることが難しかった。

(ⅲ) **馬英九総統「3 都 15 県」という政見を提出し、台中における県市の合併を推進し、最後は「5 都 1 準直轄市」をなす**

馬英九は、2008 年に総統選挙において、3 都 15 県構想を提出した[9]。政権を握った後、しばらくの間、気勢がなかなか上がらなかったため、幕僚が台中における県市の合併という政策を提案する。これは各方も支持し異議がない政策の 1 つであった。とはいえ、推進時にはその過程が後退し、改変された。最初は県市を合併して昇格させる根拠となる法源がなかった（法律留保原則）。「地方制度法」の改正途中で、条文を検討し、新設条文は抽象的な規定を取り入れた。合併の意向がある者に合併申請の提出は開放されたのである。つまり、それは台中の県市合併昇格に限定されなかった。ただし、これは段階的な政策目標となりうるし、そして他の県市合併案を排除することもできる（つまり、台中の県市合併昇格案を実施し成果を獲得した後、さらにほかの申請に開放する）。結局、多数からの申請がなされた。審査の結果、新北市（もとの台北県からの昇格による）、台中市（もとの台

---

8) 紀俊臣「中央與地方夥伴關係之建構與推展」中國地方自治 55 巻 8 期 (2002 年) 4-18 頁（結論部分は 12-13 頁）。

9) 3 都 15 県は、馬英九の総統選挙時の政見である。その主な論点は、現行の北、中、南の 3 つの生活圏に行政と財政上の独立を与え、その区域における「先頭〔火車頭〕」の役割を発揮させ、国際競争力を高めて、区域発展の不均衡問題を緩和しようとするものであった。

中県と台中市の合併での昇格による)、台南市 (もとの台南県と台南市の合併での昇格による)、高雄市 (もとの高雄県、高雄市の合併での昇格による) が新たに成立し、すでに存在していた台北市を加え、全部で5つの直轄市ができた。そのほか、地方制度法には、なお「準直轄市」の規定がある[10]。これは、直轄市に昇格前の暫定的で特別に認められた地方政府の形態である。5都成立前に台北県を念頭に置いて、直轄市の地位と待遇に同等に近いものを与えたものであった。今 (2014年8月7日) は、「桃園県」が、これに属する。それゆえ、全体で「5直轄市、1準直轄市」といわれる。5都内の各区は民選体制をとらず、もとの郷鎮市は地方自治団体の地位を喪失する[11]。ただし、山地郷 (原住民人口が一定数に達したもの) は、法改正後、あらためて「地方自治団体」に戻ることとなる。以上は、日本の東京都や大阪府の区の自治とは異なる。学界では、「5都、1準直轄市」と称するものは、準直轄市と直轄市の組織、人事、財政収支の配分〔画分〕が同じなので、端的に「6都」と呼ばれている。「桃園県」(当時は準直轄市) はすでに査定を終え、(将に) 2014年12月25日に直轄市に昇格する。

　直轄市となる要件については、地方制度法4条1項が次のように規定する。「市街地〔聚居〕の人口が125万人以上で、かつ、政治、経済、社会および都市区域の発展のため特別な必要がある地区には、直轄市を設置することができる。」以上のことから、直轄市は、その要件が抽象的であり、「大都市」であることが唯一の要件なのではなく、地域の発展ニーズを考慮することができることから、主管機関が直轄市に関して様々な裁量権を有するということが、明らかである。

(4) 司法院大法官による解釈――制度保障説および人民主権説

　以上の憲法条文は、省と県の機能を明文で規定しているわけではない。省の性質について、「地方自治体」の面もあるし、国家の行政体の面もあると、学者は指摘している。前者について、省議会が立法権を享有し (憲法113条2項)、省長と議員が民選によって選出され、「議会」と呼ばれていることが知られている。県の性質について、関係条文から見ると、「自治体」と「行政体」の二重の属性をも示している[12]。

---

10)　同法4条2項は、「県の人口が200万人以上に達し、直轄市に制度改正がなされていないものには、第34条、54条、55条、62条、66条、67条およびその他直轄市に関する法律の規定を準用する」と定めている。

11)　区長はもとの郷鎮市長が転任したものであり、そのほか無給職の区審議委員が置かれたがこれは元郷鎮市民代表が転任したものである。

それ以上の説明は、司法院大法官（台湾の憲法解釈機関で、他の国家の憲法裁判院と同質のもの）の役割である。1997年第4回修憲は、「精省」改革を完成させ、省長と省議員の選挙を停止し、省の機能、事務および組織を大幅に簡素化した（憲法増修条文9条参照）。県は、民選自治体の特色を持たないことが示された。省の機能と事務は、立法者が現実の需要に応じて簡略化・調整する。大法官会議釈字第467号は、省は憲法上の自治事務を持たず、自主組織権も有さず、それゆえおのずと地方自治団体の性質を有する公法人でもないということを示している。「精省」修憲は、憲法112条から115条までなどの条文を凍結した。その中には、無論、国家が省県自治通則を制定するとある部分、および省が省自治法を制定するとある部分が含まれる。実質的に、もともとの憲法構想の中にあった省の高度な自主的地位が、弱まっている。これは、それらの権力がすでに国家（中央）に回収されたことを意味し、これについて注意する必要がある。

　釈字第498号解釈は、地方自治の本質および主な内容について論及する。それは、ドイツの「制度保障説」と、日本の「住民自治」説を同時に採用している。すなわち、次のように指摘する。「地方自治は、憲法により保障された制度である。住民自治の理念と、垂直分権の機能に基づいて、地方自治団体に地方行政機関と立法機関が設置される。その首長と民意の代表は、いずれも自治区域内の人民の法に基づく選挙によって選出される。首長と民意の代表は、地方自治団体の地方事務をそれぞれ管理し〔綜理〕、あるいは地方立法機関の職務権限を行使し、地方行政機関と地方立法機関の間では、法に基づいて、バランスをとる形で、権限と責任を併有する。中央政府またはそのほかの上級政府は、地方自治団体が処理する自治事務、委任事務に対して、法に基づき、事務の性質だけにより、適法かまたは適当かの監督をする。地方自治団体は、憲法および法律の保障の範囲内で、自主および独立の地位を享有する。国家機関は、それを尊重しなければならない。」

　釈字第527号解釈は、地方自治に含まれる高権事項に視点を合わせる。そして、まず、次のように指摘する。「地方自治団体は、憲法および法律規範の前提下にあり、自主組織権と、自治事項に対する法規〔規章〕の制定と執行の権限を享有する。」次に、中央は、法律をもって、その枠組みを規定することができる。すなわち、「地方自治団体およびその所属機関の組織について、地方立法機関は、

12）　傅肅良『中國憲法論』（三民書局〈台北〉、1991年）535-542頁。

中央主管機関が定める準則に基づいて、組織自治条例を制定し、規定しなければならない。法律により設置された職位について、地方自治団体がその設置に関する自主決定権がある以上、組織自治条例に、それに関する根拠規定があることは、当然なことである。」

釈字第550号解釈は、国家事項についての地方の共同出資義務規定の合憲性に関わる。本解釈は、地方高権、核心領域、公共利益（国家全体の施政の需要に基づく）、法律留保原則などの原理を利用して、以下のように指摘する。地方自治団体は、憲法上の制度保障を受け、その施政に要する経費負担は、財政自主権と関わり、もともと法律留保原則の適用がある。「しかし、その自主権の核心領域を侵害しない限り、国家全体の施政の需要に応じ、地方が全民健康保険事項について協力義務を負うこととし、中央が法律に基づいて、地方に保険費の補助を分担させることが、憲法上許さないとはいえない」。

釈字第553号解釈は、地方制度法83条1項「直轄市里長の任期満了や欠員などによって改選または補選をしなければならないとき、『特殊事故』があれば、改選または補選を延期することができる」という規定の解釈に関わる。台北市政府は、法定自治事務（里長選挙）の係争に関する法執行機関であるというゆるやかな解釈を採用し、すなわち上記概念に内在的に調整されているとする。しかし、中央内政部は同じ見解を有していない。中央は、法定自治事務について、いったいどのくらいの強さの法律の解釈監督権を持ちうるのか？　大法官は、次のように指摘する。上記の法条が不確定な法律概念を使用するのは、当該主管機関に相当程度の判断余地を付与していることに関わる。本件は、地方自治の事務に属し、また不確定の法律概念に関係する以上、上級監督機関は適法性の監督を行う際、地方自治団体のした適法性の判断を尊重しなければならない。ただし、その判断に恣意的な濫用およびその他の違法事情があれば—すなわちこのように重大な程度に達しているようなときは—、上級監督機関は法律に基づいて取り消したり、変更したりすることができないというものではない。次に、本解釈は地方自治を保障するための争訟制度を確立した。すなわち、憲法訴訟と行政訴訟を区別したうえで、地方自治監督に関する訴訟を後者に配分したのである。

(5)　6都案改革の構想について

直轄市への昇格についての査定のとき、元行政院長の劉兆玄[13]は、次のように

---

13)　http://www.epochtimes.com/b5/9/6/29/n2573128.htm（2010年10月2日アクセス）

示した。「3都」という概念は、国家競争力を高め、区域の発展を均衡にし、北台、中台、南台という3つの大都市圏を建設し、台湾の北部、中部、南部という三大生活圏の整備発展を推進し、ならびに政策によって、地方政府が県市をまたぐ区域計画と全体的発展を進めることを薦める。将来は、台湾の区域の発展は、「北北基宜」「桃竹苗」「中彰投」「雲嘉南」「高高屏」「花東」「澎金馬」の7つの区域ごとに推進される。将来各区域が区域全体の発展計画を進めるプラットホームを構築する。例えば区域発展委員会のようにである。中央から資金を導入し、直轄市は区域の発展および協調の責任を負う。離島および東部部分について、離島地区はすでに離島建設条例が制定されている。東部地区には、発展特別条例を制定し、特殊な発展に関する法源を付与することが考えられる。それによってこれらの地区が周辺化しないことが保障される。原住民地区の特殊な状況および需要に応じ、原住民基本法以外に、ほかの法令を制定することが必要である。それによって原住民の民族文化の保存と発展と、その生活の質の向上を高めることを保障する。

　5都1準直轄市制度の最終改革案が定められる前に、行政院に所属する経済建設委員会が「国土空間発展戦略計画」策定の任を負い、2010年2月22日に行政院の査定を通過した。改革案の構想は、次の通りである。まず、グローバル化する競争と国土計画の需要に対応するものとした。グローバル化の趨勢と地域間競争により、現段階における国土空間の発展はすでに限界に直面している。あらためて「台湾が世界にどのように見られるのか」というふうに考えなければならない。このため、行政院経済建設委員会は、すでに前年3月に国土空間発展戦略計画の全国会議を開いて、それぞれ国際、全国、区域および地方という4階層に分け、将来の国土空間発展戦略は、「一点多心」とし、「三大生活圏（三大「都市区域」および「東部区域」）」と「7つの発展区域」に向け進めるものとした（後者は章末の表8-2を参照）。戦略計画は、各都市区域の範囲、区域の特徴、将来の発展構想といった事項を詳細に規定する。また、制度改革を通して、核心都市の規模を拡大して、区域発展のエンジンとなし、周辺県市の政治経済の発展を進め、同時に、都市と農村の分業を通じて、優良で多様な生活環境を構築して、各区域間は既存の地方の特色を備えつつ互いに機能を補完できるようにする。

Ⅲ　地方政府の体制、事務および権限と責任

　以上、台湾における地方政府の体制および区域調整の発展過程と構想について簡単に述べたことから、以下、地方政府の事務（自治事務および委任事務等）、権限と責任（地方立法権および地方執行権等）、上級政府の監督権、地方の政府・議会関係と地方選挙について、議論を進める。

1.　地方政府の体制

(1)　「二元分立制」の採用

　わが国の地方政府体制は、地方議会と地方行政首長をともに民選で選出し、相互に牽制し合う制度をなし、いわゆる「二元分立制」に属する。この体制の形態は外国にもある[14]。だが、二元の間の権限配置は必ずしも同じではない。注意すべき重要事項は、再議権の範囲と、地方議会の原案維持のしきい値である。

　地方制度法39条は、次のように規定している。「地方議会が議決した法規、予算、特別課税、財産処分、地方政府組織自治条例および所属事業機関組織自治条例の案および地方政府の提案事項の議決ならびに地方議会が他の法律により付与された職務権限に基づいて行った決議に対して、地方行政首長は施行上の困難があると認めるときは、関係部分（全部ではない）につき理由を明示して、期限付きで再議を申請できる。制限期間までに再議決をしないと、元の議決は失効する。再議時には、出席議員の代表3分の2が元の議決案を維持すれば、地方政府は当該決議を受け入れなければならない。」これは、もとの議決を維持するのを難しくする点で、地方行政首長にとって、いうまでもなく十分有利である。

　一般的に、地方行政首長は、行政資源と情報処理能力を高く保持しており、そ

---

14)　例えばアメリカの市長議会制（Mayor—Council System）、特に強権市長制では、その行政権と立法権と互いに分立させて、しかも市長、議員はそれぞれ民選により選出され、両機関の地位は対等、並行でかつ互いに牽制し合い均衡する。すなわち、強権市長制の下で、議会と行政機関は各自が独立した権限を持つだけではなく、互いに抑制し、対抗しうるものでもある。例えば議会で法案を通過させるとき、市長が受け入れられないならば、再議権を行使することができる。なお、議会で再議によって、3分の2以上がもとの議案を維持したとき、市長はそれを受け入れなければならない。これは最も標準的な行政、立法の平等パターンといえる。陳朝建「地方制度法専題：地方府會關係（一）」http://www.lawtw.com/article.php?template=article_content&area=free_browse&parent_path=, 1, 2189, &job_id=49916&article_category_id=1475&article_id=22927

のうえ、その所属政党または派閥が一定の実力と議席を持つため、「投降を勧誘し、投降者を受け入れること」〔招降納叛〕によって、再議時にもとの議案を維持して通過させることは、それほど難しくはない[15]。

(2) 地方議員選挙はSNTV制を採用し、地方行政首長選挙は相対多数制を採用し、任期は4年とする

二元分立制は必ず関連選挙制度と組み合わせなければならない。現行の地方行政首長は人民により直接選挙で選出する。単一選挙区相対多数決制（Plurality with Single-Member-District System）を採用して、得票数が一番多い者が当選する。当選後は、選挙民の期待に直接応えなければならない。第二線に後退することが難しく、積極的に新しい局面を切り開かなければならない。民主化が不断に進む今日、この選挙制度は主流的趨勢となっている。

地方議員の選挙は直轄市であろうと、県市または郷・鎮であろうと、ともに中級レベル選挙区の複数当選制かつ有権者の単一投票権制（Single Nontransferable Voting System）を採用する。この制度の利点は簡単明瞭ということであり、それにより勢力の弱い政党も当選する機会がありうる。欠点は余剰票（死票）が多くなることである。それゆえ政党が票を配分するならば、おそらく選挙結果を操縦することを招くおそれがある。SNTV制度の下で、立候補者は（$V/N+1$）+1枚以上の得票数を獲得すれば当選できる（Vが有効得票数、Nが当該選挙区の当選人数）。だが実際の当選票数はさらに低いので、立候補者は、ただ、自身を当選させるに足りる最少割合の群衆の同意を得さえすればよい。選挙区で多数の有権者の支持を獲得する必要はない。立候補者は、その支持者を効果的に動員し、投票することができるならば、その選挙に勝つ確率を高めることができる。

王業立教授は、SNTV選挙制度の欠陥について、以下のように批判する。単記非譲渡投票制の下で、政党がただ1人の候補者しか推薦しないというわけでない限り（1つの政党が数名の候補者を推薦するのであれば）、政党のラベルは重要でなくなる。選挙民がこの政党を認めても、この政党の中からさらに1人の候補者を選ばなければならないからである。候補者の要素は政党の要素より重要になる。「党内競争」が「党際競争」よりさらに激烈となる。これは、候補者が有権者の注意力を引きつけるために個人の特徴や鮮明な旗幟を高く差し挙げて、または派閥に近寄り「市場分割」を行わせることで、地方派閥の効果を強化する効果があ

---

15) 黄錦堂・前掲（注3）346頁。

る。さらにSNTV制度の下では、候補者は「安全票数」を獲得すれば、多数の有権者の支持は必要ない。これが多くの予想外〔剣走偏鋒〕の方法をもたらし、あるいは、選挙での買収が候補者のいつも採用する競争手段にさえなっている。一定の得票源を確保すれば、安全票数に到達すると当選できるためである。それゆえ、SNTV制度の下では、派閥闘争と選挙の買収は常に現れる。これもSNTV選挙制が多くの人に非難されることの原因となっている[16]。

地方行政首長と議員は、ともに人民の選挙によって選出される。総統・立法委員選挙の2年後に行われる。かつ、全国各地方で同時に選挙が行われる。あたかも、中央執政者の中間テストとなっている。

(3) 地方議会の職務権限

地方制度法18条以下は、直轄市議会、県市議会、郷鎮市市民代表会の職務権限を定めている。それぞれの内容が同じであるので、ここでは直轄市議会を例とすると、次の通りである。一、直轄市法規を議決する。二、直轄市の予算を議決する。三、直轄市特別課税、臨時課税および附加税を議決する。四、直轄市財産の処分を議決する。五、直轄市政府組織自治条例および所属事業機関組織自治条例を議決する。六、直轄市政府の提案事項を議決する。七、直轄市の決算審査報告を審議する。八、直轄市議員の提案事項を議決する。九、人民の請願を受け付ける。十、その他法律によって付与される権限。

以上のことによって、地方議会は、地方の事項に関し、かなりの程度完全な権力を享有する。それゆえ性質上、地方議会は、地方民意機関であって、〈地方〉行政機関ではないことが示されている。

2. 地方政府の事務

(1) 台湾は自治事務、委任事務という二分法を採用し、地方制度法と個別行政法律によって概括的規定と専門的な規定をそれぞれ別に定める

台湾地方制度法はドイツの伝統的な二分法を継受し、地方が処理する事務を「自治事務」と「委任事務」に分ける。自治事務とは、「地方自治団体が憲法もしくは本法の規定によって、自ら立法し、かつ執行することができ、または法律により当該団体に処理を義務付けた事務で、当該団体がその政策の企画および行政

---

16) 黄錦堂、同上391頁。王業立『比較選挙制度』（五南圖書出版公司〈台北市〉、6版、2011年）103-107頁参照。

執行の責任を負う事務」のことをいう。したがって、自治事務は、「任意処理事務〔自願辦理事項〕」(freiwillige Selbstverwaltungsaufgaben) と「法定自治事務〔法定自治事項〕」(Pflichtaufgaben ohne Weisungen) にわかれる。ドイツ法と同じである。委任事務の定義は、「地方自治団体は法律、上級法規または規章の規定によって、上級政府の指揮監督の下で、上級政府から交付され、当該団体の事務に属さない事務で、しかも行政執行に責任を負う事務」(地方制度法2条) となっている。

　自治事務に対し、上級機関は、ただ合法性の監督権限のみを享有し、地方政府は「自治条例」(Kommunale Satzung) の制定権と執行権を享有する。地方の重要な事務は、地方自治条例によってこれを定めなければならない（以上、「地方制度法」2条2号、25条、28条、75条参照）。これとは逆に、「委任事務」は「法律、上級法規または規章の規定によって、上級政府の指揮監督の下で、上級政府から交付され、当該団体の事務に属さない事務で、しかも行政執行に責任を負う事務」を指す（地方制度法2条3号）。上級監督機関は、地方制度法によって、合法性と合目的性の監督権を享有する。しかも、個別行政法律（例えば、空気汚染防止法、道路交通管理処罰条例、労働者安全衛生法、飲用水管理条例など）において、上級監督機関の監督権を逐一列挙する必要がない。委任事務について、地方政府は、地方の特殊な需要に焦点を当てた補充的な立法権を、享有する。それは、「委任規則」と呼ばれる（地方制度法29条、75条）。しかし、その是非や、どの程度の余地があるのかについては、個別行政法律の規定は不十分のため、解釈や適用上の争いが発生している。

(2) 地方制度法と個別行政法律の規定にズレがある

　自治事務と委任事務の区分は、各個別行政法律と地方制度法に定めければならない。これは台湾ではそうであるが、様々な問題がある。

(i) 個別行政法律

　個別行政法律、例えば水汚染防止法、労働者安全衛生法、集会デモ法、老人福祉法、社会救助法、文化資産保存法などには、関係する章節または規定があり、たとえ自治事務であろうとも、許可要件と上級機関の審査権をどの程度緩やかにまたは厳格に組み立てるのかを考慮することができるし、委任事務は個別行政法律では個別の授権を規定しなければならない。

　台湾個別行政法律の欠陥は、章節または規定で区分がなく、中央と地方がそれ

ぞれ有する権限がどのようなものかを精確に定める規定がないことにある。そして、単に「本法の主管機関は、中央においては〇〇〇部会とし、直轄市においては直轄市政府とし、県市においては県市政府とする」と規定するだけである。せいぜい、「施行細則」（法律１件ごとにすべて施行細則を定めることができる）の中に、中央、直轄市県市の異なる各管轄権を区分する。ただし、これは、法律の施行規則１件ごとにこれと等しく定められているものではなく、その上、規定の精密度も同じではない。すなわち全体的にいえば、体系性と一致性を欠くのである。

(ii) **地方制度法**

わが国の地方制度法 18 条〜20 条には直轄市、県市、郷・鎮・市の自治事務を別々に規定する。当初これらの規定は、自治事務と委任事務の区分（基準）に関する問題を解決できると考えられたが、その結果は明らかに人々を失望させた。本論文では、その区分について重大な錯誤があると考える。その根源は、財政収支配分法 37 条２項の理解の錯誤にある。要約すると、同条１項は、「各級政府の支出は、以下のように区分する。一、中央による立法および執行は、中央に帰属する。二、直轄市による立法および執行は、直轄市に帰属する。三、県（市）による立法および執行は、県（市）に帰属する。」と規定する。２項は、「第１項第１号から第３号までに関する事務を下級政府に委任するときは、その経費の負担は、法律が特に定めるものを除くほか、委任事務に属するものは委任機関が負担する。自治事務に属するものは、当該自治団体が負担する。」と定める。すなわち、委任事務は、委任機関が責任を負わなければならないと考えられる。したがって、もし、地方制度法 18 条以下の規定が委任事務として位置付けられるならば、中央政府が金銭を支出しなければならなくなる。しかし、中央はこの金銭を支出することができないために、これらは自治事務と位置付けられた。実際には立法当時の状況により、これらの事務の執行費用は、地方政府自身が予算を編成して、これを負担している。本論文では、これらの事務は、公共の秩序と安全と関わるので、委任事務と位置付けなければならないと考える。中央政府はたしかにこの経費に対して金銭を支出する責任がある。しかし、ここには立法上の錯誤があるのだが、それについてまだ理解がなされていない。中央政府は、財政収支配分法を経由して、各種税収科目別に徴収し、および分配税と一般補助金を合わせて計画的に分配する。すでに、大方または原則的に支払義務が果たされているのである。―これは、夫が１カ月の給料を月初めに妻に渡すようなもので、ある

日、夫が蟹を食べたいとふと思いついて、妻に2杯買って来てもらい運よくこれを口にするようなものである。妻が蟹を買い、料理をした後、夫に対して特別な費用の支払いを請求できないのと同じである。実際、夫は、もうすでに支払義務を果たしている。

地方制度法18条以下は、以上のように誤解して、西洋各国で委任事務に当たる事務を「自治事務」と定義し、また、地方財務、予算、会計、監査、公共債務などの「補助的機能の項目」をも自治事務に列挙する。中央が枠組みや基準を定める権限を有していることが、軽視されている。

(3) 区分基準の不明確

台湾の司法院大法官は、今日まで、法律の違憲審査権によって、両者を区分する基準を設定していない。

次に、法院の判決意見も、いまだに一致していない。これは、「2005（民国94）年3月24日・最高行政法院94年度判字第00419号判決」の事件で示される下級審と終審における意見の相違によって説明することができる。

本件被上訴人は、台北市政府によって設置許可を受け、営利事業登記証を有する業者である。登記上の営業項目は、情報ソフト販売など7項目であった。だが、登記範囲外の情報レジャーサービス業を経営したとして、台北市政府は、罰鍰^(訳注4)を科し、登記されている範囲外の業務を停止することを命じた。その後、台北市政府警察局は、臨検を行った際、被上訴人が依然として登記範囲外の情報レジャーサービス業を経営しているという証拠を押収した。それによって原告は、商業登記法8条3項に違反するとして、3万台湾元の罰鍰を科せられ、ならびに登記範囲外の業務の経営を即刻停止するように命じられた。

台北高等行政法院（下級審）は、次のように解している^(訳注5)。商業登記法は、直轄市政府に付与される事務を「委任事務」と規定している。その理由は、次の通りである。まず、わが国の憲法は「三分説」を採用して中央と地方の権限を区分している。次に、憲法108条は、中央が立法および執行する事務、または省・県に執行を委任する事務は、中央の専有権限に属する。省・県の執行に任せるものは、委任事務と考えなければならない。第3に、地方制度法18条7号3目は、「直轄市による商工業の指導および管理は、直轄市の自治事務とする」と規定している。この規定は、本件係争における商業登記に関する事務を含むのだろうか？　判決は、次のように示している。商業登記法は、立法院を通過して総統が

公布して法律となったものである。その6条以下は、中央と地方の主管機関と、各執行機関が執行しなければならない事務を分けて規定している。これは、まさに、「中央が立法し、および中央または省・県が執行する」と規定する前掲憲法108条の精神と一致している。また、これは、前掲地方制度法にふさわしい。すなわちその執行は法律によって、上級政府の指揮監督の下で、当該団体に属さない事務の処理を上級政府から委託されて執行するものであり、しかも、行政執行の責任を負う事務であるという趣旨を有する。そしてこれは、本件係争における商業登記に関する事務もまさに委任事務に属し、自治事務ではないことを示している。第4に、地方制度法の「直轄市による商工業の指導および管理」との規定については、憲法の位階は法律よりも高いことに応じ、合憲性の解釈から考えても、本件係争の商業登記に関する事務は、自治事務の範囲内に含まれないと考えられる。

　最高行政法院は、本件が自治事務に関わると解している。理由は、次の通りである。商業登記に関連する事務は、申請登記事項の虚偽、強制登記の違反、登記範囲外事務の経営、その他登記すべき事務の不登記及び検査妨害に関する処罰・罰鍰の執行におよび、商業の指導および管理の範疇にも属する。しかも、地方制度法18条7号3目「直轄市による商工業の指導および管理」に含まれる。次に、商業登記法6条1項は、「本法の主管機関は、中央にあっては経済部を、直轄市にあっては直轄市政府を、県（市）にあっては県（市）政府をいう。」と規定しており、これは、すでに自治事務を含意しているものといえる[17]。

　学界の見解も一致していないが、一部の学者は、委任事務は「公共の秩序と安全」（Öffentliche Ordnung und Sicherheit）に関する事務であると定義する[18]。

　わが国の法律中にはドイツ法の「機関外借」（Organleihe；日本の旧法制における「機関委任」とほぼ同義）が存在するかどうかということと、委任事務とどのように区分するのかということとを、併せて議論しなければならない。この問題は、重要である。台湾個別行政法律の権限配分規定に関する規定は、通常「本法の主管機関とは、中央にあっては○○部、直轄市にあっては直轄市政府、県（市）にあっては県（市）政府を指す。」と規定する。すなわち地方自治団体ではなくて

　17）　参考、黄錦堂「自治事項與委辦事項之劃分標準—最高行政法院94年度判字第00419號判決評論」政大法學評論102期（2008年）1-69頁。

　18）　参考、黄錦堂「自治事項與委辦事項之劃分」前掲（注3）第5章、197頁、210頁。林明昕「地方自治事項與委辦事項之委任及委託」台大法學論叢39巻4期（2010年）197頁、240頁。

地方政府を対象として規定している。それによって、解釈適用上の困難が生じて
いる。ある学者は、次のように考えている。地方の自主的な空間を過度に制限す
ることを避けるようにし、その適用可能なものを厳格に制限すべきである。例え
ば、地方政府選挙委員会が中央レベルの選挙時における地位に限られるべきであ
る。ただし、均権原則によって、最適な機能を発揮するという基準で判断すべき
とも、考えられている[19]。

(4) 実質的な配分状況

現行の「地方制度法」18条以下の規定はあまり妥当ではないし、個別行政法
律の定めは精密性を欠いているが、実際には長期間にわたり、台湾直轄市、県、
省轄市は、主に「中央の法律を執行する」、つまり「公共の秩序と安全に関する
事務」に関する事務を実施している。これは、地方制度法2条において、「委任
事務」と称している。逆に郷鎮市のほうは、これらの事務（すなわち委任事務）を
あまり実行していない。次に、直轄市、県、省轄市も、当然その管轄区域内の自
治事務を執行している。第3に、直轄市、県、省轄市3者の業務の範囲と権限・
責任には違いがない。言い換えれば、直轄市には、特別な業務や権限・責任が付
与されなかった。

郷・鎮・県轄市（公所）は、自己の管轄区域内の自治事務を執行する。「委任
事務」を個別に授権して最終的に執行させることは、明らかに少ない。ただ、事
案の生じる現場に最も近い団体であるため、通常、「書類の収受」と「初審」の
権限と責任が付与される。例えば、社会救済法による社会救済金の発給事務のよ
うな事務である。

中央各部門は依然として相当な政策権限を持っている。特に補助金により、統
制を行っている。具体的に例示すると、教育部に所属する「国民教育署」は、地
方学校における各種ハード・ソフトの整備予算として膨大な補助金を持っている。
また、労働委員会[訳注6]に所属する職訓局も同様である。次の類型として、中央主
管部会が自ら経営している景観特定区管理処、林業管理処（例、行政院農業委員会
林務局東勢林管理処）、各科学園区域または工業区（例、経済部工業局彰化濱海工業区
サービスセンター）、各港湾、各空港（包括的に民営化したものの中央行政機関が過半

---

19) 参考、黄錦堂「自治事項與委辦事項之劃分」前掲（注3）第5章、197、210、218頁。許宗
力「地方立法權相關問題之研究」台北市政府法規委員会編『地方自治法2001』（2001年）37、
44頁以下。

数または相当割合の株を保有する会社も含む）がある。

　直轄市と県、省轄市の事務と権限・責任の違い、および県轄市と郷・鎮の事務と権限・責任の違いは、前述のようにほとんどない。ただ、組織上、人事定員上ないし財政（財政収支の配分、税金の配分と補助金を全体的に考察することを示す）上は、直轄市または県市の位階および人口、面積、予算の多寡によって増減することがある[20]。

(5) 批評

　地方制度法18条以下には錯誤があり、それに個別行政法律の規定もあまり詳細ではなく、長い間、台湾では基本的に公共秩序と安全に関する事務は委任事務と定義されてきた。建築取締り、各営業取締り、環境汚染の取締りなどである。実質的な配分基準は、妥当であるといえる。

　委任事務について、国家は法規命令、行政規則の制定権と個別案件に対する指示命令権を持つ。また、個別の案件の決定につき、事後的に、指導、取消し、廃止および必要なときには代行処理を行えるので（地方制度法75条以下）、十分であるということもできる。

3. 地方立法権

　地方立法権は、地方自治の核心的要素をなす。台湾は、1994年に、自治2法（省県自治法および直轄市自治法）と地方制度法を施行して以来、地方は自治事務に対し「自治条例」（Satzung）と、その下位に「自治規則」（örtliche Rechtsverordnung delegiert durch kommunale Satzung、性質上は地方の法規命令または職権命令[訳注7]である）と「行政規則」（örtliche Verwaltungsvorschrift）を制定する権限を有している。次に、委任事務に対し、地方には補充的な立法権がある。これは、「委任規則」（örtliche Rechtsverordnung im Bereich der uebertragenen Wirkungskreise）と呼ばれている。

20）　例えば、地方制度法4条は、「人口は15万人以上50万人未満で、かつ商工業が発達し、自治財源に余裕があり、交通の便が良く、公共施設の整備が十分な地区は、県轄市となる」と規定する[訳注8]。しかし、県轄市の事務と権限・責任は、特に郷鎮市より優遇されるわけではない。元台北県板橋市の人口は55万に達し、基隆市、新竹市、宜蘭県、嘉義市などの省轄市または県を上回っており、台北市周辺の郷鎮との比較はいうまでもない。黄錦堂・前掲（注3）146頁。

第8章　台湾地方政府法制の変遷と展望　263

(1) 地方は自治事務と委任事務に対し、それぞれ異なる要件に応じ、異なる法規を制定する

　地方制度法 25 条は、「直轄市、県（市）、郷（鎮、市）は、自治事務または法律および上級法規の授権に基づいて、自治法規を制定することができる。」と規定する。自治法規のうち、地方立法機関を通過し、各行政機関が公布するものは、自治条例と呼ばれる。自治法規で、地方行政機関が制定し、発布・下達されるものは、自治規則と呼ばれる。地方制度法 26 条 1 項は、「自治条例は、各地方自治団体の名称を冠しなければならない。直轄市のものは直轄市法規、県市のもの県市規章、郷（鎮、市）のものは郷（鎮、市）規約と称する。」と規定している。同法 27 条は、「直轄市政府、県（市）政府、郷（鎮、市）公所は、その自治事務につき、その法定の職務権限または法律・自治条例の授権に基づいて、自治規則を制定することができる。」と規定する。また、地方政府は地方法規を執行するため、地方レベルの「行政規則」を制定公布している。地方制度法には明文の定めはないものの、中央法規標準法がこれを定めており、地方行政の実務でこれを取り入れている。

　次に、地方制度法 29 条によれば、直轄市政府、県（市）政府、郷（鎮、市）公所は、上級機関の委任事務を処理するため、その法定の職務権限または法律・中央法規の授権に基づいて、委任規則を制定することができる。委任規則は、委任機関に送付されその承認を経て発布される。その名称は、自治規則の規定に準じる。

(2) 「自治条例」の法律留保

　地方自治条例が人民の基本権に関わる場合に、憲法 23 条の「法律留保原則」により個別行政法律の授権がなければならないか、あるいは単に憲法における地方自治保障規定に関する憲法解釈者が打ち立てた「制度保障説」「人民主権説」により、地方制度法 18 条以下の自治事務および同法 25 条以下による一定範囲内の罰鍰についての概括的授権をもって十分であるといえるのか。基本権の種類および関与の強度をそれぞれ区別する必要があるのか。後者について、例えば、行政罰は刑事処罰や税の賦課徴収と異なるものであり、それぞれ異なる考慮をする必要があるのか。

　それらの問題について、最高行政法院では、2005（民国 94）年 11 月と 2007（民国 96）年 6 月に、法廷長の法官列席会議で議論がなされた。台湾においては、

すでに若干学術的な議論がある。ただし、見解が分かれていて3つの説がある[21]。

① 「個別行政法律特別授権説」＝個別行政法律の明確な授権が必要である。

② 「個別行政法律概括的授権説」＝個別行政法律が必要だが、授権の明確性までは要求されない。

③ 「地方制度法授権説」＝地方制度法の規定をもってすでに足りている。個別行政法律の授権は、ほかには必要でない。

第1説は、憲法23条の人権干渉事項の法律留保原則の要求に基づいている。また、法治国家、民主国家にとっても重要な意義があるとする。第2説は、法律留保原則も認めるが、まず憲法の地方自治保障規定と、地方自治条例制定権が地方自治権の核心の1つであること、そのうえ、憲法113条2項が「省に属する立法権は省議会によって行われる」と、124条2項が「県に属する立法権は県議会によって行われる」と、憲法の明文による保障をしていることから、自治条例が人民の基本権を侵害するようなときは個別行政法律の概括的な授権さえあればよいと考えるものである。

本論文では、第3説を採用する。これは第2説の基礎のうえに、さらに「多元的民主正当性監督」理論[22]を加えるものである。地方制度法は、すでに自治条例の制定主体（地方の民意の基礎が地方議会にあること）と、手続（三読会を経ること、さらに、地方行政首長が実施困難と考えるならば「再議」に付すことができ、地方議会は3分の2の多数決でもとの議決を維持できること）を限定し、罰則の種類と金額にも制限があり、上級機関に報告しその承認を受けることが必要となっている。すでに自治条例制定権の民主正当性の監督要求には対応できているので、その範囲内においては、他の個別行政法律の概括的な授権は必要ない[23]。

問題は、台湾の個別行政法律は、全体であれ、個別の各章節の条文であれ、つまるところ自治事務や委任事務についての規定が極めて少ないということにある。地方自治団体は、この状況において、通常は自治条例を選択して利用し、委任規則のような専門的かつ明確な授権の要求を回避する。罰則規定のある自治条例の制定における承認に際して、上級監督機関は、審査権があるとはいえ、今まで委

---

21) まず参照、陳淑芳「地方自治立法與法律保留原則」同『權力劃分與權限歸屬』（元照出版〈台北〉、2011年）353頁以下、許宗力・前掲論文（注19）37頁以下、蔡宗珍「地方法規之概念與體系化」月旦法學雜誌132期（2006年）128頁、140頁以下、同「地方法規之形成與效力之研究」月旦法學雜誌133期（2006年）147、147-148、163-165頁、蘇永欽「地方自治法規與人民權利義務」台北市政府法規委員會編印『地方自治法2001』（同、2001年）135頁以下。

任事務に関わるからという理由で条例を棄却したことはほとんどない。その理由は、今日まで両者の区分の基準に関して司法院大法官の解釈あるいは通説がないからであろう。

関係判例として、最高行政法院 2011（民国 100）年判字第 1030 号判決[訳注9]を見ていくことができる。本件では、水道法 11 条 1 項 6 号および 2 項が自治事務で

22) ドイツ連邦憲法裁判所 2002 年 12 月 5 日・水利組合判決（BVerfG, Beschl. v.5.12.2002, NVwZ2003, S. 974ff.）は、次のように示している。「機能的自治」（funktionale Selbstverwaltung）は、基本法の民主原則を補充し、および強化することができる。伝統的な一元民主理論（国会中心主義）では、部門が独立し、合法的に、独立性と自主性を享有することは、例外的状況に属すべきことであると考えている。ただし、連邦憲法裁判所は、その原則を打破して、例外的なフレームワークを次のように設定した。すなわち、是非についての重要なことは、自身に所属する事務の自主的決定について、同じ性質の一群の人によってなされるかどうか、およびその組み合わせ［配套］に関係するかどうかである。本判決は、民主原則の開放性と、最適化形成任務（Demokratie als eine Optimierungsaufgabe）と、民主原則が、人間の尊厳、人民の自由な自主決定そして個人の基本権に連結すること（Anbindung）を示している。そして、これは、「一元的全体的なドイツ国民の意思と国会中心主義的民主観」から、「多元・開放的民主観」に転向したものといえる。この種の開放的民主観が多数の方面で発揮されうる。さらに、そうした創造が、斬新な民主的正当性のモデルを創造することに資するアプローチ（Ansaetze）となっている。例えば、専門分化が一種の正当性の由来（Arbeitsteilige Legitimationsvermittlung）にもなっている。このほか、複雑な正当性を構成する組織（die Erfassung komplexer Legitimationsstrukturen）に向けた観察と討論が展開されている。分権―民主と参与は、ヨーロッパ地域において民主主義の赤字を克服するために、行政と専門家委員会の体系、正当性を生み出す基準、共通認識に立ったあるいは協議方式による民主制、直接―審議方式による制度などを確立した。すべて、民主的正当性の監督を可能にする手段である。Vgl. etwa Alexander Hanebeck, Bundesverfassungsgericht und Demokratieprinzip-Zwischen monistischem und pluralistischem Demokratieverstaendnis-, DOEV 2004, S.901ff., Andreas Musil, Das Bundesverfassungsgericht und die demokratische Legitimation der funktionalen Selbstverwaltung, DOEV2004, S. 116ff.

23) 地方制度法 26 条 2 項は、「直轄市の法規、県（市）の規章に違反して、地方自治行政の業務をする者には、罰鍰その他の種類の行政罰を処する旨を規定することができる。ただし、法律に他の定めがあるときは、この限りでない。その罰鍰の処罰がなされても納期までに支払わない者には、関係法律によって強制執行をすることができる。」と規定する。そして、3 項は、「前項の罰鍰の処罰は、最高 10 万台湾元を限度とし、これを連続して処罰できると規定することができる。その他の行政罰の種類は、操業停止〔勤令停工〕、営業停止、許可の停止その他一定期限内における制限または禁止といった一定の行為についての不利益処分に限られる。」と規定する。また、4 項は、「自治条例は、各地方立法機関の議決後に、罰則規定があるときは、行政院または中央の各主管機関に報告をし、その審査・査定の後公布しなければならない。そのほかに、法律および県の規章に定めがあるものを除き、直轄市の法規は公布後各中央の主管機関に報告され、行政院がこれを登録〔備査〕しなければならない。県（市）の規章は公布後各中央の主管機関に報告され、同機関がこれを登録しなければならない。郷（鎮・市）の規約は公布後、県政府に報告され県政府がこれを登録しなければならない。賛成・反対の各意見について、参照、呉庚『行政法之理論與實務（増訂 12 版）』（三民書局〈総合販売代理〉〈台北〉、2012 年）95 頁以下。

あるのか委任事務であるのかについて定めておらず、また、地方に自治条例または委任規則の制定を明文では授権していない。桃園県は、これは自治事務に当たると解した。理由は、次による。

①　地方制度法18条は、県の水源区における廃棄場の管理を自治事務と定義している。

②　連邦国家が、憲法に明文の規定がない場合に連邦が権力を有するとするときの論証方式を、次のように参考にする。

(a)　「事務の本質」（Natur der Sache）を基点とすれば、水源管理区域内の汚染を管理統制することは、土地利用計画と関わるので、その計画権限は、地方に属する。そして、中央の法律（ないし法規命令）の枠組みの下で、その範囲と規模の限界が管理統制され、直轄市政府および県市政府が権限を有し、責任を負わなければならないものとなっている。

(b)　水道法の上記規定あるいはその他の条文も加えて「全体を関連付けて解釈する」〔整体関連解釈〕[24]。

(3)　地方法規の中央法律からの逸脱（abweichende Satzungsgebung）
——「横出し」と「上乗せ」

台湾は土地が狭く人口が多いゆえに、直轄市や県市の規模は、国際比較をすると、中型規模といえる。行政の首長は、管轄区域の住民の直接選挙によって選出されることにより、さらに積極的に施政を進め、地方における政治的な需要に対応することができるようになる。台湾では、このことに関する判例が非常に多数あるが、明晰な基準があるというのは、なお困難である。しかし、結果は、中央が「地方に対して友好的な」姿勢をとっていることを明らかに示している。

まず、前掲最高行政裁判院2011（民国100）年判字第1030号判決中では、中央の個別行政法律（水道法）は、水源区の管理統制についてなお例外条項を定めており、自治条例がこれを規定していないことについて、法院は、法律に違反しているとは認めなかった。

---

24)　ドイツの各州〔邦〕の立法者は、個別行政法律によって、地方に対して委任事務についての自治条例の制定を授権することができる。これは、ドイツ個別行政法律における実際の立法例であり、地方自治権と地方自治立法権の獲得と発展を促すことができる。ただし、この制定権の付与は、問題となる事務と、地方自治団体の自治事務領域に関連性がある事務であること、または少なくとも1つの事務に近いものであること（ein Sachlicher Zusammenhang oder mindestens eine sachliche Naehe）を、前提とする。vgl. Hartmut Maurer, Rechtsafragen kommunaler Satzungsgebung, DOEV 1993, S. 184ff.

次に、台北市政府に関して、関連する少なくない判例が蓄積されている。陳愛娥教授は、そうした判例を収集しており、以下これを引用する。

・「台北市情報レジャーサービス業管理自治条例」（2002.4.25）21条は、情報レジャーサービス業に対し、「営業場所では喫煙を禁止し、かつ、明瞭に禁煙の標識を設置しなければならない」と規定している。そして、違反者には「3万台湾元以上10万台湾元以下の罰鍰に処し、ならびに1カ月以上6カ月以下の営業停止処分または行政執行法の規定により処理をすることができる」と規定する。この条例は、明らかに中央の「たばこ規制法」の規定より厳格であるが、行政院（上級機関）は、最終的にはやはりこれを承認した。

・「台北市選挙広告物管理自治条例」（2012.2.14）は、立候補者は、投票日の当日の夜から投票日の後3日以内に、広告物を除去し終えなければならないと規定する。中央の法律で定める「7日」より厳しいが、内政部はなおそれが法律に違反しないと示した。

・「台北市公園管理自治条例」（2006.6.6）に対し、中央主管部門は22項目の意見を提出したが、台北市政府が再審査を申し立て、将来の自治条例の改正のときに上記関係意見を取り入れることを承諾したため、最終的には、承認された。

・「台北市コンクリート建築物事後処理自治条例」（2009.10.2）の罰則規定は、建築法の関係条文を超えており、行政処罰法に違反する疑いがないわけではないが、行政院によって最終的にはやはり承認された。

・「台北市電子遊戯場設置管理自治条例」（2011.11.10）3条は、「電子遊戯場設置管理条例または自治条例によって処された〔罰鍰〕が未納のうちは、その営業等級に関する申請または変更は受理されない」と規定している。行政院は、当初、それが「法律にない制限を増やすことに属する」と判断したが、最終的にはやはりこれも承認された。

・「台北市学生および児童通学用自動車管理自治条例」（2012.9.21）、「台北市女性シェルター設立管理自治条例」（2013.3.11）にも若干争点があったが、最終的には、承認された。

・逆に、少し以前に制定された「台北市樹木保護自治条例」（2003.4.18）における「重大な違反者に対し、姓名を公表することができる」との規定は、台北市政府は再審査を申し立てたが、行政院は削除との判断を維持した。

・また、「台北市下水道管理自治条例」（2012.2.16）の案に対し、内政部は、審査

に際し、関係機関と台北市政府を2回招集して検討協議した。台北市政府は、検討結果を踏まえて修正条文対照表を報告し、行政院から承認された。これは、関係機関の参加手続を通して最終的に審査に通ったことを示している[25]。

以上の実例はなお限られており、しかも地方法規の逸脱範囲も小さい。それにもかかわらず、中央は審査の時に、かなり抑制していることを、うかがい知ることができる。その理由は、次にある。第1に、これらは首都の案例であり、その政治的地位が高く、比較的影響力がある。行政首長と議員は直接公選制によって選出され、行政府と議会の間に二元分立制の定立を経て、すでに、相当程度監督体制が整っている。地方政府の行政組織と公務人員の配置が十分であり、自己統治が全体的に担保されている。グローバル化した都市競争と国内の政治経済改革という背景の下で、中央も見て見ぬふりをすることはできない。中央政府自身も政策のミスや、政治的なスキャンダルの影響に直面しており、一方的・集権的コントロールのような伝統的な権威は、日増しに蝕まれている。

4. 地方執行権

(1) 現行規定

地方執行権は、広義のものと狭義のものがある。狭義の地方執行権とは、行政機関が、個別行政法律または何某かの地方自治条例の法条による事務を執行することをいう。留意事項は、「法に基づく行政」と、後続の「行政争訟」にある。広義の地方執行権とは、事務の方向性（性質）により、1つの事務に焦点を当てて構想するものである。例えば、地方公共営造物としてのプール建設の是非・建設方法、これに続く管理運営方法の選定・推進および完成（検収とこれに続く経営を含む）、事前に想定される困難（法令上の制限、財源の不足、収用地の地主との抗争、議会からの阻害、上級機関からの補助金獲得の可能性など）およびこれらの解決方策をひとまとめにしたものである。理念的には、さらに広義の執行もありうる。例えば巨大な開発案では、おそらく、さらに多くの公私主体、利益、制限について複雑化し、ないし政治問題化する。管理学でいう「執行力」というのは、一般にはこの類型のことを指す[26]。

---

25) 陳愛娥「中央機關對地方自治法規之監督權限—以自治條例之核定權為中心」『2014年度直轄市法制及び行政救済業務研討会』発表論文（2014年6月26、27日、国立台湾文学館。主催、台南市政府法制処ほか4都市法制局）。

地方自治の事務の執行について、地方政府は高度な自由を享有しており、監督機関は事後的に合法性の監督しか、なしえない。上級政府は補助金を利用して地方をコントロールする（これはよく見られる）が、これは別の次元の問題である。

委任事務は、国家立法によって地方に執行を委任するものである。理論的にいえば、中央は必要に応じて個別行政法律によって、地方の法執行のための行政組織、高級職位の職員の任命に関し規定しなければならない。しかし、地方制度法は、こうした制度をとっていない。ただ、同法62条において、中央に、組織準則の制定を授権している（後に、詳しく説明する）。

地方制度法は、合法性および合目的性に関する監督制を採用し、ならびに、取消しや代行処理等の手段を規定している。具体的にいえば、75条は、「直轄市政府、県市政府が、憲法、法律、中央法令に違反して、あるいは権限を踰越して委任事務を執行したときは、委任機関は『取消し、変更またはその執行停止』を命ずることができる。」と規定する。条文では、法令違反または権限踰越としており、違法を範囲としていないことは明らかである。これは、わが国が、古典的委任事務の理論を採用していることを、十分に証明している。委任事務は、国家の事務と定義される（したがって、地方政府とは全く無関係である）。国家は、法規命令と行政規則を制定することができ、および具体的な案件の執行を地方に委託することができる。（国家の法律によって指定されるところにより）上級機関は、合法性と合目的性に関する監督権を持ち、事前に、および最中に、介入することができる。この種の見解は、地方自治にとって明らかに不利である。特に5都、県市および県轄市にとって、不利である。地方制度法76条で規定される「代行処理」は、性質上は管轄権の移転である。直轄市、県市、郷鎮市が法に基づく作為義務があるのに不作為のために、公益に重大な危害が生じ、あるいは地方の政務の正常な運営に支障が生じている場合で、それが代行処理に適しているものは、上級機関が、一定期限内にこれを行うよう命じることができる。期限が過ぎてもなお不作為のものについては、代行処理をすることができる。ただし、緊急のときは、直接代行処理をすることができる（1項）。直轄市、県市、郷鎮市は、前項の処分に対し、支障があって執行し難いと考えるときは、期限が満了する前までに不服申立て〔申訴〕をしなければならない。行政院、中央各関係主管機関、県政府

---

26)　参照、劉宜君＝朱鎮明『政策執行力指標之建構（行政院研究発展考核委員会委託研究報告）』（同、2010年）。www.ndc.gov.tw/dn.aspx?uid=34784

は、事実を斟酌して、原処分を変更し、または取り消すことができる（2項）。行政院、中央各関係主管機関、県政府は代行処理を決定する前に、被代行機関および当該自治体の関係機関に通知しなければならない。権限と責任を有する機関による代行処理の通知後、当該事務は、直ちに、そして処理が完了するまで、代行処理機関に移転する（3項）。代行処理に支出した費用は、被代行処理機関が負担しなければならない。もし、当該各地方機関がその費用の支払いを拒絶するのであれば、上級政府は、次年度に交付する補助金を差し止め、減額してこれを費用に充てることができる（4項）。直轄市、県市、郷鎮市が代行処理の処分に対して違法と考えるときは、行政救済手続によってこれを処理する（5項）。

　地方制度法の以上のような監督手段は、依然として単純にすぎる。例えば、地方政府に報告を提出することを要求すること、地方から関係職員を中央主管部門に説明に来させることを要求すること、中央からの派遣職員の調査を地方が受けることを要求すること、地方行政首長が関係部門の担当職員を変更することを要求することなどは、明文で定められていない。中央主管部門が制裁の実行として係争領域での補助金削減をなしうることを定める規定もない。また、中央主管部門が通則的な行政規則や個別の行政規則に関して制定公布することができる旨の明文規定もない。中央主管部門は、地方の施政実績について、評価しかつ公表することについての明文規定もないし、中央主管部門が地方政府の関係部門の職員を「招請し」、部の毎月の定例会議に列席させることができる旨の規定もない。法政策論上、必要があれば地方制度法において委任事務に関する一般的監督規定を設けることができないわけではないし、例えば（危険性によって高、中、低に分けるというように）委任事務を区分して、強度の異なる監督権を付与し、行政組織、行政手続、行政行為、さらに地方の予算編成、組織、人事などをカバーできる。それにもかかわらず、前述の通り、監督手段に関する明文規定は、実際上、足りているといわれている。

(2)　実際の監督状況──不十分〔鞭長莫及〕[訳注10]、事後の対応が多い

　わが国の地方政府は、（5都にしろ市にしろ、郷鎮市にしろ）数が多く、地方行政首長と議員はともに民選で選ばれる。中央行政機関の首長は、立法院の質問と、法案や政策の検討と政治的な攻防で忙しく、中央行政機関は中央政府の所在地に設置されていて、「天のかなたにある〔遠在天辺〕」ので、地方政府による法律の執行を貫徹させるために、全面的に、近くで、かつ有効に監督することは、実に

難しい。言い換えれば、中央主管部門による監督行為があるならば、一般的には、その多くは、事故発生後になされているか、または利害関係者が検挙され、あるいは新聞で報道されたものである。

　広義の公共監督は、一般的にいえば容易ではない。地方住民たちは日々の暮らしのことで多忙であり、しかも地方政府による法律の執行に関する情報から疎遠であり、これを取得するのが難しい。地方NGOは、たいてい、人も、金銭も、権限も不足しているし、メディアを通じて影響力を拡大させる能力も不足している。4年に1度の地方選挙に希望を寄せて監督をすることは、さらにありえない。地方住民の投票に当たって考慮する事項は、一般的にいって、とても複雑で、しかも親族、派閥、職業団体の傾向にも関連する。地方政府の委任事務に関する法律執行の成果が選挙民の投票の決定的要素となるのは、なお難しい。

Ⅳ　地方政府の組織と財政

　地方政府の組織と財政は、ドイツ法の言い方によれば、地方政府施政の補助（Hilfsfunktion）をなすもので、したがって、従属性を有する。

1.　地方政府の組織

　わが国地方政府の組織に関して、地方制度法62条は、行政院または内政部に1つの準則的性格を有する規定の制定公布を授権している。「地方行政機関組織準則」（2010年6月14日版）と呼ばれる。地方議会は、地方でこれを審議して組織自治条例を制定し、上級機関に提出し承認を受ける。

　当該準則は、垂直と水平の区分を採用している。垂直の区分では、5都1準直轄市には、手厚く、一級機関または一級単位の数を設定している。人口200万以上のもの（例えば台北市260万）は、32の一級機関を設置できる。その数は、県市政府の上限を超える（人口が125万人以上の県市でも、23の処・局を超えられない）。これは、世界の各大都市には、及ばない程度である[27]。水平の区分では、各県市、各郷鎮市につき、人口総数によって等級を区別する。例えば、当該準則15条2項は、「県（市）のうち人口5万人未満のものは、13の処・局を超えられない。人口5万人以上20万人未満のものは、15の処・局を超えられない。人口20万

---

27)　当該準則11条1項、15条2項7号を参照。

人以上 40 万人未満のものは 17 の処・局を超えられない。人口 40 万人以上 70 万人未満のものは 18 の処・局を超えられない。人口 70 万人以上 100 万未満のものは 21 の処・局を超えられない。人口 100 万人以上 125 万人未満のものは 22 の処・局を超えられない。人口は 125 万人以上のものは 23 の処・局を超えられない。」と規定している。

　総じていえば、以上の一級機関または部門の総数は十分であり、地方政府の施政と国際競争力を有利なものとしている。

2. 地方政府の財政

　地方政府の財政は、収入面、支出面、調整面に分けて検討できる。広義の地方財政には、地方予算、会計、会計監査、調達なども含めてよい。

　地方の収入面は、税収とその他の収入（料金、工事受益費、罰鍰収入、公共事務の収入等）に分けることもできる。また税収も「財政収支配分法」によって直接配分するものと、「地方税法通則」に基づき地方政府が自治条例を制定し自ら決定して徴収するものに分けることができる。前者は主要税目の徴収と分配税の税目と比例を統一的に計画するように規定する（詳しくは、章末の表 8-1 を参照）。

　要するに、県政府の主要税源は、土地増値税、地価税、家屋税、許可証税〔使用牌照税〕[訳注11]、印紙税である。土地増値税は、景気に付随して違いが生じ、農業県の場合は税収が豊かでない。地価税は「公告されている地価」が低いために、地方政府が各種の努力を投じても、税収に反映させる術がない。郷鎮市公所の主な税収は、地価税、家屋税、不動産売買契約税、娯楽税である。しかし、辺境の郷には娯楽施設があまりあるわけではないであろうから、その家屋税が多くないのも当然である。県市政府と郷鎮市公所の財政収入は、豊かではない。これらの団体は、下級で、辺境にあればある程、財政がひっ迫している。直轄市は、相対的に充足している。一部の郷・鎮・市は、課税条件が異なるため、違いがある。大都市圏にある県轄市、例えばもと台北県の新店市は、北二高速道路と地下鉄の開通によって、不動産の取引が活発で、税収は十分に足りている。

　地方税法通則は、地方に課税権を授権し、地方はこの枠内で課税できる。同法は、まず、臨時税、特別税、付加税を分ける。しかしながら、厳格にいえば、この 3 つの概念（例えば、徴収の目的、徴収できる年限）と区分は、あまりはっきりしていない。次に、以下の事項には課税することができないが、その概念を定義

するのは容易ではない。「所属区域以外の取引、所属区域以外に流通した自然資源または鉱物など。公共事業の所轄区域を越える経営範囲の事項、国家全体の利益またはその他の地方公共の利益を害する事項」である。第3に、関係する自治条例の制定後、各当該自治監督機関、財政部および行政院主計処（の3機関とも）に報告して、登録してもらわなければならない。それから公布することができる。国内実務上、その登録を承認と見なしている。また、前述の主管の3機関は、いずれも許可権限を有している。

　実務上、地方税は、地方の企業に向けて課税されるため、地方行政首長と議員の課税に対する意欲は、あまり大きくない。一歩進めていえば、前述のように要件が高度に抽象的であり、関係3機関の審査もあって、今までほとんどが予備審査で却下された。そうした例に、「花蓮県炭税徴収自治条例」[28]、「雲林県炭税徴収自治条例」[29]がある。

　さらに一歩進めて、地方政府は、地方税法通則に基づく批准拒否の後、新しい自治条例制定のブームの中で、関連する地方税を、あらためて「料金」あるいは「特別負担金」の性質のものであるとして課することがある。前者の例として、「高雄市事業気候変遷調整費徴収自治条例」[訳注12]があるが、依然として登録は棄却された[30]。後者には「台中市都市景観衝撃費徴収自治条例」がある（特別負担金については、「空気汚染防御費」に関する司法院大法官釈字第426号解釈を参考にできる。汚染者に対する課徴金は、特定の目的にのみ使用される）。争点は個別行政法律に明文の授権がなお必要かどうかということである。台中市政府は、次のように考えた。―違法建築である住宅の除却を猶予する規定を地方に適用すると、地方の景観にとって影響があることから、台中市政府はこれを管理する権限がある。地方制度法18条6号2目も、直轄市の自治事務の1つとして「建築に対する管理」と明文で規定する。その管理の手段の1つとして、「都市景観衝撃費」を課すのである。

---

28)　財政部 2008 年 11 月 17 日付台財税字第 09704765351 号文書。
29)　行政院環境保護署 2011 年 8 月 31 日付環署温字第 1000075360 号文書。
30)　財政部 2011 年 9 月 15 日付台財庫字第 10000355110 号文書。

V 展望——「中央と地方の間の協力関係」および「ローカル・ガバナンス」

現行の地方政府体制の利点は、「中央—6都—16県（澎湖県、金門県および連江県を含む）・3省轄市—郷・鎮・市」の三層政府体制をなすことである。地方の数と階層が多すぎるために各段階が脆弱であるということはないし、少なすぎるために「エリツィン効果」[訳注13]が起こることもない。5都1準直轄市の優れた組織と職員によって、総体的にいうと、台湾地方政府の中に6つの「モーター（Motor）」が動力となって、その獲得した成果をもってその他の県市の発展に注いでいるのである。台湾の地方行政首長と議員は、皆直接選挙で選出される。4年に1度、当選者は、有権者に直接責任を負わなければならない。これは一種の強烈な「責任を課す」メカニズムである。地方議会の議員選挙制度がSNTV制度であるために、地方行政首長が所属する政党の同志のうち、常に一定数が議員として当選する。地方行政首長が議会の過半数の支持を獲得するのは、実質的にはそれほど難しくない。

欠点といえば、主に地方財政歳入が成長しにくく、地方政府の支出が硬直化することである。都市計画、建築、公共工事の入札、景観、交通管理、各種営業管理など地方の自主的な商業と経済の発展に関する領域では、台湾では、以前からずっと、中央による高密度の規範化がなされている。中央においては青緑[訳注14]の対立状況と、国会による立法の効率性と有効性に欠陥が現れている。しかし、台湾では、人権を制限する事項と重要機関の組織に関する事項について、「法律留保原則」を採用している。

台湾の民主化した時間はまだ短く、選挙をエンジンにし、政治、経済、社会、文化、法制、公務員制度、地方政府の等級体系は、選挙とともに、次第に民主化と専門的効率化に向け発展しているが、さらに多くの時間と経験が必要である。最近は、情報のインターネット化があり、現代化の進歩発展とその発展後の状況にある。一方、歴史的な発展過程において、弱者層への配慮が足りず（それにより災害が生じやすい）、ハイテク産業等の優遇に対して、不公平感と不正義感がもたらされている。もう1つ重要な変化は、「グローバル化」がもたらした国家間ないし都市間の激しい交流と競争である。「ジャスミン革命」のように、インターネット、FACEBOOK、Twitterなどを通じた迅速かつ効果的な集結によって、

さらに急進的な NGO、学者や専門家、憤怒する若者らの集結と動員によって、大規模なデモが展開され、これが新しい情報ツールにより広められ、メディアと訴訟による攻撃防御を行うという戦略的行動が展開されるようになっている。土地が狭く人口が稠密であり、また、このような意見の違いを認める国家として、さらに主要政党の間で互いに激烈な競争をしている台湾社会は、政府に対する改革の圧力を確実にもたらす。

　世界的な、および台湾本土での政治経済の変遷とともに、とりわけ、今日まで中央の法令による綿密な監督は地方に制限をもたらしてきたが、多元化社会の到来やグローバル化による都市間競争などにより、中央と地方の間は「協力関係」(Collaboration) を構築し、これを新たな方向としなければならない。中央が所掌する事務は、さらに下に移譲すべきである。各事務領域の立法権と執行権も地方に権限付与をし、地方政府の組織、人事と財政法令の面も同様とすべきである。規制緩和の後は、中央による統制力を低下させるように制度を作り上げることが可能となっている。それに対して、中央政府は、新たな監督モデルを探さなければならない。多元的なガバナンスの監督制を取り入れるのは、適切な方策である。

　次には、地方の執政も、「ガバメント」から「ローカル・ガバナンス」(local governance) に転換すべきである。分権化の流れの中で、グローバル化の衝撃、社会構造の急速な変化の相互作用の下、地方政府は新たな挑戦にさらされている。ガバナンスの過程にあって、役柄を演ずる配役の職能も、情勢に順応し、変化がある。それゆえ、地方のガバナンスという新しい概念を導入すべきである。その特徴は、多元化したガバナンス関係、資源の相互依存、政策ネットワークの管理である。すなわち、「地方ガバメントから地方ガバナンスへの転換」ということである。大まかにいえば、「ガバナンス」の主体は、中央と地方政府両者とは限らない。さらに両者以外の公私組織とボランティア団体などによって形成される複雑な相互作用とネットワーク関係をも含まなければならない。地方政府は、地方のガバナンス上の需要と問題をはっきりと探し出し、適当なガバナンスのツールを慎重に選択し、ガバナンス・モデルの収益とコストを選択して緻密に評価し、ならびにガバナンス・モデルの成績管理と責任追及制度を完備しなければならない。次に、地方政府は新しい政策手段を探求し、しかも、国内に既に有するネットワークと必要な調整をしなければならない。地方の資源には限界があるが、もし、世界レベルの「グローバル都市」を考えているのであれば、地方自治団体の

間では互いに協力し、関係する経済社会団体などと連携して、一種の戦略的なパートナー関係とならなければならない。しかし、現行の「正式規則」の法制は規定が不足していて、そのようになっていない。そして、「非正式規則」の地方本位主義の下で、政党の競争と衝突なども、発展を阻害する[31]。

---

31) 参考、劉坤億「地方政府治理機制的創新挑戰：市場治理模式的功能與限制」淡江大學法政學報 15 期（2002 年）79-114 頁。劉坤億＝江岷欽＝孫本初「地方政府間建立策略性夥伴關係之研究：以台北市及其鄰近縣市為例」台北大學行政暨政策學報 38 期（2004 年）1-30 頁。参考、劉坤億「台灣地方政府間發展夥伴關係之制度障礙與機會」『台灣民主季刊』 3 巻 3 期（2006 年）1-34 頁。

付表

表 8-1　財政収支配分法に基づく税収の配分表

(単位：%)

税目	中央		地方政府					説明
	中央	中央統括	直轄市	省轄市	県	県統括	郷鎮	
関税	100	0						
所得税	90	10						
遺産贈与税	20 20 50		50	80			80	各地方政府が徴収する収入を基礎として分配する
貨物税	90	10						
営業税	60	40						営業税争総収入から報奨金を差し引いた金額を基礎とする。
たばこ酒税	80		◎	◎	◎			◎計20%。そのうち18%は直轄市および各県市の人口比で案分する。2％は福建省金門県および連江県の人口比で案分する
証券取引税	100							
先物取引税	100							
鉱区税	100							
印紙税			100	100	100			各地で徴収した収入分
免許税〔使用牌照税〕			100	100	100			各地で徴収した収入分
地価税			100	100	50	20	30	各郷にはそれぞれにおいて徴する収入を基礎とした係数に基づいて県が分配する
地租〔田賦〕			100	100		100		現在徴収を停止
土地増値税		20 20	100	80	80			各県市が徴する収入の20％を中央に分配する
家屋税			100	100	40	20	40	各郷にはそれぞれにおいて徴する収入を基礎とした係数に基づいて県が分配する
家屋取引税〔契税〕			100	100		20	80	各郷にはそれぞれにおいて徴する収入を基礎とした係数に基づいて県が分配する
娯楽税			100	100			100	

資料出典：本文は「財政収支配分法」に基づいて製作した。

278

表 8-2　7 区域生活圏の人口と土地の規模

県市別	人口数（人）	各発展区域	県市別	人口数（人）	各発展区域
全国	23,086,441	36,006 km²	雲林県	722,607	雲嘉南 約 342 万人 5,444 km²
台北市	2,608,596	北北基宜 約 732 万人 4,600 km²	嘉義市	273,876	
台北県	3,862,640		嘉義県	547,185	
基隆市	388,476		台南市	770,244	
宜蘭県	461,203		台南県	1,104,068	
桃園県	1,972,635	桃竹苗 約 345 万人 4,573 km²	高雄市	1,526,797	高高屏 約 365 万人 5,722 km²
新竹県	508,883		高雄県	1,241,920	
新竹市	409,911		屏東県	882,511	
苗栗県	561,097		花蓮県	340,875	花東 約 57 万人 8,143 km²
台中市	1,071,117	中彰投 約 447 万人 7,396 km²	台東県	232,235	
台中県	1,560,064		澎湖県	95,445	約 9.5 万人 127 km²
彰化県	1,311,529		金門県	91,890	約 9.5 万人 152 km²
南投県	530,755		連江県	9,882	約 1 万人 29 km²

資料出典：国家発展委員会『国土空間発展戦略計画』（2010 年 2 月）8～14 頁

翻訳者注

（訳注 1）　〔　〕中の語は、原論文の表記（中国語）である。

（訳注 2）　政治の金権腐敗〔金〕と組織暴力〔黒〕の結合した政治をいう（若林正丈『台湾の政治』〈東京大学出版会、2008 年〉222 頁によった）。

（訳注 3）　政府（朝）は小さく野党（野）は大きい、すなわち、いわゆる少数与党体制をいう。

（訳注 4）　行政機関が科す行政罰をいう。

（訳注 5）　2003（民国 92）年 10 月 29 日・台北高等行政法院 91 年度訴字第 4053 号判決。

（訳注 6）　現在は、労働部（日本の省に相当）に格上げされている。

（訳注 7）　中央法規標準法 7 条は、「各機関は、その法定の職務権限により、またはその法律の授権に基づいて、命令を制定することができる。…」と規定している。職権命令とは、この職務権限により制定する命令をいう。

（訳注 8）　2015（民国 104）年 6 月の地方制度法改正により、同法 4 条の県轄市の人口要件が、「人口 15 万人以上 50 万人未満」から「人口 10 万以上 50 万人未満」に引き下げられている。

（訳注 9）　2011（民国 100）年 6 月 16 日・最高行政法院 100 年度判字第 1030 号判決。桃園県が制定した桃園県営建剰余土石方管理自治条例で、いわゆる建設残土等の処理場の立地規制をする規定が問題となった。先の本文にあるように、桃園県は現在桃園市（直轄市）となっているが、同県の条例は、同市に直接引き継がれて現在も適用されている。

（訳注 10）　「むちが長くても馬の腹を打てない」。転じて力が及ばないことを指す。

（訳注 11）　自動車の排気量に応じた区分と、自家用・営業用に区分されて、その所有者に課される。

（訳注 12）　気候温暖化対策のため、事業者に、温室効果（二酸化炭素など）の排出量に応じ

た事業気候変遷調適費を負担させるものである。

（訳注 13） 国家元首と地方の首長の権限が近接し、後者が前者を凌駕するような形となって中央と地方の権力均衡が崩れることをエリツィン効果と呼び、政治運営において批判的な文脈で用いられる。エリツィンとは、モスクワ市の第一書記からロシアの初代大統領となったボリス・エリツィンを指す。

（訳注 14） 国民党（青）と民主進歩党（民進党・緑）の政党の対立をいう。

第9章　東南アジアにおける地方分権改革

井川　博

（帝京大学）

I　はじめに

わが国では、1993年の地方分権に関する衆参両院での決議以来、地方分権一括法の制定、三位一体改革の実施、義務付け・枠付けの見直しなど、20年余にわたって分権改革が進められてきた。

東南アジア諸国においても、社会経済が発展し、国民の意識が変化する中で、1990年以降、地方分権を目指した改革が多くの国で見られる[1]。

例えば、インドネシアでは、1999年に始まった分権改革により、大幅な権限の移譲、多くの国家公務員の自治体への移管、州、県・市の首長の直接公選制度の導入などが行われた。フィリピンでは、1991年の地方政府法の制定により、保健・医療などの分野で権限が移譲されるとともに、IRA（内国蔵入分与）の増加などにより自治体財源の拡充が図られた。タイでも、1997年憲法により地方

---

1)　東南アジア各国の地方分権改革（地方自治）については、船津鶴代＝永井史男編『変わりゆく東南アジアの地方自治』（アジア経済研究所、2012年）、山下茂『体系比較地方自治』（ぎょうせい、2010年）、アジア分権改革研究会編『アジアの地方分権―制度の理想・目的とその実態との乖離研究会（国際研究会報告書）Differences between the Ideals or Objectives of System and the Realities of Decentralization and Local Governance (International Research Meeting Report)』（政策研究大学院大学、2013年）、アジア分権改革研究会編『アジア諸国における地方分権の成果と課題（第2回　国際研究会報告書）Achievements and Future Challenges of Decentralization in Asian Countries (2nd International Research Meeting Report)』（政策研究大学院大学、2014年）、井川博編『アジア諸国における地方分権―その総括と今後の展望（第4回　国際研究会報告書）第1部　国際シンポジウム編 Decentralization in Asian Countries—Reviewing the Present and Designing the Future (4th International Research Meeting Report) Part 1 International Symposium』（アジア分権改革研究会、2015年）、井川博編『アジア諸国における地方分権と地方自治〈第1・第2分冊〉』（アジア分権改革研究会、2015・2016年）などを参照。

分権の推進が図られ、2003 年にはすべての自治体で首長の直接選挙が導入された。

　こうした中で、本稿では、東南アジアの主要国であり、1990 年代以降積極的に地方分権改革を推進してきたインドネシア、フィリピン、タイ（以下「東南アジア各国」という）を対象に、分権改革について検討してみたい。欧米諸国に比較すると東南アジア各国の地方分権（地方自治）に関する研究は必ずしも多くない。東南アジア各国の分権改革を考察することは、20 余年に及ぶ日本の地方分権に対する総括が求められている中で、国際比較の観点から地方自治のあり方を検討し、より広い視野から日本の地方分権の方向性を考えていくうえで意義があると思う。

　こうした考えの下、本稿では、東南アジア各国の分権改革について、次の 4 点を中心に検討する[2]。

　①　地方分権を目指した改革は、どのような経緯、背景の下で行われたのか？
　②　改革の主要な内容には、どんなものがあるのか？
　③　改革の成果、課題として、どのような点が指摘されているのか？
　④　地方分権改革には、どのような特徴が見られるのか？

　本稿では、まず、東南アジア各国の自治制度を概観したうえで、インドネシア、フィリピン、タイの分権改革の経緯と背景、その主たる内容、その成果と課題について考察する（II〜IV）。次に、東南アジア各国の分権改革の経緯・背景、内容、成果・課題における特徴について検討し（V）、最後に、今後の地方分権のあり方について少し述べてみたい（VI）。

---

　2)　なお、本稿では、主として東南アジア各国の 2013 年までの地方分権の動向に基づいて、考察を行うこととする。タイでは、2014 年 5 月の軍によるクーデターにより 2007 年憲法が停止される中で、民政復帰に向けて 2016 年 8 月に新憲法案が国民投票により承認され、2017 年 4 月には新憲法が公布、施行された。また、インドネシアでは、2014 年 10 月に県知事の権限の強化などを内容とする新たな地方政府法が制定されているが、これら最近の東南アジア各国の地方自治の動向を踏まえた分析、検討については、他日を期することとしたい。

第 9 章　東南アジアにおける地方分権改革　　283

Ⅱ　インドネシアにおける地方分権改革

1.　地方自治の概要[3]

(1)　地方自治の構造──州と県・市

　インドネシアの地方自治制度は、34 の州と 514 の基礎自治体という 2 層の地方自治体からなる（2015 年）。基礎自治体には、416 県と 98 市が存在する。県は都市の周辺地域、市は都市的な地域に存在するが、県と市については、基本的に大きな制度的な差異はない。州の平均人口は約 770 万人、市・県の平均人口は約50 万人と、インドネシアにおける自治体の規模は極めて大きい[4]。州知事は、自治体の長としての役割のほか、国の代理機関としての権能を有している。

(2)　地方自治体の権能と組織

　外交、防衛などの事務は国に専属することとされているが、自治体は、それ以外の教育、保健といった多くの事務を担当している。特に、県・市は、分権改革による権限委譲の結果、多くの事務を実施することとなった。

　地方議会の議員のほか、首長、副首長も、住民の直接選挙によって選出され、その任期は 5 年である（なお、後述のように首長等の直接選挙については、制度改正の動きがある）。県・市の内部組織として、郡（Kecamatan）および町（Kelurahan）がある。郡は、県・市の中に置かれる組織（区域）であり、町は、都市部で郡の下に置かれる行政区である。

　また、郡の下に、約 8 万 2000 の村が存在する。村は、地方自治体ではなく、また県・市の下部組織でもないが、インドネシア独立以前から存在し「固有の自治」を持つ単位として位置付けられている。

　自治体で働く公務員の数は、州が 31.2 万人、県・市が 330.1 万人で、合計361.3 万人である（2015 年）。権限委譲に伴い多くの国家公務員が自治体に移管された結果、国で働く公務員数（94.5 万人、軍隊等を含まず）の 4 倍近くとなっている。

---

　3)　インドネシアの地方自治については、前掲（注 1）の文献に掲載されたインドネシアの地方
　　　自治（地方分権）に関する論文、自治体国際化協会『インドネシアの地方自治』（自治体国際
　　　化協会、2009 年）などを参照。また、自治体数等のデータについては、インドネシア統計庁
　　　の資料等も利用した。

　4)　なお、インドネシアの人口は、約 2 億 6200 万人（2017 年）である。

(3) 地方自治体の財政

自治体の歳出規模（2011年度決算）は、606兆ルピアであり、国（中央政府）の歳出規模（1295兆ルピア）の約半分である。また、州と県・市の歳出規模を比較すると、県・市が州の約3倍の規模となっており、インドネシアの地方自治における県・市の重要性を示している。

自治体の財源としては、国から自治体への移転財源がほとんどを占めている。国からの移転財源には、DAU（一般交付金）、歳入分与、特定補助金がある。DAUは、自治体の財源保障、財政調整的な機能を有しており、自治体歳入の40％以上を占める重要な財源である。歳入分与は、石油や天然ガスを算出する自治体などに交付され、自治体歳入の約20％を占めている。一方、自治体の自主財源は、自治体歳入の20％に達せず、自治体歳入に占める地方税収の割合は約13％と大きくない。また、特定補助金の割合も約5％と大きくない（2010年度決算）。

2. 地方分権改革の経緯・背景[5]

(1) 地方分権改革の経緯

アジア経済危機によりインドネシア経済が大きな打撃を受ける中で、スハルト独裁体制に対する国民の不満が爆発し、30年余に及ぶスハルト政権は1998年5月に幕を閉じた。スハルト大統領の退陣を受けて、第三代大統領に就任したハビビは、自由公正な総選挙の実施、地方分権の推進などの改革を積極的に推し進め、1999年10月には、大統領権限の縮小等を内容とする第一次憲法改正が行われた。

1999年に地方政府法（法律22号）が制定され、州と県・市という二層制の地方自治の制度は維持されたが、多くの国の権限が自治体に移譲されるとともに、国の出先機関が廃止された。さらに、自治体の長は、地方議会によって選出されることとなった。また、地方財政関係では、1999年の中央地方財政均衡法（法律25号）の制定により、一般交付金（DAU）や歳入分与の制度が整備され、地方政府の財源の充実が図られた。

1999年の第一次憲法改正に引き続き、2000年8月には第二次憲法改正が行わ

---

5) 前掲（注3）の文献、Eko Prasojo「Decentralization Process in Indonesia 1990-2010」GRIPS『Decentralization Process in Asian Countries [1990-2010]』（政策研究大学院大学、2012年）51-74頁、松井和久「総論」松井和久編『インドネシアの地方分権化―分権化をめぐる中央・地方のダイナミクスとリアリティ』（アジア経済研究所、2003年）3-34頁などを参照。

れ、国民議会、人権保障に関する規定の充実などとともに、憲法18条の改正、18A条、18B条の追加により地方自治に関する憲法規定が大幅に拡充され、地方自治、地方分権推進の基盤が整備された。

2004年には、分権改革の行き過ぎも指摘される中で、新しい地方政府法（法律32号）が制定され、1999年地方政府法の見直しが行われた。州知事が中央政府の代理人として県・市を監督することとされるなど、中央政府、州政府の権能が強化された一方で、住民の政治参加を強化する改革も行われ、自治体の長は、住民による直接選挙で選出されることとされた。

(2) 地方分権改革の背景

インドネシアにおける分権改革の背景として、第1に、スハルト政権の崩壊が挙げられる。中央集権的な長期独裁体制に対する人々の不満が、スハルト政権の崩壊に伴いインドネシアの大規模な分権改革を実現したといえる。

第2に、アジア経済危機の発生も重要である。アジア経済危機によってスハルト大統領の退陣がもたらされ、また、地方分権の実施や民主化の推進において、国際援助機関の支援も大きな役割を果たした。

第3に、アチェなどの分離独立の動きを指摘する必要がある。スハルト政権下では、国が多くの財源を保持し、石油などの資源に恵まれた地域であっても、地元地域が獲得できる収入は限られていた。こうした中で、1999年に東ティモールが独立したほか、アチェ、パプアなどからも分離独立の要求がなされた。これらの要求が国家の統合への脅威となる中で、岡本正明も指摘するように、「独立を阻止して統一国家の枠内で問題解決を図るために地方分権が必要であった。」といえる[6]。

このほか、冷戦の終結による中央集権化の大義の喪失や社会経済の発展が分権改革の背景として指摘されている[7]。

3. 地方分権改革の主たる内容[8]

インドネシアにおける分権改革の主な内容としては、①自治体への権限移譲、

---

6) 岡本正明「インドネシアにおける地方分権について：国家統合のための分権プロジェクトの行方」国際協力事業団国際協力総合研修所『「地方行政と地方分権」報告書』（国際協力事業団、2001年）3頁。

7) 松井・前掲（注5）3頁を参照。

8) エコの前掲（注5）の論文64-70頁をベースに他の資料のデータ等を加え筆者が整理した。

②国の出先機関の廃止と職員の移管、③財政面での分権改革、④選挙制度改革、⑤統治構造の改革を挙げることができる。

(1) 地方自治体への権限移譲

1999年地方政府法（法律22号）および同法を改正した2004年地方政府法（法律32号）により、自治体は、外交、防衛など国に専属する事務以外の、教育、保健、福祉、公共事業、交通、環境といった多くの事務を担うこととなった[9]。分権改革による事務配分は、補完性の原理に基づいて県・市を優先して行われた。その結果、県・市の歳出は大きく増加し、1990年代中頃に州とはほぼ同規模であったものが、2011年には州の約3倍の規模となっている。

(2) 国の出先機関の廃止と職員の移管

分権改革により国の専管事務を担う裁判所、大蔵省、宗教省等以外の多くの国の出先機関が廃止された。自治体への権限移譲、出先機関の廃止に伴い、約190万人の国家公務員が自治体に移管となった。そのうち、約110万人が教員であり、約20万人が保健省公務員、残りの約60万人が国の出先機関廃止に伴い自治体に移管された公務員である[10]。

(3) 財政面での分権改革

財政面においては、分離独立の動きも見られる中で、石油、天然ガスなどの天然資源に関する歳入分与の制度が導入された。また、一般交付金（DAU）などによる国から自治体への財源移転の制度も整備された。一般交付金は、地方政府の歳出と歳入のギャップを埋めるために交付され、その総額は国内歳入の一定割合（約25％）以上とされた。なお、アチェやパプアについては、こうした一般的な地方財源のほか、特別な財源付与の制度などが整備されている。

(4) 選挙制度改革など

前述のように、2004年地方政府法により自治体の首長の直接選挙の制度が導入された。この改正に基づき直接選挙が2005年に実施されたが、金権政治が拡大するなど期待されたような成果が見られないとの批判もなされた。こうした中、2014年9月に州知事、市長等の直接選挙制度を廃止し、地方議会が選ぶ方式に変更する法改正が国会で可決されたが、同年10月にこの法改正を無効とする大

---

9) 国の専属とされる外交、防衛、治安、金融・財政政策、司法、宗教以外の31の行政分野の事務が国と自治体とが共同して行う事務とされた。

10) 岡本正明「逆コースを歩むインドネシアの地方自治―中央政府による『ガバメント』強化への試み」船津＝永井編・前掲（注1）37頁を参照。

統領令が出され、州知事、市長等の直接選挙制度は維持された[11]。

(5) 地方自治の構造改革

スハルト政権下では、効率的な自治体運営を目指した制度整備がなされたが、1999年の分権改革以降は、地方の民主化を目指した自治制度の構築が進められた。県・市は、地方自治の中心であるとされ、1999年地方政府法では、国の代理人（機関）としての県・市の機能が廃止された。一方、州の自治は、限定されたものであり、州知事の国の機関としての機能も維持されている。

4. 地方分権改革の成果と課題

(1) 地方分権改革の成果[12]

インドネシアにおける分権改革の成果としては、まず第1に、国から自治体への大幅な権限移譲がある。

第2に、国の出先機関の廃止およびそれに伴う多くの公務員の自治体への移管がある。

第3に、一般交付金（DAU）制度の整備等による地方財源の充実がある。自治体の歳出規模も拡大しており、自治体の公的支出に占める割合は、分権改革の始まる以前の1994～1995年に27.6％であったものが、2011年には37.0％と地方分権が進展する中で大きく増加している[13]。

第4に、首長の直接選挙の実施による住民の政治参加の拡大が指摘される。例えば、インドネシア大学の准教授マヒは、「地方選挙についても激しい抗争に至るものは少なく、選挙結果に対する住民の信頼もあり、地域における民主化も成果を上げている。」と評価している。

第5に、自治体の財政運営についても、「2000年代に入り教育や保健（健康）に対する自治体歳出が大きく増加しており、効率的な予算運営が行われている。」（マヒ）などの肯定的な評価が見られる。

第6に、優れた地域リーダーの出現や他地域の模範となるような自治体の取組みも見られる。例えば、スラカルタ（ソロ）市長として同市の行政改革、住民参

---

11) 2014年10月の地方政府法においても、州知事、市長等の直接選挙制度は維持されている。

12) B. Raksaka Mahi「Indonesian Decentralization; Achievements and the Future Prospect」アジア分権改革研究会編（2014年）・前掲（注1）54-62頁のマヒの見解などを参考に筆者が整理した。なお、第4～第7は、同論文に述べられたマヒの見解である。

13) 中央の地方への支出、自治体ファイナンスを除いた狭義の公的支出での数字である。

加に取り組んだジョコ・ウィドド（現大統領）が有名である。

第7に、分権改革後、州間の所得格差は縮小する一方、人間開発指数（HDI）も上昇しており、住民福祉の向上が認められるとの評価もなされている。

分権改革に関する第4、第5の成果に対しては、後述するように問題点も指摘されている。また、第7の成果のようにそのすべてが分権改革による成果であると考えられないものもある。しかし、分権改革がインドネシアの地方自治の向上に一定の貢献をしているとの評価は可能である。

(2) 分権改革後の課題[14]

分権改革については、成果が示される一方で多くの課題が指摘されている。

第1に、国と自治体の役割分担、調整が不十分であるとの問題がある。国は、2004年地方政府法の制定などにより、国、州、県・市の役割分担の明確化に努めてきたが、実際には、両者が重複して免許を付与し、税や負担金を課すといった問題もあったとされる[15]。

第2に、州知事の地域内の県・市に対する調整機能が弱いため、一貫性のある計画策定が困難である。また、その区域外に効果を持つような施策における自治体間の協力の確保が容易ではないという問題がある。

第3に、首長の直接選挙の実施による課題も指摘される。金権政治が拡大し、政治的任用のため地方官僚組織が不安定になる。地方議会の機能が弱体化する中で、住民による首長の統制が期待されているが、現実には困難である。

第4に、地方財政については、その運営の効率化が評価される一方で、歳出の多くが職員の給与費に充てられている、多くの資金が施策に用いられず預金されているなどの問題が指摘されている。

第5に、自治体の組織が肥大化するという問題がある。人材確保の問題もあり、人員過剰に直面する地域がある一方で、ジャワ島以外では、能力ある人材の確保に悩む自治体も見られる。こうした中で、自治体による人材養成の重要性が指摘

---

14) Eko Prasojo「Achievements and Characteristics of Decentralization in Indonesia」比較地方自治センター編『「地方分権のこれまでと今後」シンポジウム報告書 "Past, Present and Future of Decentralization" Symposium Report』（政策研究大学院大学、2011年）60-65頁のエコの見解、B. Raksaka Mahi「Ideal and Reality of Local Governance in Decentralized Indonesia」アジア分権改革研究会編（2013）・前掲（注1）43-55頁のマヒの見解などに基づき著者が整理した。

15) この点について、岡本正明によれば、2014年地方政府法の制定等により改善されてきているとのことである。

されている。

第6に、最低水準の公共サービスの確保の問題が指摘されている。サービス提供の水準に関するコンセンサスがなく、また、最低水準のサービスを達成するための強制的な手段がない中で、地域における公共サービスの確保が困難な場合もある。

第7に、自治体数の増加が指摘される。自治体（市・県）の数は、1999年の約300から2015年の514へと大幅な増加を示している。こうした自治体の増加の背景には、自治体新設による財政的なメリットや地方のエリートの利害があるとされるが、国全体で見れば非効率であり、自治体数の増加を制限する必要があると批判されている[16]。

III　フィリピンにおける地方分権改革

1.　地方自治の概要[17]

(1)　地方自治の構造——州、市・町、バランガイ

フィリピンの地方自治体は、州（Province）、市（City）・町（Municipality）、バランガイ（Barangay）の3層からなる。自治体の数は、81州、144市・1490町、4万2028バランガイである（2013年）。また、市は、その人口規模等に応じ、高度都市化市（High Urbanized City）、独立市（Independent Component City）、普通市（Component City）に区分されている。

(2)　地方自治体の権能と組織

フィリピンの自治体は、保健・医療、福祉、環境、農業、公共事業といった様々な行政サービスの提供を行っている。また、農地の再分類、環境規制の執行、食品検査など一部規制的な権限も有している。

州、市・町、バランガイの首長、州、市・町の副首長は、住民の直接選挙で選出される。任期は3年である。州、市・町の議員、バランガイの一般議員も住民

---

16)　なお、自治体数の増加の問題に対処するため、2014年地方政府法では、自治体新設の基準、手続などに関する新たな規定が設けられた。

17)　フィリピンの地方自治については、前掲（注1）の文献に掲載されたフィリピンの地方自治（地方分権）に関する論文、自治体国際化協会編『ASEAN諸国の地方行政』（自治体国際化協会、2004年）113-143頁などを参照。なお、自治体の財政等のデータについては、フィリピン予算管理省の資料等も利用した。

の直接選挙で選出される。

地方公務員数は 38.4 万人で、国家公務員（83.5 万人）の約 45%である（2010年）。

(3) 地方自治体の財政

自治体の歳出規模は、国（中央政府）の 20%前後である。州と市・町の歳出規模は、3080 億ペソであり、3 者の内訳は、州が 20%強、市が 40%強、町が 40%弱である（2012 年）。州と市・町の歳出の 90%近くを経常支出が占めている。

州と市・町の歳入の 70%が国からの移転財源であり、その中でも IRA（内国歳入分与）は、歳入総額の 60%以上を占める重要な財源である。IRA は、国から国内税歳入の 40%が自治体に交付されるものであり、面積、人口などを基準としてその 23%を州に、23%を市に、34%を町に、20%をバランガイに配分している。

一方、州と市・町の自主財源は歳入総額の約 30%にすぎない。地方税収が歳入総額の約 20%を占め、他は使用料、手数料等による収入である。なお、主な地方税は、財産税および地方事業税である。

2. 地方分権改革の経緯・背景[18]

(1) 地方分権改革の経緯

フィリピンでは、1959 年地方自治法、1967 年地方分権法などにより、自治制度の整備や地方分権が進められたが、1972 年 9 月の戒厳令の布告以降は中央集権的な制度となった。しかし、1986 年にマルコス政権が崩壊し、アキノ政権が成立すると、積極的に分権改革が推進された。

1987 年憲法が制定され、2 条 25 節で地方自治の保障を規定するとともに、その 10 条で一般的自治制度と自治地域に関する 21 の節が設けられた。憲法 10 条3 節の規定に基づき、1991 年 10 月には地方政府法が制定され、地方分権が進められた。同法では、その第 1 部で地方自治に関する一般的規定、第 2 部で税財政に関する規定、第 3 部で各自治体に関する規定を設けている。

地方政府法により、これまで国が実施してきた保健、社会福祉などの行政サー

---

18) 前掲（注 17）の文献、片山裕「フィリピンにおける地方分権について」国際協力事業団国際協力総合研修所・前掲（注 6 ）113-118 頁、Alex B. Brillantes, Jr.「Decentralization Process in 1990-2010: The Case of the Philippines」GRIPS・前掲（注 5 ）91-121 頁などを参照。

ビスの提供に関する1次的責任が自治体に移譲された。また、農地や環境に関する規制権限など規制的事務の一部も自治体に移譲された。

　地方財源についても、IRAの大幅な増額や自治体の課税権の拡大などによりその充実が図られた。また、手数料や負担金からの財源確保の余地も拡大された。

　さらに、同法では住民の地方自治への参加を拡充する法的・制度的枠組み、民間企業との連携制度が整備された。

(2) 地方分権改革の背景

　フィリピンの分権改革の背景として、第1に、マルコス政権が崩壊し、アキノ政権が誕生する中での民主化と分権化の動きを指摘できる。フィリピンは、1946年にアメリカから独立し、アメリカ型の民主主義に基づき国家の発展を目指したが、1965年に大統領に就任したマルコスは、自らに権力を集中させ、独裁的で中央集権的な体制を作り上げた。1970年代後半から経済情勢が悪化する中で、1981年の戒厳令解除など政治的な緩和政策がとられたが、1983年に制定された地方政府法は、一定の改革も見られたものの、戒厳令布告以前の自治制度と比較すると中央集権的なものであった。こうした中で、マルコス政権に代わって1986年2月に成立したアキノ政権は、民主化と地方分権化を重要な政策目標として推進した。1987年憲法では、大統領への強力な権限集中を排除し、民主化を推進するため、二院制を復活するとともに大統領の任期を1期6年に限定するなどの規定が設けられた。また、地方自治に関しても多くの規定が憲法に設けられ、1991年には、マルコス政権下で逆境にあった地方分権推進派の政治家の参加も得て、地方分権的な地方政府法が制定された[19]。

　このほか、分権改革の背景として、国のスリム化、行政改革の必要性と国際援助機関の影響を指摘することができる。佐久間美穂は、国のスリム化について「マルコス体制下で肥大した中央政府の縮小再編成は急務であり」と指摘し、また、国際援助機関の影響については「1980年代後半から『地方分権化』を重要なアジェンダに掲げていた国際援助機関もこれを歓迎した」と述べている[20]。さらに、冷戦の終結についても地方分権の推進に一定の役割を果たした可能性がある。

---

　19)　なお、分権改革の背景については、国民の民主化の要求よりも政治エリートの権力闘争の重要性を指摘する見解もある。

　20)　佐久間美穂「フィリピンの地方政府─地方分権化と開発」船津＝永井編・前掲（注1）177頁。

3. 地方分権改革の主たる内容[21]

フィリピンの分権改革の主な内容としては、①自治体への権限委譲、②職員の移管、③財政面での分権改革、④市民参加の強化を挙げることができる。

(1) 地方自治体への権限移譲

1991 年地方政府法により、保健・医療、社会福祉、農業、環境等の分野において、政策・制度の構築は従来通り国において行うが、①公立病院の管理運営、母子保健、伝染病予防などの保健・医療業務、②雇用促進、高齢者福祉・障害者福祉等の社会福祉業務、③農業の普及や調査業務のほか、④コミュニティ林などの環境保護、⑤地方財源による公共事業、⑥校舎の建設、⑦観光、⑧住宅など、幅広いサービス提供業務を自治体が担うこととなった。また、農地の再分類、環境規制の実施、食糧品の検査、トライシクルの営業許可などの規制権限も移管された。

(2) 職員の地方自治体への移管

権限移譲に伴い、約 7 万人の国の職員が自治体へ移管となった。その内訳は、保健省から 4 万 5896 人、農業省から 1 万 7673 人、社会福祉開発省から 4144 人、予算管理省から 1650 人、環境天然資源省から 895 人などとなっている。保健省では、病院関係者が多いため州への移管者が 6 割を占める。また、農業省では、町への移管者が約 7 割、社会福祉開発省では、市と町への移管者が合わせて約 9 割を占めている[22]。

(3) 財政面での分権改革

1991 年地方政府法により、IRA は、 3 会計年度前の国内歳入税の 60％を国に、40％を地方に配分することとされた。その結果、国（中央政府）の予算総額に占める IRA の割合は 1991 年以降大幅に増加した。また、使途が教育、道路、保健、農業などに制限される各分野の特別予算があったが、1991 年地方政府法の制定以降は、その多くが整理され自治体の財政運営の自主性が拡大した。さらに、財務省による地方予算審査などの監督権も廃止され、地方税の充実や民間資金の活用のための制度整備なども進められた。

---

21) ブリランテス・前掲（注18）、片山・前掲（注18）、佐久間・前掲（注20）などを参考に筆者が整理した。

22) 佐久間美穂「フィリピンにおける地方分権の現状と課題」（国際開発センター〈自主研究事業〉、2011 年) 8-10 頁。(http://www.idcj.or.jp/pdf/idcjr201003.pdf)［2014.9.14取得］

(4) 住民参加の強化

1991年地方政府法は、公共サービスの提供、地域の開発等における自治体とPO（住民組織）やNGO（非政府組織）との連携の推進について規定しており、地方開発評議会、地方教育委員会、地方保健委員会などの地方委員会において代表枠がNGO等に与えられている。また、計画からサービスの供給、事業の実施に至る各段階おける住民参加を可能とする制度作りも進められた。

また、1991年地方政府法では、自治体の首長の再選が連続3期、最長9年までに制限された。これは、首長の在任期間の長期化による弊害を避けるためである。

4. 地方分権改革の成果と課題

(1) 地方分権改革の成果[23]

フィリピンにおける分権改革の成果として、第1に、国から自治体への権限の移譲を挙げることができる。なお、地方開発計画の審査が廃止されるなど、国の監督権も縮小・緩和されている。

第2に、インドネシアほどの規模ではないが、約7万人の国家公務員の自治体への移管も大きな成果であると評価できる。

第3に、地方財政の面でも、自治体財源の充実において大きな成果が見られる。自治体の重要な財源であるIRAは、分権改革以降、1993年200億ペソから2013年の3000億ペソへと急激に増加しており、その国の予算に占める割合も、1991年の4％から2013年には12％と大きく増加している。

第4に、住民参加の面でも様々な成果が見られる。地方開発評議会、地方教育委員会など地方委員会へのNGOの参画が進むなど住民参加の機会が拡大した。また、市民憲章が制定され、住民参加によりゴルフ場建設計画の見直しが行われたナガ市のような事例も見られるようになった[24]。

第5に、自治体間協力の増加がある。自治体間協力については、1991年地方

---

23) Alex B. Brillantes, Jr.「Decentralization and Autonomy in the Philippines: Advance, Accomplishments and Achievements」アジア分権改革研究会編（2014年）・前掲（注1）161-183頁におけるブリランテスの見解などを参考に筆者が整理した。特に、第3から第7の成果については同教授の見解に基づく。

24) なお、元ナガ市長ジェシー・ロブレドなど優れた地域リーダーの出現も地方分権の成果の1つであるといえる。

政府法で規定される以前にはあまり意識されていなかった。しかし、最近では保健サービスの提供、経済活性化、海洋資源の保護といった分野で協議会を設立するなど、自治体間の協力・連携を行う事例が増加している。

第6に、地方分権は、地方自治制度のみならず、国や自治体の公務員の意識、さらには市民の意識にも変化をもたらした。優良事例を認定する「グッド・ハウスキーピング認定証」の導入等により自治体の業務意識が向上し、公共サービスの水準が向上したといった成果が指摘されており、2011年においては77％の州、81％の市の業務が標準以上とされている。

第7に、地方分権の進展に伴い、自治体レベルで多くの革新的な施策が生まれている。環境保護、地域経済の発展、健康・衛生、地方行政・管理など、様々な分野で模範的な施策が生まれており、こうした施策に対しては、地方自治アカデミー等によって表彰が行われている。

(2) 分権改革後の課題[25]

フィリピンにおける地方分権や地方自治の課題として、以下のような点が指摘されている。

第1に自治体の能力構築の問題がある。今後の地方自治、地方分権の推進においては、自治体の能力の向上が鍵であり、人的資源と財源の確保が課題である。人的資源については、研修等による能力の向上のほか、地方分権に向けての公務員の意識改革が大切である。

第2に、自治体への適切な財源の付与も重要である。IRAは大幅に増加してきているが、財政力の弱い自治体により配慮するなどその配分方法の見直しが課題となっている。また、自治体の財政自治の確立が理想とされるが、実際には地方税など自治体の自主財源は少なく、多くの自治体が国からの移転財源であるIRAに大きく依存せざるをえない状況にある。

第3に、国と自治体との関係においても様々な課題がある。①事務の責任主体が明確でない、②国と自治体の振興計画における連携・調整が欠如している、③自治体に移譲された事務に要する財源が十分でない、④自治体への事務執行に必要な支援や情報提供が不十分であるなどの問題がある。

---

25) Alex B. Brillantes, Jr.「Ideals, Realities and Directions of Decentralization and Local Autonomy in the Philippines」アジア分権改革研究会編（2013年）・前掲（注1）99-111頁のブリランテスの見解などに基づき著者が整理した。

第4に、自治体がNGOの参画する地方委員会の設置を進めるなど、地方自治への住民参加が進展しているが、地域によっては形式的で不十分な面がある。自治体は、事業の決定、実施、評価の様々な場面おいて、住民参加を推進し、透明性、説明責任の向上に努める必要がある。

第5に、市の増加という問題もある。市の数は、市の分割・分立等により1991年の66から2013年の144へと大幅に増加した[26]。一方、自治体間の協力が成立する例も多く、また、数は少ないが最終的に政治統合にまで発展した事例もある。こうした中で、自治体は連携の重要性を理解し、自治体間協力に努力することが課題であるとされる。

第6に、自治体の行政運営、公共サービスの水準を向上するため、評価基準を整備、改善するとともに、自治体が政策の革新（イノベーション）を行うことが重要である。

Ⅳ　タイにおける地方分権改革

1.　地方自治の概要[27]

(1)　地方自治の構造——県自治体、市町、タムボン自治体

タイの地方自治制度は、二層制を採用している。広域自治体には、76の県自治体（PAO）とバンコク都庁があり、狭域（基礎）自治体には、2440のテーサバーン（市町）、5335タムボン自治体（TAO）とパタヤ市がある（2014年）。テーサバーンは、都市的な地域にあり、その規模等に応じて3類型が分かれ、30都市、176市、2234町が存在する。なお、県自治体等が一般的制度であるのに対し、バンコク都とパタヤ市は特別な形態を有する自治体である。

自治体と国の地方機関（県・郡等）による地方統治という二重構造となっていることが、タイの自治制度の大きな特徴である。国の広域レベルの機関としては、国の任命による県知事をトップとする県があり、その下に約900の郡、さらに約7000のタムボン、約7万5000の村という地方統治の制度がある。

---

26)　市の増加の理由の1つとして、市の新設による財源（IRA）の増加が指摘されている。

27)　タイの地方自治については、前掲（注1）の文献に掲載されたタイの地方自治（地方分権）に関する論文、自治体国際化協会編・前掲（注17）77-112頁などを参照。なお、本稿では、基本的に2014年5月のクーデター発生前における地方自治の状況等について記述している。

(2) 地方自治体の権能、組織

2007年憲法は、いわゆる「補完性の原則」を掲げており、基礎自治体である
テーサバーンやタムボン自治体は、地域開発、道路・公園・廃棄物・環境、教
育・社会福祉、雇用・投資の促進などの事務を担当する。県自治体は、基礎自治
体で対応が困難な大規模な事務や広域的な事務、狭域自治体への支援といった事
務を担当する。

自治体の首長も議員も住民の直接選挙によって選出され、任期は4年である。

地方公務員の数は、約45万人であり、国家公務員（約230万人）の約2割の規
模となっている（2011年度）。なお、1自治体当たりの職員数は、県自治体が185
人、テーサバーンが83人、タムボン自治体が15人と多くない[28]。

(3) 地方自治体の財政

自治体の歳入規模は、5727億バーツ、国の歳入規模の約27％である（2013年
度）。その内訳を見ると、自治体徴収による地方税等の自主財源が9.0％、分与
税（国徴収による地方税）が34.3％、共有税が16.3％、国庫補助金が40.3％とな
っている（2011年度）。自治体が徴収する地方税には、土地建物税、広告税、と
畜税などがある。分与税は、国徴収による付加価値税、酒税、物品税、賭博税、
自動車税などの一部を自治体に分与するものである。また、共有税として付加価
値税の一部が自治体に配分されている。国庫補助金には、使途等の制約がない一
般補助金と、一定の目的・条件の下で交付される特定（目的）補助金がある。

2. 地方分権改革の経緯・背景[29]

(1) 地方分権改革の経緯

タイでは、1992年5月にデモ隊を排除しようとして多くの死者を出した「暴
虐の五月流血事件」を契機として、民主化の機運が高まるとともに地方分権が大
きな関心を呼ぶこととなった。県知事の任命制から公選制への変更が議論される
とともに、地方分権が1992年9月の総選挙の大きな争点となった。チュアン政
権（1992〜1995年）では、知事の公選制は実施されなかったが、1994年に住民に
最も身近な自治体として農村部にタムボン自治体が創設された。

---

28) 永井史男「タイの地方自治──『ガバメント』強化の限界と『ガバナンス』導入」船津＝永井
編・前掲（注1）114-116頁。なお、2006年当時の数字に基づく分析である。

29) 前掲（注27）の文献、Orathai Kokpol「Decentralization Process in 1990-2010 in Thailand」
GRIPS・前掲（注5）1-32頁などを参照。

1997 年 10 月に公布された憲法は、国と地方での市民参加を目的としており、自治制度の総合的な改革を目指すものであった。憲法の第 5 章（78 条）で、国の基本政策として地方分権を規定するとともに、第 9 章（282〜290 条）では、自治体の政策等における自主性の尊重、自治体の長や議員の民主的な選出などに関する規定を設けている。

1997 年憲法に基づいて、1999 年に地方分権推進法が制定され、地方分権計画案の策定などを担う地方分権推進委員会が設置された。権限移譲等に関する地方分権計画が 2000 年に策定され、2008 年にはその改訂計画が策定された。また、地方分権推進法により地方財源充実の目標値も規定された。さらに、2003 年からは、県自治体などすべての自治体で長が直接選挙されることとなった。

2001 年および 2005 年の総選挙で、タクシンは勝利するが、汚職等が批判される中で 2006 年 9 月の軍事クーデターにより失脚する。新たな憲法が憲法起草委員会により起草され、国民投票により 2007 年に承認された。2007 年憲法では、いくつかの修正がなされているが、1997 年憲法の地方自治に関する基本原則は維持されていた。

その後のタイの政治状況は、タクシン派と反タクシン派との対立などの中で不安定な状況にある。2014 年 5 月に軍により戒厳令が発令され、クーデターが宣言された[30]。2016 年 8 月に新憲法案の国民投票による承認がなされ、2017 年 4 月には新憲法が公布、施行さたが、民政復帰に向けた今後の動向は予断を許さない面がある。

(2) 地方分権改革の背景

タイの 1990 年代以降の分権改革の背景として、第 1 に「暴虐の五月流血事件」が挙げられる。軍事クーデターの指導者の首相就任に反対し、民主化を望む国民は、バンコクを中心に大規模な抗議デモを行った。これに対し、1992 年 5 月、軍部はデモ隊を武力で鎮圧し、多くの死者が発生したが、事態を憂慮した国王の介入により、スチンダー首相はその職を辞した。こうした中で、地方分権が 1992 年の総選挙の争点の 1 つとなり、選挙後に成立したチュアン政権は、分権改革に取り組むこととなった。また、政治改革と新しい憲法の制定を求める国民の要求が高まる中で、憲法起草会議が創設され、1997 年 10 月には、地方分権の

---

30) クーデターの宣言により、2007 年憲法は停止され、選挙も実施されていない（2018 年 10 月末時点）。

推進に関する規定を有する 1997 年憲法が公布された。タイの分権改革において
も、インドネシア、フィリピンと同様、政治的な大事件の発生がその進展に大き
な影響を与えているといえる。

1997 年のアジア経済危機についても、政治改革、行政改革の必要性に対する
国民の意識を高める要因となったとされ、タイの分権改革に一定の影響を与えた
と考えられる。さらに、冷戦の終結についても地方分権の推進に一定の役割を果
たしていると思われる。この点に関して、永井史男は「冷戦期には、とりわけ農
村部において共産主義運動に対応する必要上、軍事政権や中央集権的な統治が正
当化された。」と指摘している[31]。

3. 地方分権改革の主な内容[32]

(1) 地方自治体への権限移譲

1999 年の地方分権推進法に基づき権限の移譲が進められた。2000 年には地方
分権推進委員会により、インフラ（交通、公益企業など）、住民生活（福祉、教育）、
地域の安全・秩序、産業・発展、国土・環境、芸術・文化の 6 つの分野における
15 省の 245 機能を移譲するとの第 1 次実施計画が策定された。そのうち、イン
フラ（71 機能）、住民生活（70 機能）を中心に、185 機能の移譲が行われた。また、
2008 年の第 2 次実施計画では、114 機能の移譲が計画された。これらには、第 1
次計画で未実施のもの（33 機能）、実施済み等であるが見直しが必要なもの（39
機能）、新たに移譲すべきとされたものの 3 つのタイプがある。

(2) 職員の地方自治体への移管

自治体への職員の移管も行われているが、その規模は大きくない。2003 年か
ら 2005 年の間に、1378 人の官吏と 3081 人の長期契約職員、合計 4459 人の職員
が自治体に移管された。その大半は、2002 年に廃止となった農村地域開発振興
局の職員である。職員の移管が進まない理由としては、①職員が希望しない、②
移管後の適切なポストがない、③国の関係省・局が積極的でないといった理由が
指摘されている[33]。

---

31) 永井・前掲（注 28）108 頁。
32) オラタイ・前掲（注 29）、永井・前掲（注 28）などを参考に筆者が整理した。
33) オラタイ・前掲（注 29）17 頁。なお、上記の 4459 名のほか、約 5800 人の教職員の移管が
行われている。

第9章 東南アジアにおける地方分権改革 299

(3) 財政面での分権改革

地方分権推進法により自治体の歳入を 2001 年度までに国の歳入の 20% 以上に拡大し、2006 年度までに国の歳入の 35% 以上に拡大することが義務付けられた。その結果、自治体の歳入は、1999 年度の 13.8% から 2001 年度には 20.7% と大幅に増加した。しかし、2006 年度の実績が約 24% となり、当初設定された 35% の目標達成が困難となる中で、2007 年に地方分権推進法が改正され、35% が将来的な目標とされるとともに、目標値が 35% 以上から 25% 以上に引き下げられた。

(4) 地方自治制度の改革

1997 年以前のタイの地方自治制度は一層制であり、テーサバーン、衛生区、県自治体という一般的自治体とバンコク都、パタヤ市という特別自治体から構成されていた。1994 年にタムボン自治体の制度が創設され、また、1997 年の県自治体法の制定により 1955 年の旧法が改正され、①県自治体を広域自治体とする二層制の自治制度の採用、②県自治体の議員の互選による首長の選出[34]、などの改革が行われた。さらに、1997 年憲法の制定に伴い、①衛生区の廃止と町への移行、②自治体の首長、議員の任期の 5 年から 4 年への変更、③パタヤ市の市支配人制の廃止などの改革が実施された。

(5) 地方選挙の改革、市民参加の促進

2002 年に自治体の首長と議員の選挙に関する法律が制定された。また、2003 年には、県自治体、テーサバーンおよびタムボン自治体の首長の選挙に関する改正が行われ、すべての自治体の首長について直接選挙制度が採用された。また、1997 年憲法および情報公開法等の制定により、①公の情報の公開、②開発計画策定等への住民参加、③自治体の首長や議員の解職請求、④条例制定の直接請求、などの制度が整備された。さらに、2007 年憲法では、地方における住民投票の制度についても規定された。

4. 地方分権改革の成果と課題

(1) 地方分権改革の成果[35]

タイにおける分権改革の成果については、以下のような点が指摘されている。まず第 1 に、国・自治体間の権限構造の改善がある。1997 年憲法により、公

---

34) それまでは、国家公務員である県知事が県自治体の長を兼ねることとされていた。

共事務、財源等を移譲するプロセスなどが明らかとなり、国（中央省庁、県・郡等）と自治体との役割が明確となった。安全、外交等の事務や自治体の支援等の役割を国が担うのに対し、自治体は、住民生活に密接なサービス提供を行うこととされた。

第2に、地方財源の充実が挙げられる。国の歳入に対する自治体歳入の割合は、法律が当初予定した35％の水準には達しないものの、1999年の13.8％から2013年の27.3％と大幅に増加した。また、タムボン自治体の財源についても充実が図られた。

第3に、地域における民主主義の確立がある。2007年憲法の14章には、住民参加に関する規定が設けられている。住民は自治体の首長や議員の解職、条例の制定を請求する権利などを有しており、また、住民の政治意識が高く投票率が高い地域も見られるようになった。

第4に、分権改革により権限や財源が移譲される中で、地方の道路の整備・改善が進んだ。政府と国民の距離が近くなる中で、地域の実情を踏まえた施策が可能となった、といった成果も見られる。

第5に、地方分権の結果、児童福祉や老人福祉、教育などの行政サービスが自治体により提供されるようになり、住民生活の向上に寄与している。テーサバーンや郡の行政サービスに対する住民の満足度も高く、20％がたいへん満足、56％が満足と住民が回答しているとの調査もある[36]。

(2) 分権改革後の課題[37]

タイの分権改革の課題としては、以下のような点が指摘されている。

第1に、自治体と国（地方行政）との関係がある。2002年の組織改革では、地方分権が志向されておらず、省や局の数が増加している。また、タクシン政権下では、国の出先機関の長である県知事に大きな権限が与えられた。

第2に、広域自治体である県自治体とテーサバーン等の狭域自治体との間の権

---

35) Woothisarn Tanchai「Decentralization: the Success of Local Governments」アジア分権改革研究会編（2014年）・前掲（注1）211-227頁のウッティサーンの見解などを参考に筆者が整理した。なお、これらは、2014年5月のクーデター発生前における地方分権改革の成果である。

36) ウッティサーン・同上、225頁。

37) Woothisarn Tanchai「Decentralization in Thailand: Reality and Intent」アジア分権改革研究会編（2013年）・前掲（注1）139-150頁のウッティサーンの見解などに基づき著者が整理した。なお、これらは、2014年5月のクーデター発生前における地方分権改革の課題である。

限分担が不明確であり、重複を生じている。

第3に、自治体の組織に関する課題がある。狭域自治体には、その能力が十分でないものも多く、また、議会の監視機能が弱い、議員数が過大な自治体が見られる。

第4に、国の事務の移譲、職員の移管などの問題がある。関係省庁との調整が不十分で移譲が遅れており、移譲された事務を執行する自治体の能力（財源等）の問題もある。また、国から自治体への職員移管についても進展していない。

第5に、財政面では、自治体の自主財源比率が低下し、国庫補助金の割合が高いという課題がある。また、国が各自治体へ譲与する分与税（国徴収による地方税）の配分基準や財政情報の整備の問題もある。

第6に、自治体に対する規制、監督の問題がある。各省により多くの統制が行われている、国の監督職員の能力が不十分である、国・地方の政治家による介入といった問題がある。その他、不十分な地方議会の監督機能や住民参加の不足といった課題もある。

第7に、住民参加に関しては、自治体の首長の直接選挙導入により、首長の力が強大となり、地方議会の統制が効かない。また、選挙の実施により買収や縁故政治が見られるといった問題がある。さらに、首長や議長の解職請求や条例の制定請求の要件が厳しく、公聴会等の制度は普及してきたが、住民の理解はまだ不十分である。

V　東南アジア各国における地方分権改革の特徴

これまでの検討を踏まえて、日本との比較も意識しつつ、東南アジア各国における地方分権改革の特徴について考えてみたい。

1.　分権改革の経緯・背景における特徴

分権改革の経緯・背景における特徴の第1として、政治的な大事件の発生に伴い分権改革が開始されたことを挙げることができる。インドネシア、フィリピンでは、独裁的な政権の崩壊に伴い、分権改革がスタートをした。また、タイにおいても、多くの犠牲者を出した「暴虐の五月流血事件」を契機として分権改革が開始された。日本でも1993年に非自民党政権が誕生するなど政治が流動化する

中で分権改革が推進されたが、アジア各国で分権改革の契機となった政治的な事件のインパクトは、日本を上回るものであったといえる。

第2に、こうした中で行われたアジア各国の分権改革は、民主化の要求がなされる中で行われ、政治改革の推進と密接不可分なものであった。その結果、日本では「官から民へ、国から地方へ」の標語の下、行政改革（効率的・効果的な行政）が分権改革において大きな位置を占めているのに対して、アジア各国では、政治改革（民主化の推進）が分権改革の大きな目的となっている。

第3に、憲法の制定（改正）を伴う分権改革であったことが挙げられる。インドネシアでは、2000年の第2次憲法改正で地方自治に関する規定の充実が図られ、フィリピンでは、1987年に制定された新憲法に基づき分権的な1991年地方政府法が制定された。また、タイでは、1997年に制定された憲法、2007年に制定された憲法に基づいて分権改革が推進された。こうした憲法の制定（改正）は、政治的な大事件を契機として各国の分権改革が開始され、政治体制の民主化とともに（あるいは民主化を目的として）推進されたことがその背景にある。

2. 分権改革の内容・成果における特徴

分権改革の内容・成果である自治体への権限移譲、自治体財源の充実、選挙制度の改革・住民参加などを見ると、相違点も見られるが東南アジア各国で共通する点が少なくない。

まず、自治体への権限移譲については、インドネシア、フィリピン、タイの各国で大規模な権限移譲が行われている。しかし、公務員組織の分権化には、各国において大きな差が見られる。インドネシアでは、約190万人の職員が国から自治体に移管されたのに対し、フィリピンでは約7万人、タイでは約1万人の移管[38]に留まっている。

第2に、地方財政の面では、アジア各国で自治体財政（財源）の大幅な充実が図られている。インドネシアでは、公的支出に占める自治体歳出の割合が分権改革前に比較して3割以上増加し、フィリピンでは、2013年にはIRAの国の予算に占める割合が1991年の約3倍となっている。タイでも、自治体歳入の国の歳

38）教職員の移管（約5800人）を含む数字である。前掲（注33）を参照。なお、厚生省、労働省関係の地方事務官が国家公務員とされた日本の第1次分権改革の状況と比較すれば、タイの状況も自治体への職員移管が分権改革によって進められていると評価できる。

第9章 東南アジアにおける地方分権改革　303

入に対する割合が、2013 年には 1999 年の約 2 倍と大幅な増加を示している。ま
た、こうした地方財政の充実は、国からの移転財源によって行われ、地方税の充
実など自治体の自主財源の増強による部分が小さいことも東南アジア各国の特徴
となっている。

　第 3 に、選挙制度の改革については、インドネシアで 2004 年に首長の直接選
挙が導入され、タイでは 2003 年の法改正により、すべての自治体首長の直接選
挙が導入された。従前から首長の直接選挙が導入されていたフィリピンを含め、
各国で直接選挙が採用されることとなったが、多くの課題も指摘されており、イ
ンドネシアでは前述のように首長の議会による選出方式への見直しをめぐる議論
がある。また、住民参加についても東南アジア各国で積極的に推進されている。

　第 4 に、①自治体への職員移管、財政規模の拡大、選挙制度の改革等の状況や、
②憲法の制定（改正）に伴う分権改革であったことを考慮すると、東南アジア各
国の分権改革は、日本の分権改革と比較して大規模であるといえる。また、東南
アジア各国の中では、インドネシアの規模が大きく、フィリピン、タイがこれに
続くとの評価が可能である。しかし、東南アジア各国の分権改革の大規模である
ということは、必ずしも 3 カ国の地方分権の到達点が日本より高いことを意味す
るものではない[39]。

　第 5 に、地方分権の成果は、「制度レベル」での成果、「運用レベル」での成果、
「住民の利益レベル」での成果に区分することが可能であるが[40]、東南アジア各
国の成果は、権限の移譲、地方財源の充実、首長の直接選挙の導入など「制度レ
ベル」での成果が中心であるといえる。

3.　分権改革の課題における特徴

　東南アジア各国の分権改革の課題を見ると、国と自治体との役割分担の明確化、

---

39)　自治体の歳出規模、地方公務員数、税財源配分等の状況を東南アジア各国の状況と比較する
　　と、日本の地方分権の水準はすでに高いといえる。

40)　3 つのレベルの成果については、井川博「インドネシア、フィリピンにおける地方分権改革
　　―その成果、理想と実態との乖離」公営企業 45 巻 1 号（2013 年）16-18 頁、Hiroshi Ikawa
　　「Achievements and Characteristics of Decentralization Reforms in Asian Countries」井川博編
　　『アジア諸国における地方分権―その総括と今後の展望（第 4 回　国際研究会報告書）第 2 部
　　国際セミナー編 Decentralization in Asian Countries―Reviewing the Present and Designing
　　the Future（4th International Research Meeting Report）Part 2 International Seminar』（アジ
　　ア分権改革研究会、2015 年）163-169 頁を参照。

自治体への適切な財源の付与、自治体職員の能力向上、自治体行政への信頼確保（自治体首長・職員の汚職の撲滅）など各国に共通するものが多い。

分権改革の課題は、制度上の課題と運用上の課題に大きく分けることができる。①インドネシアにおける州知事の機能の強化、②フィリピンにおける IRA の配分方法の改革など、制度改正が論点となる課題も見られるが、①国と自治体、自治体相互の連携・協力の強化、②自治体、職員の能力向上、③適切な財政運営、④職員の意識改革の必要性など、多くの問題が運営上の課題であるといえる。東南アジア各国で大規模な分権改革が実施された結果、制度とその運用との間にかい離が生まれ、多くの運用上の問題が課題とされている可能性が高い[41]。

また、運用上の課題は、①自治体組織（長、議会、職員）に問題（責任）があると考えられる課題と、②住民など自治体組織以外の関係者の影響が大きいと考えられる課題に区分することができる。例えば、住民参加の推進などの課題の解決には、自治体の施策も重要であるが、住民自身が果たすべき責任（役割）も大きく、後者の類型に属する課題であるといえる。

各国に共通する課題が多く見られる中で、各国に特徴のある課題も見られる。例えば、インドネシアにおける州知事の機能強化をめぐる議論や自治体数の大幅な増加は、同国の分権改革後の地方自治の特徴ある課題であるといえる。

Ⅵ　おわりに──今後の地方分権のあり方

1.　国による分権改革（地方自治）の特徴、違い

科学技術の発展やグローバル化の進展などに伴い、世界各国の社会、経済、政治は大きな変化を見せた。世界の国々で地方分権が推進される背景には、そうした変化に対応するため、国と自治体との役割分担を見直し、地方自治を発展させ、内政を充実していく必要性がある。これらに加えて、東南アジア各国では、独裁的な政権の崩壊等が地方分権推進の大きな契機となっており、民主的な政治の実

41）　課題の分類については、井川博「アジア諸国における地方分権改革──インドネシア、フィリピン、韓国、タイにおける取組み」公営企業 42 巻 12 号（2011 年）8、9 頁を参照。「運用上の課題」もその原因の一部が実態を踏まえない「制度」の創設にあることも少なくない。また、「制度上の課題」についても、その課題の解決にににおいて自治体や住民などに一定の責任があり、「運用」にも問題があると考えられるものもあり、両者の区分が相対的であることに留意する必要がある。

現が分権改革推進の重要な目的となっている。

　こうした中で行われた東南アジア各国の分権改革には、大幅な自治体への権限移譲、自治体財源の拡充、首長の直接選挙の導入、住民参加の推進など多くの共通点がある。

　その一方で、国による特徴、違いも見られる。例えば、インドネシアでは、狭域自治体である県・市を中心に大幅な権限の移譲が行われた。また、自然資源の生産地に財源を還元する歳入分与制度が整備され、アチェやパプアを対象とした特別自治制度も設けられている。こうしたインドネシアの分権改革の特徴の背景には、インドネシアの国土、国民の多様性などのほか、分離独立の動きも見られる中で分権改革が進められたことがある。

　また、タイの地方システムは、自治体による地方自治と国の出先機関（県・郡等）による地方行政という特徴を持つ。自治体の長については、住民による直接選挙が導入されたが、県知事については、議論はなされたものの、中央政府による任命制度が維持されている。こうしたタイの地方システムにおける二重構造は、インドネシア、フィリピンとも、また日本の地方自治制度とも大きく異なっている。

　日本の分権改革と比較すると、東南アジア各国では、権限移譲、地方財源の充実など大規模な改革が実施されている。これに対して、日本では、機関委任事務の廃止、国の自治体への関与の見直しなどが中心となっている。また、地方分権推進の目的にも、東南アジア各国では、民主化が重視されるなど、日本の状況とは若干の違いが見られる。東南アジア各国と日本の地方分権の到達点、状況の差異が、こうした相違を生む大きな要因の１つであるといえる。

2.　今後の地方分権のあり方

　どこまで、どういった形の地方分権を進めるかは、簡単な問題ではない。

　世界各国の地方システムの現状は、各国の地理的、歴史的、経済的、政治的な状況などを踏まえ様々である。インドネシアのように、国家が分裂する危機感の中で分権改革が進められた国もある。すべての国に適合する１つの正しい地方自治の形（モデル）があるわけではない。

　中央政府と地方政府（自治体）との関係を、地方政府の「独立性（自主性）」という観点から整理すると、①地方政府の国からの分離独立、②連邦制を構成する

地方政府（州など）、③分権的な単一国家における地方政府、④集権的な単一国家における地方団体など、種々のレベルのものが考えられる。これらの中からどういう地方システムを選択するかは、その国の国土（地理・自然）、国民（民族、宗教、言語）、歴史・伝統、社会経済、政治・統治制度の状況など、各国の地方自治の形を規定する要因を踏まえて検討していく必要がある。また、狭域レベルにおける地方分権を検討するに際しても、上記の要因の状況など、各国の実情を踏まえて進めていく必要がある。

インドネシアでは、効率的な自治体運営の確保を目指して、州知事の役割の強化（見直し）が図られ、特定補助金の活用による行政サービスの水準維持が議論されている。これは、同国の地方自治の実態を踏まえ、理想を追求した同国の分権改革の是正を求め、制度と運用の実態とのかい離を埋めようとする動きであるとの理解が可能である。

自治体の能力も、地方自治の実情を表す重要な要素の１つであり、東南アジア各国でも、自治体の能力向上が分権改革の重要な課題とされている。分権改革の成果は、改革により導入された制度だけではなく、制度を支える地方自治の実態に影響されることが大きい。各国の地方自治の実態に十分留意して分権改革のあり方を検討していく必要があろう。

どのような地方自治の形を構築するかは、他の国を単に模倣するのではなく、その国の地方自治の実情と地方自治の形を規定する要因を踏まえて決定すべきである。しかし、より良い地方自治を実現するためには、より多くの国の経験から、参考となる点を学ぶ必要がある。例えば、インドネネシアでは、多くの「村」（地方自治体ではない）が地域の公共的な事務を担っている。これが日本の住民参加、住民協働の検討において参考になる可能性もある。世界の多様な自治制度とその運用の実態を学ぶことにより、より広い視点から今後の地方分権のあり方について考えていく必要があると思う。

索引

ア 行

IRA（内国歳入分与）	290
アイルランド統治法	70
アジア市場経済移行諸国	24
アングロ型	13, 17
安定はすべてを圧倒する	232
イタリアの上院	116
一元的な利益構造	236
一元民主理論（国会中心主義）	23
一般型メトロポール	99
一般権限条項	96
一般交付金	286
一般目的政府	36
偽りの革新（偽革新）	233, 239
委任規則	257, 262
違法な債務	199
イングランド中心史観	58
ウェールズ議会	68
ウェールズ語	67
上から下への「実験点―普及」	232
ウェストミンスター・モデル	83
上乗せ	266
SNTV 選挙制度	255
エディンバラ合意	61
エリートによる駆動力	224
エンフィールド（Enfield）事件	76
欧州人権条約	78
欧州地方自治憲章	11
横断的（立法）事項	111
"大きな自治"	103
大きな社会（Big Society）	80
大きな分権	20, 56
大塚（久雄）＝高橋（幸八郎）史学	9

カ 行

改革開放	190
改革革新（競争）	203, 209, 219
外見的立憲主義型	10
外在的な原動力	223

カウンティ	37
革新意識を持った地方幹部	231
監護型自治	244
管制政府からサービス政府へ	234
官選知事（préfet）	90
幹部人事制度の変化	214
管理能力の現代化	237
官僚兼政治家	191
議会主義的憲法構造	6
議会主権（国会主権）	19, 53
機関外借	260
企業型政府	249
基礎自治体の規模	183
北アイルランド議会	71
北アイルランド自治政府	71
規模の経済理論	183
基本的公共サービスの均等化	236
共産党の指導的地位	192
行政改革の一環としての「自治体化（Kommunalisierung）」	130
行政規則	262
行政市町村	7
行政審査電子観察システム	221
行政村と自然村の二重構造	7
行政レベルの分権	21
拠点都市圏（métropole）	30
緊急法律命令	121
近接性	11
近代立憲主義	6
近代立憲主義型	9
近隣住区評議会	105
近隣民主主義	105
グランパリ・メトロポール	98
グローバリゼーション	29
グローバル都市	275
計画経済体制	189
経済管理権限	216
経済デバック式の改革革新	235
契約化の経験	104
決定型住民投票制度	105

ゲルマン型	22
権威体制転換期	245
権限均衡原則	242
権限の交錯	112
権限踰越（ultra vires）（の法理）	14,54,73
建国時の統一基礎の脆弱性	188
県州兼任議員制度	95
現代行政管理法則	230
「現代市民憲法」化	11
原動力不足	231
憲法院判例	90
憲法の制定（改正）を伴う分権改革	302
牽連性原則	135
後見監督制度（tutelle）	90
「交渉式」のモデル	191
構造改革基金（fonds structurels）	30
構造＝機能主義的アプローチ	16
「後続発展型」資本主義国家	23
高度都市化市（high Urbanized City）	289
公法上の組織形態のルネッサンス	155
合法性と合目的性の監督権	257
公務員関係の改革作業	209
公務員組織の分権化	302
合理性原理	113
合理的な任務履行	145
国際的な一群の法規範	49
国土空間発展戦略計画	253
国民国家	6
国民代表制	9
国家構造の凝集性	14
国家の単一性の原理	89
国家発展会議	247
国家法人説	10
5都、1準直轄市	250
個別行政法律概括的授権説	264
個別行政法律特別授権説	264
コミューン間協力公施設法人	91
コミューン連合制度	92
コムーネ連合	125
コモン・ウェルス	53

サ　行

再公営化	153
最高機関たる議会	6
財政請負制	215
差異性原理	113

財政収支配分法	272
最適性原理	113
歳入分与制度	305
三層政府体制	274
3都15県構想	249
3類型論	16
シーウェル憲法習律	60
市県農村四級連動政務の公開	217
自己責任性	132
自己統治	27
市場化の改革	218
市場経済体制	193,204
システムなき状態	19,35
自治規則	262
自治行政	26
自治警察制の導入	166
「自治事務」と「委任事務」	256
自治条例	257,262
自治体合併建議	182
自治体憲法異議	142
自治体事務の民間化	148
自治体による国の「植民地化」	17
自治体の財政高権	132
自治分権委員会	171
市町村の強制合併	142
市町村の事務共同処理連合	142
市町村への「連邦の直接介入（Bundes-	
durchgriff）」	138
自治立法権の拡大	167
実験点	222
実行者と能動（的立案）者の統一	217
執行上の差異	229
実質的民営化の禁止	153
実用政府	168
シティの解散	49
司法の地方化（現象）	24,200
市民近接性	144
市民的協働	145
市民的民主的決定	145
諮問型住民投票制度	105
社会勢力と資源の支持	238
社会民衆の圧力	225
ジャスミン革命	274
州（議会）による創造物	39
自由行政	26
集権から分権へ	235

集権・融合型	15	全能政府から有限政府へ	235
充実した地方自治	10	総統の直接選挙	246
州の立法権	110	組織自治条例	246
住民自治型	6	組織の論理	214
住民投票	64		

タ 行

首都圏（métropolitaine）	30		
省県自治通則	242	第一次地方分権改革（Acte Ⅰ）	89
省県自治法	245	大規模な権限移譲	302
省主席	244	代行処理	269
情報の非対称性	232	第三次地方分権改革（Acte Ⅲ）	91
条例（satzung）制定権	26	大都市（Città metropolitana）	109
所属事業機関組織自治条例	256	第二次憲法改正（インドネシア）	284
自律的合併	181	第二次地方分権改革（Acte Ⅱ）	89
新公共管理（New Public Management）	249	大法官解釈	245
真正補完性条項	149	大陸型	13
人治から法治へ	235	台湾省審議会組織規程	247
「人治」の色合い	233	多元的民主正当性監督	23, 264
「人民主権」型	9	多元的利益構造	236
人民主権説	263	他の地方との競争	208
随意的自治事務	151	タムボン自治体（TAO）	295
スコットランド議会	59	単一選挙区相対多数決制	255
スコットランド議会期成同盟	63	単一投票制	255
スコットランド憲政会議	62	単線的発展モデル	24
スコットランド国民党（SNP）	60	団体自治型	6
スコットランド自治政府	61	地域共同社会の自治	5
スコットランド独立	61	地域均衡発展	164
生活基盤配慮行政	130	地域国家（stato regionale）（原理）	21, 112
政治改革（民主化の推進）	302	地域の自律＝住民自治	6
政治業績を内容とする地方幹部考課制度	194	"小さな自治"	103
誠実な協働（原理）	112, 113	済州特別自治道	162, 174
政治的な事件のインパクト	302	地方移譲一括法	171
政治的立憲主義	20	地方移譲推進委員会	161
「精省」修憲	251	地方行政機関組織準則	271
精省条例	247	地方行政体制改編と5＋2広域経済圏	168
制度革新の「ガラパゴス化」	232	地方行政体制改編に関する特別法	177
制度革新のコスト	234	地方自治と教育自治の一元化	166
制度的裁量と奨励システム	239	地方自治発展委員会	170
制度の短期性	234	地方自治法制の国際比較研究	3
制度保障説	263	地方自治、保険サービスへの住民関連法	69
政府革新地方分権推進委員会	163	地方所得・消費税の導入	167
政府誘導	191	地方制度法	258
世界地方自治宣言草案	11	地方制度法授権説	23, 264
責務の論理	214	地方政府	36
世宗特別自治市	174	地方政府官員の業績と昇格の追求	224
全権限性（の原則）	11, 132	地方政府規章	194
セント・アンドルーズ合意	72	地方政府施政の補助	271

地方政府の改革革新	203	南欧型	16
地方政府の管理技術	208	二階層政府構想	247
地方性法規	194	二元分立制	254
地方税法通則	272	二重権限委譲論	86
地方団体の規則制定権	118	2類型論	14
地方分権および地方行政体制改編に関する		任務委任による地方自治行政権の間接的制	
特別法	161, 179	限	131
地方分権国家	171	任務適合的な財政供与の保障	132
地方分権細部推進課題	162	根深い「人治」の伝統	223
地方分権推進法	297	NOTRe 法	97
地方分権促進委員会	164		
地方分権促進に関する特別法	160	ハ　行	
地方分権特別法	160	バランガイ	289
地方法規の中央法規からの逸脱	266	半自治	244
地方立法権	262	判断過程の審査	147
チャーター	38	比較地方自治法制パラダイム	4
「着実型」の改革革新	218	比例性原理	113
中央行政権限の地方移譲促進等に関する法		フェデラリズム	48
律	160	「不均一」な権限移譲	85
中央集権体制	189	複合国家	58
中央集権的計画経済の時代	212	複線的発展モデル	24
中国地方政府革新賞	206	不真正補完性条項	149
中国の法律規範審査制度	197	2つの分権	56
町トラブル調整センター	221	普通市	289
直轄市	242	部分的・暫定的抵触	27
直轄市自治法	245	部門利益	231
直轄市政府組織自治条例	256	フランコ型	17
直轄市法規	256	ブレント事件	77
ディロンズ・ルール	40	文化環境	219
テーサバーン（市町）	295	分権型先進国家	172
「手探り」の伝統	219	分権型単一国家	28
転任への需要	209	分権国家	21
ドイツ共通州憲法	133	分権・分離型	14
統一の要求	112	ベルファスト合意	71
統治から管理へ	235	包括的権限	54
トクヴィル＝アメリカ型国家像	14	包括的な立法権の移譲（devolution）	20
特別型メトロポール	98	暴虐の五月流血事件	296
特別地方行政機関の移管	166	法治国家	197
特別目的政府	36	法律の留保（原則）	26, 263
独立市	289	ホーム・ルール運動	41
トスカーナ州憲章	119	ホームルール（ホーム・ルール）・チャー	
都農複合市ないし都農合併市	175	ター（制）	11, 41
都農分離政策	175	補完性	11, 113, 199, 296
		北欧・中欧型	16
ナ　行		保障国家論	154
内在的原動力	223	「ポスト開発独裁型」後発資本主義国家	25

マ 行

MAPTAM 法	97
ミュニシパリティ	38
「民主強固」段階	246
6つの「モーター（Motor）」	274
メトロポール	94
目的効果基準論	27
問題後追い型の改革	221

ヤ 行

優位性	112
横出し	266
与党の政治理念	234
「四化」改革	249

ラ 行

リーダー自治体と地方行政会議	102
利益グループによる阻害	234
立法間抵触問題	197
立法による行政体制改革	237
「領域内」・地域的分権	56
ルソー＝ジャコバン型国家像	14
連合王国	53
連邦制	29

ローカル・ガバナンス	275
90 年代の税制分配改革（中国）	215
1947 年憲法（台湾）	241
1972 年地方自治法（英国）	54, 74
1987 年憲法（フィリピン）	290
1991 年地方政府法（フィリピン）	292
1997 年憲法（タイ）	297
1997 年第 4 回修憲（台湾）	251
1998 年ウェールズ統治法	68
1998 年スコットランド法	59
1998 年の行政体制の改革（中国）	214
1999 年地方政府法（法律 22 号）（インドネシア）	286
2000 年地方自治法（英国）	75
2001 年憲法改正（イタリア）	121
2003 年憲法改正（フランス）	90
2004 年地方政府法（法律 32 号）（インドネシア）	286
2006 年ウェールズ法	69
2007 年憲法（タイ）	296
2011 年地域主義法（英国）	54, 80
2016 年憲法改正案（イタリア）	115

編者

大津　　浩　明治大学法学部教授　　まえがき、序章

執筆者（執筆順）

北見　宏介　名城大学法学部准教授　　第 1 章

河上　暁弘　広島市立大学広島平和研究所准教授　　第 2 章

飯島　淳子　東北大学法学部教授　　第 3 章

芦田　　淳　国立国会図書館調査及び立法考査局主査　　第 4 章

人見　　剛　早稲田大学大学院法務研究科教授　　第 5 章

崔　祐溶　韓国東亜大学教授　　第 6 章第 1 節

文　尚徳　韓国ソウル市立大学教授　　第 6 章第 2 節

呉　東鎬　中国延辺大学教授　　第 7 章第 1 節

薛　剛凌　中国政法大学教授　　第 7 章第 2 節

黄　錦堂　台湾大学政治学系教授　　第 8 章

井川　　博　帝京大学法学部教授　　第 9 章

翻訳者

呉　東鎬　第 7 章第 2 節

洪　　英　中国司法研究所研究員　　第 7 章第 2 節

田中　孝男　九州大学法学研究院教授　　第 8 章

汝　思思　九州大学協力研究員　　第 8 章

分権改革下の地方自治法制の国際比較─地方自治法制の新たなパラダイムを求めて

2019 年 2 月 15 日　　初 版　第 1 刷発行　　　　　　　　〔検印省略〕

編　者ⓒ大津　浩／発行者　髙橋　明義　　　　　　印刷／製本　創栄図書印刷

東京都文京区本郷 1-8-1　振替　00160-8-141750　　　　　　　発 行 所

〒 113-0033　TEL（03）3813-4511　　　　　株式
　　　　　　　FAX（03）3813-4514　　　　　会社　有信堂高文社
　　　　http://www.yushindo.co.jp

ISBN978-4-8420-1523-1　　　　　　　　　　Printed in Japan

新・基本行政法　横山信二 編／村上武則 監修　三〇〇〇円

新・応用行政法　横山信二 編／村上武則 監修　三五〇〇円

給付行政の諸問題——村上武則先生還暦記念　横山信二・石川敏行・廣瀬肇 編　八〇〇〇円

給付行政の理論　村上武則 著　九〇〇〇円

行政の裁判統制と司法審査——行政裁判の理論と制度　横山信二 著　五八〇〇円

財政規律の研究——ドイツ憲法上の起債制限　石森久広 著　五五〇〇円

財政民主主義と経済性——ドイツ公法学の示唆と日本国憲法　石森久広 著　五〇〇〇円

ドイツにおける公法上の結果除去請求権の研究　太田照美 著　八〇〇〇円

東アジアの行政不服審査制度　尹龍澤 著　九〇〇〇円

分権改革下の地方自治法制の国際比較　大津浩 編　六二〇〇円

分権国家の憲法理論——フランス憲法の歴史と理論から見た現代日本の地方自治論　大津浩 著　七〇〇〇円

亡命と家族——戦後フランスにおける外国人法の展開　水鳥能伸 著　一〇〇〇〇円

フランス憲法と現代立憲主義の挑戦　辻村みよ子 著　七〇〇〇円

アメリカ連邦議会の憲法解釈——権限行使の限界と司法審査　土屋孝次 著　六〇〇〇円

権力分立——立憲国の条件　阪本昌成 著　六〇〇〇円

世界の憲法集〔第五版〕　畑博行・小森田秋夫 編　三五〇〇円

有信堂刊

★表示価格は本体価格（税別）